应用型人才培养市场营销专业精品教材
新时代“互联网+教育”可视化教程

商慧学堂系列教材——

互联网金融

主　编：魏　玮　郝扬洋　何潇伊
副主编：张建贵　张微娜　王婕霖
尤冬颖

江苏大学出版社
JIANGSU UNIVERSITY PRESS
镇　江

图书在版编目（CIP）数据

互联网金融 / 魏玮，郝扬洋，何潇伊主编. -- 镇江：江苏大学出版社，2021.11
ISBN 978-7-5684-1666-5

Ⅰ. ①互… Ⅱ. ①魏… ②郝… ③何… Ⅲ. ①互联网络—应用—金融 Ⅳ. ①F830.49

中国版本图书馆 CIP 数据核字（2021）第 188630 号

互联网金融
Hulianwang Jinrong

主　　编 / 魏　玮　郝扬洋　何潇伊
责任编辑 / 汪再非
出版发行 / 江苏大学出版社
地　　址 / 江苏省镇江市梦溪园巷 30 号（邮编：212003）
电　　话 / 0511-84446464（传真）
网　　址 / http://press.ujs.edu.cn
排　　版 / 长沙市精宏印务有限公司
印　　刷 / 长沙市精宏印务有限公司
开　　本 / 889 mm×1 194 mm　1/16
印　　张 / 17
字　　数 / 493 千字
版　　次 / 2021 年 11 月第 1 版
印　　次 / 2021 年 11 月第 1 次印刷
书　　号 / ISBN 978-7-5684-1666-5
定　　价 / 49.00 元

如有印装质量问题请与本社营销部联系（电话：0511-84440882）

前言

互联网金融是指利用互联网、移动通信、大数据、云计算等信息技术实现资金融通、支付、投资并提供信息中介服务的新型金融业务模式。参与互联网金融的企业除了传统的银行机构外，还有大量非银行企业，包括互联网公司。互联网金融不是互联网和金融业的简单结合，而是在实现安全交易、移动互联的基础之上，被用户广泛认可、接受，为适应新的需求而产生的新模式及新业务，是传统金融行业与互联网技术相结合而产生的新兴领域。

互联网金融是一种技术创新驱动的新业态模式，对于传统金融业是一个重要的补充。随着时代发展和技术进步，互联网金融正改变和冲击着传统金融的运行模式，催生着崭新的金融理念。

编者是金融行业的理论研究工作者、专家及互联网金融浪潮的亲历者，根据《关于促进互联网金融健康发展的指导意见》(银发〔2015〕221号)构思本书的整体构架，剖析金融的本质，解读国内外互联网金融发展现状及其主要类型，并以大量案例分析互联网金融的多种模式。对于传统金融如何加速转型、突破发展瓶颈，互联网金融如何规避金融风险，真正做到安全、便民、普惠，编者在书中给予了详尽的解答。本书结合当前各部委最新监管意见，在政策、理论和实践上给予读者明确的指导。此外，本书还对构建中国互联网金融监管体系进行了系统性的思考，有助于建立互联网金融新的分析框架和创新范式。

全书共10个项目。项目1为“互联网金融概论”，主要从宏观上对互联网金融进行全景式扫描，介绍了互联网金融的特点、典型模式及其发展趋势。项目2为“互联网支付”，突破了之前按照金融机构支付和非金融机构支付的划分标准，以央行最新发布的《非银行支付机构网络支付业务管理办法》为指导，介绍了第三方支付运作原理与发展现状、支付工具及支付系统。项目3为“网络借贷”，介绍了当前网络贷款的发展情况、存在问题与风险防范措施。项目4为“互联网银行”，介绍了互联网银行的发展、互联网银行业务和移动终端金融服务。项目 5 为“互联网消费金融”，介绍了传统消费金融与互联网消费金融的区别、互联网消费金融的主要模式及未来发展趋势。项目 6 为“众筹融资”，介绍了各类型众筹的定义，重点描述了股权众筹融资及其风险，以及相应的风险防范措施。项目 7 为“大数据金融”，介绍了大数据金融的概念、特点和应用。项目 8 为“供应链金融”，介绍了供应链金融产生的背景、内涵及其特点，重点介绍供应链金融风险控制。项目 9 为“互联网征信”，介绍了基于大数据征信的特点及功能。项目 10 为“互联网金融监管”，从国家监管和金融安全层面，依据最新法规介绍了互联网金融各种模式的监管主体和监管规则。

本书脉络清晰，逐次展开，体例完整，内容翔实，非常适合广大高校、培训机构作为课程教材使用。

本书由魏玮、郝扬洋、何潇伊担任主编，由张建贵、张微娜、王婕霖、尤冬颖担任副主编。

非常感谢江苏大学出版社和四川摘星图书有限公司在本书出版工作过程中的大力支持。由于编者水平及时间有限，书中难免有疏漏及不足之处，恳请各位专家、学者及同行不吝赐教。若有问题，请发邮件至 zxreader03@163.com，我们将会及时核对和回复。

在本书编写过程中，我们参阅、借鉴了诸多著作和资料，谨向这些著作和资料的作者表示深深的谢意！

编　者

2021 年 7 月

目录

项目1
互联网金融概论

❑ 学习目标

掌握互联网金融的本质及特征，包括互联网金融的定义、特点，以及互联网金融平台模式的主要特征。在此基础上，了解国内外互联网金融发展的概况，进而分析和思考互联网金融对传统金融的影响。

❑ 思政目标

树立正确的金融意识。

具有开放、平等、协作、分享精神。

树立注重用户体验、强调交互式营销的意识。

❑ 案例导学

中国互联网金融发展需要软件企业“扛把子”

阿里巴巴副总裁兼阿里云智能新金融事业部总经理刘伟光接受第一财经记者采访时表示：“中国的互联网金融行业已经处于高速剧变期，我们需要新的架构，尤其是云架构来支撑中国互联网金融未来的发展。在这一过程中，中国软件企业需要承担起‘扛把子’的重任。”

刘伟光曾任蚂蚁集团金融科技总经理，他在蚂蚁集团投资的润和软件与阿里云的一场合作发布会上对第一财经记者做出上述表述。

此前，蚂蚁集团已正式启动金融科技开放战略，把经过内部实践检验的区块链、人工智能、生物识别、智能风控、云计算、分布式架构等技术全面开放给金融机构，加速数字化转型。

目前蚂蚁集团提供的金融产品除了支付宝外，还包括财富管理、企业贷款和保险等。在截至2020年3月31日的财年中，数字金融贡献了蚂蚁集团总收入的一半以上。

近年来，蚂蚁集团越来越将发展重心转移到技术服务上，旨在创造更多的金融技术产品，并通过许可费的方式出售给企业客户。

刘伟光告诉第一财经记者，蚂蚁集团过去几年投资了包括润和在内的一批软件公司，充当的不仅仅是财务投资者的角色，更重要的是会选择与阿里业务方向有高度契合的企业。“我们的投后政策会在研发层面，与这些软件企业一起，将生态伙伴联合解决方案推向市场。”他对第一财经记者表示。

受蚂蚁集团上市消息的提振，7月22日，包括浙大网新、君正集团、京能置业、润和软件、万向德农等多个概念股涨停，科蓝软件涨幅近9%，东港股份上涨超过7%。

润和软件董事长兼总裁周红卫对第一财经记者表示：“当前全社会的数字化转型越来越成为国家经济增长的重要引擎，将释放巨大的产业价值与市场机会，这为中国软件企业提供了前所未有的发展空间和转型机遇。”

周红卫表示，国内软件企业面临着两大机遇，其一是数字化，其二是国产化。他对第一财经记者表示：“金融的变革对数字化信息的需求很大。所谓的异构共存，首先是用自主可控核心技术保证安全，其次也要考虑兼容和互联。”

中国的金融机构正在加大信息化技术的投入。相关统计数据显示，预计到2023年，中国银行业整体信息化投资总额将突破2 000亿元，5年复合增长率超过11%；专业化服务已经成为中国银行业IT解决方案市场的主流模式，城商行、农商行将继续成为国内传统银行IT解决方案市场的主战场。

从技术的发展角度看，云化、微服务化已经成为传统银行信息化的建设主流和重要需求方向，尤其是中小银行越来越倾向于采用专业化的金融云服务，预计未来3到5年，基于云化的解决方案将成为行业主流选择。

材料来源：https://baijiahao.baidu.com/s?id=1672912787279600240&wfr=spider&for=pc

新浪财经 2020.7.22

1.1 互联网金融概述

1.1.1 互联网

1.1.1.1 互联网的定义

互联网（Internet），又称国际网络，指的是由若干计算机网络相互连接而成的庞大网络，这些网络以一组通用的协议相连，形成逻辑上的单一且巨大的全球化网络。在这个网络中有交换机、路由器等网络设备，各种不同的连接链路，种类繁多的服务器，以及数不尽的计算机、终端。通过互联网可以将信息瞬间发送到千里之外的人手中，互联网是信息社会的基础。

互联网始于 1969 年美国的阿帕（ARPA）网。通常来说 Internet 泛指互联网。将计算机网络互相连接在一起的方法可以称作“网络互联”，在这基础上发展出的覆盖全世界的全球性互联网络称为互联网，即互相连接一起的网络结构。互联网并不等同于万维网，万维网只是基于超文本相互链接而成的全球性系统，并且是互联网所能提供的服务之一。

另一个推动互联网发展的广域网是 NSF 网，它最初是由美国国家科学基金会资助建设的，目的是连接全美的 5 个超级计算机中心，供 100 多所美国大学共享它们的资源。NSF 网也采用 TCP/IP 协议，并且与互联网相连。

ARPA 网和 NSF 网最初都是为科研服务的，其主要目的为用户提供共享大型主机的宝贵资源。随着接入主机数量的增加，越来越多的人把互联网作为通信和交流的工具。一些公司还陆续在互联网上开展了商业活动。随着互联网的商业化，其在通信、信息检索、客户服务等方面的巨大潜力被挖掘出来，互联网有了质的飞跃，并最终走向全球。

1.1.1.2 互联网产生的影响

互联网是全球性的。这就意味着不管是谁发明了这个网络，它都是属于全人类的。互联网的结构是按照“包交换”的方式连接的分布式网络。这样一个全球性的网络，必须要有某种方式来确定联入其中的每一台主机。

在互联网上绝对不能出现类似于两个人同名的现象。因此，就要有一个固定的机构来为每一台主机确定名字，从而确定这台主机在互联网上的“地址”，“地址”十分重要。

同样，这个全球性的网络也需要有一个机构来制定所有主机都必须遵守的交往规则（亦即协议），否则就不可能建立起全球所有不同的计算机、不同的操作系统都能够通用的互联网。下一代 TCP/IP 协议将对网络上的信息等级进行分类，以加快传输速度（比如，优先传送浏览信息，而不是电子邮件信息，就是这种机构提供的服务的例证）。

毫无疑问，互联网的所有这些技术特征都说明对于互联网的管理完全与“服务”有关，事实上，互联网还远远不是我们经常说到的“信息高速公路”。这不仅仅因互联网的传输速度不够，更重要的是互联网还没有定型，还一直在发展、变化。因此，任何对互联网的技术定义都只能是当下的、现时的。

与此同时，在越来越多的人加入互联网、越来越多地使用互联网的过程中，人们也会不断地从社会、文化的角度对互联网的意义、价值和本质提出新的理解。

正如我们前面看到的那样，互联网的出现固然是人类通信技术的一次革命，然而，如果仅仅从技术的角度来理解互联网的意义显然远远不够。互联网的发展早已超越了当初 ARPANET 的军事和技术目的，几乎从一开始就是为人类的交流服务的。

在 ARPANET 的创建初期，美国国防高级研究计划署指令与控制研究办公室主任利克里德尔就已经强调计算机和计算机网络的根本作用是为人们的交流服务，而不单纯是用来计算的。麻省理工学院计算机科学实验室的一位高级研究员也曾经写道：“把网络看成是计算机之间的连接是不对的。相反，网络把使用计算机的人连接起来了。互联网的最大成功不在于技术层面，而在于对人的影响。电子邮件对于计算机科学来说也许不是什么重要的进展，然而对于人们的交流来说则是一种全新的方法。互联网的持续发展对我们所有人都是一个技术上的挑战，可是我们永远不能忘记我们来自哪里，不能忘记我们给更大的计算机群体带来的巨大变化，也不能忘记我们为将来的变化所拥有的潜力。”

1.1.1.3 互联网在中国的发展规模

中国网民规模总体上呈现持续快速发展的趋势。截至 2020 年年底，中国网民数量达到 9.89 亿人，较 2020 年 3 月增长 8 540 万；互联网普及率达 70.4%，较 2020 年 3 月提升 5.9 个百分点。中国网民规模已跃居世界第一位。越来越多的居民认识到互联网的便捷作用，随着上网设备成本的下降和居民收入水平的提高，互联网正走进千家万户。全球互联网普及率最高的国家是冰岛，已经有 98.2% 的居民是网民。中国的邻国韩国、日本的互联网普及率分别为 95.1% 和 90.87%，与中国经济发展历程有相似性的俄罗斯互联网普及率则是 76.1%。一方面，中国互联网普及率与互联网发达国家还存在较大的差距，中国整体经济水平、居民文化水平再上一个台阶，才能够更快地促进中国互联网的发展；另一方面，这种互联网普及状况说明中国的互联网处在发展的上升阶段，发展潜力较大。

享受光纤宽带接入服务的网民越多，中国的互联网接入情况就越好。中国网民中接入光纤宽带的比例为 93.9%，光纤宽带网民已达到 4.54 亿户。中国的手机上网网民数已达到 9.86 亿人。手机上网以其特有的便捷性在中国发展迅速。手机上网的发展使得网民的上网选择更加丰富，手机上网情况的变化也从一个侧面反映了网民上网条件的变化。

网络经济快速增长。截至 2019 年年底，网络经济指数高达 856.5，对经济发展新动能指数的贡献为 80.5%，发展最快，贡献最大。而随着移动智能设备的普及，以及零售企业网络化、智慧化运营的推进，在线消费对线下消费的替代作用不断增强。2019 年，我国电子商务平台交易额达到 34.81 万亿元。网络消费持续保持较快增长，2019 年全国网上零售额增长 16.5%，占社会消费品零售总额的比重上升到 20.7%。

1.1.2 金融

金融指货币的发行、流通和回笼，贷款的发放和收回，存款的存入和提取，汇兑的往来等经济活动。金融的本质是价值流通。金融产品的种类有很多，其中主要包括证券、保险、信托等。金融所涉及的学术领域很广，主要包括会计、财务、投资学、银行学、证券学、保险学、信托学等。金融是一种交易活动，有人认为金融交易本身并未创造价值，那为什么在金融交易中能赚钱呢？经济学家陈志武认为，金融交易是一种将未来收入变现的方式，也就是明天的钱今天来花。金融交易的频繁程度是反映一个地区、区域，乃至国家经济能力的重要指标。

传统金融主要研究货币资金的流通，而现代金融的本质就是经营活动的资本化过程。《新帕尔·格雷夫经济学大辞典》认为金融是指资本市场的运营、资产的供给与定价。其基本内容包括有效率的市场、风险与收益、替代与套利、期权定价和公司金融。贵金属曾是国际贸易中唯一的媒介。在易货经济时代，商人只能进行对口的交易，以物易物。因此，人类的经济活动受到巨大制约。黄金的出现促进了经济的发展。然而，作为价值流通的载体，黄金的缺点如搬运、携带、转换不便等，使它又让位于更为灵活的纸币（货币）。

如今，货币经济早已取代了原始的易货经济，货币经济在给人类带来空前经济自由的同时，也给人类带来诸多麻烦和问题，如世界贸易不平衡、通货膨胀、货币贬值、经济发展大起大落等。尽管金融中的含“金”量越来越少，但其流动性却越来越强。金融已经成为整个经济的“血脉”，渗透到社会的方方面面，所有经济活动都会带动金融（资金和价值）的流动。离开了流通性，金融就变成“一潭死水”，价值就无法转换；价值无法转换，经济就无法运转；经济无法运转，新的价值也无法产生；新的价值无法产生，人类社会就无法发展。

金融的核心是跨时间、跨空间的价值交换，所有价值或者收入在不同时间、不同空间之间进行配置的交易都是金融交易，金融学就是研究跨时间、跨空间的价值交换为什么会出现、如何发生、怎样发展的学问。

1.1.3 互联网金融

1.1.3.1 互联网金融的定义

互联网金融是指传统金融机构与互联网企业利用互联网技术和信息通信技术实现资金融通、支付、投资和信息中介服务的新型金融业务模式。

互联网金融不是互联网和金融业的简单结合，而是在实现安全、移动等网络技术水平上，被用户熟悉接受后（尤其是对电子商务的接受），自然而然为适应新的需求而产生的新模式及新业务，是传统金融行业与互联网技术相结合的新兴领域。

1.1.3.2 互联网金融的特点

（1）成本低

互联网金融模式下，资金供求双方可以通过网络平台自行完成信息甄别、匹配、定价和交易，无传统中介，无交易成本，无垄断利润。一方面，金融机构可以避免开设营业网点的资金投入和运营成本；另一方面，消费者可以在开放透明的平台上快速找到适合自己的金融产品，降低了信息不对称程度，更省时省力。

（2）效率高

互联网金融业务主要由计算机处理，操作流程完全标准化，客户不需要排队等候，业务处理速度更快，用户体验更好。如阿里小贷依托电商积累的信用数据库，经过数据挖掘和分析，引入风险分析和资信调查模型，商户从申请贷款到发放只需要几秒钟，日均可以完成贷款 1 万笔，成为真正的“信贷工厂”。

（3）覆盖广

互联网金融模式下，客户能够突破时间和地域的限制，在互联网上寻找需要的金融资源，金融服务更直接，客户基础更广泛。此外，互联网金融的客户以小微企业为主，覆盖了部分传统金融业的金融服务盲区，有利于提升资源配置效率，促进实体经济发展。

（4）发展快

依托大数据和电子商务的发展，互联网金融得到快速增长。以余额宝为例，余额宝上线 18 天，累计用户数已有 250 多万，累计转入资金达到 66 亿元。据报道，余额宝已成为规模最大的公募基金。

（5）管理弱

一是风控弱。互联网金融还没有接入人民银行征信系统，也没有信用信息共享机制，不具备类似银行的风控、合规和清收机制，容易发生各类风险问题，已有众贷网、网赢天下等 P2P（peer to peer lending，对等网络）网贷平台宣布破产或停止服务。二是监管弱。互联网金融在中国处于起步阶段，监管和法律有待完善，缺乏准入门槛和行业规范，整个行业面临诸多政策和法律风险。

（6）风险大

一是信用风险大。现阶段中国信用体系尚不完善，互联网金融的相关法律还有待配套，互联网金融违约成本较低，容易诱发恶意骗贷、卷款跑路等风险问题。特别是 P2P 网贷平台由于准入门槛低和缺乏监管，成为不法分子从事非法集资和诈骗等犯罪活动的温床。近年来，淘金贷、优易网、安泰卓越等 P2P 网贷平台先后曝出“跑路”事件。二是网络安全风险大。中国互联网安全问题突出，网络金融犯罪问题不容忽视。一旦遭遇黑客攻击，互联网金融的正常运作就会受到影响，危及消费者的资金安全和个人信息安全。

1.1.3.3 互联网金融运行原理

（1）以移动支付方式为基础

互联网金融的支付以移动支付为基础（从长期看，第三方支付将逐步走向移动端）。移动支付通过移动通信设备、利用无线通信技术来转移货币价值以清偿债权债务关系。移动支付的发展体现了支付的三大发展趋势：第一，终端离散化。从银行柜台机到 ATM 机和 POS 机到无处不在的互联网和移动通信设备。第二，身份数字化。第三，服务通用化。移动支付只需要人们的手机里有一个类似支付宝（Alipay）的第三方支付账号就可以。由此，人类基本的交易方式改变了。

移动支付的基础是移动通信技术和设备的发展，特别是智能手机的普及。移动互联网和多网融合将进一步促进移动支付发展。

互联网金融下，支付系统具有以下特点：第一，所有个人和机构（法律主体）都在中央银行的支付中心（超级网银）开账户（存款和证券登记）；第二，证券、现金等金融资产的支付和转移通过移动互联网进行（具体工具包括智能手机和掌上计算机）；第三，支付清算完全电子化，基本不再需要现钞流通，就算有极个别小额现金支付，也不影响支付系统的运转；第四，二级商业银行账户体系将不再存在。

（2）大数据和云计算技术减少了信息不对称问题

通过社交网络、搜索引擎和云计算等方式对金融信息进行搜集、整合互联网金融的信息，是互联网金融与传统金融中介和市场的最大区别，核心是大数据替代传统的风险管理和风险评价。其有三个组成部分：第一，社交网络生成和传播信息，特别是对个人和机构没有义务披露的信息；第二，搜索引擎对信息的组织、排序和检索，能缓解信息超载问题，有针对性地满足信息需求；第三，云计算保障海量信息高速处理能力。在云计算的保障下，资金供需双方信息通过社交网络得以传播，经搜索引擎组织和标准化，最终形成时间连续、动态变化的信息序列。由此可以给出任何资金需求者的风险评价或动态违约概率，而且成本极低。这样，就满足了金融交易的信息基础（充分条件）。

互联网金融模式下的信用处理有五个主要特点：一是地方信息和私人信息公开化；二是软信息转化为硬信息，或者说是信息显性化；三是分散信息集中化；四是大数据时代下的征信创新与发展，基于信息检索和排序产生了类似“充分统计量”的指标和指数，能有效地反映汇聚起来的信息；五是信息通过社交网络的自愿分享和共享机制进行传播。最终实现信息在人与人之间的“均等化”。

（3）脱媒化的资源配置

互联网金融中资源配置的特点是：资金供需信息直接在网上发布并匹配，供需双方直接联系和交易，不需要经过银行、证券公司和交易所等金融中介和市场。未来可能的情景是：贷款、股票、债券等的发行和交易在社交网络上进行，也就是去中介化、去中心化、脱媒化。

典型例子是 P2P 网络贷款。2007 年成立的美国 Lending Club 公司，到 2012 年年中已经促成会员间贷款 6.9 亿美元，利息收入约 0. 6 亿美元，美国前财长拉里・萨默斯和摩根士丹利前董事长约翰・麦克均加入了该公司的董事会。

在移动支付和第三方支付、大数据、社交网络、搜索引擎和云计算等现代信息科技的推动下，个体之间的直接金融交易这一人类最早的金融模式会突破传统的安全边界和商业可行边界，焕发出新的活力。在供需信息几乎完全对称、交易成本极低的条件下，互联网金融形成了“充分交易可能性集合”，双方或多方交易可以同时进行，信息充分透明，定价完全竞争（比如拍卖式）。各种金融产品均可如此交易。这种资源配置方式最有效率，也最公平，供需方均有透明、公平的机会，有助于解决中小企业融资、民间借贷、个人投资管道等问题。

1.1.3.4 我国互联网金融的典型模式

（1）以支付宝为代表的互联网支付

支付宝最初是淘宝网公司为了解决网络交易安全所设的一个功能，该功能首先使用“第三方担保交易模式”，由买家将货款打到支付宝账户，由支付宝向卖家通知发货，买家收到商品确认后支付宝将货款转给卖家，至此完成一笔网络交易。支付宝于 2004 年 12 月独立为浙江支付宝网络技术有限公司，是阿里巴巴集团的关联公司。截至 2019 年 1 月，支付宝全球用户数已经超过 10 亿。

(2)以阿里小贷为代表的供应链金融

阿里巴巴金融承担阿里巴巴集团为小微企业和网商个人创业者提供互联网化、批量化、数据化金融服务的使命。阿里巴巴金融通过互联网数据化运营模式，为阿里巴巴、淘宝网、天猫网等电子商务平台上的小微企业、个人创业者提供可持续性的、普惠制的电子商务金融服务，向这些无法在传统金融管道获得贷款的弱势群体提供“金额小、期限短、随借随还”的纯信用小额贷款服务。

(3)以余额宝为代表的在线理财产品

余额宝是由第三方支付平台支付宝打造的一项余额增值服务。通过余额宝，用户不仅能够得到较高的收益，还能随时进行消费支付和转出，用户在支付宝网站内就可以直接购买基金等理财产品，获得相对较高的收益，同时余额宝内的资金还能随时用于网上购物、支付宝转账等支付功能。转入余额宝的资金在第二个工作日由基金公司进行份额确认，对已确认的份额会开始计算收益。余额宝的优势在于转入余额宝的资金不仅可以获得较高的收益，还能随时进行消费支付，灵活便捷。2013 年 6 月 17 日，余额宝正式上线。

(4)以人人贷为代表的 P2P 网络借贷平台

P2P 网络借贷平台，是 P2P 借贷与网络借贷相结合的金融服务网站。P2P 是由具有资质的网站(第三方公司)作为中介平台，借款人在平台发放借款标，投资者进行竞标向借款人放贷的行为。网络借贷指的是借贷过程中，资料与资金、合同、手续等全部通过网络实现，它是随着互联网的发展和民间借贷的兴起而发展起来的一种新的金融模式。

(5)网上银行

网上银行又称网络银行、在线银行，是指银行利用互联网技术，通过互联网向客户提供开户、查询、对账、行内对账、跨行转账、信贷、网上证券、投资理财等传统服务项目，使客户可以足不出户就能够安全便捷地管理活期和定期存款、支票、信用卡及个人投资等。可以说，网上银行是在互联网上的虚拟银行柜台。网上银行又被称为“3A 银行”，因为它不受时间、空间限制，能够在任何时间(Anytime)、任何地点(Anywhere)、以任何方式(Anyway)为客户提供金融服务。

电商这一新兴行业其实已经十分普及，所以谁能获得大量的用户谁就可能成为网络交易平台的赢家。相比于传统金融业，互联网金融的互联网特征明显。作为传统金融业与互联网融合的新兴领域，互联网金融具有互联网的“开放、平等、协作、分享”精神，可以称之为具有互联网精神的金融业态。相比于传统金融，互联网金融更加注重用户体验、强调交互式营销及主张平台开放，并利用互联网、移动互联网等技术推进与金融核心业务的深度融合，使金融服务覆盖面更广，同时更加透明、便捷、高效。

1.2 互联网金融的产生和发展

互联网金融是传统金融机构与互联网企业(以下统称从业机构)利用互联网技术和通信技术实现资金融通、支付、投资和信息中介服务的新型金融业务模式。互联网与金融深度融合是大势所趋，将对金融产品、业务、组织和服务等方面产生更加深刻的影响。互联网金融对促进小微企业发展和扩大就业发挥了现有金融机构难以替代的积极作用，为大众创业、万众创新打开了大门。促进互联网金融健康发展，有利于提升金融服务质量和效率，深化金融改革，促进金融创新发展，构建多层次金融体系。作为新生事物，互联网金融既需要市场驱动、鼓励创新，也需要政策助力、促进发展。

1.2.1 互联网金融发展概况

互联网金融是随着互联网的产生而产生的一种金融形式，它主要是指借助互联网所开展的金融业务，其中包括企业在互联网平台上所开展的各种金融业务，例如互联网上的支付结算、互联网中的融资、互联网上的投资与理财等，这些业务都属于互联网金融的业务范畴。

1.2.1.1 互联网金融发展的特点

（1）互联网金融发展的多元化

互联网金融从产生以后，得到突飞猛进的发展，它满足了人们日益增长的物质文化需要，是顺应时代发展的产物。随着科技的进一步发展，信息技术的进一步革新，互联网金融的发展打破了传统金融的单一模式。目前，我国的互联网金融呈现出多元化发展形势。比如人们常见的互联网金融中的网络支付就出现了较多平台，支付宝、银联及易宝支付等方式方法给客户提供了多样化的选择，打破了传统金融的单一消费支付模式，这对互联网金融的竞争与成长都有着较大的促进作用。不仅如此，互联网金融在投资理财方面更是展现出多元化的特点，传统的投资理财针对的是大客户，对数额有一定的限制，小额投资者的资金是很难得到保值与增值的。但互联网金融可以给不同的人群以不一样的投资理财服务，既有大额的投资机会，也有小额的理财渠道，真正使每一个客户都能够得到实惠，这就充分体现出互联网金融在发展中的多元化特点。

（2）互联网金融竞争模式新颖化

当今社会竞争十分激烈，金融业所面对的竞争则更加严峻。信息化的发展带动着我国经济各方面的进步与创新，自然就产生了较多的新的竞争模式，互联网金融就是其中之一。互联网金融是随着信息化发展而兴起的产业，它有着强烈的信息化特点；同时互联网金融又是金融的一种，它又有着与人们生活密切相关的金融特性，因此互联网金融在竞争中的模式更加新颖化。互联网金融能够利用金融的特性帮助人们对资金做到合理的控制，做到资产的保值与增值，而且互联网金融在进行金融业务的同时还能够打破传统金融的投资理财模式，具有全面性，在竞争上胜出一筹。互联网金融以互联网技术作为前提，利用快捷、便利的互联网进行各项金融业务，更能够满足现代人的生活需求，在竞争激烈的今天更具有优势。

（3）互联网金融资源配置合理化

互联网金融的资源配置与传统金融的资源配置是有所区别的。传统金融业务的开展必须有专门的场所，需要有专业的人员，还需要有较为完整的金融模式，整套金融体系十分复杂，所需要的资源涉及方方面面，这样就会增加较多的成本，而且在传统金融模式下，资源配置没有达到最优，存在着资源浪费的现象。互联网金融在资源配置中则显得更加合理。互联网金融是直接在网络中开展的金融模式，不需要有大量的资源配置，例如不需要固定的场所和大量的专业人员等，互联网金融的资源配置更加合理化，与传统金融相比成本更低。

（4）互联网金融符合时代发展要求

社会的发展是向前的，从原始社会形态走到现代文明，是科技在促使着人类社会的进步。信息技术是当今时代主题，信息技术已经走进千家万户，走入人们的日常生活之中。金融业必须要与时代的发展相适应才能够得到人们的认可与运用。互联网金融就是在这样的情况下出现的一种顺应时代发展需要与人们需求的业务。互联网金融以当今时代最前卫、最具有科技含量的信息技术作为支撑，再与人们息息相关的金融进行结合。它更能够满足人们的需要，更符合时代发展的要求。

（5）互联网金融监管逐步完善

互联网金融与人们的资金安全息息相关，因而就必须有相应的监管措施对其进行有效的监管。虽然目前互联网金融在监管方式方法上还存在着较大的不足，不过互联网金融监管也在不断进行完善。

1.2.1.2 国外互联网金融发展概况

（1）国外互联网金融发展的历程

1971 年美国的银行首次创建了 NASDAQ 金融系统，这也标志着基于互联网的金融正式从构想生活转向了现实生活；1995 年美国三家传统银行联合出资开设了世界首个互联网金融电子银行，这也标志着该运营模式开始跨入升级转型过程，而后进入迅速发展的阶段；2005 年英国首家网络借贷公司 ZOPA 正式成立，网络 P2P 模式迅速风靡全球。

（2）国外互联网金融发展的现状

① 第三方支付迅速发展。国外对于第三方移动支付的产品定义和第三方移动支付相关产品的定义与国内基本相同，其中，1998 年年末在澳大利亚和美国正式上线的第三方贝宝（PayPal）支付平台是目前全球最强大的第三方移动支付在线服务平台，拥有活跃用户总数超 3 亿，广泛应用于跨国移动支付交易和各种国家间的移动支付交易，贝宝也堪称现今最为便捷、安全、有效的移动付款服务平台之一。现如今贝宝在全球的移动支付业务已经覆盖了超过 190 个国家和地区，成为国际移动支付交易当中最为理想的支付平台。除了贝宝之外，美国的 Glob Google Check-out、澳大利亚的 Paymate 等第三方移动支付的平台也迅速发展。

② 网络借贷前景广阔。网络借贷业务也被人们称为 P2P 点对点的借贷网络业务，在国外互联网金融中的发展前景极为广阔。英国伦敦是该网络借贷业务的主要起源地，最先借助于互联网的平台和技术优势，有效匹配了借贷交易双方的网络资金和服务需求。以 2006 年成立的一家美国公司 Lending Club 为案例，成立 7 年后该公司的总资产和贷款业务规模已经超过 20 亿美元，该公司不为借贷交易双

方个人提供任何金融担保中介服务，只是在交易成功后收取一定比例的金融中介服务费用。

③ 众筹模式新颖独特。国外的众筹定义和模式与国内众筹略有不同，是一种借助于互联网从民众中募集项目资金的运作，采用的运作方式主要是团购和预定两种，筹资人通过展示自己的项目和创意从而吸引民众投资或者提供资金援助。国外众筹业务公司较多，以 2009 年成立的 Kick Starter 公司为例，该公司通过提供相关政策以鼓励和支持募款人的创新能力，从而得到小额融资贷款。

2012 年美国众议院通过了《创业企业融资法案》，该法案的目的是通过将众筹转向股权融资的开放，从而使众筹的模式在政策和法律的层面得到认可，在吸引了投资者的同时也在一定程度上有效解决了美国国内的失业问题，在加大对投资者合法利益的保护力度方面也做出了较为严格细化的政策规定。

④ 互联网货币基金由盛转衰。我国在 2013 年开始上线互联网公司货币基金服务，而国外互联网货币基金服务正式开始的时间更早。1998 年，也就是贝宝基金诞生后的第 2 年，它便非常自信和前瞻性地向自身原有第三方平台及移动金融支付平台用户提供通过个人货币市场账户进行基金投资和购买的理财业务。该理财业务的基金投资和理财的门槛相对较低：初始投资金额大于等于 1 美元，追加初始投资的金额大于等于 0.01 美元。此时用户只需要将自己账户对应的互联网个人货币市场基金的账户余额进行启动和处理，便可以每天获得资金理财服务利息（但也存在亏损风险）。但是这一项投资理财业务如今在国外由盛转衰，很多大型互联网公司的货币基金由于利润过低，逐渐陷入了困境。

1.2.1.3 我国互联网金融发展概况

（1）我国互联网金融发展的历程

我国学者认为我国互联网金融的发展可以大致分为五个不同的阶段：初始阶段、萌芽阶段、快速发展阶段、争议阶段和行业清明阶段。

① 初始阶段。在 2005 年之前，互联网金融主要体现在为各类金融机构和客户提供的网络金融技术和服务上。如早在 1997 年招商银行便在网上开通了自己的银行网站，金融电子产品和服务从此进入了“一网通”时代，1998 年“一网通”正式推出“网上企业银行”，为推动互联网金融时代银企之间的关系进一步向纵深化发展构筑了全新的高科技金融服务平台。互联网金融的各种业务，诸如电子证券、互联网保险等新兴电子金融业务相继在国内诞生，预示着全新的互联网时代即金融电子化时代全面到来。随着支付宝等第三方互联网支付金融服务平台的诞生，互联网金融逐渐从传统的技术和服务领域深入拓展到金融业务领域，第三方银行在线支付、网络借贷融资平台、众筹等各种互联网新兴金融服务形态相继在国内出现。

② 萌芽阶段。2007 年互联网金融的一个标志性的业务创新形态 —— P2P 网贷诞生，2011 年央行向 27 家互联网金融企业发放支付牌照，标志着我国金融互联网与第三方金融技术紧密结合的正式开始。同时，众筹技术也于此时从国外迅速引入国内，并与我国实体经济的情况和国家法律相结合。

③ 快速发展阶段。2012 年，平安陆金所正式推出了 P2P 网络借贷平台业务，网贷借款平台迅速发展，互联网金融也进入一个新的长期发展的阶段。2013—2015 年，由于互联网金融平台有着远远低于任何传统第三方金融机构的规模和门槛，一时间大量企业涌入互联网第三方金融领域。第三方金融移动支付的发展逐渐成熟、P2P 随着网络借贷众筹平台规模爆发式增长、众筹金融平台逐渐被挖掘和运用推广到不同的领域中去，首家新型互联网金融商业保险、首家新型互联网金融商业银行申请相继获

得审批并正式成立；同时，信托、券商、基金等众筹金融机构也进一步开始积极布局和发展互联网众筹金融，为广大客户和投资者提供更便捷的一站式专业互联网金融服务。我国的互联网金融进入快速发展阶段。

④ 争议阶段。2015 年是我国互联网行业进入高度爆发式快速增长的一年，同时也是互联网行业金融风险问题集体暴露最为集中的一年。从 2015 年下半年开始，互联网金融行业监管工作进入密集期，整个行业的大洗牌正式开始。

⑤ 行业清明阶段。2016 年 10 月起，“一行三会”等多个金融监管部门相继对第三方平台在线支付、P2P 网络小额借贷、地方证券交易所、股权融资众筹、互联网金融保险、虚拟数字货币、互联网资产管理、现金贷、网络小贷等互联网平台及其他金融业务经营模式展开了风险专项综合整治。一波又一波的金融监管重拳频频落地，开启了互联网金融严监管的新里程。

（2）国内互联网金融发展的现状

① 第三方支付繁荣发展。中国人民银行的支付业务数据统计资料表明，自 2012 年开始国内的移动互联网金融业支付业务的年均增速已经超过 20%，非现金支付业务已经成为当下的第三方支付业务潮流，其中第三方移动支付功不可没。自从移动支付在互联网迅速普及和发展以来，用户的移动支付终端 App 使用时长出现快速爆发式的增长。在电商进入移动互联网发展时代，移动互联网终端支付管道将比市场上传统的支付管道具备更强的可操作性和便捷性，开启了移动互联网服务行业移动化快速发展的历史性序幕。第三方电商向传统移动支付终端的快速延伸，带动第三方支付也向传统的移动支付终端扩张，开启了电商进入移动第三方支付时代的发展历程。

② 众筹融资逐步兴起。由国内近年来各类众筹融资股权类平台的发展情况可以明显看出，受到规模和股东人数的限制等诸多政策要求的影响和限制，股权类的众筹融资平台数量相对较少。

③ 互联网货币基金兴盛。以该模式下一个典型代表产品余额宝为例，它是该类理财业务的先行者，其经营理念和增值原则为“共享、共赢、互利、高效、安全”，是借助互联网的金融服务运营平台将其融合于 P2P、N2N、众筹等多种金融服务运营模式中来完成销售各类理财产品的一种全新运营模式。余额宝于 2013 年 6 月 13 日上线，截至 2018 年年末，余额宝累计实现净收益 681.1 亿元，以余额宝为代表的互联网金融货币基金已经逐渐进入兴盛时期。

④ 理财产品在线销售蓬勃发展。互联网金融理财产品的在线销售方式主要是以互联网金融时代的其他金融平台产品为基础和中介，为用户提供更多的金融信息和服务，方便用户完成对互联网金融财富管理产品的大额投资和交易。其显著特点之一就是在互联网金融及其相关领域为用户提供完全智能化的手机搜索、微信支付等在线金融应用和某些金融服务。此外，互联网金融提供的产品和服务已覆盖国内大多数城市，并且与近万家互联网金融专业服务机构共同开展了战略合作，覆盖了国内上千万个互联网金融理财产品，为用户提供更加便捷、更加丰富、更加安全的互联网金融产品和信息服务。

1.2.2 我国互联网金融迅猛发展的原因

随着互联网技术的进步，互联网金融在近几年得到了迅猛发展，大数据金融、第三方支付、P2P、众筹、供应链金融等各类创新模式此起彼伏。互联网金融的快速发展对社会经济的发展、实现普惠金融发挥了重要作用。为什么在这短短几年时间我国互联网金融发展速度如此之快？探寻其根本原因，主要有以下几点。

1.2.2.1 互联网的渗透引发行业融合

（1）对用户的渗透改变了用户消费习惯

在环境优化和终端技术进步的推动下，互联网的渗透率不断提升。截至 2020 年 12 月，中国互联网用户的规模为 9.89 亿，渗透率超过 70%。互联网已经成为人们生活的一部分，移动互联网的崛起，LBS（手机定位）、移动支付、二维码等技术的应用，更是让用户可以随时随地完成消费行为，便利性大幅度提升，越来越多的消费者开始由线下转移至线上（见图 1-1）。

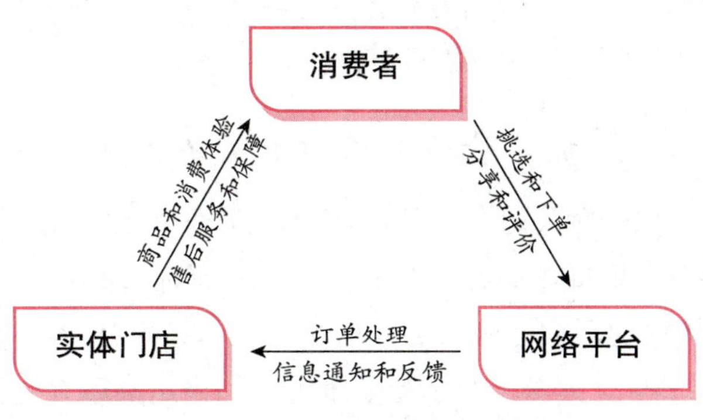

图 1-1　改变用户消费习惯

（2）对产业的渗透引发了产业融合

互联网行业在第三次工业革命中诞生，技术平台和底层架构的特性赋予了其强大的连接功能，摆脱了传统的时空、地域的限制，覆盖范围、传输效率和时效性都较传统行业有了质的飞跃。互联网技术开始渗透各个行业，并且引发了以融合为特征的产业革命，产业之间的技术、产品和服务相互渗透和交叉，一种产品或者服务往往是多个产业的结晶，原有的产业界限日益模糊。

随着互联网和移动互联网对用户和行业的渗透率的提高，未来互联网行业和其他行业的融合是必然趋势，传统行业的生产效率会在互联网技术的驱动下或主动或被动地提升。同时，我们还应该注意到移动互联网的冲击将会比传统互联网的冲击来得更快、更猛烈。

1.2.2.2 多方需求的共同作用

（1）中小客户对金融服务的需求强烈

作为营利机构，以银行为代表的传统金融机构以自身利益最大化为运营目的，单位业务规模较大的客户能够在实现相同收入的情况下有效摊薄人力、物业和设备等运营成本和风控成本，利润贡献占比更高，金融机构的各类资源必然会向大客户倾斜，由此导致针对中小客户的产品种类不多、服务深度不够。传统金融机构的主要业务是中高额贷款，民间私企、小额贷款涉及较少，而小额贷款在民间的需求量是巨大的。根据阿里巴巴平台调研数据，约 89% 的企业客户需要融资，53.7% 的客户需要无抵押贷款，融资需求在 50 万元以下的企业约占 55.3%，融资需求在 200 万元以下的企业约占 87.3%。

（2）互联网企业多样化变现方式的探索

中国互联网行业经过近 30 年的发展，产生了以百度、阿里和腾讯为代表的大型互联网企业。根据

2013 年的统计结果，目前全球独立用户访问量前 20 的网站中，中国有 5 家网站上榜。移动互联网应用也已经拥有数以亿计的用户，并仍在快速增加。2013 年 6 月，微博注册用户数量为 5.36 亿；7 月 25 日，腾讯宣布微信用户数量突破 4 亿。

互联网行业典型的商业模式是通过免费的应用吸引足够多的用户，然后利用不同的方式对用户进行商业价值的开发，互联网广告和网络游戏的快速发展已经证明了互联网用户的巨大价值。在通过广告和游戏对大量的用户资源完成第一阶段的变现之后，仍然有大量的冗余流量价值未被开发，因此拓展至其他行业进行附加利润获取成为趋势，互联网金融的出现，使互联网公司闲置的客户资源和资产管理公司闲置的投资机会一拍即合。

（3）资产管理公司对低成本渠道和用户的探索

以基金公司为代表的资产管理公司的功能主要集中于产品设计和投资研发，并未自建渠道直面客户，客户获取成本高昂。Wind 统计数据显示，2013 年上半年 72 家基金公司共计提取管理费用 138.65 亿元，向银行等销售渠道支付了 23.97 亿元的客户维护费用即尾随佣金，尾随佣金整体比例已经达到了 17.29%。大资产管理背景下的产品供给会越来越丰富，渠道的优势和议价能力将更加凸显，如何找到低成本的渠道是资产管理公司的迫切需求。

资产管理公司产品通过银行和第三方销售渠道进行销售时，销售行为在渠道完成，基金公司只能获得客户姓名、联系方式、产品购买量等简单数据，而客户风险评估、资产构成结构等关键数据都掌握在银行手中。通过与互联网公司的合作，基金公司开始直接面对客户，获取用户的关键数据，资产管理公司可以通过数据分析客户需求，开发相应的理财产品。

1.2.2.3 技术进步提升配置效率

（1）交易成本源于信息不对称

金融的本质功能是融通资金，实现供需双方的匹配，由于需求双方的信息不对称，以银行、证券为代表的一系列金融机构扮演着中介的角色，推动资金的拥有权和使用权的分离，实现风险和收益的匹配。这种匹配会大幅度提升资源的有效性，但成本巨大。

（2）技术进步降低交易成本

互联网技术的进步，尤其是社交网络、搜索引擎、大数据技术出现以后，市场信息不对称程度降低，个人和企业的日常行为可以被充分地记录、查找和分析，并以此为基础构建风险评价模型，信息处理成本和交易成本大幅度降低。

（3）资源配置有效性提升，中介职能弱化

在供需信息充分透明、交易成本极低的情况下，中介的职能将会被削弱，资金的供求双方可以进行面对面交易，双方或多方交易可同时进行，通过拍卖等方式进行定价，供需双方都有透明、公开的机会，市场的公平性和有效性会较传统金融行业大幅度提高，达到接近完全竞争的理想状态。

1.2.3 互联网金融发展的现实意义

一是有助于发展普惠金融，弥补传统金融服务的不足。

互联网金融的市场定位主要在“小微”层面，具有“海量交易笔数，小微单笔金额”的特征，这种小额、快捷、便利的特征，具有普惠金融的特点和促进包容性增长的功能，在小微金融领域具有突出的优势，一定程度上填补了传统金融覆盖面的空白。因此，互联网金融和传统金融相互促进、共同发展，既有竞争又有合作，两者都是我国多层次金融体系的有机组成部分。

二是有利于发挥民间资本作用，引导民间金融走向规范化。

我国民间借贷资本数额庞大，长期以来缺乏高效、合理的投资方式和渠道，游离于正规金融监管体系之外，客观上需要阳光化、规范化运作。规范发展 P2P 网贷、众筹融资等，能够引导民间资本投资国家鼓励的领域和项目，遏制高利贷，盘活民间资金存量，使得民间资本更好地服务实体经济。众筹股权融资也体现了多层次资本市场的客观要求。

三是满足电子商务需求，扩大社会消费。

电子商务对支付方便、快捷、安全性的要求，推动了互联网支付特别是移动支付的发展；电子商务所需的创业融资、周转融资需求和客户的消费融资需求，促进了网络小贷、众筹融资、P2P 网贷等互联网金融业态的发展。电子商务的发展催生了金融服务方式的变革，与此同时，互联网金融也推动了电子商务的发展。

四是有助于降低成本，提升资金配置效率和金融服务质量。

互联网金融利用电子商务、第三方支付、社交网络形成的庞大的数据库和数据挖掘技术，显著降低了交易成本。互联网金融企业不需要设立众多分支机构、雇佣大量人员，大幅降低了经营成本。互联网金融提供了有别于传统银行和证券市场的新融资渠道，以及全天候、全方位、一站式的金融服务，提升了资金配置效率和服务质量。

五是有助于促进金融产品创新，满足客户的多样化需求。

互联网金融的快速发展和理念创新，不断推动传统金融机构改变业务模式和服务方式，从而加强了与传统金融之间的合作。互联网金融企业依靠大数据和云计算技术，能够动态了解客户的多样化需求，掌握客户的资信状况，从而有助于改善传统金融的信息不对称问题，提升风险控制能力，推出个性化金融产品。

从过去十年看未来十年——腾讯的金融布局

作为中国互联网市值最高的两家企业，腾讯和阿里的一举一动乃至每一次组织架构调整都颇受外界关注。这一次是腾讯金融的“升线”调整，把一直以来就处在风口浪尖的金融部门再一次推向了人们视线的焦点之上。

9 月 14 日，腾讯内部发了一份《关于“支付基础平台与金融应用线”组织架构调整的通知》，宣布撤销此前以财付通为主体构建的金融业务架构，全部划入新的“支付基础平台与金融应用”线下。这条线包括多个部门：支付平台部、理财平台产品部、平台研发部、金融市场部等。

一直以来，不少业内人士猜测，腾讯迟早会整合旗下所有的互联网金融资源，甚至进行专门的架构调整，为金融业务的发展进一步“开山辟路”。没想到的是来得这么突然和果决，并且腾讯依然保持了低调，没有做任何对外宣传。当然这也并不能阻止媒体的围观评论。自然而然地，很多评论将腾讯金融和阿里系的蚂蚁金服相比较，的确无论是业务类型还是战略意图，二者之间都有着极为相似的路径和战略规划。业务上，你有的我都有；战略上，金融都当成了两家企业下一个十年的核心战略之一。我们不一一对比二者的优劣，只探讨一下腾讯金融系统这十年来是如何步步为营发展起来的，以此来判断未来的十年腾讯金融将如何布局。

而今，双方不约而同将互联网金融作为下一个十年的核心战略之一。阿里在 2014 年成立蚂蚁金服集团，并把支付、理财、网络银行、小额贷款等互联网金融业务注入其中。可以说，蚂蚁金服就是阿里互联网金融的独立军团。

从腾讯金融此次“升线”来看，未来腾讯金融战略将更加集中，从多点开花转变为强调集团军作战。通过深度整合财付通、微信支付、QQ 钱包、理财通、征信等优势资源，意味着将几组金融重拳重新配置，形成合力从而发挥更大的威力。

过去，腾讯金融十年的布局“章法”

毋庸置疑，腾讯是中国最重视金融业务的互联网公司之一。过去的十年里，腾讯在互联网金融上的布局，就像一位高手在下棋，眼光也放得比较长远，而它每一步的落子都有其意图，不同的棋子看似独立实则密切相关。这次的升线就是把棋盘上关键的棋子进行串并联，循序渐进、步步为营，这就是所谓的“章法”。

在互联网时代，支付是所有商业活动的起点和终点。而对于互联网金融，支付也是极其重要的连接工具。早在 2005 年，腾讯就推出在线支付平台财付通，而今，财付通用户规模超过 2 亿，是中国互联网最普及的支付工具之一。

财付通无疑是腾讯金融的开山之作，此后的多个金融产品都是在此基础上发展起来的。当然，随着移动互联网的到来，腾讯也为移动支付注入了更多的创新元素。

在财付通的底层技术、支付能力和安全体系下，微信支付和 QQ 钱包应运而生。在腾讯内部，“QQ 钱包 + 微信支付”被看作是腾讯开拓移动支付 O2O 应用场景的“倚天剑”和“屠龙刀”。如今，无论在商场、便利店、加油站甚至是影院购票，都可以看到它们的身影。在腾讯的战略规划下，移动支付不再是单纯的支付管道，而逐渐成为连接用户与商家，连接用户与服务的“连接器”。

做金融不可能没有支付能力，因此在线支付和移动支付只是腾讯在金融领域开疆扩土的第一步。腾讯终极的目标是成为互联网与金融的“连接器”。

金融业务包罗万象，腾讯接下来要做的就是，在移动支付的基础上探索创新出更多的金融服务产品，实现互联网金融的商业价值。

此后，腾讯又陆续推出了互联网理财平台理财通、证券产品自选股，以及将要上线的微证券。理财通从 2014 年 1 月发展至今，已不再局限于“宝宝类”理财产品，而是囊括货币基金、定期理财、保险理财、指数基金等，成为腾讯互联网金融的载体平台。而依托于 8 亿的 QQ 用户和 6 亿的微信用户，理财通发展势头犹如星火燎原，截至 2015 年 7 月，理财通用户数超过 1 600 万，交易额已突破 1 500 亿元。

“循序渐进、步步为营”，八个字很好地诠释了腾讯金融的布局之道。为了更好地推进普惠金融，让每一个个体和微小企业都充分享受到优质的金融服务，腾讯再一次切入传统金融的“腹地”——银行。

2014年年末，腾讯旗下深圳前海微众银行正式上线，成为中国第一家纯互联网银行。2015年1月，李克强总理视察微众银行。“现在希望用你们的方式来倒推传统金融的改革”，李总理对于微众银行同样寄予厚望。进入2015年，包括阿里旗下网商银行也完成上线。然而从客观上看，网络银行的发展仍然受到政策环境的束缚，要实现更多的普及、真正影响普通人的生活，网络银行还有比较长的路要走。

还有一块业务，对于互联网金融非常重要，然而却经常被大家忽略，这就是个人征信。此前，作为传统金融的关键一环，征信业务始终牢牢掌握在央行以及传统金融机构手中。有机构预测，未来中国个人征信市场空间可达千亿元规模，对于互联网公司，这依然是前景诱人的蓝海市场。

目前，腾讯征信已经推出人脸识别服务、反欺诈产品和信用评分报告三大产品。腾讯征信总经理吴丹坦言，互联网征信是对央行征信系统的补充。腾讯征信拥有庞大的社交数据，包括优秀的网络信息安全记录，可以帮助5亿没有信贷和征信记录的人群建立个人信用。

如此看来，腾讯互联网金融布局已经基本落定。从2015年下半年开始，随着国家对于互联网金融各项监管和扶持政策的具体实施，腾讯互联网金融有望全面开花结果，攫取丰厚的红利。

未来，只做连接器，不做颠覆者

还有一个重要的问题，那就是腾讯要在互联网金融里扮演什么样的角色？

众所周知，腾讯是“互联网+”的最早提出者，更是最坚定的倡导者。2015年两会上，“互联网+”被写入政府工作报告，李总理也强调“互联网+”要带动传统产业的升级和转型。

事实上，我们几乎看不到腾讯在互联网金融上采取过“颠覆”“干掉”等字眼。正如我们上面提过的，腾讯希望自己做互联网和金融的连接器。如果翻看腾讯十几年的发展史，从最早做社交，连接人与人的沟通；到支付，连接人与商品；再到金融产品，连接人与金融服务……未来的互联网金融，甚至会出现人与智能设备的连接，比如已经成为现实的人脸识别和支付。

也因为“连接”的理念，从2005年做财付通开始，腾讯做互联网金融的方式和竞争对手有明显的差异。因为既然希望合作伙伴进入“连接”的生态系统中来，腾讯唯一要做的就是为“连接”构建最好的服务环境和管道设施，财付通、微信、理财通这些产品无一例外都是为用户、为合作伙伴服务的。

很多人在议论，腾讯此番调整架构就是为了对标阿里蚂蚁金服。对此，我的看法是，这个目的当然有，但肯定不是主要意图。互联网金融的未来足够广阔，大到足以容下腾讯、阿里及更多的创业公司。而在幸福到来之前，大家要做的不是说干掉哪个对手，而是要想清楚自己要成为的样子。

腾讯既然坚定地要做连接器，所有的战略焦点和布局实施就应该是把自己的生态搞得和谐健康，把连接能力和服务能力做到极致。

资料来源：《科技观察》2015年9月22日

实训操作

中国金融认证中心

中金金融认证中心有限公司（即中国金融认证中心 China Financial Certification Authority，简称 CFCA），是由中国人民银行于 1998 年牵头组建，经国家信息安全管理机构批准成立的权威电子认证机构。在中国人民银行和中国银联的领导下，历经 20 余年积淀，CFCA 已发展成为以网络安全综合服务为核心的科技企业。

作为我国重要的信息安全基础设施之一，CFCA 始终坚持自主研发与科技创新，先后参与了“国家金卡工程”“国家 863 计划”等重大科研项目，牵头制定了 30 多项国家标准、金融行业标准、密码行业标准及重要团体标准，拥有发明专利、软件著作权 100 多项，多次荣获中国人民银行颁发的“银行科技发展奖”及政府、协会等颁发的重要奖项。

网络安全风险是全球共同面临的挑战，CFCA 在自身不断发展的同时，积极投身国际安全认证体系构建。作为中国最早一批完成 WebTrust 国际标准审计并获得微软、Mozilla、谷歌、苹果等主流根证书库全入根，且是目前中国唯一获得 LEI 验证代理资格的电子认证机构，近年来 CFCA 积极参与 CAB 论坛、亚太 PKI 论坛、FIDO 联盟、GLEIF Global CA Stakeholder Group 等国际组织，共同打造全球化数字开放服务生态。

依托雄厚的技术实力和运营能力，CFCA 匠心打造电子认证、网络安全产品与服务、安全支付、互联网财经媒体等多个业务板块，搭建了电子合同签署、电子数据存证与司法服务等核心平台，先后培育出无纸化、安心签、云证通、App 检测等旗舰产品。凭借多元化的综合服务优势，成为助力政府、金融机构、企业集团数字化转型升级的中坚力量。

展望未来，CFCA 致力于构建可信网络空间，依托开放平台实现生态协同发展，积极融入国家数字经济建设大局，践行企业社会责任，力争成为数字化时代网络安全的先导者。

实训内容：查阅我国互联网金融发展现状及存在的网络安全风险，并分析互联网金融未来的发展趋势。

项目总结

（1）“互联网 +”（internet plus）是互联网化的意思，就是基于互联网的基础设施、社交媒体、移动互联网、数据分析和云计算等数字技术从互联网产业不断向传统产业延伸、渗透，进而推动传统产业实现数字化转型的趋势。

（2）2013 年是中国互联网金融元年，所谓“元年”，是指在这一年互联网金融概念被普遍接受，互联网金融的各种业态基本呈现。

（3）狭义的互联网金融就是以互联网为平台，以大数据整合为基础而构建的具有相应金融功能的新金融业态和新金融系统。广义的互联网金融是指一切基于互联网平台的金融功能和金融服务，包括狭义的互联网金融和传统金融业务的互联网化。

（4）互联网金融的主要特征有：透明化、去中介化、移动化、覆盖广与发展快、低成本与高效率、管理弱与风险大。

政策监管

中国人民银行
工业和信息化部
公安部
财政部
国家工商行政管理总局
国务院法制办公室
中国银行业监督管理委员会
中国证券监督管理委员会
中国保险监督管理委员会
国家互联网信息办公室 文件

（银发〔2015〕221 号）

中国人民银行 工业和信息化部 公安部 财政部 工商总局
法制办 银监会 证监会 保监会 国家互联网信息办公室
关于促进互联网金融健康发展的指导意见

近年来，互联网技术、信息通信技术不断取得突破，推动互联网与金融快速融合，促进了金融创新，提高了金融资源配置效率，但也存在一些问题和风险隐患。为全面贯彻落实党的十八大和十八届二中、三中、四中全会精神，按照党中央、国务院决策部署，遵循“鼓励创新、防范风险、趋利避害、健康发展”的总体要求，从金融业健康发展全局出发，进一步推进金融改革创新和对外开放，促进互联网金融健康发展，经党中央、国务院同意，现提出以下意见。

一、鼓励创新，支持互联网金融稳步发展

互联网金融是传统金融机构与互联网企业（以下统称从业机构）利用互联网技术和信息通信技术实现资金融通、支付、投资和信息中介服务的新型金融业务模式。互联网与金融深度融合是大势所趋，将对金融产品、业务、组织和服务等方面产生更加深刻的影响。互联网金融对促进小微企业发展和扩大就业发挥了现有金融机构难以替代的积极作用，为大众创业、万众创新打开了大门。促进互联网金融健康发展，有利于提升金融服务质量和效率，深化金融改革，促进金融创新发展，扩大金融业对内对外开放，构建多层次金融体系。作为新生事物，互联网金融既需要市场驱动，鼓励创新，也需要政策助力，促进发展。

（一）积极鼓励互联网金融平台、产品和服务创新，激发市场活力。鼓励银行、证券、保险、基金、信托和消费金融等金融机构依托互联网技术，实现传统金融业务与服务转型升级，积极开发基于互联网技术的新产品和新服务。支持有条件的金融机构建设创新型互联网平台开展网络银行、网络证券、网络保险、网络基金销售和网络消费金融等业务。支持互联网企业依法合规设立互联网支付机构、网络借贷

平台、股权众筹融资平台、网络金融产品销售平台，建立服务实体经济的多层次金融服务体系，更好地满足中小微企业和个人投融资需求，进一步拓展普惠金融的广度和深度。鼓励电子商务企业在符合金融法律法规规定的条件下自建和完善在线金融服务体系，有效拓展电商供应链业务。鼓励从业机构积极开展产品、服务、技术和管理创新，提升从业机构核心竞争力。

（二）鼓励从业机构相互合作，实现优势互补。支持各类金融机构与互联网企业开展合作，建立良好的互联网金融生态环境和产业链。鼓励银行业金融机构开展业务创新，为第三方支付机构和网络贷款平台等提供资金存管、支付清算等配套服务。支持小微金融服务机构与互联网企业开展业务合作，实现商业模式创新。支持证券、基金、信托、消费金融、期货机构与互联网企业开展合作，拓宽金融产品销售管道，创新财富管理模式。鼓励保险公司与互联网企业合作，提升互联网金融企业风险抵御能力。

（三）拓宽从业机构融资管道，改善融资环境。支持社会资本发起设立互联网金融产业投资基金，推动从业机构与创业投资机构、产业投资基金深度合作。鼓励符合条件的优质从业机构在主板、创业板等境内资本市场上市融资。鼓励银行业金融机构按照支持小微企业发展的各项金融政策，对处于初创期的从业机构予以支持。针对互联网企业特点，创新金融产品和服务。

（四）坚持简政放权，提供优质服务。各金融监管部门要积极支持金融机构开展互联网金融业务。按照法律法规规定，对符合条件的互联网企业开展相关金融业务实施高效管理。工商行政管理部门要支持互联网企业依法办理工商注册登记。电信主管部门、国家互联网信息管理部门要积极支持互联网金融业务，电信主管部门对互联网金融业务涉及的电信业务进行监管，国家互联网信息管理部门负责对金融信息服务、互联网信息内容等业务进行监管。积极开展互联网金融领域立法研究，适时出台相关管理规章，营造有利于互联网金融发展的良好制度环境。加大对从业机构专利、商标等知识产权的保护力度。鼓励省级人民政府加大对互联网金融的政策支持。支持设立专业化互联网金融研究机构，鼓励建设互联网金融信息交流平台，积极开展互联网金融研究。

（五）落实和完善有关财税政策。按照税收公平原则，对于业务规模较小、处于初创期的从业机构，符合我国现行对中小企业特别是小微企业税收政策条件的，可按规定享受税收优惠政策。结合金融业营业税改征增值税改革，统筹完善互联网金融税收政策。落实从业机构新技术、新产品研发费用税前加计扣除政策。

（六）推动信用基础设施建设，培育互联网金融配套服务体系。支持大数据存储、网络与信息安全维护等技术领域基础设施建设。鼓励从业机构依法建立信用信息共享平台。推动符合条件的相关从业机构接入金融信用信息基础数据库。允许有条件的从业机构依法申请征信业务许可。支持具备资质的信用中介组织开展互联网企业信用评级，增强市场信息透明度。鼓励会计、审计、法律、咨询等中介服务机构为互联网企业提供相关专业服务。

二、分类指导，明确互联网金融监管责任

互联网金融本质仍属于金融，没有改变金融风险隐蔽性、传染性、广泛性和突发性的特点。加强互联网金融监管，是促进互联网金融健康发展的内在要求。同时，互联网金融是新生事物和新兴业态，要制定适度宽松的监管政策，为互联网金融创新留有余地和空间。通过鼓励创新和加强监管相互支撑，促进互联网金融健康发展，更好地服务实体经济。互联网金融监管应遵循“依法监管、适度监管、分类监管、协同监管、创新监管”的原则，科学合理界定各业态的业务边界及准入条件，落实监管责任，明确风险底线，保护合法经营，坚决打击违法和违规行为。

（七）互联网支付。互联网支付是指通过计算机、手机等设备，依托互联网发起支付指令、转移货币资金的服务。互联网支付应始终坚持服务电子商务发展和为社会提供小额、快捷、便民小微支付服务的宗旨。银行业金融机构和第三方支付机构从事互联网支付，应遵守现行法律法规和监管规定。第三方支付机构与其他机构开展合作的，应清晰界定各方的权利义务关系，建立有效的风险隔离机制和客户权

益保障机制。要向客户充分披露服务信息，清晰地提示业务风险，不得夸大支付服务中介的性质和职能。互联网支付业务由人民银行负责监管。

（八）网络借贷。网络借贷包括个体网络借贷（即 P2P 网络借贷）和网络小额贷款。个体网络借贷是指个体和个体之间通过互联网平台实现的直接借贷。在个体网络借贷平台上发生的直接借贷行为属于民间借贷范畴，受合同法、民法通则等法律法规以及最高人民法院相关司法解释规范。个体网络借贷要坚持平台功能，为投资方和融资方提供信息交互、撮合、资信评估等中介服务。个体网络借贷机构要明确信息中介性质，主要为借贷双方的直接借贷提供信息服务，不得提供增信服务，不得非法集资。网络小额贷款是指互联网企业通过其控制的小额贷款公司，利用互联网向客户提供的小额贷款。网络小额贷款应遵守现有小额贷款公司监管规定，发挥网络贷款优势，努力降低客户融资成本。网络借贷业务由银监会负责监管。

（九）股权众筹融资。股权众筹融资主要是指通过互联网形式进行公开小额股权融资的活动。股权众筹融资必须通过股权众筹融资中介机构平台（互联网网站或其他类似的电子媒介）进行。股权众筹融资中介机构可以在符合法律法规规定前提下，对业务模式进行创新探索，发挥股权众筹融资作为多层次资本市场有机组成部分的作用，更好服务创新创业企业。股权众筹融资方应为小微企业，应通过股权众筹融资中介机构向投资人如实披露企业的商业模式、经营管理、财务、资金使用等关键信息，不得误导或欺诈投资者。投资者应当充分了解股权众筹融资活动风险，具备相应风险承受能力，进行小额投资。股权众筹融资业务由证监会负责监管。

（十）互联网基金销售。基金销售机构与其他机构通过互联网合作销售基金等理财产品的，要切实履行风险披露义务，不得通过违规承诺收益方式吸引客户；基金管理人应当采取有效措施防范资产配置中的期限错配和流动性风险；基金销售机构及其合作机构通过其他活动为投资人提供收益的，应当对收益构成、先决条件、适用情形等进行全面、真实、准确表述和列示，不得与基金产品收益混同。第三方支付机构在开展基金互联网销售支付服务过程中，应当遵守人民银行、证监会关于客户备付金及基金销售结算资金的相关监管要求。第三方支付机构的客户备付金只能用于办理客户委托的支付业务，不得用于垫付基金和其他理财产品的资金赎回。互联网基金销售业务由证监会负责监管。

（十一）互联网保险。保险公司开展互联网保险业务，应遵循安全性、保密性和稳定性原则，加强风险管理，完善内控系统，确保交易安全、信息安全和资金安全。专业互联网保险公司应当坚持服务互联网经济活动的基本定位，提供有针对性的保险服务。保险公司应建立对所属电子商务公司等非保险类子公司的管理制度，建立必要的防火墙。保险公司通过互联网销售保险产品，不得进行不实陈述、片面或夸大宣传过往业绩、违规承诺收益或者承担损失等误导性描述。互联网保险业务由保监会负责监管。

（十二）互联网信托和互联网消费金融。信托公司、消费金融公司通过互联网开展业务的，要严格遵循监管规定，加强风险管理，确保交易合法合规，并保守客户信息。信托公司通过互联网进行产品销售及开展其他信托业务的，要遵守合格投资者等监管规定，审慎甄别客户身份和评估客户风险承受能力，不能将产品销售给与风险承受能力不相匹配的客户。信托公司与消费金融公司要制定完善产品档签署制度，保证交易过程合法合规，安全规范。互联网信托业务、互联网消费金融业务由银监会负责监管。

三、健全制度，规范互联网金融市场秩序

发展互联网金融要以市场为导向，遵循服务实体经济、服从宏观调控和维护金融稳定的总体目标，切实保障消费者合法权益，维护公平竞争的市场秩序。要细化管理制度，为互联网金融健康发展营造良好环境。

（十三）互联网行业管理。任何组织和个人开设网站从事互联网金融业务的，除应按规定履行相关金融监管程序外，还应依法向电信主管部门履行网站备案手续，否则不得开展互联网金融业务。工业和信息化部负责对互联网金融业务涉及的电信业务进行监管，国家互联网信息办公室负责对金融信息服务、

互联网信息内容等业务进行监管，两部门按职责制定相关监管细则。

（十四）客户资金第三方存管制度。除另有规定外，从业机构应当选择符合条件的银行业金融机构作为资金存管机构，对客户资金进行管理和监督，实现客户资金与从业机构自身资金分账管理。客户资金存管账户应接受独立审计并向客户公开审计结果。人民银行会同金融监管部门按照职责分工实施监管，并制定相关监管细则。

（十五）信息披露、风险提示和合格投资者制度。从业机构应当对客户进行充分的信息披露，及时向投资者公布其经营活动和财务状况的相关信息，以便投资者充分了解从业机构运作状况，促使从业机构稳健经营和控制风险。从业机构应当向各参与方详细说明交易模式、参与方的权利和义务，并进行充分的风险提示。要研究建立互联网金融的合格投资者制度，提升投资者保护水平。有关部门按照职责分工负责监管。

（十六）消费者权益保护。研究制定互联网金融消费者教育规划，及时发布维权提示。加强互联网金融产品合同内容、免责条款规定等与消费者利益相关的信息披露工作，依法监督处理经营者利用合同格式条款侵害消费者合法权益的违法、违规行为。构建在线争议解决、现场接待受理、监管部门受理投诉、第三方调解以及仲裁、诉讼等多元化纠纷解决机制。细化完善互联网金融个人信息保护的原则、标准和操作流程。严禁网络销售金融产品过程中的不实宣传、强制捆绑销售。人民银行、银监会、证监会、保监会会同有关行政执法部门，根据职责分工依法开展互联网金融领域消费者和投资者权益保护工作。

（十七）网络与信息安全。从业机构应当切实提升技术安全水平，妥善保管客户资料和交易信息，不得非法买卖、泄露客户个人信息。人民银行、银监会、证监会、保监会、工业和信息化部、公安部、国家互联网信息办公室分别负责对相关从业机构的网络与信息安全保障进行监管，并制定相关监管细则和技术安全标准。

（十八）反洗钱和防范金融犯罪。从业机构应当采取有效措施识别客户身份，主动监测并报告可疑交易，妥善保存客户资料和交易记录。从业机构有义务按照有关规定，建立健全有关协助查询、冻结的规章制度，协助公安机关和司法机关依法、及时查询、冻结涉案财产，配合公安机关和司法机关做好取证和执行工作。坚决打击涉及非法集资等互联网金融犯罪，防范金融风险，维护金融秩序。金融机构在和互联网企业开展合作、代理时应根据有关法律和规定签订包括反洗钱和防范金融犯罪要求的合作、代理协议，并确保不因合作、代理关系而降低反洗钱和金融犯罪执行标准。人民银行牵头负责对从业机构履行反洗钱义务进行监管，并制定相关监管细则。打击互联网金融犯罪工作由公安部牵头负责。

（十九）加强互联网金融行业自律。充分发挥行业自律机制在规范从业机构市场行为和保护行业合法权益等方面的积极作用。人民银行会同有关部门，组建中国互联网金融协会。协会要按业务类型，制订经营管理规则和行业标准，推动机构之间的业务交流和信息共享。协会要明确自律惩戒机制，提高行业规则和标准的约束力。强化守法、诚信、自律意识，树立从业机构服务经济社会发展的正面形象，营造诚信规范发展的良好氛围。

（二十）监管协调与数据统计监测。各监管部门要相互协作、形成合力，充分发挥金融监管协调部际联席会议制度的作用。人民银行、银监会、证监会、保监会应当密切关注互联网金融业务发展及相关风险，对监管政策进行跟踪评估，适时提出调整建议，不断总结监管经验。财政部负责互联网金融从业机构财务监管政策。人民银行会同有关部门，负责建立和完善互联网金融数据统计监测体系，相关部门按照监管职责分工负责相关互联网金融数据统计和监测工作，并实现统计数据和信息共享。

项目2
互联网支付

学习目标

通过学习掌握互联网支付的含义和内容，了解我国互联网支付的发展历程及现状；掌握互联网支付的运营模式，同时了解互联网支付所面临的风险和机遇及其应对措施；理解互联网支付对互联网金融的基础作用。

思政目标

树立风险意识。

具有安全防范意识。

案例导学

老外也能用微信支付了

中国约有7亿移动支付用户，他们可以靠一部手机出门旅行生活。如今，1亿多人次的外籍旅客也可以在中国使用支付宝、微信支付。

外籍人士在中国也可用支付利器

昨日，处在中国移动支付市场第一梯队的支付宝和微信支付均放出大招，蚂蚁金服官宣已推出“支付宝海外版”；腾讯与国际五大信用卡组织合作，支持境外开立的国际信用卡绑定微信支付。简而言之，外国人在中国都可用支付宝和微信支付。

11月6日，在第二届进博会金融科技分论坛上，蚂蚁金服董事长兼首席执行官井贤栋透露，近日已推出面向外国游客的“支付宝海外版”。腾讯公司在相关政策指引下，与Visa（维萨）、Mastercard（万事达）、American Express（美国运通）、Discover Global Network（含Diners Club大来卡）、JCB（日本的国际信用卡品牌）五大国际卡组织开展一系列合作，支持境外开立的国际信用卡绑定微信支付。

不过，支付巨头大招的背后，各有差异。支付宝的外籍旅客访华支付方案，是通过银行小程序实现的。外籍旅客进入中国下载支付宝海外版后，可通过应用内由上海银行主导推出的“Tour Pass”小程序，申请到一张上海银行的电子“消费卡”。外国用户只需通过身份认证，并绑定自己的海外银行卡给这张中国“消费卡”充值，即可在全国范围内的衣食住行游消费场景实现线下扫码支付。据了解，这种外国旅客来中国专用的电子“消费卡”，单次充值有效期为 90 天，且可多次充值。90 天后，卡内剩余资金将原路退回用户的海外银行卡。

而腾讯是与五大国际信用卡组织合作为外籍旅客解决在中国的移动支付问题，目前支持场景有限。据了解，微信支付已支持外籍用户在 12306、滴滴出行、京东、携程等覆盖衣食住行的数十个商户消费，后续将在监管指导下、在严格落实反洗钱相关政策基础上，进一步有序放开更多使用场景。

政策推动提升外籍用户支付便利

一直在移动支付市场你追我赶的支付宝、微信支付，此次步调一致解决外籍用户的支付痛点需求均缘于相关政策的指引。

随着中国入境旅游人数不断增长，不能用手机支付已成为港澳台同胞及外籍人士在中国境内生活的一大痛点。近期一项 Twitter 上的调查显示，有近 20% 的外国网友认为，不能像中国人一样用手机支付，是他们来中国旅游时最大的烦恼。在此背景下，政府部门出台了多种政策，便利港澳台同胞及外籍人士在中国境内的生活。

2019 年 8 月 23 日，国务院办公厅发布了《关于进一步激发文化和旅游消费潜力的意见》，指出要提升入境旅游环境，提升消费场所多语种服务水平，完善入境游客移动支付解决方案，提高游客消费便利性。

10 月 30 日，中国人民银行上海总部发布《关于促进金融科技发展支持上海建设金融科技中心的指导意见》，其中第十条指出要优化支付清算服务的应用场景，“运用金融科技优化人民币国际化的金融基础设施，探索突破外籍用户应用第三方支付工具的障碍”。

从 8 月 23 日政策落地到官宣，支付宝、微信支付两大巨头均只用了约两个月的时间。

外籍用户移动支付需求市场巨大

近年来，越来越多的港澳台同胞及外籍人士选择来中国境内旅游、工作、生活。据文化和旅游部公布的数据显示，2018 年入境旅游人数 1.4 亿人次，比上年同期增长 1.2%；据科技部部长王志刚介绍，中国正日益成为世界各国人才创新创业的理想栖息地，2018 年中国累计发放外国人才工作许可证 33.6 万份，在中国境内工作的外国人已经超过 95 万人。外籍用户移动支付需求的快速增长将成为支付巨头的新战场。

据艾媒咨询数据显示，2018 年中国移动支付用户规模较 2017 年增长 17.2%，达到 6.59 亿人，预计 2019 年移动支付用户规模将突破 7 亿人，增至 7.33 亿人。支付宝和财付通（微信支付、QQ 钱包）进入市场早，注重用户体验和线上线下应用场景的丰富，占据了移动支付 90% 以上的市场份额，处于移动支付市场竞争第一梯队。处于第二梯队的有苏宁支付、银联云闪付、壹钱包等。

艾媒咨询分析师认为，中国移动支付市场增幅放缓，已经渐渐进入存量市场。C端移动支付市场基本成熟，支付平台纷纷将重心由线上转为线下，全方位打造支付生态圈，下半场的C端移动支付市场将呈现线下场景垂直化，服务精细化、多元化等趋势。

公开信息显示，支付宝、微信支付在完善境外用户的支付需求方面一直在角力竞争。据全球移动应用数据分析平台 App Annie 的数据显示：支付宝已经是全球最大的非社交类 App。

截至2019年9月，支付宝及其9个境外本地钱包合作伙伴一起，在全球服务超过12亿用户。其中，服务中国人出境游的海外商家遍布56个国家和地区，中国游客正在逐步实现“一部手机游全球”。

微信支付已支持境外用户使用内地银行卡绑定，并进行线上、线下的多场景消费。境外用户可通过护照、港澳回乡证、台胞证、港澳居民居住证和台湾居民居住证等五种证件的储蓄卡及信用卡绑定，覆盖银行多达128家。2015年10月，腾讯为入境游客推出了 We Tax Free Pass 微信小程序，方便入境游客在离境时使用微信退税。

材料来源：https://baijiahao.baidu.com/s?id=1649525747446489182&wfr=spider&for=pc
同花顺财经（2019-11-07）

2.1 互联网支付概述

2.1.1 互联网支付的定义

互联网支付是指客户为购买特定商品或服务，通过计算机等设备，依托互联网发起支付指令，实现货币资金转移的行为。

互联网支付是一种网上交易形式，主要表现为网银、第三方支付、移动支付。互联网支付就属于那种需要特别“照顾”的，因为从微观层面上说，互联网支付直接涉及用户的财产安全等切身利益，宏观层面上还关系着国家金融体系的稳定。

例如第三方支付公司拥有巨额的沉淀资金，获得了开展金融业务的潜在能力，能够对整个金融体系产生影响。从保证国家金融安全的角度看，政府监管肯定是必要的。

2.1.2 互联网支付的分类

2.1.2.1 按支付方式分类

（1）网络银行直接支付

网络银行直接支付作为最早被接受的互联网支付方式，由用户向网上银行发出申请，将银行里的钱直接划到商家名下的账户，完成交易，可以说是将传统的“一手交钱一手交货”式的交易模式完全照搬到互联网上。早期的网络银行服务促进了电子商务的发展，随着电子商务市场的不断发展，在网络零售业中普通用户更加倾向邀请具有公信力的第三方参与交易从而起到监督的作用。但是在一些数额较大的 B2B 交易中，仍然普遍使用此种支付模式，主要原因是随着交易金额的增大，对于第三方机构信誉的要求也越来越高，而且 B2B 支付要求有很高的资金收付速度。

（2）第三方辅助支付

此种支付方式除了用户（商户）和银行外还会有第三方的参与，但是与第三方支付平台不同的是，在此种支付方式中，用户无需在第三方机构拥有独立的账户，第三方机构所起到的作用是使双方交易更方便快捷。就拿超级网银为例，超级网银是 2009 年央行最新研发的标准化跨银行网上金融服务产品，通过构建“一点接入、多点对接”的系统架构，实现企业“一站式”网上跨银行财务管理，以方便企业金融理财操作为目的的金融服务产品。

（3）第三方支付平台支付

所谓第三方支付平台，就是一些具备一定实力和信誉保障的第三方平台与产品所在国家及国外各大银行签约，以提供交易支持，这样的平台就是第三方支付平台。在通过第三方支付平台的交易中，买方选购商品后，使用第三方平台提供的账户进行货款支付，由第三方通知卖家货款到达、进行发货；买方检验物品后，就可以通知付款给卖家，第三方再将款项转至卖家账户。因此买卖双方均需在第三方支付平台上拥有唯一识别标志，即账号。第三方支付能够为买卖双方的交易提供足够的安全保障。

互联网支付并不完全等同于第三方支付，互联网支付与第三方支付只是拥有一定的交集，既不是等价关系也非从属关系。互联网支付除了包含第三方支付以外还包括个人网络银行直接支付方式。第三方支付的本质是通过第三方参与交易使得交易更加安全、方便，因此除了可以在互联网上进行外，还可以通过其他渠道完成，如易付宝就已实现离线支付，允许通过电话进行第三方支付。

2.1.2.2 按支付工具分类

（1）电子信用卡网络支付

信用卡是银行或其他财务机构签发给资信状况良好人士的一种特制卡片，是一种特殊的信用凭证。电子信用卡网络支付模式可以分为无安全措施的电子信用卡支付模式、借助第三方代理机构的电子信用卡支付模式、基于 SSL 协议机制的电子信用卡支付模式和基于 SET 协议机制的电子信用卡支付模式。

电子信用卡网络支付模式覆盖范围宽广，但对网络安全环境的要求较高。

（2）数字现金支付

数字现金是一种以数据形式流通的、能被客户和商家普遍接受的、通过互联网购买商品或服务时使用的货币。通过隐蔽签名技术的使用，允许匿名，可以最大限度地保护用户的隐私。无需银行与银行中介的直接支付和转让使得这种支付模式十分经济。

（3）智能卡支付

智能卡是使用计算机集成电路芯片（即微型 CPU 和存储器 RAM）来存储用户的个人信息和电子货币信息，具有进行支付与结算等功能的消费卡。智能卡的网络支付方式依据在线或离线可分为两类，前者更多的是将智能卡当作拥有中央处理器的信用卡使用，而后者的典型代表则是我们日常使用的公交 IC 卡。

（4）虚拟货币支付

货币是社会生产发展的自然产品，是一种作为一般等价物的特殊商品，主要有三种职能：价值度量、价值储藏和交换媒介。因此从理论上来讲，除去传统的金本位，任何一种商品只要拥有作为一般等价物的资格都可以作为支付工具，虚拟货币就是这样应运而生的。但 2009 年 6 月文化部、商务部联合下发《关于网络游戏虚拟货币交易管理工作的通知》，明确指出同一企业不能同时经营虚拟货币的发行与交易，并且虚拟货币不得支付购买实物，因此现在我们所说的虚拟货币并不包括网游中的虚拟货币。

（5）网银支付

网上银行又称网络银行、在线银行，是指银行利用互联网技术，通过互联网向客户提供开户、销户、查询、对账、行内转账、跨行转账、信贷、网上证券、投资理财等传统服务项目，使客户可以足不出户就能够安全、便捷地管理活期和定期存款、支票、信用卡及个人投资等。可以说，网上银行是在互联网上的虚拟银行柜台。

（6）电子支票网络支付

电子支票是客户向收款人签发的、无条件的数字化支付指令。它可以通过互联网或无线接入设备来完成传统支票的所有功能。电子支票网络支付继承了纸质支票支付优点的同时又降低了交易的费用成本，并且因为使用公用关键字加密签名或个人身份证号码（PIN）代替手写签名等方法确保了交易的安全性，因此，电子支票网络支付得到了 B2B 电子商务的认可。

（7）电子汇票系统支付

电子汇票系统是依托网络和计算机技术，接收、登记、存储、转发电子汇票数据电文，提供与电子汇票货币给付、资金清算行为相关服务，并提供纸质汇票登记查询和汇票公开报价服务的综合性业务处理平台。该系统支持金融机构一点或多点接入。

2.1.2.3 按支付终端分类

（1）移动支付

移动支付是用户使用移动终端（通常是手机）对所消费的商品或服务进行账务支付的一种服务方式。目前移动支付业务主要由移动运营商、移动应用服务提供商（MASP）和金融机构共同推出。手机支付分为近场支付和远程支付两种。近场支付是指将手机作为 IC 卡承载平台与 POS 机通信工具连接从而进行支付。远程支付仅仅把手机作为支付用的简单信息通道，通过 Web、SMS、语音等方式进行支付，又可分为手机话费支付、指定绑定银行支付和银联快捷支付三种方式。除手机外，使用平板电脑、上网本等其他移动终端也可以进行移动支付。

（2）电脑支付

电脑支付是最先兴起的互联网支付方式，从某种程度上来说，电脑支付的兴起推动了电子商务产业的发展。

（3）互联网电视支付

互联网电视支付主要分为两种：一是将类似 POS 机的装置植入遥控器当中；二是将银行卡的支付功能植入数字电视机顶盒。

2.2 第三方支付

2.2.1 第三方支付的定义

第三方支付是指具备一定实力和信誉保障的独立机构，通过与银联或网联对接而促成交易双方进行交易的网络支付模式。

在第三方支付模式中，买方选购商品后，使用第三方平台提供的账户进行货款支付（支付给第三方），并由第三方通知卖家货款到账、要求发货；买方收到货物，检验货物，并且进行确认后，再通知第三方付款；第三方再将款项转至卖家账户。

2017 年 1 月 13 日，中国人民银行发布了一项支付领域的新规定——《中国人民银行办公厅关于实施支付机构客户备付金集中存管有关事项的通知》，明确了第三方支付机构在交易过程中产生的客户备付金，今后将统一交存至指定账户，由央行监管，支付机构不得挪用、占用客户备付金。

2018 年 3 月，网联清算有限公司下发 42 号文督促第三方支付机构接入网联渠道，明确 2018 年 6 月 30 日前所有第三方支付机构与银行的直连都将被切断，之后银行不会再单独直接为第三方支付机构提供代扣通道。

2.2.2 第三方支付的产生

第三方支付采用支付结算方式。按支付程序分类，结算方式可分为一步支付方式和分步支付方式，前者包括现金结算、票据结算（如支票、本票、银行汇票、承兑汇票）、汇转结算（如电汇、网上支付），后者包括信用证结算、保函结算、第三方支付结算。

在社会经济活动中，结算属于贸易范畴。贸易的核心是交换，交换是交付标的与支付货币两大对立流程的统一。在自由平等的正常主体之间，交换遵循的原则是等价和同步。同步交换，就是交货与付款互为条件，是等价交换的保证。

在实际操作中，对于现货标的的面对面交易，同步交换容易实现；但许多情况下由于交易标的的流转验收（如商品货物的流动、服务劳务的转化）需要过程，货物流及资金流的异步和分离的矛盾不可避免，同步交换往往难以实现。在异步交换中，先收受对价的一方容易违背道德和协议，破坏等价交换原则，故先支付对价的一方往往会受制于人，陷入被动、弱势的境地，承担风险。异步交换必须附加信用保障或法律支持才能顺利完成。

同步交换可以规避不等价交换的风险，因此为确保等价交换要遵循同步交换的原则，这就要求支付方式应与交货方式相适配。对当面现货交易，适配即时性一步支付方式；对隔面或期货交易，适配过程化分步支付方式。过程化分步支付方式贴合了交易标的流转验收的过程性特点，款项从启动支付到所有权转移至对方不是一步完成的，而是在中间增加中介托管环节，由原来的直接付转改进到间接汇转，业务由一步完成变为分步操作，从而形成一个可监可控的过程，按步骤有条件地进行支付。这样就可以货走货路，款走款路，两相呼应，同步起落，使资金流适配货物流进程达到同步相应的效果，使支付结算方式更科学化、合理化，适合市场需求。

传统的支付方式往往是简单的即时性直接付转，一步支付。其中，钞票结算和票据结算适配面对面现货交易，可实现同步交换；汇转结算中的电汇及网上直转也是一步支付，适配隔面现货交易，但若无信用保障或法律支持，容易导致异步交换引发的非等价交换风险，现实中买方先付款后不能按时按质按量收获标的，卖方先交货后不能按时如数收到价款，被拖延、压价或拒付等引发的经济纠纷事件时有发生。

在现实的有形市场，异步交换权且可以附加信用保障或法律支持来进行，而在虚拟的无形市场，交易双方互不认识，不知根底，故此，支付问题曾经成为电子商务发展的瓶颈之一，卖家不愿先发货，怕货发出后不能收回货款；买家不愿先支付，担心支付后拿不到商品或商品质量得不到保证。博弈的结果是双方都不愿意先冒险，网上购物无法进行。

为满足同步交换的市场需求，第三方支付应运而生。第三方是买卖双方在缺乏信用保障或法律支持的情况下的资金支付“中间平台”，买方将货款付给买卖双方之外的第三方，第三方提供安全交易服务，其运作实质是在收付款人之间设立中间过渡账户，使汇转款项实现可控性停顿，只有双方意见达成一致才能决定资金去向。第三方担当中介保管及监督职能，并不承担什么风险，所以确切地说，这是一种支付托管行为，通过支付托管来实现支付保证。

2.2.3 第三方支付的特点

第三方支付具有如下特点：

第一，第三方支付平台提供一系列应用接口程序，将多种银行卡支付方式整合到一个界面上，负责交易结算中与银行的对接，使网上购物更加快捷、便利。消费者和商家不需要在不同的银行开设不同的账户，可以帮助消费者降低网上购物的成本，帮助商家降低运营成本；同时，还可以帮助银行节省网关开发费用，并为银行带来一定的潜在利润。

第二，较之 SSL、SET 等支付协议，利用第三方支付平台进行支付操作更加简单且易于接受。SSL 是应用比较广泛的安全协议，在 SSL 中只需要验证商家的身份。SET 协议是基于信用卡支付系统的比较成熟的技术。但在 SET 中，各方的身份都需要通过 CA 进行认证，程序复杂，手续繁多，速度慢且实现成本高。有了第三方支付平台，商家和客户之间的交涉由第三方来完成，使网上交易变得更加简单。

第三，第三方支付平台本身依附于大型的门户网站，且以与其合作的银行的信用作为信用依托，因此第三方支付平台能够较好地突破网上交易中的信用问题，有利于推动电子商务的快速发展。

第三方支付平台的出现，从理论上讲，彻底杜绝了电子交易中的欺诈行为，这也是由其以上特点决定的。

2.2.4 第三方支付的交易流程

在第三方支付交易流程中，商家看不到客户的信用卡信息，同时又避免了信用卡信息在网络上多次传输而泄露。

以 B2C 交易为例，步骤如下（见图 2-1）：

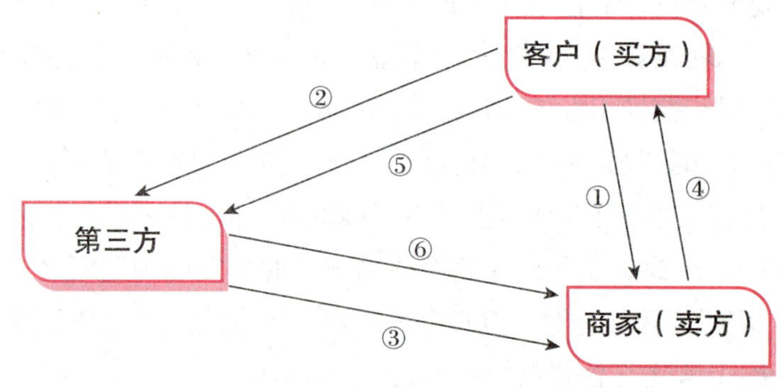

图 2-1 第三方支付交易流程

第一步，客户在电子商务网站上选购商品，最后决定购买，买卖双方在网上达成交易意向。

第二步，客户选择第三方作为交易中介，客户通过信用卡将货款划到第三方账户。

第三步，第三方支付平台将客户已经付款的消息通知商家，并要求商家在规定时间内发货。

第四步，商家收到通知后按照订单发货。

第五步，客户收到货物并验证后通知第三方。

第六步，第三方将其账户上的货款划入商家账户，交易完成。

2.2.5 第三方支付的优势与劣势

2.2.5.1 优　势

在缺乏有效信用体系的网络交易环境中，第三方支付模式的推出，在一定程度上解决了交易欺诈广泛存在、网上银行支付方式不能对交易双方进行约束和监督、支付方式比较单一、成本过高等问题。具体来说，其优势体现在以下三个方面：

（1）安全优势

第三方支付模式有效地保障了交易各方的利益，为整个交易的顺利进行提供支持。首先，信用卡信息或账户信息仅需要告知支付中介，而无需告诉每一个收款人，大大减少了信用卡信息和账户信息泄露的风险。其次，在整个交易过程中，货物质量、交易诚信、退换要求等方面得到了可靠的保证，能够增强客户网上交易的信心。再次，对商家而言，通过第三方支付平台可以规避无法收到客户货款的风险。最后，对支付者而言，支付担保业务可以在很大程度上保障其利益。

（2）便捷优势

对商家而言，能够为客户提供多样化的支付工具，尤其为无法与银行网关建立接口的中小企业提供了便捷的支付平台。对支付者而言，他所面对的是友好的界面，不必考虑背后复杂的技术操作过程。

（3）成本优势

首先，支付平台降低了政府、企业、事业单位直连银行的成本，满足了企业专注发展在线业务的收付要求。其次，对银行而言，银行可以通过第三方平台扩展业务范畴，同时也节省了为大量中小企业提供网关接口的开发和维护费用。

2.2.5.2 劣　势

（1）风险问题

在电子支付流程中，资金都会在第三方支付服务商处滞留，即出现所谓的资金沉淀，如缺乏有效的流动性管理，则可能存在资金安全和支付风险。同时，第三方支付机构开立支付结算账户，先代收买家的款项，然后付款给卖家，这实际已突破了现有的诸多特许经营的限制，它们可能为非法转移资金和套现提供便利，因此形成潜在的金融风险。

（2）电子支付经营资格的认知、保护和发展问题

第三方支付结算属于支付清算组织提供的非银行类金融业务，央行将以牌照的形式提高门槛。因此，对于那些从事金融业务的第三方支付公司来说，面临的挑战不仅仅是如何盈利，更重要的是能否拿到第三方支付业务牌照。

（3）业务革新问题

支付服务客观上提供了金融业务扩展和金融增值服务，其业务范围必须要明确并且要大胆推行革新。全球拥有手机的人多于拥有电脑的人，相对于单纯的网上支付，移动支付领域将有更大的作为。所以第三方支付能否借此机遇改进自己的业务模式，将决定第三方支付最终能否走出困境，获得发展。

（4）恶性竞争问题

电子支付行业存在损害支付服务甚至给电子商务行业发展带来负面冲击的恶意竞争的问题。国内的专业电子支付公司已经超过 231 家，而且多数支付公司与银行之间采用纯技术网关接入服务，这种支付网关模式容易造成市场严重同质化，也挑起了支付公司之间激烈的价格战。由此直接导致这一行业“利润削减快过市场增长”，在中国，惯用的价格营销策略让电子支付行业吞下了利润被摊薄的苦果。

2.3 移动支付

2.3.1 移动支付的定义

移动支付是第三方支付的衍生品，是互联网时代一种新型的支付方式，其以移动终端为中心，通过移动终端对所购买的产品进行结算支付，移动支付的主要表现形式为手机支付。

2.3.2 移动支付的特点

2.3.2.1 时空限制小

互联网时代下的移动支付打破了传统支付对于时空的限制，使用户可以随时随地进行支付活动。传统支付以现金支付为主，需要用户与商户之间面对面支付，因此，对支付时间和地点都有很大的限制；移动支付以手机支付为主，用户可以用手机随时随地进行支付活动，不受时间和空间的限制，如用户可以随时在淘宝等网上商城进行购物和支付活动。

2.3.2.2 方便管理

用户可以随时随地通过手机进行各种支付活动，并对个人账户进行查询、转账、缴费、充值等功能的管理，也可随时了解自己的消费信息。这对用户的生活提供了极大的便利，用户对个人账户的管理也更方便。

2.3.2.3 隐私度较高

移动支付需要银行卡与手机绑定，用户在进行支付活动时，需要输入支付密码或核验指纹，且支付密码不同于银行卡密码。这使得移动支付较好地保护了用户的隐私，其隐私度较高。

2.3.2.4 整合度较高

移动支付有较高的整合度，为用户提供了多种不同类型服务。例如：用户可以通过手机缴纳家里的水、电、气费；用户可以通过手机进行个人账户管理；用户可以通过手机进行网上购物等各类支付活动。可见移动支付有较高的整合度。

2.3.3 移动支付的种类

目前移动支付的分类方式主要包括以下三种：

根据支付金额的大小，可以将移动支付分为小额支付和大额支付。小额支付业务指运营商与银行合作，建立预存费用的账户，用户通过移动通信的平台发出划账指令代缴费用。大额支付指把用户银行账户和手机号码进行绑定，用户通过多种方式对与手机捆绑的银行卡进行交易操作。

根据支付时支付方与受付方是否在同一现场，可以将移动电子支付分为远程支付和现场支付。如通过手机购买铃声就是远程支付，而通过手机在自动售货机上购买饮料则是现场支付。

根据实现方式的不同，可以将移动支付分为两种：一种是通过短信、WAP 等远程控制完成支付。另一种是通过近距离非接触技术完成支付，主要的近距离通信技术有 RFID、NFC、蓝牙、802.11 等。

2.3.4 移动支付的支付流程

在使用移动支付的过程中大致涉及以下四方：消费者、商家、金融机构及移动运营商。移动运营商的支付管理系统为整个移动支付环节提供了前提与可能性，维系着移动支付流程中的每一个环节，是一个具有核心纽带功能的重要组成部分。首先由消费者发出商品选择与购买的信号指令，该指令通过无线运营商支付管理系统，发送到商家的商品交易管理系统。其次商家在收到消费者发出的选择购买商品指令后，通过无线运营商支付管理系统将该指令反馈回消费者的手机终端进行确认，在得到消费者确认操作的回复后，购买指令将继续操作，否则该操作将被视为无效而终止。无线运营商支付管理系统只有在得到消费者确认的操作指令之后，才进行交易记录的详细记录工作，同时对金融机构发出指令，在消费者和商户之间进行支付的清算工作，并且通知商家提供交易服务。最后一个环节则是商家主动提供消费者所购买的物质产品或服务。

2.3.5 移动支付的应用

2.3.5.1 购物方面

随着电子商务的快速发展，人们越来越热衷于通过电商平台购买商品，这样既省时又省力，同时也促进了移动支付的发展。随着移动支付的快速发展，除了网络购物以外，线下各个大型商场，甚至街边的小服装店、饰品店等也开始为消费者提供扫码支付等移动支付方式。现如今，人们可以通过手机直接购买自己想买的服饰；可以不带现金出门逛街；可以直接用移动支付的方式结账；也再不用担心逛街时选好物品却发现钱没带够的窘境出现。

2.3.5.2 饮食方面

随着各种餐饮类应用软件的兴起和发展，如美团、饿了么等网上订餐平台，移动支付开始进入餐饮行业，这给不会或者不愿做饭的人们带来了极大的便利。消费者可以直接在网上订餐平台下单并支付，然后在家或宿舍中等待外卖的到来。当然，除了线上的餐饮平台外，线下的各类餐饮店，不论规模的大小，也都逐步开始使用移动支付的方式，如沙县小吃、肯德基等。

2.3.5.3 生活方面

随着支付宝等移动支付平台的发展，移动支付也开始扩大其范围。如今，人们可以通过支付宝、微信支付等移动支付平台缴纳家里的水、电、气费；可以购买理财产品、保险等；可以缴纳手机话费；可以向别人转账；可以随时随地查询自己一周、一月，甚至一年的消费情况；在一些城市里，去菜市场买菜也可以使用移动支付，除此之外，移动支付平台还有很多的功能。移动支付的不断发展为人们的生活带来了便利。

2.3.5.4 出行方面

当前，随着滴滴出行、共享单车等移动出行平台的出现，人们出行也可以使用移动支付手段了。人们可以在平台上选择乘坐私家车、出租车等，又或者可以骑共享单车出行游玩。当然，坐公交作为一种日常的出行方式，人们也可以用移动设备支付车费。移动出行平台和移动支付平台的结合，给人们的出行带来了极大的便利，人们再也不用在乘坐公交车时纠结没有零钱的问题了。

2.3.6 移动支付的发展现状

2.3.6.1 支付平台间的竞争

早在 1999 年，国内最早的移动支付就已经出现。2002 年，银联推出了手机短信支付模式，方便用户用手机查询、缴费。2011—2012 年，中国联通、中国移动、中国电信先后成立了电子商务公司，同时，在这一时间段，支付宝推出了条形码支付业务，拉开了移动支付的序幕。此后，微信支付、京东支付、财付通等移动支付平台先后出现，每一个平台的功能于用户来说都大同小异，各支付平台便以红包、低风险、使用范围广等优势争夺用户，形成以支付宝为首，多家支付平台共同竞争发展的现状。

2.3.6.2 支付平台与基金公司、银行的合作

人们在成为某一支付平台的用户后，往往会购买此支付平台衍生的理财产品，例如，一个支付宝用户可能会定期将一定数额的钱款转入余额宝，这样既可以随时支出，还可以获得一定的收益，非常方便。基金公司借助支付平台得到用户，支付平台利用基金公司给用户带来的利益以增加平台本身的用户黏合度，并从中获取利润。支付平台与银行的合作可以说是一波三折。起初，在移动支付刚兴起时，银行因担心移动支付会取代银行业务，便拒绝对移动支付平台提供资金上的帮助。而移动支付大面积兴起后，其发展之迅速令银行重新调整态度，思考移动支付和银行的发展关系，2018 年 8 月 15 日，中国银行和中国银联在京签署了移动支付战略合作协议，与此同时，也启动了云闪付主题宣传月活动。由此，我们可以看出移动支付的发展势不可挡，银行与移动支付的合作是最佳的选择，二者各取所长，形成优势互补，共同为经济建设贡献力量。

2.3.7 移动支付的社会影响

2.3.7.1 移动支付对消费者的影响

对于消费者来说，人们可以在实体店直接扫描二维码，轻松付款，无需携带现金，无需找零，无需刷卡签字，很大程度上节约了人们的时间，并且可以避免假币问题带来的麻烦。加之这些第三方支付平台经常会在网上做一些满减、抢红包的活动，不仅给予人们优惠，也给人们带来了很多乐趣；另外，通过移动支付的快捷转账，人们可以轻松地进行生活缴费、车票购买、手机充值等活动，真正做到足不出户也能办理各种业务；除此之外，第三方支付机构还具有财富管理、教育公益、购物娱乐、提供第三方服务等功能，来满足消费者不同层次的需求，极大地丰富了人们的生活。

2.3.7.2 移动支付对商家的影响

对商家来说，移动支付的发展也带来许多好处。首先，移动支付手续费低，扩大了商家的盈利空间；另外，商家可以通过微信、支付宝的优惠活动来进行满减、随机减钱的活动，不仅可以增加营业额，而且可以增强宣传效果，促进商家口碑的建立。

2.3.7.3 移动支付对 ATM 机厂商的影响

移动支付为买卖双方搭建了一座联系的桥梁，给消费者和商家带来了很大的便利。然而，移动支付的兴起也会给许多其他行业造成冲击。比如对 ATM 机厂商来说，移动支付在客观上代替了现金交易，而 ATM 机的主要功能就是提供现金、查询、转账，现在这些都可以随时随地在手机上完成。因此，移动支付的发展对 ATM 机等相关行业造成了很大冲击。尽管城商行、农商行的发展会使传统的 ATM 机行业在短期内仍有增长空间，但长期来看，大众对 ATM 机的需求还是会减少，相关设备厂商需要进行多元化布局，向智能设备转型。不仅如此，卡片制造商也会受到影响，将来可能会出现更多的虚拟卡。与 ATM 机厂商不同的是，目前的卡量仍是增长状态，移动支付的发展对卡片制造业来说只是一个潜在危机，尚未显现出来。但是，卡片制造商应当居安思危，积极寻找应对措施。

2.3.7.4 移动支付对商业银行的影响

大多数银行基层从业人员尚未意识到移动支付带来的影响，甚至认为 ATM 机减少反而会使银行的运维成本降低，提高银行的盈利水平，然而事情远没有这么简单。在支付宝和微信支付等第三方支付平台的冲击下，各商业银行的业务数量急剧下降。目前移动支付已经可以真正做到随时随地以任何方式进行支付，不仅可以解决小额支付问题，也能进行大额支付，功能越来越多。另外，由于第三方平台高效快捷及服务费用低，更受大众青睐，对银行的业务造成了很大影响。

银行和第三方平台有多项业务是重叠的，包括结算业务、支付业务、零售业务、转账业务、存贷款业务和理财业务，而这些业务同样是银行获取收益的主要来源。双方就市场空间和利益分配等许多问题产生摩擦，使得原先平衡的合作环境逐渐被打破，两者之间的竞争越来越激烈，移动支付给商业银行带来的冲击也越来越大。

2.3.8 移动支付的风险及风险防范

2.3.8.1 移动支付的风险种类

（1）技术风险

目前，移动支付的运营模式主要有运营商主导模式、银行机构主导模式及非银行支付机构主导模式等。无论哪一种运营模式下的移动支付，都是在移动支付产业链上各方相互配合的基础上实现的。移动支付产业链比较长，涉及银行、非银行机构、清算机构、移动设备运营相关机构等多个行业。在移动支付新兴事物的技术实现中，仅安全方面就包括了物理安全、网络安全、主机安全、应用安全、数据安全、业务连续性安全等。在这些安全要素中，有些技术已成熟，有些技术则还在探索中，特别是条码支付技术（包括支付标记化、有效期控制、条码防伪识别等）。在移动支付的发展过程中，有些支付创新为了实现对用户的友好性及支付交易的快捷性，而忽略了交易验证的严谨性，支付风险存在于每一个环节中，特别是支付交易中的身份确认往往存在支付风险。是否严格执行有关规则，是否对每一个过程都进行严格的测试和反复验证，都至关重要。

（2）法律风险

新兴的支付形式存在不同种类的技术风险和法律风险，任何一项法律的制定都是漫长而严谨的过程，但政策的制定必须顺应时代的发展要求。目前，我国移动支付的相关法律法规正在不断完善，但步伐还有待加快。许多新事物只能在应用中发现问题，并加以立法规范。移动支付同样如此。由于其产业链比较长，涉及行业较多，而每个行业相关的标准规范侧重点各不相同，甚至会出现重复和冲突的地方。标准规范上的不统一容易导致移动产业链上的各成员采用不同的行业标准，存在支付漏洞及隐患，进而滋生移动支付风险。因此，是否采取与风险水平相适应的管控措施也应加以考量。

（3）应用风险

在移动支付工具的应用过程中，支付交易中的收付款双方都存在一定的风险，如有的收款二维码被恶意掉包，付款二维码被恶意读取。此外还有移动终端设备自身存在风险，如手机本身未采用加密等安全措施，不法分子通过钓鱼网站或木马程序窃取用户信息，并对移动支付功能进行非法复制，从而造成用户重要信息的泄露。由此可见，移动支付应用中参与交易各方的身份识别也是一个风险点。

2.3.8.2 移动支付的风险防范

（1）严格执行相关技术规范

在移动支付风险防控方面应注重系统安全、交易安全、数据保护、内控管理等方面的风险防控，在技术层面上除了按业务流程完成交易外，更要在交易的过程中遵守国家及人民银行发布的相关技术标准与规范，以保证移动支付业务的交易安全和信息安全。

一是移动支付中条码的生成和受理。应将客户用于生成条码的银行账户或支付账户、身份证件号码、手机号码进行关联管理，组合选用仅客户本人知悉的要素（如静态密码），或仅客户本人持有的不可复制的要素（如数字证书、电子签名），以及通过安全渠道生成和传输的一次性密码，或客户本人的生物特征（如指纹）等多种验证要素，每一次支付交易都应有严格的验证措施。

二是在移动支付的产业链中，对于移动设备提供商而言，技术实现和升级应永不停步。一方面，移动支付的方式是不断发展的，移动设备提供商要有一定的技术研发远见，在移动终端本身增加硬件保护功能或生产供应功能，从而满足移动支付的不同需求。另一方面，移动设备的遗失是不可避免的，如何最大限度地保护用户的利益不受损失或减少损失也是移动设备提供商需要思考的问题。同时，其他技术方面也应严格执行国家及行业相关的法律及规范。

（2）建立健全相关法律及规范

针对移动支付存在的风险，除了做好技术层面的安全保障措施外，在法律法规的建立健全上也必须跟上科技发展的步伐。作为支付业务的管理机构，人民银行依据《中华人民共和国网络安全法》出台了一系列管理办法和技术标准规范，如《中国移动金融支付标记化技术规范》《客户端技术规范、检测规范》《条码支付安全技术规范》《中国金融集成电路卡规范》《非金融机构支付业务设施技术要求》《银行卡受理终端安全规范》《网上银行系统信息安全通用规范》《网络支付报文结构及要素技术规范》。这些规范的建立为移动支付的风险防范奠定了法律基础。但从客观来讲，在移动支付的发展中，行业自律也尤为重要，应不断制定和更新行业标准，以有利于移动支付应用的推广。因此，建议尽快对移动支付进行国家层面的立法，完善移动支付行业的个人隐私数据保护制度及顶层设计管理。尽快出台互联网信息服务及金融支付领域运营企业数据安全管理规则和技术标准，加强包括生物特征在内的用户隐私数据的安全管理。

（3）普及、提高安全防范意识

移动支付安全涉及每一个支付交易的参与者，安全意识的提高将大大降低移动支付安全事故的发生率，提升移动支付行业整体安全水平。对于与移动支付应用关系最密切的商家和消费者来说，移动支付在提供便利的同时也是风险频发的主要领域。商家在使用移动支付收款时，要注意移动支付工具的安全，关注每笔交易的随时查收，从而保护自身利益安全。消费者在使用移动支付付款时，不随便连接不明 Wi-Fi 进行支付活动，不随意扫描不明二维码，消费者每扫一码均与商家确认，以降低风险。因此，要积极培育健康的移动支付市场，强化全民安全防范意识刻不容缓。

蚂蚁欲撬起阿里金融战略

在将支付宝、余额宝、蚂蚁小贷和筹建中的网商银行等业务板块纳入蚂蚁金服后，阿里的金融业务布局初现端倪。以“开放、国际化、农村”为关键词的发展战略，是阿里巴巴集团建设和发展互联网时代金融新生态的有益尝试，有利于推动金融服务便利化。

阿里巴巴集团日前宣布，正式成立“蚂蚁金融服务集团”，支付宝、余额宝、蚂蚁小贷和筹建中的网商银行等业务板块都将被纳入旗下，成为阿里系承担金融业务的公司主体。伴随着蚂蚁金服的成立，阿里巴巴在金融业务上的布局也正式明朗化。

在企业性质上，蚂蚁金服为内资，是阿里巴巴集团的关联企业。从股权结构来看，蚂蚁金服未来将由管理层和员工持股 40%，在监管部门批准后向阿里巴巴集团增发 33% 的股份，其余股份将在发展中引入战略投资者。同时，按照约定，阿里巴巴集团董事局主席马云在蚂蚁金服的个人持股比例不超过他在阿里巴巴集团 8.8% 的持股比例。

蚂蚁金服公布的一系列业务数据显示，其目前为 200 多家金融机构提供服务，连接近千万小微商户，支付宝活跃用户超过 3 亿，海外活跃用户 1 785 万，每天支付笔数突破 8 000 万笔。

伴随蚂蚁金服的成立，阿里巴巴刚刚获批筹建的网商银行也浮出水面。负责这一业务的蚂蚁金融服务集团副总裁俞胜法透露，网商银行将不经营现金业务，不设线下网点，成为一家纯网络银行。“阿里网商银行的业务特点是利用大数据分析消费者的信用能力，并由此对消费者提供消费信贷”，俞胜法表示。

在蚂蚁金服成立仪式上，该公司负责各条业务线的高管集体亮相并对其业务规划进行了阐述，从中不难看出阿里巴巴集团对金融业务构想的数个关键词：

关键词之一—— 开放。蚂蚁金服首席财务官井贤栋表示，蚂蚁金服将用平台化的思路运营，与各方合作伙伴一起，建设和发展互联网时代的金融新生态。阿里巴巴“金融云”将为传统银行、保险机构、投融资机构提供包括网上银行、网上支付在内的系列网络解决方案，支付宝则将向开发者提供接口引入第三方应用。言外之意就是蚂蚁金服不会抢传统金融业的饭碗，而为其提供包括云计算、大数据等网络服务。蚂蚁金服首席技术官程立说，针对传统金融机构开发的中间件、大数据、商业智能套件将在明年一季度开发出来，作为“金融云服务”提供。为表示“一碗水端平”，蚂蚁金服CEO彭蕾甚至表示，网商银行也将被视为和其他金融机构一样的合作伙伴，“资源不会向它倾斜”。

关键词之二——国际化。支付宝被视为阿里系国际化的开路先锋。蚂蚁金服国际业务副总裁彭翼捷告诉《经济日报》记者，支付宝国际化的长远目标，是在未来3年服务2亿到3亿海外用户。“支付宝将在当地国家重点发展移动支付，在应用场景上，则将以交通小额支付作为突破口”，彭翼捷说。

关键词之三——农村。彭蕾表示，蚂蚁金服的服务重点“将沿最细小的毛细血管进入农村最基层”。数据显示，截至2013年12月，农村网民规模达到1.77亿，其中使用手机上网的比例已达到84.6%，高出城镇5个百分点。阿里巴巴计划在3年至5年内投资100亿元，建立1 000个县级运营中心和10万个村级服务站，覆盖全国六分之一的农村地区。

资料来源：《经济日报》(2014-10-20)

实训操作

支付宝支付操作

1. 背景知识

传统的电子商务通过汇款、转账等方式进行结算，然而，这种结算方式往往费时、费力。又由于中国的信用体系不健全等系列原因，中国网上购物面临巨大的阻碍。直到2003年10月，由马云创办的支付宝网站首先在淘宝网推出，长期困扰中国电子商务发展的安全瓶颈才获得了重大的突破。2004年，支付宝从阿里巴巴独立出来，成立了支付宝公司，实现了独立运营。目前，支付宝已成为中国最大的第三方支付平台之一，也是全球最大的移动支付厂商之一。

下面我们来描述一下支付宝的支付流程：支付宝主要是为网上交易的双方提供“代收代付的中介服务”和“第三方担保”，即以支付宝为信用中介，在买家确认收到商品前，由支付宝替买卖双方暂时保管货款。使用支付宝进行网上购物，即买家先付款给支付宝，收到货物确认之后，再由支付宝将代收的货款支付给卖家。

支付宝的特点与优势有：①独立于商户和银行的第三方支付平台。支付宝不属于任何一家银行，且独立于其服务对象——商户和消费者，是相对公正的第三方。②一种更为方便快捷的小额支付工具。随着电子商务，尤其是B2C的发展，网上交易出现了支付金额小、交易频繁等特点。传统的银行汇款，小额支付等方式手续麻烦、成本高，已无法满足消费者的需求，支付宝正好解决了这一难题。③降低了从事电子商务的商户的成本。支付是电子商务发展的基础，在第三方支付出现之前，商户们只能自己与银行建立联系，通过货到付款、汇款等线下交易方式进行，这样不仅手续烦琐，而且大大增加了运营成本。而支付宝采用的是一种全新的商务模式——网关模式。商户只要与支付宝这一家企业建立联系，就可以接受与支付宝合作的所有银行的支付了。④支付宝作为信用中介，解决了买卖双方的信用问题。相对于传统的交易方式，第三方支付有效保障了货物质量、交易诚信、退换货要求等问题。在整个交易过程中可以对交易双方进行监督和约束，其实质是为买卖双方提供了信用担保。⑤支付宝不断推出新业务以满足网络消费者的要求，比如代付功能和电视支付功能。

2. 操作演练

（1）手机下载安装支付宝钱包。

（2）注册并绑定支付宝账户。

（3）用支付宝账户进行一次支付操作（例如：购买余额宝、与自己的银行卡转账等），注意操作的资金安全。

项目总结

（1）互联网支付是具备一定实力和信誉保障的非银行机构，借助通信和信息安全技术，采用与各银行签约的方式，实现非金融机构在收、付款人之间作为中介机构所提供的货币资金转移服务。

（2）互联网支付为网上购物提供资金划拨渠道和服务，作为目前主要的网络交易手段和信用中介，在网上商家和银行之间建立了连接，实现了第三方监管和技术保障的作用。

（3）随着互联网经济市场的逐步成熟，O2O 商业模式逐渐步入正轨，移动互联网的普及，使得移动支付这种模式越来越受到用户的欢迎。和其他支付模式相比，移动支付特有的便捷性将会使其迅速占领第三方支付市场。

政策监管

非银行支付机构网络支付业务管理办法

《非银行支付机构网络支付业务管理办法》是为规范非银行支付机构（以下简称支付机构）网络支付业务，防范支付风险，保护当事人合法权益，根据《中华人民共和国中国人民银行法》《非金融机构支付服务管理办法》等规定制定。由中国人民银行于 2015 年 12 月 28 日发布，自 2016 年 7 月 1 日起施行。

第一章 总则

第一条 为规范非银行支付机构（以下简称支付机构）网络支付业务，防范支付风险，保护当事人合法权益，根据《中华人民共和国中国人民银行法》《非金融机构支付服务管理办法》（中国人民银行令〔2010〕第 2 号发布）等规定，制定本办法。

第二条 支付机构从事网络支付业务，适用本办法。

本办法所称支付机构是指依法取得《支付业务许可证》，获准办理互联网支付、移动电话支付、固定电话支付、数字电视支付等网络支付业务的非银行机构。

本办法所称网络支付业务，是指收款人或付款人通过计算机、移动终端等电子设备，依托公共网络信息系统远程发起支付指令，且付款人电子设备不与收款人特定专属设备交互，由支付机构为收付款人提供货币资金转移服务的活动。

本办法所称收款人特定专属设备，是指专门用于交易收款，在交易过程中与支付机构业务系统交互并参与生成、传输、处理支付指令的电子设备。

第三条 支付机构应当遵循主要服务电子商务发展和为社会提供小额、快捷、便民小微支付服务的宗旨，基于客户的银行账户或者按照本办法规定为客户开立支付账户提供网络支付服务。

本办法所称支付账户，是指获得互联网支付业务许可的支付机构，根据客户的真实意愿为其开立的，用于记录预付交易资金余额、客户凭以发起支付指令、反映交易明细信息的电子簿记。

支付账户不得透支，不得出借、出租、出售，不得利用支付账户从事或者协助他人从事非法活动。

第四条 支付机构基于银行卡为客户提供网络支付服务的，应当执行银行卡业务相关监管规定和银行卡行业规范。

支付机构对特约商户的拓展与管理、业务与风险管理应当执行《银行卡收单业务管理办法》（中国人民银行公告〔2013〕第9号公布）等相关规定。

支付机构网络支付服务涉及跨境人民币结算和外汇支付的，应当执行中国人民银行、国家外汇管理局相关规定。

支付机构应当依法维护当事人合法权益，遵守反洗钱和反恐怖融资相关规定，履行反洗钱和反恐怖融资义务。

第五条 支付机构依照中国人民银行有关规定接受分类评价，并执行相应的分类监管措施。

第二章 客户管理

第六条 支付机构应当遵循“了解你的客户”原则，建立健全客户身份识别机制。支付机构为客户开立支付账户的，应当对客户实行实名制管理，登记并采取有效措施验证客户身份基本信息，按规定核对有效身份证件并留存有效身份证件复印件或者影印件，建立客户唯一识别编码，并在与客户业务关系存续期间采取持续的身份识别措施，确保有效核实客户身份及其真实意愿，不得开立匿名、假名支付账户。

第七条 支付机构应当与客户签订服务协议，约定双方责任、权利和义务，至少明确业务规则（包括但不限于业务功能和流程、身份识别和交易验证方式、资金结算方式等），收费项目和标准，查询、差错争议及投诉等服务流程和规则，业务风险和非法活动防范及处置措施，客户损失责任划分和赔付规则等内容。

支付机构为客户开立支付账户的，还应在服务协议中以显著方式告知客户，并采取有效方式确认客户充分知晓并清晰理解下列内容：“支付账户所记录的资金余额不同于客户本人的银行存款，不受《存款保险条例》保护，其实质为客户委托支付机构保管的、所有权归属于客户的预付价值。该预付价值对应的货币资金虽然属于客户，但不以客户本人名义存放在银行，而是以支付机构名义存放在银行，并且由支付机构向银行发起资金调拨指令。”

支付机构应当确保协议内容清晰、易懂，并以显著方式提示客户注意与其有重大利害关系的事项。

第八条 获得互联网支付业务许可的支付机构，经客户主动提出申请，可为其开立支付账户；仅获得移动电话支付、固定电话支付、数字电视支付业务许可的支付机构，不得为客户开立支付账户。

支付机构不得为金融机构，以及从事信贷、融资、理财、担保、信托、货币兑换等金融业务的其他机构开立支付账户。

第三章 业务管理

第九条 支付机构不得经营或者变相经营证券、保险、信贷、融资、理财、担保、信托、货币兑换、现金存取等业务。

第十条 支付机构向客户开户银行发送支付指令，扣划客户银行账户资金的，支付机构和银行应当执行下列要求：

（一）支付机构应当事先或在首笔交易时自主识别客户身份并分别取得客户和银行的协议授权，同意其向客户的银行账户发起支付指令扣划资金；

（二）银行应当事先或在首笔交易时自主识别客户身份并与客户直接签订授权协议，明确约定扣款适用范围和交易验证方式，设立与客户风险承受能力相匹配的单笔和单日累计交易限额，承诺无条件全额承担此类交易的风险损失先行赔付责任；

（三）除单笔金额不超过 200 元的小额支付业务，公共事业缴费、税费缴纳、信用卡还款等收款人固定并且定期发生的支付业务，以及符合第三十七条规定的情形以外，支付机构不得代替银行进行交易验证。

第十一条 支付机构应根据客户身份对同一客户在本机构开立的所有支付账户进行关联管理，并按照下列要求对个人支付账户进行分类管理：

（一）对于以非面对面方式通过至少 1 个合法安全的外部渠道进行身份基本信息验证，且为首次在本机构开立支付账户的个人客户，支付机构可以为其开立Ⅰ类支付账户，账户余额仅可用于消费和转账，余额付款交易自账户开立起累计不超过 1 000 元（包括支付账户向客户本人同名银行账户转账）；

（二）对于支付机构自主或委托合作机构以面对面方式核实身份的个人客户，或以非面对面方式通过至少 3 个合法安全的外部渠道进行身份基本信息多重交叉验证的个人客户，支付机构可以为其开立Ⅱ类支付账户，账户余额仅可用于消费和转账，其所有支付账户的余额付款交易年累计不超过 10 万元（不包括支付账户向客户本人同名银行账户转账）；

（三）对于支付机构自主或委托合作机构以面对面方式核实身份的个人客户，或以非面对面方式通过至少 5 个合法安全的外部渠道进行身份基本信息多重交叉验证的个人客户，支付机构可以为其开立Ⅲ类支付账户，账户余额可以用于消费、转账以及购买投资理财等金融类产品，其所有支付账户的余额付款交易年累计不超过 20 万元（不包括支付账户向客户本人同名银行账户转账）。

客户身份基本信息外部验证渠道包括但不限于政府部门数据库、商业银行信息系统、商业化数据库等。其中，通过商业银行验证个人客户身份基本信息的，应为Ⅰ类银行账户或信用卡。

第十二条 支付机构办理银行账户与支付账户之间转账业务的，相关银行账户与支付账户应属于同一客户。

支付机构应按照与客户的约定及时办理支付账户向客户本人银行账户转账业务，不得对Ⅱ类、Ⅲ类支付账户向客户本人银行账户转账设置限额。

第十三条 支付机构为客户办理本机构发行的预付卡向支付账户转账的，应当按照《支付机构预付卡业务管理办法》（中国人民银行公告〔2012〕第 12 号公布）相关规定对预付卡转账至支付账户的余额单独管理，仅限其用于消费，不得通过转账、购买投资理财等金融类产品等形式进行套现或者变相套现。

第十四条 支付机构应当确保交易信息的真实性、完整性、可追溯性以及在支付全流程中的一致性，不得篡改或者隐匿交易信息。交易信息包括但不限于下列内容：

（一）交易渠道、交易终端或接口类型、交易类型、交易金额、交易时间，以及直接向客户提供商品或者服务的特约商户名称、编码和按照国家与金融行业标准设置的商户类别码；

（二）收付款客户名称，收付款支付账户账号或者银行账户的开户银行名称及账号；

（三）付款客户的身份验证和交易授权信息；

（四）有效追溯交易的标识；

（五）单位客户单笔超过 5 万元的转账业务的付款用途和事由。

第十五条 因交易取消（撤销）、退货、交易不成功或者投资理财等金融类产品赎回等原因需划回资金的，相应款项应当划回原扣款账户。

第十六条 对于客户的网络支付业务操作行为，支付机构应当在确认客户身份及真实意愿后及时办理，并在操作生效之日起至少5年内，真实、完整保存操作记录。

客户操作行为包括但不限于登录和注销登录、身份识别和交易验证、变更身份信息和联系方式、调整业务功能、调整交易限额、变更资金收付方式，以及变更或挂失密码、数字证书、电子签名等。

第四章 风险管理与客户权益保护

第十七条 支付机构应当综合客户类型、身份核实方式、交易行为特征、资信状况等因素，建立客户风险评级管理制度和机制，并动态调整客户风险评级及相关风险控制措施。

支付机构应当根据客户风险评级、交易验证方式、交易渠道、交易终端或接口类型、交易类型、交易金额、交易时间、商户类别等因素，建立交易风险管理制度和交易监测系统，对疑似欺诈、套现、洗钱、非法融资、恐怖融资等交易，及时采取调查核实、延迟结算、终止服务等措施。

第十八条 支付机构应当向客户充分提示网络支付业务的潜在风险，及时揭示不法分子新型作案手段，对客户进行必要的安全教育，并对高风险业务在操作前、操作中进行风险警示。

支付机构为客户购买合作机构的金融类产品提供网络支付服务的，应当确保合作机构为取得相应经营资质并依法开展业务的机构，并在首次购买时向客户展示合作机构信息和产品信息，充分提示相关责任、权利、义务及潜在风险，协助客户与合作机构完成协议签订。

第十九条 支付机构应当建立健全风险准备金制度和交易赔付制度，并对不能有效证明因客户原因导致的资金损失及时先行全额赔付，保障客户合法权益。

支付机构应于每年1月31日前，将前一年度发生的风险事件、客户风险损失发生和赔付等情况在网站对外公告。支付机构应在年度监管报告中如实反映上述内容和风险准备金计提、使用及结余等情况。

第二十条 支付机构应当依照中国人民银行有关客户信息保护的规定，制定有效的客户信息保护措施和风险控制机制，履行客户信息保护责任。

支付机构不得存储客户银行卡的磁道信息或芯片信息、验证码、密码等敏感信息，原则上不得存储银行卡有效期。因特殊业务需要，支付机构确需存储客户银行卡有效期的，应当取得客户和开户银行的授权，以加密形式存储。

支付机构应当以“最小化”原则采集、使用、存储和传输客户信息，并告知客户相关信息的使用目的和范围。支付机构不得向其他机构或个人提供客户信息，法律法规另有规定，以及经客户本人逐项确认并授权的除外。

第二十一条 支付机构应当通过协议约定禁止特约商户存储客户银行卡的磁道信息或芯片信息、验证码、有效期、密码等敏感信息，并采取定期检查、技术监测等必要监督措施。

特约商户违反协议约定存储上述敏感信息的，支付机构应当立即暂停或者终止为其提供网络支付服务，采取有效措施删除敏感信息、防止信息泄露，并依法承担因相关信息泄露造成的损失和责任。

第二十二条 支付机构可以组合选用下列三类要素，对客户使用支付账户余额付款的交易进行验证：

（一）仅客户本人知悉的要素，如静态密码等；

（二）仅客户本人持有并特有的，不可复制或者不可重复利用的要素，如经过安全认证的数字证书、电子签名，以及通过安全渠道生成和传输的一次性密码等；

（三）客户本人生理特征要素，如指纹等。支付机构应当确保采用的要素相互独立，部分要素的损坏或者泄露不应导致其他要素损坏或者泄露。

第二十三条 支付机构采用数字证书、电子签名作为验证要素的，数字证书及生成电子签名的过程应符合《中华人民共和国电子签名法》《金融电子认证规范》（JR/T0118-2015）等有关规定，确保数字证书的唯一性、完整性及交易的不可抵赖性。

支付机构采用一次性密码作为验证要素的，应当切实防范一次性密码获取端与支付指令发起端为相同物理设备而带来的风险，并将一次性密码有效期严格限制在最短的必要时间内。

支付机构采用客户本人生理特征作为验证要素的，应当符合国家、金融行业标准和相关信息安全管理要求，防止被非法存储、复制或重放。

第二十四条 支付机构应根据交易验证方式的安全级别，按照下列要求对个人客户使用支付账户余额付款的交易进行限额管理：

（一）支付机构采用包括数字证书或电子签名在内的两类（含）以上有效要素进行验证的交易，单日累计限额由支付机构与客户通过协议自主约定；

（二）支付机构采用不包括数字证书、电子签名在内的两类（含）以上有效要素进行验证的交易，单个客户所有支付账户单日累计金额应不超过 5 000 元（不包括支付账户向客户本人同名银行账户转账）；

（三）支付机构采用不足两类有效要素进行验证的交易，单个客户所有支付账户单日累计金额应不超过 1 000 元（不包括支付账户向客户本人同名银行账户转账），且支付机构应当承诺无条件全额承担此类交易的风险损失赔付责任。

第二十五条 支付机构网络支付业务相关系统设施和技术，应当持续符合国家、金融行业标准和相关信息安全管理要求。如未符合相关标准和要求，或者尚未形成国家、金融行业标准，支付机构应当无条件全额承担客户直接风险损失的先行赔付责任。

第二十六条 支付机构应当在境内拥有安全、规范的网络支付业务处理系统及其备份系统，制定突发事件应急预案，保障系统安全性和业务连续性。

支付机构为境内交易提供服务的，应当通过境内业务处理系统完成交易处理，并在境内完成资金结算。

第二十七条 支付机构应当采取有效措施，确保客户在执行支付指令前可对收付款客户名称和账号、交易金额等交易信息进行确认，并在支付指令完成后及时将结果通知客户。

因交易超时、无响应或者系统故障导致支付指令无法正常处理的，支付机构应当及时提示客户；因客户原因造成支付指令未执行、未适当执行、延迟执行的，支付机构应当主动通知客户更改或者协助客户采取补救措施。

第二十八条 支付机构应当通过具有合法独立域名的网站和统一的服务电话等渠道，为客户免费提供至少最近一年以内交易信息查询服务，并建立健全差错争议和纠纷投诉处理制度，配备专业部门和人员据实、准确、及时处理交易差错和客户投诉。支付机构应当告知客户相关服务的正确获取途径，指导客户有效辨识服务渠道的真实性。

支付机构应当于每年 1 月 31 日前，将前一年度发生的客户投诉数量和类型、处理完毕的投诉占比、投诉处理速度等情况在网站对外公告。

第二十九条 支付机构应当充分尊重客户自主选择权，不得强迫客户使用本机构提供的支付服务，不得阻碍客户使用其他机构提供的支付服务。

支付机构应当公平展示客户可选用的各种资金收付方式，不得以任何形式诱导、强迫客户开立支付账户或者通过支付账户办理资金收付，不得附加不合理条件。

第三十条 支付机构因系统升级、调试等原因，需暂停网络支付服务的，应当至少提前 5 个工作日予以公告。

支付机构变更协议条款、提高服务收费标准或者新设收费项目的，应当于实施之前在网站等服务渠道以显著方式连续公示 30 日，并于客户首次办理相关业务前确认客户知悉且接受拟调整的全部详细内容。

第五章 监督管理

第三十一条 支付机构提供网络支付创新产品或者服务、停止提供产品或者服务、与境外机构合作在境内开展网络支付业务的，应当至少提前30日向法人所在地中国人民银行分支机构报告。

支付机构发生重大风险事件的，应当及时向法人所在地中国人民银行分支机构报告；发现涉嫌违法犯罪的，同时报告公安机关。

第三十二条 中国人民银行可以结合支付机构的企业资质、风险管控特别是客户备付金管理等因素，确立支付机构分类监管指标体系，建立持续分类评价工作机制，并对支付机构实施动态分类管理。具体办法由中国人民银行另行制定。

第三十三条 评定为“A”类且Ⅱ类、Ⅲ类支付账户实名比例超过95%的支付机构，可以采用能够切实落实实名制要求的其他客户身份核实方法，经法人所在地中国人民银行分支机构评估认可并向中国人民银行备案后实施。

第三十四条 评定为“A”类且Ⅱ类、Ⅲ类支付账户实名比例超过95%的支付机构，可以对从事电子商务经营活动、不具备工商登记注册条件且相关法律法规允许不进行工商登记注册的个人客户（以下简称个人卖家）参照单位客户管理，但应建立持续监测电子商务经营活动、对个人卖家实施动态管理的有效机制，并向法人所在地中国人民银行分支机构备案。

支付机构参照单位客户管理的个人卖家，应至少符合下列条件：

（一）相关电子商务交易平台已依照相关法律法规对其真实身份信息进行审查和登记，与其签订登记协议，建立登记档案并定期核实更新，核发证明个人身份信息真实合法的标记，加载在其从事电子商务经营活动的主页面醒目位置；

（二）支付机构已按照开立Ⅲ类个人支付账户的标准对其完成身份核实；

（三）持续从事电子商务经营活动满6个月，且期间使用支付账户收取的经营收入累计超过20万元。

第三十五条 评定为“A”类且Ⅱ类、Ⅲ类支付账户实名比例超过95%的支付机构，对于已经实名确认、达到实名制管理要求的支付账户，在办理第十二条第一款所述转账业务时，相关银行账户与支付账户可以不属于同一客户。但支付机构应在交易中向银行准确、完整发送交易渠道、交易终端或接口类型、交易类型、收付款客户名称和账号等交易信息。

第三十六条 评定为“A”类且Ⅱ类、Ⅲ类支付账户实名比例超过95%的支付机构，可以将达到实名制管理要求的Ⅱ类、Ⅲ类支付账户的余额付款单日累计限额，提高至第二十四条规定的2倍。

评定为“B”类及以上，且Ⅱ类、Ⅲ类支付账户实名比例超过90%的支付机构，可以将达到实名制管理要求的Ⅱ类、Ⅲ类支付账户的余额付款单日累计限额，提高至第二十四条规定的1.5倍。

第三十七条 评定为“A”类的支付机构按照第十条规定办理相关业务时，可以与银行根据业务需要，通过协议自主约定由支付机构代替进行交易验证的情形，但支付机构应在交易中向银行完整、准确发送交易渠道、交易终端或接口类型、交易类型、商户名称、商户编码、商户类别码、收付款客户名称和账号等交易信息；银行应核实支付机构验证手段或渠道的安全性，且对客户资金安全的管理责任不因支付机构代替验证而转移。

第三十八条 对于评定为“C”类及以下、支付账户实名比例较低、对零售支付体系或社会公众非现金支付信心产生重大影响的支付机构，中国人民银行及其分支机构可以在第十九条、第二十八条等规定的基础上适度提高公开披露相关信息的要求，并加强非现场监管和现场检查。

第三十九条 中国人民银行及其分支机构对照上述分类管理措施相应条件，动态确定支付机构适用的监管规定并持续监管。支付机构分类评定结果和支付账户实名比例不符合上述分类管理措施相应条件的，应严格按照第十条、第十一条、第十二条及第二十四条等相关规定执行。

中国人民银行及其分支机构可以根据社会经济发展情况和支付机构分类管理需要，对支付机构网络支付业务范围、模式、功能、限额及业务创新等相关管理措施进行适时调整。

第四十条 支付机构应当加入中国支付清算协会，接受行业自律组织管理。

中国支付清算协会应当根据本办法制定网络支付业务行业自律规范，建立自律审查机制，向中国人民银行备案后组织实施。自律规范应包括支付机构与客户签订协议的范本，明确协议应记载和不得记载事项，还应包括支付机构披露有关信息的具体内容和标准格式。

中国支付清算协会应当建立信用承诺制度，要求支付机构以标准格式向社会公开承诺依法合规开展网络支付业务、保障客户信息安全和资金安全、维护客户合法权益、如违法违规自愿接受约束和处罚。

第六章 法律责任

第四十一条 支付机构从事网络支付业务有下列情形之一的，中国人民银行及其分支机构依据《非金融机构支付服务管理办法》第四十二条的规定进行处理：

（一）未按规定建立客户实名制管理、支付账户开立与使用、差错争议和纠纷投诉处理、风险准备金和交易赔付、应急预案等管理制度的；

（二）未按规定建立客户风险评级管理、支付账户功能与限额管理、客户支付指令验证管理、交易和信息安全管理、交易监测系统等风险控制机制的，未按规定对支付业务采取有效风险控制措施的；

（三）未按规定进行风险提示、公开披露相关信息的；

（四）未按规定履行报告义务的。

第四十二条 支付机构从事网络支付业务有下列情形之一的，中国人民银行及其分支机构依据《非金融机构支付服务管理办法》第四十三条的规定进行处理；情节严重的，中国人民银行及其分支机构依据《中华人民共和国中国人民银行法》第四十六条的规定进行处理：

（一）不符合支付机构支付业务系统设施有关要求的；

（二）不符合国家、金融行业标准和相关信息安全管理要求的，采用数字证书、电子签名不符合《中华人民共和国电子签名法》《金融电子认证规范》等规定的；

（三）为非法交易、虚假交易提供支付服务，发现客户疑似或者涉嫌违法违规行为未按规定采取有效措施的；

（四）未按规定采取客户支付指令验证措施的；

（五）未真实、完整、准确反映网络支付交易信息，篡改或者隐匿交易信息的；

（六）未按规定处理客户信息，或者未履行客户信息保密义务，造成信息泄露隐患或者导致信息泄露的；

（七）妨碍客户自主选择支付服务提供主体或资金收付方式的；

（八）公开披露虚假信息的；

（九）违规开立支付账户，或擅自经营金融业务活动的。

第四十三条 支付机构违反反洗钱和反恐怖融资规定的，依据国家有关法律法规进行处理。

第七章 附则

第四十四条 本办法相关用语含义如下：

单位客户，是指接受支付机构支付服务的法人、其他组织或者个体工商户。

个人客户，是指接受支付机构支付服务的自然人。

单位客户的身份基本信息，包括客户的名称、地址、经营范围、统一社会信用代码或组织机构代码；可证明该客户依法设立或者可依法开展经营、社会活动的执照、证件或者文件的名称、号码和有效期限；法定代表人（负责人）或授权办理业务人员的姓名、有效身份证件的种类、号码和有效期限。

个人客户的身份基本信息，包括客户的姓名、国籍、性别、职业、住址、联系方式以及客户有效身份证件的种类、号码和有效期限。

法人和其他组织客户的有效身份证件，是指政府有权机关颁发的能够证明其合法真实身份的证件或文件，包括但不限于营业执照、事业单位法人证书、税务登记证、组织机构代码证；个体工商户的有效身份证件，包括营业执照、经营者或授权经办人员的有效身份证件。

个人客户的有效身份证件，包括：在中国境内已登记常住户口的中国公民为居民身份证，不满十六周岁的，为居民身份证或户口簿；香港、澳门特别行政区居民为港澳居民往来内地通行证；台湾地区居民为台湾居民来往大陆通行证；定居国外的中国公民为中国护照；外国公民为护照或者外国人永久居留证（外国边民，按照边贸结算的有关规定办理）；法律、行政法规规定的其他身份证明文件。

客户本人，是指客户本单位（单位客户）或者本人（个人客户）。

第四十五条　本办法由中国人民银行负责解释和修订。

第四十六条　本办法自 2016 年 7 月 1 日起施行。

项目 3 网络借贷

❑ 学习目标

通过对本章内容的学习，要明确 P2P 网络借贷的定义，掌握网络借贷的产生与发展，熟悉网络借贷的特点功能与现状，熟知网络借贷的业务模式，同时了解网络借贷管理上的一些风险及防范手段与原则。要求学生能够鉴别网络借贷平台的关键指标，能够抓住网络借贷的业务流程特点，并能说出本章知识在哪些具体岗位能用上。

❑ 思政目标

树立合理的消费观。

树立风险意识与合理的投资观。

❑ 案例导学

"95 后"年轻人如何走上网络借贷路

小杨是一位 1995 年出生的女孩，在网贷平台上借款已经持续了三年，目前负债 24 万元。

小杨走上借贷的背后是日益频繁、触手可及的网络贷款广告和电话推销，一些金融知识薄弱、没有稳定收入来源的青少年容易被网贷平台诱导滋生无节制超前消费观念，年纪轻轻就背负了沉重的债务。

记者调查发现，网络贷款行业目前的乱象主要有常将宣传重点瞄准年轻人人群，并以"万元日利率"等概念宣传来吸引借款；贷款门槛低，无论是谁，只要成年，只要有手机号、身份证就能贷一笔钱，平台审核不严，填写的信息非常随意也可申请贷款。

在2021年的全国两会上，年轻人网络借贷问题得到了部分全国人大代表的关注。

以贷养贷

她清楚记得第一次接触网贷是在大四毕业后，从抖音App上看了广告，由此点开了人生中第一笔网贷，很快就下款了。

“当时不懂什么利息，只觉得我跟你借6 000元，一下就能借到，而且每个月只用还600元，完全没压力，当时还安慰自己，我能还清这笔网贷的，网贷的额度倒是越来越高了，随便填下资料，就能借到八千、一万的”，小杨对经济观察报记者说道。

后来有一次小杨急需一笔借款，偶尔看了“有钱花”的广告，上面写着“最低年化利率7.2%、1万元借一天利息仅2元”，她被这句话吸引了，想着算下来借十万块一天利息也就20元，一个月下来也才600多元利息。于是她马上下载了“有钱花”的App查看额度，在绑定了手机和身份证信息之后当即获得了一张300元新客专享的利息优惠券，并提醒“请完善您的个人信息”，填写“职业收入”，页面默认的“职业类型”是企业职员，“税后月收入”是1万~2万元，小杨没有改动页面进行了测额，跳转页面显示“额度是20万元，日利率0.037%，资质超过了99%的人”，而后需要提交身份证照片、紧急联系人信息和刷脸认证就可以提交信息了。

“这借钱也太容易了，随便填一点信息就能借到钱。”虽然利率并不如想象的低，小杨很快又在“有钱花”上下了一笔贷款，借了1万元，日利率0.037%，按等额本息的还款方式，借满6期还总利息285元。

一开始，她觉得每个月的还款好像只差那么一点就可以还掉了。但就是因为这么一点，不想跟亲人朋友开口，只好申请下一笔网贷。既然总要借的，只借那么一点点额度，好像又没什么意思，就这样越来越没规划，开始走上“以贷养贷”的道路……

更悲催的是，小杨这个月“瞎点”平台的时候，不小心点到了高炮平台，被强制下款。“我把App删了后，莫名各收到了三个陌生人的转账1 500元，还以为自己运气这么好白赚了4 500元；结果还款日到了，接到了境外电话的催收短信，人都吓傻了。因为我删了App，也不知道怎么还款，甚至还加到了骗子客服的QQ。最后终于加上了真的客服，重下了App准备还款，看到还款金额我又傻了，五天时间，1 500元的到账，还款3 000元。但是出于怕被曝光通讯录和上征信的恐惧，我还是老老实实还款了。还了款后冷静下来查各种资料，才知道原来这就是所谓的高炮平台”，小杨说。

有网贷借贷经历的人都有一把辛酸泪。不仅是小杨，陈先生从玖富万卡借了一笔款，其中除了年息之外，还有其他各种附加名目费用，他感觉自己也进入了被“坑”的行列中。陈先生贷款15 000元，分成24期还款，每个月还款1 074.98元，算下来总还款额是25 799.24元，然后签订合同金额是23 121元，在确认借款的时候页面会弹出一个“服务套餐消费明细”，上面写着“以下为包含玖富普惠网贷撮合服务及其他第三方专业机构服务的服务消费套餐，第三方专业机构服务非玖富普惠提供，会员客户选择并认可并自愿采购支付以下三方服务消费，这几项费用分别是担保费用1 124元、网贷信息技术服务费1 319元，信息咨询服务费697元”。

“乍看之下，最终还款确实比合同金额高2 678.52元，利息不算高，但年化综合资金成本高达30%以上，我借的也才15 000元而已，杂七杂八的就被扣了8 121元，而且最终还要根据利息和期数来还款，这笔费用就高得吓人了”，陈先生说道。

还有一些互联网打车平台利用打车的流量入口给用户推送“借款渠道”界面，例如滴滴，在乘客打车支付后，会出现一个称“您已经获得本周【借钱特权】，绿色申请通道已开启，本周仅一次”的界面。

陈先生也遇到过这样的事情，点击“进入通道”后需要开通滴滴金融的账户，绑卡测额度，声称最低日利率 0.02%。陈先生贷了两万元，每天利息是 0.098%，也就是一万元每天 9.8 元的利息，年化高达 35.28%，每月本息一起还，他感觉到后面比高利贷利息还高。

节选自《“95 后”年轻人如何走上网络借贷路》，来源：青瞳视角

https://baijiahao.baidu.com/s?id=1694099335108891835&wfr=spider&for=pc

3.1 网络借贷概述

随着互联网的普及，互联网正在逐步渗透到人们日常生活的各个方面，未来人们的生活习惯也将为之改变。与人们生活息息相关的各个行业也因互联网的普及而发生转变。网上贷款也正在成为一种趋势，借助互联网的优势，可以足不出户地完成贷款申请的各项步骤，包括了解各类贷款的申请条件，准备申请材料、一直到递交贷款申请，都可以在互联网上高效地完成。与之相应的，一批 P2P 网贷模式公司的兴起，也为网上贷款的普及与推广做出了很大的贡献。

3.1.1 P2P 网络借贷的定义

P2P 网贷，又称 P2P 网络借款。P2P 是英文 peer to peer 的缩写，意即“个人对个人”。网络信贷起源于英国，随后发展到美国、德国和其他国家，其典型的模式为：网络信贷公司提供平台，由借贷双方自由竞价，撮合成交。资金借出人获取利息收益，并承担风险；资金借入人到期偿还本金，网络信贷公司收取中介服务费。

《关于促进互联网金融健康发展的指导意见》（银发〔2015〕221 号）中对网络借贷有明确的定义：网络借贷包括个体网络借贷（P2P 网络借贷）和网络小额贷款。

（1）个体网络借贷（P2P 网络借贷）：个体与个体之间通过互联网平台实现直接借贷，个体网络借贷要坚持平台功能，为投资方和融资方提供信息交互、撮合、资信评估等中介服务。个体网络借贷机构要明确信息中介性质，主要为借贷双方提供信息服务，不得提供增信服务，不得非法集资。这里的个体包含自然人、法人及其他组织。

（2）网络小额贷款是指互联网企业通过其控制的小额贷款公司，利用互联网向客户提供的小额贷款，也称为现金贷。

P2P 小额借贷是指一种将非常小额度的资金聚集起来借贷给有资金需求人群的一种商业模式。它的社会价值主要体现在满足个人资金需求、发展个人信用体系和提高社会闲散资金利用率三个方面，由 2006 年“诺贝尔和平奖”得主穆罕默德·尤努斯教授（孟加拉国）首创。

1976 年，在一次乡村调查中，穆罕默德·尤努斯教授把 27 美元借给了 42 位贫困的村民，以支付他们用以制作竹凳的微薄成本，免受高利贷的盘剥，由此开启他的小额贷款之路。

1979 年，他在国有商业银行体系内部创立了格莱珉（意为“乡村”）分行，开始为贫困的孟加拉妇女提供小额贷款业务。

随着互联网技术的快速发展和普及，P2P 小额借贷逐渐由单一的线下模式，转变为线下线上并行，随之产生的就是 P2P 网络借贷平台。这使更多人群享受到了 P2P 小额信贷服务。P2P 网络借贷平台发展的另一个重要目的，就是通过这种借贷方式来缓解人们因为在不同年龄时收入不均匀而导致的消费力不平衡问题。

3.1.2 P2P 网络借贷的起源

3.1.2.1 美国

美国的环境鼓励人们提前消费，这种消费习惯刺激着美国的个人小额借贷需求。但居高不下的信用卡利率及 2008 年金融危机的冲击，让个人金融的高需求无法得到满足。2006 年 2 月，美国的第一家盈利性 P2P 借贷平台 Prosper 开始运营，随后 Lending、Club、OnDeck 等平台相继成立。由于传统银行在人们生活中占据根深蒂固的位置，美国 P2P 在发展初期并不顺利，资金来源非常有限。并且早期的 P2P 平台对于借款人的资格几乎没有任何限制，借贷周期过长，导致平台违约率非常高，资金的流动性比较差，各 P2P 公司都在摸索自己的发展之路。

2008 年，美国证券交易委员会 (SEC) 宣布正式对 P2P 行业进行监管，要求所有 P2P 公司必须根据《1934 年证券法》法案，把他们的产品注册为证券，新的公司进入 P2P 行业也必须向 SEC 注册登记。高昂的注册费用使得大多数小机构由于无力承担而选择关门歇业，同时以英国 Zopa 公司在内的其他国外 P2P 公司不得不彻底退出美国市场。

2009 年，美国的非营利性、无本地中介的跨国 P2P 借贷平台 Zidisha 成立，旨在为非洲小企业主提供低利息贷款的 P2P 融资，它允许人们直接向某些发展中国家的企业出借小份额的资金。

2011 年，专做大学生网贷的 P2P 公司 SoFi 成立，总部位于美国旧金山。在建立之初，SoFi 的主营业务便是为毕业于名校的优秀学生提供更低利率的二次贷款，资助他们偿还政府的贷款。

度过了登记注册的难关，Prosper 和 Lending Club 两家公司迎来了业务的快速增长期。2012 年 6 月，Lending Club 成为美国规模最大的 P2P 借贷平台，各方面数据均高于其他借贷平台。2014 年 12 月，Lending C1ub 成功登陆纽交所，成为全球第一家上市的 P2P 平台。

3.1.2.2 英国

英国的 Zopa 则完全是基于 21 世纪计算机网络技术的快速发展而应运而生的新模式，网络的高效化使传统的借贷模式可以从 N21（运用网络做直销）、12N（企业网上申请贷款）的两步走模式，直接跨越到 N2N（个人对个人放款）模式，省去了中间银行，这也是 Zopa 所宣称的“摒弃银行，每个人都有更好的交易”的来源，P2P 网络借贷充分发展的结果是把银行从借贷业务链中挤出去。P2P 网络借贷的 N2N 模式可以兼顾银行和民间借贷的双重优势，尤其是与英国的 Zopa 网络借贷平台不相关的事务。

2005 年 3 月，英国人理查德·杜瓦、詹姆斯·亚历山大、萨拉·马休斯和大卫·尼克尔森 4 位年轻人创办的全球第一家 P2P 网贷平台 Zopa 在伦敦上线运营。如今 Zopa 的业务已扩至意大利、美国和日本，平均每天线上的投资额达 200 多万英镑。

Zopa 是“可达成协议的空间（Zone of Possible Agreement）”的缩写。在 Zopa 网站上，投资者可列出金额、利率和想要借出款项的时间，而借款者则根据用途、金额搜索适合的贷款产品，Zopa 则向借贷双方收取一定的手续费，而非赚取利息。

另外一家 P2P 网络借贷平台 Prosper，成立于 2006 年，如今拥有超过 98 万会员，借贷发生额超过 2 亿美元。

P2P 网络借贷平台在英美等发达国家发展已相对完善，这种新型的理财模式已逐渐被身处网络时代的大众所接受。一方面出借人实现了资产的收益增值，另一方面借款人则可以用这种方便快捷的方式满足自己的资金需求。

3.1.3 P2P 网络借贷的特点

随着社会的发展，借助互联网便捷高效的优势，网络贷款平台正在成为贷款的一种趋势，P2P 网络贷款与民间借贷相关，但又有着本质的区别。

正规 P2P 网络借贷平台具有如下特点：

3.1.3.1 专业的运作团队

P2P 网络借贷行业具有两大属性：互联网和金融，而这两种属性都有专业门槛。平台如果没有专业的技术人员，网站安全无法得到保障，平台无法正常运作。而如果没有专业的金融人才，金融风险就无法控制。所以一个正规的 P2P 网络借贷平台必须要有专业的风控团队和网络技术人员全面把控，为其保驾护航。

3.1.3.2 完善的资金保障制度

著名投资人巴菲特有三大投资原则：第一，保住本金；第二，保住本金；第三：谨记第一条和第二条。金融是经营风险的行业，如何在保住本金的情况下获取利益，尤为重要。所以正规的 P2P 网络借贷平台的基本特征就是要有一个健全的资金保障机制。

3.1.3.3 可持续的经营能力

许多跑路平台的特征就是一上线就大量发超短期标，甚至 1、2 天的标，且给予很高的资金回报率。如果给到投资人的年化收益率超过 25%，加上平台管理费，年化收益率要超过 30%～40%，试问有多少借款人能承受？这样的平台肯定不能持续经营。因此，一个正规的平台既要照顾投资人的利益，也要考虑市场的实际利率承受水平，同时保留部分收益供再发展需求。

3.1.3.4 采用第三方资金托管

正规的 P2P 网络借贷平台必须采用第三方资金托管，将投资人的资金全部交由第三方支付平台管理，不经手人和资金，将信息和资金分开，平台只掌握交易信息。

3.1.3.5 借贷双方的广泛性

P2P 借贷的借贷双方呈现的是散点网络状的多对多形式，且针对非特定主体，使其参与者极其分散和广泛。目前的借贷者主要是个体工商户和工薪阶层，短期周转需求占据很大部分。参与者的广泛性主要源于准入门槛较低，参与方式灵活。借贷者只要有良好信用，即使缺乏担保抵押，也能够获得贷款；投资者即使拥有的资金量较小，对期限有严格要求，同样能够找到匹配的借款人，并且每一笔贷款中可以有多个投资者；每个投资者可以投资多笔贷款。这使得具体业务形式上更加分散，参与群体也更加广泛。

3.1.3.6 交易方式的灵活性和高效性

在 P2P 平台上，借款者和投资者的需求都是多样化的，需求相互磨合和匹配。在这种磨合中，形成了多样化的产品特征（尤其是市场化的利率）和交易方式。此外，P2P 借贷业务简化了烦琐的层层审批模式，在信用合格的情况下，手续简单直接，高效率满足借款者的资金需求。

3.1.3.7 风险性和收益率双高

P2P 借贷平台上的借款者往往缺乏有效担保和抵押，普遍不被传统金融结构接纳，对贷款产品的需求特征个性化，甚至可能是传统金融机构筛选后的“次级客户”，故愿意承受更高的利率来获得贷款。另一方面，P2P 借贷平台和投资者也面临高成本的线下调查的缺失或者不够细致的问题，仅靠网络信息的汇总分析对客户进行信息真实性和还款能力的审核仍然是一个巨大挑战和风险来源。

P2P 借贷中的参与者极其广泛，借贷关系密集复杂。这种多对多的信息整合与审核，极大依赖于互联网技术。事实上，P2P 借贷形式的产生，也得益于信息技术尤其是信息整合技术和数据挖掘技术的发展。

3.1.4 P2P 网络借贷的主体构成

按照监管要求，P2P 网贷平台是为出借方、借款方提供信息中介的平台，借款方提出借款申请，P2P 平台进行审核、推荐、筛选、展示，出借方对项目进行投资，出借资金，赚取利息。存续期内 P2P 平台对项目进行信息披露，付息或还款时向存管银行下达指令转付本息回款。

按照《网络借贷信息中介机构业务活动管理暂行办法》(银监会令〔2016〕1 号)，各参与方的职责为：

网贷平台：以互联网为主要渠道，为借款人与出借人（即贷款人）实现直接借贷提供信息搜集、信息公布、资信评估、信息交互、借贷撮合等服务。具体义务及禁止从事的活动详见暂行办法。

借款人：发布真实的用户信息和融资信息，借贷金额与自身还款能力相匹配，资金用于约定的用途，如实报告影响出借人利益的重大信息，履行还本付息义务。

出借人：是平台的资金方，向借款人出借资金。出借资金为来源合法的自有资金，应了解项目风险，自行承担本息损失。

资金存管银行：为委托人（网贷平台）开立存管专用账户和委托人自有资金账户，在专用账户下为借款人、出借人、担保人开立子账户，按照委托人指令对资金进行划拨和管理；对资金履行安全保管责任，每日进行账务核对，定期提供资金报告，保管业务相关资料。

3.2 P2P 网络借贷的运营模式

3.2.1 按借贷流程分类

按借贷流程的不同，P2P 网贷可分为纯平台模式和债权转让模式两种。

纯平台模式即出借人根据需求在平台上自主选择贷款对象，平台不介入交易，只负责信用审核、展示及招标，以收取账户管理费和服务费为收益来源。债权转让模式又称“多对多”模式，是指借贷双方不直接签订债权务合同，而是通过第三方个人先行放款给资金需求者，再由第三方个人将债权转让给投资者。其中，第三方个人与 P2P 网贷平台高度关联，一般为平台的内部核心人员。

纯线上模式整个过程都是在网上进行的，因此可以极大地节省人力成本。竞标方式使借款人和出借人有较大的交易自由；借款人还款压力小，风险也小。不足之处是风险难以把控，据第三方机构的统计，纯线上模式的坏账率高达 10%，投资者选择此类平台时慎重。虽然有名单公开曝光，但并不赔偿出借人的经济损失。对于逾期不还的情况，只退还出借人手续费，所以资金回收的潜在风险只能由出借人自行承担。

3.2.2 按征信方式分类

按征信方式的不同，可分为纯线上模式和线上线下模式

纯线上模式是指 P2P 网贷平台作为单纯的网络中介存在，负责制定交易规则和提供交易平台，从用户开发、信用审核、合同签订到贷款催收等整个业务主要在线上完成。线上线下模式，是指 P2P 网贷公司在线上主攻理财端，吸引出借人，并公开借贷业务信息以及相关法律服务流程，而线下则强化风险控制、开发贷款端客户。

在传统的线上模式中，传统的审核方式节省了人力成本。但是基于缺失的数据建立起来的数据模型也存在一定问题，这种问题会导致信用审核可靠性降低，风险控制不成熟，逾期率和坏账率普遍偏高。而线上线下辅助模式是目前最为安全的模式。原理是资金筹集部分由线上完成，寻找借款客户部分则由线下完成。由于整个审核过程都需要现场考察，虽然运营成本会略高，但是这种模式能够给投资者带来极大的资金安全保障。

3.2.3 按担保机制分类

按有无担保机制，可分为无担保模式和有担保模式。

无担保模式即平台仅发挥信用认定和信息撮合的功能，提供的所有借款均为无担保的信用贷款，由出借人根据自己的借款期限和风险承受能力自主选择借款金额和借款期限。有担保模式又可分为第三方担保模式和平台自身担保模式。前者是将风险控制交给担保公司去做，第三方担保模式即 P2P 平台与担保公司是完全独立的业务合作关系。后者是平台自身去把握风险控制。但是，无论哪种风控方式，从投资人角度来讲，都不能简单地认为有了担保就安全了。因为在过去运作的过程中，很多担保公司都出了风险问题。担保公司跟银行合作时，也不完全能够最终赔付给银行。

3.3 P2P 网络借贷的风险及监管

3.3.1 P2P 网贷平台的主要风险

P2P 网络贷款虽然体量尚小，但随之而来的是不断暴露的风险。

3.3.1.1 信用风险

美国拥有成熟的信用体系，FICO（美国个人消费信用评估公司）机构会对个人进行信用评级，中国的个人信用体系有待完善。由于 P2P 属于信用贷款，大多数贷款人没有抵押物，没有资产证明，甚至没有工作单位，这意味着无法通过传统的手段来收集他们的信用信息。而 P2P 行业快速发展的时间

不长，本身数据积累和审贷经验非常有限，整体水平远低于传统银行。根据国外的 P2P 网贷违约率来看，基本能达到 10%~15%，某些平台的比率甚至更高。而基于目前国内的信用体系及行业成熟度的情况，尤其在经济增速放缓的环境下，企业和个人流动性将越发紧张，P2P 网贷的违约风险将更大。

3.3.1.2 道德风险

P2P 的道德风险大抵存在两种情况：第一种，P2P 平台通过虚构借款方信息诱骗投资者购买，实则资金流向平台企业的腰包，这里特别要提示投资者的是“自融”风险，是指那些有资金需求的人成立一家 P2P 平台为自己融资的情况；第二种，平台企业采用债权转让的模式，拆分错配，投资者实际和平台公司产生交易，形成债权债务关系。不管哪一种，只要投资者的资金直接转账到该平台的自有账户，都暗藏着“老板跑路”的风险。

3.3.1.3 网络风险

黑客一直对网贷平台频繁进行攻击，造成许多平台出现“挤兑”的现象。由于互联网金融本身以技术为支撑，在技术方面如果不过关，会对互联网金融的资金安全、个人信息和正常运作带来很大的影响，并且会影响投资人的信心，对平台的影响更加深远。

3.3.1.4 经营风险

相对银行、担保公司及小贷公司来讲，P2P 企业在无杠杆限制、无准备金比例的情况下，还附带担保，本身就要承受更大的经营风险。而有的 P2P 机构还对债权进行拆分，期限错配，这使得流动性风险更大。

3.3.2 P2P 网络借贷的风控管理

3.3.2.1 P2P 网络借贷风险预防

互联网金融本质仍属于金融，没有改变金融风险其隐蔽性、传染性、广泛性和突发性的特点。

关于 P2P 网贷平台风险的研究是过去几年的热点问题，学者们运用不同的理论方法从金融、商业、法律、技术等多个角度和层面对行业的风险特点进行了论述。《中国银监会办公厅关于人人贷有关风险提示的通知》也从宏观层面列举了网络借贷主要存在的七项问题风险。

结合以往的研究成果及监管思路，我国金融领域专家吴晓求教授指出，作为一种新金融业态，互联网金融不是传统金融的技术创新，行业本身的风险不能以传统、单一的视角来分析和对待。他认为信用风险、技术和操作风险、流动性风险是与 P2P 网贷平台经营紧密相关的三类主要风险，它们之间既有交叉影响，又有转化。其中，最核心的风险是流动性风险。

(1)信用风险及风控方法

信用风险，又称违约风险，是指债务人或交易对象因各种原因未能及时履行合同或契约中所规定的义务而对债权人造成经济损失的风险，即受信人未能履行还本付息的责任而使授信人的预期收益与实际收益发生偏离的可能性。

央行的征信系统尚未覆盖到P2P行业，国内P2P在做好中介与桥梁的同时还承担了大量的征信和风控任务。常见的方式包括风险分散、加强审核（例如，采用线上线下双审核的方式对借款人的资信、还款能力进行评估）、量化的风控模型等。风控措施依据具体业务特质（包括业务额度、业务类型、业务本质等）加以区别对待。

在保障投资人资金安全方面，2015年7月发布的《关于促进互联网金融健康发展的指导意见》中规定今后将由银行来进行资金存管。此外，隐形刚性兑付的存在，让许多平台都会提供不同形式的风险保障机制（例如担保、设立风险准备金）以获得投资者的信任，但这种方式实际上会为平台自身的经营带来一系列问题。

与此同时，运用大数据技术做P2P平台的风评和风控方面，尽管引起了业内的广泛关注，但是这种方法在现实层面还存在较多的制约。例如，挖掘有效数据的能力不足（真实性、统计口径、数据量都会影响到数据的有效性）；科学、完备的大数据采集、清洗、提炼及利用机制尚不完善；我国征信记录十分有限的现状；平台对信息公开所持态度各异、难以通过共享的方式形成数据链和数据网，大量封闭的数据孤岛难以构成大数据。

尽管条件尚不成熟，但是互联网金融公司在长期业务发展过中所累积下来的数据依然具有很高的价值，充分分析和利用它们能够辅助公司加强对信用方面的风险管理。

(2)技术、操作风险及风控方法

技术风险，主要是指由P2P平台的操作软件和网络环境出现技术问题、安全漏洞时对网络交易造成的损失。互联网具有传播面广、虚拟性高的特点，P2P网络平台是融资双方交易的基础，出现系统的不稳定、网络安全问题等都会引起投资者恐慌，对平台声誉和业务造成不利影响。

操作风险，是指由不完善或有问题的内部程序、员工和信息科技系统，以及外部因素所造成损失的风险（操作风险包括法律风险）。造成财务损失的操作事件包括：内部欺诈，外部欺诈，就业制度和工作场所安全，客户、产品和业务活动，实物资产的损坏，营业中断和信息技术系统瘫痪，执行、交割和流程管理等七种类型。

技术、操作风险在多数情况下是属于公司内部可以管理和控制的内生性风险。降低这种风险，公司需要重视内部管理（例如机构设置及权责分配、内部审计、人力资源政策、企业文化建设等），加强对员工职业素质、业务操作能力的培训（例如对小微企业的尽职调查及风险辨别），完善信息系统安全建设（例如用户信息的加密传输和备份、实时异地数据备份机制、制定网络应急预案和操作流程），指定相应部门专门负责整个公司操作层面风险管理体系的设计与执行、加强流程管理（例如贷前业务筛选、贷款项目审核、贷审风险管理、对合作机构的业务合规管理、贷后检查）。

(3)流动性风险及风控方法

流动性风险，是指无法及时获得或者无法以合理成本获得充足资金，以偿付到期债务或其他支付义务、满足资产增长或其他业务发展需要的风险。常见的应对措施包括准备金、第三方担保、与资产管理公司合作等。

P2P 平台连接着资产端与资金端，在对两端的需求情况的预测、权衡及增长量的控制方面，需要借助技术手段对流动性进行管理。而在操作层面，需要重视以专有技术、专利技术和工业版权等为代表的技术资产的重要作用和价值，优化其在资产端的结构匹配。因为流动性风险能够与其他风险发生相互影响、相互作用及转换，所以，在拓展 P2P 业务模式之初有必要充分考量公司的综合经营能力、财务实力、人力资源、融资及总体风险偏好等各方面因素，权衡降低风险的收益与成本，再对需要开展的具体业务和模式进行筛选、定位。

例如，通常情况下，债权转让业务会增加平台的流动性风险。这是因为将债权拆分并转让容易造成期限错配和金额错配，累积风险，导致兑付压力像滚雪球，一旦出现大规模挤兑，资金链就有可能断裂，引发流动性不足。但从平台创收的角度讲，这种将债权进行拆分、打包成类固定收益的组合产品、再以组合产品的形式销售出去的过程，很大程度上实现了产品的标准化；这些数额不大的理财产品更便于销售，有利于批量地开展业务，快速扩张交易量，实现规模化。不过，值得特别注意的是这种运作方式容易触碰到我国当前法律和政策的红线，并且规模越大风险就越难以控制，由此类业务引发的高风险容易传染给其他金融机构，酿成系统性风险。

3.3.2.2 P2P 网络借贷风险管理措施

从业务模式和参与方职责看，P2P 网络借贷本质是信息中介：借款人要诚实守信，要保证自己能还上；出借人要有风险识别能力，亏了自己承担；P2P 平台是中介，赚中介费；资金存管银行保管资金，赚存管费。

如果各方履行各自职责，出借人至少不会血本无归，最多承担一些借款人实际无法还款的风险。但是很多平台和借款人串通，或者自己假装借款人，发布虚假标的，并且没有实施资金存管制度，募集资金后卷款跑路。

因此，风险控制重点要对网贷中介机构、借款人、网贷平台（系统）进行监管，对出借人进行金融教育和保护，增强风险意识。

（1）网贷中介机构

①必须备案经营，接受监管。备案三步骤：领取营业执照，在地方金融监管部门完成备案登记，在通信主管部门申请电信业务经营许可。

②履行中介义务：为出借人与借款人提供直接借贷信息；对出借人与借款人的资格条件、信息的真实性、融资项目的真实性和合法性进行必要的审核；采取措施防范欺诈借贷；持续开展网络借贷知识普及和风险教育活动，加强信息披露，引导出借人以小额分散的方式参与网络借贷，确保出借人充分知悉借贷风险；向监管部门报送债权债务等监管信息；保管保护参与方基本信息、交易信息；履行反洗钱、反恐怖融资义务；

③十一项禁止性行为：不得自己融资，不得接受、归集出借人资金，不得提供担保、承诺保本本息，不得在电子渠道之外的物理场所宣传或推介项目，不得发放贷款，不得拆分项目期限，不得发售、代销金融机构资管产品，不得开展类证券化业务或债权转让行为，不得虚假宣传，不得为高风险资金用

途提供融资，不得从事股权众筹。

这些行为主要由地方金融监管部门负责监管，同时资金存管银行准入时需进行尽职调查报告。

（2）借款人

①借款人应履行的义务：提供真实、准确、完整的用户信息及融资信息，提供所有平台未偿还借款信息，保证融资项目真实、合法，按照约定用途使用借贷资金，按约定向出借人如实报告影响出借人权益的重大信息，确保有与借款金额相匹配的还款能力，按照合同约定还款。

②禁止的行为：进行欺诈借款，一个项目重复融资，发现平台存在监管禁止的行为仍然让其进行交易。

（3）出借人保护

做到了解客户，根据出借人画像进行风险投资评估及分级管理，提供匹配的投资标的并进行投资限额控制。

（4）网贷平台要求

①进行资金存管，实现平台自身资金和出借人、借款人、担保人借贷资金的风险隔离，从物理上杜绝平台卷款跑路的风险。借款人、出借人的资金不属于网络借贷中介机构的清算财产。

②小额分散原则，对单一主体借款实施限额控制；平台可以提供分散投资功能引导出借人分散出借资金。如自然人一个平台不超过20万元，多个平台累计不超过100万元，法人一个平台不超过100万元，多个平台累计不超过500万元。

③开展信息系统定级备案和等级测试，保护出借人、借款人信息安全。

3.3.3 P2P网络借贷鉴别

3.3.3.1 明显造假和错误信息

首先要核实平台的真实性，包括真实的营业执照、办公地址和真实信息。最早的纯诈骗平台“淘金贷”，上线3天平台就关闭了，事后调查，平台所有信息都是假的；跑路的“网金宝”办公地址是摩码大厦22层，但该大厦最高只有20层。

众多“网金宝”的受害者上当受骗的原因是该平台宣称“与央行签署了战略合作关系，并接受央行北京支行的监管”。如今P2P行业的监管方向是央行指导，银监会出政策，地方银监会落地监管，但监管机构从来没有发布监管细则，何来的监管？何况其所谓的同央行合作的照片亦属造假。

3.3.3.2 预期年化利率高低

高息平台一定是危险的，但低预期年化利率不一定就没问题。

优质借款人对利息是敏感的，也是 P2P 平台的核心争夺对象，这些借款人借钱渠道很多，资质越好越容易拿到平台优惠。而非优质借款人还款能力差，才会许诺高预期年化预期收益回报以获得贷款。

一般来说，平台借款人的主流融资成本由三块组成：理财人受益、平台服务费、担保费。假设一个平台给投资人的预期年化利率是 20%、平台服务费 2%、担保费 2%，借款人需要承受的成本是 24% 的利息，对于这种资质的借款人，担保公司往往因为风险高收取更高的担保费用，担保费远不止 2%，真实借款成本可能达到 30%～40%，此预期年化利率已达到高利贷利息，因此高息平台一定有问题。

如跑路平台“网金宝”的短期标的预期年化预期收益率 13%～15%，长期标的年预期年化预期收益率高达 20%。

当然，低息预期年化利率也不一定安全。低息平台也有可能是给理财人的预期年化预收益低，但收取了高额的平台费用和担保费用。

3.3.3.3 资金池和第三方托管

所谓资金池，是指投资者的资金直接流入平台，再由平台借给借款人。保险公司和银行都是典型的资金池模式，资金池本身并无好坏，但会使资金的流向不透明。最新的监管措施明确规定，P2P 平台只能是中介平台，不得建立资金池，这就需要资金接受第三方托管，几乎所有的 P2P 平台诈骗都会使用资金池模式。纯粹的 P2P 平台应该是点对点方式，是投资者 A 可以直接借款给投资者 B，资金由第三方机构托管。

资金池模式下，平台可以随意挪用资金，因此可以随时卷钱跑路；同时，资金池也是掩盖“庞氏骗局”的最好方式 —— 明明平台已经入不敷出，但如果不想让大家知道平台有坏账，只需要每天借新还旧即可，这很有可能造成歌舞升平的假象，但平台实际已经出现了问题。深圳的鹏城贷就是此类问题，该平台没有真实业务，用后面人的钱还前面人的钱，最终倒闭，老板潜逃国外。

如何判断平台是否有第三方托管机构？在资金池模式下，用户只有一个平台账户，它既是平台账户也是资金账户；而第三方托管方式下，每个用户必须有两个账户，一个是 P2P 平台账户，一个是资金托管方的资金账户。

有些平台会混淆“资金托管方”与“网关”的概念。真实的案例是，在“旺旺贷”跑路前，当有消费者询问其是否有托管方，它一直强调“可以通过第三方平台进行支付”，但实质只是通过第三方支付进行充值提现，只是支付渠道，钱最终进入的是该公司在第三方平台开设账户的资金池。如果一个公司宣称拥有多个“托管方”，且不需要开设两个账户，几乎都是资金池模式。此外，还可以通过资金的接收方是否必须与借款合同上是同一个人，且通过资金托管方网站来查询钱的流向。

很多并没有资金托管方的 P2P 平台为了混淆视听，也会宣称自己有第三方托管资金，比如通过明显的业务关联方控制中间账户，或者寻找毫无资质的资金托管方。因此投资者还需要查询第三方托管的资质。

3.3.3.4 真假标的

即使平台没有资金池并使用了第三方托管，依然可能造假，比如发布假标。一般平台在跑路前或者坏账高企时，会自己发布大量假标自创自融。判断真假标的的方式是看信息披露程度和造假成本。

判断造假的关键是看造假成本。比如有些标的直接写上“企业扩大经营借款 20 万”，少有更详细的信息披露，这就是造假成本太低的例子。对个人贷款，做一个假身份证不难，但身份有公安系统认证、与身份证相关的银行记录、与该银行卡相关的网络消费就不易伪造。对企业来说也一样，造假的财务报表很容易，但如果能同时披露与财务报表匹配的税务单、采购购销的合同、银行流水、供电所、税务局等上下游材料就很难造假。

当前正规的 P2P 网贷平台，除了公开披露尽可能详细但不触及隐私的信息外，同时也在尝试建立线下观察团，投资人可在开放日来查询平台上标的的真实材料。如果一个 P2P 平台不建资金池，有第三方托管，且提供方法让消费者可以透明审查标的的真实性，这样造假就很困难了。

此外，好的 P2P 平台还需要很强的技术保护投资人和借款人的个人信息安全，并在高频次交易下不会崩溃。曾有 P2P 平台因为技术问题导致网站页面打不开而被错认为跑路，最终因为投资者信心不足而倒闭。

小微爆发年：两项新政驱动新生态，助贷模式迎接“新蓝海”

2021 年 4 月，监管部门接连发布的两项新政，促使业界意识到 2021 年必将是“小微爆发年”。第一项政策是银保监会发出的《关于 2021 年进一步推动小微企业金融服务高质量发展的通知》；第二项政策是工信部中小企业局出台的《中小企业划型标准规定（修订征求意见稿）》。

我国大量的中小微企业经过疫情的洗礼，2020 年经受了生死危机的考验，但在产业数字化转型、中长期经营发展方面，2021 年依旧需要政策层面的重点扶持。本次两项新政的发布，将驱动小微金融生态圈进一步优化升级，一批金融科技公司已涌向小微金融助贷市场，譬如 360 数科、乐信、信也科技、国美金融等。目前，商业银行与各类基于互联网平台的金融科技公司通过场景创新、生态布局，争相抢占政策红利，谋求小微金融这片蓝海的更大市场份额。

一、“首贷户”考核出炉：银保监会引导做大增量、敢啃硬骨头

4 月 25 日，银保监会官网发布了《关于 2021 年进一步推动小微企业金融服务高质量发展的通知》（以下简称《通知》）。零壹智库通过梳理研究，下面从“首贷户”考核、考核统计口径调整、产业链供应链金融创新、小微贷款利率、担保保险增信产品等角度展开解读。

1. 明确“首贷户”考核规定

《通知》要求，大型银行、股份制银行要主动“啃硬骨头”，覆盖小微企业融资供给“空白地带”，努力实现 2021 年新增小型微型企业“首贷户”数量高于 2020 年；大型银行要将小型微型企业“首贷户”占比纳入内部绩效指标；根据“首贷户”真实融资需求和征信状况合理设置授信审批条件。

何为“首贷户”？它是指从银行业金融机构首次获得贷款的客户，即人民银行征信系统查询不到该客户以往在银行业金融机构体系贷款的征信记录。这项政策条款的公布，将激发银行业开发专门的“首贷”类产品，加强对于绿色发展、科技创新与个人工商户等群体的金融支持力度。

2. 普惠小微贷款监测口径发生变化

监管规定，金融机构继续将单户授信总额 1 000 万元以下（含）的普惠型小微企业贷款作为投

放重点，剔除票据贴现和转贴现业务相关数据。此前银保监会普惠金融部副主任丁晓芳曾表示，发现部分银行为了完成小微信贷考核任务，采用票据业务来“冲规模”的现象。剔除票据业务后，监管层将引导银行业将信贷资源更多地投入初创期的小微企业群体。

央行统计数据显示，截至2020年年末，我国普惠小微贷款余额15.1万亿元，同比增长30.3%，增速比上年末高7.2个百分点；全年增加3.52万亿元，同比多增1.43万亿元。从下述近3年的普惠小微贷款规模与增速走势来看，整体保持稳定态势，2021年后疫情时期在政策接连出台的背景下，将进一步拓展小微客群数量。

3. 强调产业链供应链金融创新

《通知》明确，金融机构应当运用大数据、区块链、人工智能等金融科技，在农业、制造业、批发零售业、物流业等重点领域搭建供应链产业链金融平台。同时，依托产业链供应链的交易数据、资金流和物流信息，为上下游小微企业提供信用融资和应收账款、预付款、存货、仓单等动产质押融资业务。

此外，在金融科技运用上，提出银行业要积极参与“银税互动”“银商合作”“信易贷”等信用信息共享机制，与第三方机构合作要在合作机制中明确制定、严格落实数据安全管理制度，防范信息泄露和盗用，并借鉴“无接触”金融服务的经验做法。

4. 设定合理的小微贷款利率

《通知》规定，银行业根据贷款市场报价利率（LPR）走势，合理确定小微企业贷款利率，确保2021年新发放普惠型小微企业贷款利率在2020年基础上继续保持平稳态势。市场披露数据显示，2020年疫情期间未来助力小微企业群体尽早复产复工，小微经营贷的利率维持在3.85%至4.5%之间。零壹智库此前发布的《中国普惠小微金融发展报告（2020）》曾指出，贷款利率定价由资金成本、业务成本、风险成本及合理利润等4个要素构成，要想降低小微贷款利率，必须借助金融科技来减少线下人工审批成本。

但与此同时，2021年初发现部分银行出现经营贷资金违规流入房地产市场的事件，因此《通知》指出银行业金融机构要做实贷款“三查”，严禁虚构小微企业贷款用途“套利”。

5. 丰富担保保险增信产品

小微企业融资难的根源在于缺乏融资担保，《通知》鼓励大型银行、股份制银行与国家融资担保基金推广“见贷即保”的批量担保业务合作模式，优先为“首贷户”提供担保。此外，在丰富普惠保险产品方面，《通知》鼓励金融机构探索创新面向小微企业的保单融资产品，稳健发展出口信用保险和国内贸易信用保险。通过构建更完善的保险与担保增信产品，我国普惠小微金融服务将迎来一片新蓝海。

二、重划中小企业认定标准：影响巨大，银行圈定小微数量再收紧

在银保监会发布《通知》的2天之前，工信部中小企业局于4月23日对外下发《中小企业划型标准规定（修订）》公开征求意见（以下简称《征求意见稿》）。有关中小企业的划型标准，工信部分别在2011年与2021年两个时间点发布政策，时隔十年，本次标准的重新修订，对于银行业规划小微企业信贷的客户量影响巨大。

长期以来，银行业依据工信部的中小企业划定标准，开展中小与小微企业信贷业务，报送给监管层的考核指标完成数据也基于这项标准。新规的最大变化在于，此前规定双指标仅需满足一项即可，而当前新规则要求企业必须同时满足相应阈值标准，此举意味着各行业的中小微企业总量将会

大幅收缩。

1. 国民经济行业类型数量收缩：从16类压降至9类

零壹智库研究近年来我国出台有关中小企业划型标准的政策文件，发现金融机构普遍遵循工信部标准，此前沿用2011年发布的《中小企业划型标准规定》（工信部联企业〔2011〕300号），本次对该政策进行了进一步修订。最大变化之处在于行业数量缩减，将相近行业进行合并划型，譬如：原有的工业行业变为工业（采矿业，制造业，电力、热力、燃气及水生产和供应业），交通运输，仓储和邮政业；原有的建筑业变为建筑业、组织管理服务，主要考虑“组织管理服务”并非属于中小企业重点发展领域，因此着重降低其小微企业数量占比。

同时，2021年《修订意见稿》增加了原标准未覆盖的领域——教育，卫生和社会工作，文化、体育和娱乐业。这些领域均属于第三产业当中的服务业，伴随着我国消费升级的快速变化，这些新业态催生了一批中小企业的出现，十年间我国的经济增长结构也出现较大调整，新业态、新消费领域的中小企业群体也成为投融资的重点扶持对象。

2. 十年巨大变革：各行业认定中小企业的标准更严格

对比两次中小企业划型标准文件，零壹智库发现，两次政策发布时隔十年，评判指标基本一致，但前后政策最大的区别在于，由2011年双指标“仅需满足一项”变成双指标“必须同时满足”。以工业为例，从两次政策提出的中小企业划分标准来看，可明显发现其差异点：

2011年版：工业——从业人员1 000人以下或营业收入40 000万元以下的为中小微型企业；

2021年版：工业（采矿业，制造业，电力、热力、燃气及水生产和供应业）、交通运输、仓储和邮政业——从业人员1 000人以下且营业收入20亿元以下的为中小微型企业。

由此可见，经历了2011年至今十年时间的经济高速增长期，各行业的发展规模整体呈现较快增长，因此大部分行业的营业收入、资产总额等指标均进行大幅上调。同时，考虑到认定标准由“或”变为“且”的重大政策影响，工信部在政策文件中提出，各行业各类型企业比例与《划型标准》制定时的大中小微企业类型分布比例相对稳定，中小企业特别是小微企业分布维持相对合理比例。

此外，所有行业的规模（限额）以上企业中将不再含有微型企业，微型企业均为规模（限额）以下企业。这项条款对于银行业开展微贷业务、认定微型企业十分关键，尤其是发展“首贷户”，将严格遵循《征求意见稿》中的微型企业各项认定标准。今后微型企业的发展规模或将面临一定压缩，因此一部分企业贷款不能再计入银行业微贷统计之内，对于我国整体小微市场的金融服务将带来巨大变革，引导银行业真正服务好处于初创期的小微企业与个体工商户群体。

3. 新增定量标准：“企业控股”不属于中小企业范畴

从下述对比表述可以发现，2021版新添了“企业控股”的表述：

2011版：中小企业划分为中型、小型、微型三种类型，具体标准根据企业从业人员、营业收入、资产总额等指标，结合行业特点制定；

2021版：中小企业划分为中型、小型、微型三种类型，具体标准根据企业从业人员、营业收入、资产总额等指标及企业控股等情况，结合行业特点制定。

工信部在本次《征求意见稿》中明确指出，涉及“企业控股”性质的机构主体，将等同于大型企业，具体情形涵盖3项：

（1）单个大型企业或大型企业全资子公司直接控股超过50%的企业；

（2）两个以上大型企业或大型企业全资子公司直接控股超过50%的企业；

（3）与大型企业或大型企业全资子公司的法定代表人为同一人的企业。

这项条款指向大型企业直接控制或参股设立的子公司，它们挤占了中小企业群体的专属政策优惠，但自身规模、资源禀赋已经超越了中小企业范畴。本次规范将促使银行业重新规划中小企业客户名单，将普惠政策落实到资金流短缺的民营实体企业。

4. 建立《划型标准》定期评估制度

2021版的《修订意见稿》指出："由国务院促进中小企业发展综合管理部门、国家统计部门会同有关部门根据经济社会发展情况，每5年，根据评估情况适时修订。"这一条款解决了我国过往十年未曾改变各行业的中小企业划分标准的突出矛盾，使各地区的普惠小微业务发展更加聚焦，将普惠金融政策落实到真正渴求融资的民营经济主体上。

三、小微生态圈的助贷商机：360数科、乐信、信也科技、国美金融等布局

从2020年银保监会发布《商业银行互联网贷款管理暂行办法》以来，小微金融助贷业务受到较大冲击，监管要求银行业不得将贷款发放、风控审批与贷后管理等核心环节外包给第三方平台。但与此同时，面对着2021年政策的不断加码，小微金融这片广阔的蓝海涌现日益增多的助贷玩家，包括360数科、乐信、信也科技、国美金融等一批金融科技公司。

360数科转型发展小微金融助贷的时间较早，2020年财报披露借助"轻资本模式"，重点发展小微企业金融服务，产品主要包括电商贷、企业贷、发票贷等3项；

信也科技近期推出"拍有赚合伙人计划"，重点开展件均10万元的营业执照贷。从运作模式来看，拍拍贷App推广页面显示，用户自助注册即可成为拍有赚合伙人，并获得相应奖励。平台设置了"直推奖""出师奖""越级奖"三层奖励，分别可获得3%首借金额返佣、10%下级直推奖收入返佣、5%下下级直推奖收入返佣。

值得注意的是，本次银保监会发布的《通知》指出，突出各类机构差异化定位，形成有序竞争、各有侧重的信贷供给格局。零壹智库此前在《中国普惠小微金融发展报告（2020）》中指出，国有大行、全国性股份制银行、城商行、农商行及民营银行，在构建小微金融生态圈的过程中，结合各自的资源禀赋，将实现优势互补，尤其是中小银行更应谋求本地实体经济的"下沉市场"，同时民营银行发挥科技赋能优势，与传统银行合作共建小微金融生态体系。这种差异化的发展定位，恰好与银保监会《通知》中鼓励的发展方向相吻合，后疫情时期更加考验银行的开放能力与场景搭建、智能风控能力。

4月末，银保监会提出"首贷户"考核要求与工信部发布中小企业认定标准的征求意见稿，2项新政叠加对于普惠小微金融市场格局的重塑，可谓是影响巨大。尤其是对于各行业中小企业的认定标准调整，直接关乎银行业普惠小微业务考核指标的统计口径，正如监管部门在政策中所提的"敢啃硬骨头"，今后将大型企业直属子公司与规模偏大企业剥离后，商业银行将回归本源，将普惠政策落实到初创期、符合民营经济扶持导向的小微企业客群。

中国的小微金融市场是一个有待挖掘的"金矿"，伴随着2021年多项扶持小微企业的新政出台，越来越多的金融科技公司也将涌向这一蓝海。展望未来，商业银行与一批头部的金融科技公司将合作共建小微金融生态圈，双方将实现合作共赢，持续探索具备中国特色的小微金融助贷服务模式。

来源：零壹财经 http://www.01caijing.com/article/279161.htm

作者：李薇

实训操作

陆金所投资实践操作

1. 陆金所介绍

上海陆家嘴国际金融资产交易市场股份有限公司（陆金所）在上海市政府的支持下，于 2011 年 9 月在上海注册成立，注册资金 8.37 亿元人民币，是中国平安保险（集团）股份有限公司旗下的成员之一，总部位于国际金融中心上海陆家嘴。陆金所网络投融资平台于 2012 年 3 月正式上线运营，为中小企业及个人客户提供专业、可信赖的投融资服务，实现财富增值。

陆金所投资人注册操作步骤如下：

（1）登录陆金所首页，点击首页左上方“免费注册”，或页面中的“免费注册”进入注册页面。

（2）填写用户名、登录密码、手机号码、常用邮箱、输入验证码；如果同意协议，勾选“我已阅读并同意《陆金所服务协议（个人会员版）》”，点击“免费注册”，输入手机动态码，点击“确认”。

（3）输入陆金所发送手机动态码，点击“确认”后就注册成功了。

2. 陆金所投资人身份认证操作

注册成功后，需要进行身份认证。

（1）注册成功后，录入真实姓名、身份证号码，点击“认证”按钮。

（2）实名认证成功后，则出现实名认成功的界面。

3. 投资操作

（1）登录陆金所后在首页上方点击“登录”按钮，进入登录页面后，输入用户名、密码、验证码，点击“登录”，页面跳转到“账户总览”，点击右侧“充值”。

（2）输入充值金额，交易密码和手机动态码并勾选“我已阅读并同意《充值代扣委托书通用版》”，点击“下一步”。

（3）充值成功后，系统弹出充值成功界面。

（4）登录陆金所账户，在页面右侧点击“我要投资”。

（5）选择投资项目，点击“投资”按钮。

（6）查看服务介绍，点击“立即投资”。

（7）阅读《“稳盈一安 e”风险揭示书》《个人借款及担保协议》《催收授权委托书》，若同意上述协议，点击“同意并继续”。

（8）在“安全验证”页面，输入交易密码和验证码，点击“确认”。弹出投资成功界面。

项目总结

（1）P2P 网络贷款，中文官方翻译为“人人贷”，是基于特定信息中介（通常为网络平台），以对等主体之间的直接资金借贷为特征的资金融通方式。P2P 借贷并不仅仅是民间个人借贷的互联网化，更深层次的意义在于“金融脱媒”，有助于提高资金使用效率，让借贷交易双方都能够从中受益。我国 P2P 的主要模式包括纯线上模式、债权转让模式、担保 / 抵押模式、O2O 模式、P2B 模式及混合模式等。

（2）P2P 网贷平台的主要风险有信用风险、道德风险、网络风险和经验风险等。对 P2P 平台的监管应以包容性监管为主，尊重民间金融自由，监管手段以引导和规范性的制度为主，既鼓励 P2P 网络借贷发挥其优势，又使其不妨碍金融秩序的正常运行。

（3）由于缺乏完善的征信体系，P2P 借贷平台必须亲自承担征信职责，征信工作构成了平台的主要运营成本。P2P 企业的征信工作中，信息的采集和处理包括线上和线下两条渠道，以线下为主。大数据征信最大的优势在于能弥补传统征信方法在数据及时性和还款能力判断方面的不足，并且具有较强的反欺诈能力。商业征信机构将发展成为 P2P 借贷平台的重要征信手段。

政策监管

中国银行业监督管理委员会 中华人民共和国工业和信息化部 中华人民共和国公安部 国家互联网信息办公室令

2016 年第 1 号

为加强对网络借贷信息中介机构业务活动的监督管理，促进网络借贷行业健康发展，依据《中华人民共和国民法通则》、《中华人民共和国公司法》、《中华人民共和国合同法》等法律法规，中国银监会、工业和信息化部、公安部、国家互联网信息办公室制定了《网络借贷信息中介机构业务活动管理暂行办法》。经国务院批准，现予公布，自公布之日起施行。

中国银行业监督管理委员会主席：尚福林
中华人民共和国工业和信息化部部长：苗圩
中华人民共和国公安部部长：郭声琨
国家互联网信息办公室主任：徐麟
2016 年 8 月 17 日

网络借贷信息中介机构业务活动管理暂行办法

第一章 总则

第一条 为规范网络借贷信息中介机构业务活动，保护出借人、借款人、网络借贷信息中介机构及相关当事人合法权益，促进网络借贷行业健康发展，更好满足中小微企业和个人投融资需求，根据《关于促进互联网金融健康发展的指导意见》提出的总体要求和监管原则，依据《中华人民共和国民法通则》《中华人民共和国公司法》《中华人民共和国合同法》等法律法规，制定本办法。

第二条 在中国境内从事网络借贷信息中介业务活动，适用本办法，法律法规另有规定的除外。

本办法所称网络借贷是指个体和个体之间通过互联网平台实现的直接借贷。个体包含自然人、法人及其他组织。网络借贷信息中介机构是指依法设立，专门从事网络借贷信息中介业务活动的金融信息中介公司。该类机构以互联网为主要渠道，为借款人与出借人（即贷款人）实现直接借贷提供信息搜集、信息公布、资信评估、信息交互、借贷撮合等服务。

本办法所称地方金融监管部门是指各省级人民政府承担地方金融监管职责的部门。

第三条 网络借贷信息中介机构按照依法、诚信、自愿、公平的原则为借款人和出借人提供信息服务，维护出借人与借款人合法权益，不得提供增信服务，不得直接或间接归集资金，不得非法集资，不得损害国家利益和社会公共利益。

借款人与出借人遵循借贷自愿、诚实守信、责任自负、风险自担的原则承担借贷风险。网络借贷信息中介机构承担客观、真实、全面、及时进行信息披露的责任，不承担借贷违约风险。

第四条 按照《关于促进互联网金融健康发展的指导意见》中“鼓励创新、防范风险、趋利避害、健康发展”的总体要求和“依法监管、适度监管、分类监管、协同监管、创新监管”的监管原则，落实各方管理责任。国务院银行业监督管理机构及其派出机构负责制定网络借贷信息中介机构业务活动监督管理制度，并实施行为监管。各省级人民政府负责本辖区网络借贷信息中介机构的机构监管。工业和信息化部负责对网络借贷信息中介机构业务活动涉及的电信业务进行监管。公安部牵头负责对网络借贷信息中介机构的互联网服务进行安全监管，依法查处违反网络安全监管的违法违规活动，打击网络借贷涉及的金融犯罪及相关犯罪。国家互联网信息办公室负责对金融信息服务、互联网信息内容等业务进行监管。

第二章　备案管理

第五条 拟开展网络借贷信息中介服务的网络借贷信息中介机构及其分支机构，应当在领取营业执照后，于10个工作日以内携带有关材料向工商登记注册地地方金融监管部门备案登记。

地方金融监管部门负责为网络借贷信息中介机构办理备案登记。地方金融监管部门应当在网络借贷信息中介机构提交的备案登记材料齐备时予以受理，并在各省（区、市）规定的时限内完成备案登记手续。备案登记不构成对网络借贷信息中介机构经营能力、合规程度、资信状况的认可和评价。

地方金融监管部门有权根据本办法和相关监管规则对备案登记后的网络借贷信息中介机构进行评估分类，并及时将备案登记信息及分类结果在官方网站上公示。

网络借贷信息中介机构完成地方金融监管部门备案登记后，应当按照通信主管部门的相关规定申请相应的电信业务经营许可；未按规定申请电信业务经营许可的，不得开展网络借贷信息中介业务。

网络借贷信息中介机构备案登记、评估分类等具体细则另行制定。

第六条 开展网络借贷信息中介业务的机构，应当在经营范围中实质明确网络借贷信息中介，法律、行政法规另有规定的除外。

第七条 网络借贷信息中介机构备案登记事项发生变更的，应当在5个工作日以内向工商登记注册地地方金融监管部门报告并进行备案信息变更。

第八条 经备案的网络借贷信息中介机构拟终止网络借贷信息中介服务的，应当在终止业务前提前至少10个工作日，书面告知工商登记注册地地方金融监管部门，并办理备案注销。

经备案登记的网络借贷信息中介机构依法解散或者依法宣告破产的，除依法进行清算外，由工商登记注册地地方金融监管部门注销其备案。

第三章　业务规则与风险管理

第九条 网络借贷信息中介机构应当履行下列义务：

（一）依据法律法规及合同约定为出借人与借款人提供直接借贷信息的采集整理、甄别筛选、网上发布，以及资信评估、借贷撮合、融资咨询、在线争议解决等相关服务；

（二）对出借人与借款人的资格条件、信息的真实性、融资项目的真实性、合法性进行必要审核；

（三）采取措施防范欺诈行为，发现欺诈行为或其他损害出借人利益的情形，及时公告并终止相关网络借贷活动；

（四）持续开展网络借贷知识普及和风险教育活动，加强信息披露工作，引导出借人以小额分散的方式参与网络借贷，确保出借人充分知悉借贷风险；

（五）按照法律法规和网络借贷有关监管规定要求报送相关信息，其中网络借贷有关债权债务信息要及时向有关数据统计部门报送并登记；

（六）妥善保管出借人与借款人的资料和交易信息，不得删除、篡改，不得非法买卖、泄露出借人与借款人的基本信息和交易信息；

（七）依法履行客户身份识别、可疑交易报告、客户身份资料和交易记录保存等反洗钱和反恐怖融资义务；

（八）配合相关部门做好防范查处金融违法犯罪相关工作；

（九）按照相关要求做好互联网信息内容管理、网络与信息安全相关工作；

（十）国务院银行业监督管理机构、工商登记注册地省级人民政府规定的其他义务。

第十条 网络借贷信息中介机构不得从事或者接受委托从事下列活动：

（一）为自身或变相为自身融资；

（二）直接或间接接受、归集出借人的资金；

（三）直接或变相向出借人提供担保或者承诺保本保息；

（四）自行或委托、授权第三方在互联网、固定电话、移动电话等电子渠道以外的物理场所进行宣传或推介融资项目；

（五）发放贷款，但法律法规另有规定的除外；

（六）将融资项目的期限进行拆分；

（七）自行发售理财等金融产品募集资金，代销银行理财、券商资管、基金、保险或信托产品等金融产品；

（八）开展类资产证券化业务或实现以打包资产、证券化资产、信托资产、基金份额等形式的债权转让行为；

（九）除法律法规和网络借贷有关监管规定允许外，与其他机构投资、代理销售、经纪等业务进行任何形式的混合、捆绑、代理；

（十）虚构、夸大融资项目的真实性、收益前景，隐瞒融资项目的瑕疵及风险，以歧义性语言或其他欺骗性手段等进行虚假片面宣传或促销等，捏造、散布虚假信息或不完整信息损害他人商业信誉，误导出借人或借款人；

（十一）向借款用途为投资股票、场外配资、期货合约、结构化产品及其他衍生品等高风险的融资提供信息中介服务；

（十二）从事股权众筹等业务；

（十三）法律法规、网络借贷有关监管规定禁止的其他活动。

第十一条 参与网络借贷的出借人与借款人应当为网络借贷信息中介机构核实的实名注册用户。

第十二条 借款人应当履行下列义务：

（一）提供真实、准确、完整的用户信息及融资信息；

（二）提供在所有网络借贷信息中介机构未偿还借款信息；

（三）保证融资项目真实、合法，并按照约定用途使用借贷资金，不得用于出借等其他目的；

（四）按照约定向出借人如实报告影响或可能影响出借人权益的重大信息；

（五）确保自身具有与借款金额相匹配的还款能力并按照合同约定还款；

（六）借贷合同及有关协议约定的其他义务。

第十三条 借款人不得从事下列行为：

（一）通过故意变换身份、虚构融资项目、夸大融资项目收益前景等形式的欺诈借款；

（二）同时通过多个网络借贷信息中介机构，或者通过变换项目名称、对项目内容进行非实质性变更等方式，就同一融资项目进行重复融资；

（三）在网络借贷信息中介机构以外的公开场所发布同一融资项目的信息；

（四）已发现网络借贷信息中介机构提供的服务中含有本办法第十条所列内容，仍进行交易；

（五）法律法规和网络借贷有关监管规定禁止从事的其他活动。

第十四条 参与网络借贷的出借人，应当具备投资风险意识、风险识别能力、拥有非保本类金融产品投资的经历并熟悉互联网。

第十五条 参与网络借贷的出借人应当履行下列义务：

（一）向网络借贷信息中介机构提供真实、准确、完整的身份等信息；

（二）出借资金为来源合法的自有资金；

（三）了解融资项目信贷风险，确认具有相应的风险认知和承受能力；

（四）自行承担借贷产生的本息损失；

（五）借贷合同及有关协议约定的其他义务。

第十六条 网络借贷信息中介机构在互联网、固定电话、移动电话等电子渠道以外的物理场所只能进行信用信息采集、核实、贷后跟踪、抵质押管理等风险管理及网络借贷有关监管规定明确的部分必要经营环节。

第十七条 网络借贷金额应当以小额为主。网络借贷信息中介机构应当根据本机构风险管理能力，控制同一借款人在同一网络借贷信息中介机构平台及不同网络借贷信息中介机构平台的借款余额上限，防范信贷集中风险。

同一自然人在同一网络借贷信息中介机构平台的借款余额上限不超过人民币 20 万元；同一法人或其他组织在同一网络借贷信息中介机构平台的借款余额上限不超过人民币 100 万元；同一自然人在不同网络借贷信息中介机构平台借款总余额不超过人民币 100 万元；同一法人或其他组织在不同网络借贷信息中介机构平台借款总余额不超过人民币 500 万元。

第十八条 网络借贷信息中介机构应当按照国家网络安全相关规定和国家信息安全等级保护制度的要求，开展信息系统定级备案和等级测试，具有完善的防火墙、入侵检测、数据加密以及灾难恢复等网络安全设施和管理制度，建立信息科技管理、科技风险管理和科技审计有关制度，配置充足的资源，采取完善的管理控制措施和技术手段保障信息系统安全稳健运行，保护出借人与借款人的信息安全。

网络借贷信息中介机构应当记录并留存借贷双方上网日志信息，信息交互内容等数据，留存期限为自借贷合同到期起 5 年；每两年至少开展一次全面的安全评估，接受国家或行业主管部门的信息安全检查和审计。

网络借贷信息中介机构成立两年以内，应当建立或使用与其业务规模相匹配的应用级灾备系统设施。

第十九条 网络借贷信息中介机构应当为单一融资项目设置募集期，最长不超过 20 个工作日。

第二十条 借款人支付的本金和利息应当归出借人所有。网络借贷信息中介机构应当与出借人、借款人另行约定费用标准和支付方式。

第二十一条 网络借贷信息中介机构应当加强与金融信用信息基础数据库运行机构、征信机构等的业务合作，依法提供、查询和使用有关金融信用信息。

第二十二条 各方参与网络借贷信息中介机构业务活动，需要对出借人与借款人的基本信息和交易信息等使用电子签名、电子认证时，应当遵守法律法规的规定，保障数据的真实性、完整性及电子签名、电子认证的法律效力。

网络借贷信息中介机构使用第三方数字认证系统，应当对第三方数字认证机构进行定期评估，保证有关认证安全可靠并具有独立性。

第二十三条 网络借贷信息中介机构应当采取适当的方法和技术，记录并妥善保存网络借贷业务活动数据和资料，做好数据备份。保存期限应当符合法律法规及网络借贷有关监管规定的要求。借贷合同到期后应当至少保存 5 年。

第二十四条 网络借贷信息中介机构暂停、终止业务时应当至少提前 10 个工作日通过官方网站等有效渠道向出借人与借款人公告，并通过移动电话、固定电话等渠道通知出借人与借款人。网络借贷信息中介机构业务暂停或者终止，不影响已经签订的借贷合同当事人有关权利义务。

网络借贷信息中介机构因解散或宣告破产而终止的，应当在解散或破产前，妥善处理已撮合存续的借贷业务，清算事宜按照有关法律法规的规定办理。

网络借贷信息中介机构清算时，出借人与借款人的资金分别属于出借人与借款人，不属于网络借贷信息中介机构的财产，不列入清算财产。

第四章　出借人与借款人保护

第二十五条　未经出借人授权，网络借贷信息中介机构不得以任何形式代出借人行使决策。

第二十六条　网络借贷信息中介机构应当向出借人以醒目方式提示网络借贷风险和禁止性行为，并经出借人确认。

网络借贷信息中介机构应当对出借人的年龄、财务状况、投资经验、风险偏好、风险承受能力等进行尽职评估，不得向未进行风险评估的出借人提供交易服务。

网络借贷信息中介机构应当根据风险评估结果对出借人实行分级管理，设置可动态调整的出借限额和出借标的限制。

第二十七条　网络借贷信息中介机构应当加强出借人与借款人信息管理，确保出借人与借款人信息采集、处理及使用的合法性和安全性。

网络借贷信息中介机构及其资金存管机构、其他各类外包服务机构等应当为业务开展过程中收集的出借人与借款人信息保密，未经出借人与借款人同意，不得将出借人与借款人提供的信息用于所提供服务之外的目的。

在中国境内收集的出借人与借款人信息的储存、处理和分析应当在中国境内进行。除法律法规另有规定外，网络借贷信息中介机构不得向境外提供境内出借人和借款人信息。

第二十八条　网络借贷信息中介机构应当实行自身资金与出借人和借款人资金的隔离管理，并选择符合条件的银行业金融机构作为出借人与借款人的资金存管机构。

第二十九条　出借人与网络借贷信息中介机构之间、出借人与借款人之间、借款人与网络借贷信息中介机构之间等纠纷，可以通过以下途径解决：

（一）自行和解；

（二）请求行业自律组织调解；

（三）向仲裁部门申请仲裁；

（四）向人民法院提起诉讼。

第五章　信息披露

第三十条　网络借贷信息中介机构应当在其官方网站上向出借人充分披露借款人基本信息、融资项目基本信息、风险评估及可能产生的风险结果、已撮合未到期融资项目资金运用情况等有关信息。

披露内容应符合法律法规关于国家秘密、商业秘密、个人隐私的有关规定。

第三十一条　网络借贷信息中介机构应当及时在其官方网站显著位置披露本机构所撮合借贷项目等经营管理信息。

网络借贷信息中介机构应当在其官方网站上建立业务活动经营管理信息披露专栏，定期以公告形式向公众披露年度报告、法律法规、网络借贷有关监管规定。

网络借贷信息中介机构应当聘请会计师事务所定期对本机构出借人与借款人资金存管、信息披露情况、信息科技基础设施安全、经营合规性等重点环节实施审计，并且应当聘请有资质的信息安全测评认证机构定期对信息安全实施测评认证，向出借人与借款人等披露审计和测评认证结果。

网络借贷信息中介机构应当引入律师事务所、信息系统安全评价等第三方机构，对网络信息中介机构合规和信息系统稳健情况进行评估。

网络借贷信息中介机构应当将定期信息披露公告文稿和相关备查文件报送工商登记注册地地方金融监管部门，并置备于机构住所供社会公众查阅。

第三十二条 网络借贷信息中介机构的董事、监事、高级管理人员应当忠实、勤勉地履行职责，保证披露的信息真实、准确、完整、及时、公平，不得有虚假记载、误导性陈述或者重大遗漏。

借款人应当配合网络借贷信息中介机构及出借人对融资项目有关信息的调查核实，保证提供的信息真实、准确、完整。

网络借贷信息披露具体细则另行制定。

第六章 监督管理

第三十三条 国务院银行业监督管理机构及其派出机构负责制定统一的规范发展政策措施和监督管理制度，负责网络借贷信息中介机构的日常行为监管，指导和配合地方人民政府做好网络借贷信息中介机构的机构监管和风险处置工作，建立跨部门跨地区监管协调机制。

各地方金融监管部门具体负责本辖区网络借贷信息中介机构的机构监管，包括对本辖区网络借贷信息中介机构的规范引导、备案管理和风险防范、处置工作。

第三十四条 中国互联网金融协会从事网络借贷行业自律管理，并履行下列职责：

（一）制定自律规则、经营细则和行业标准并组织实施，教育会员遵守法律法规和网络借贷有关监管规定；

（二）依法维护会员的合法权益，协调会员关系，组织相关培训，向会员提供行业信息、法律咨询等服务，调解纠纷；

（三）受理有关投诉和举报，开展自律检查；

（四）成立网络借贷专业委员会；

（五）法律法规和网络借贷有关监管规定赋予的其他职责。

第三十五条 借款人、出借人、网络借贷信息中介机构、资金存管机构、担保人等应当签订资金存管协议，明确各自权利义务和违约责任。

资金存管机构对出借人与借款人开立和使用资金账户进行管理和监督，并根据合同约定，对出借人与借款人的资金进行存管、划付、核算和监督。

资金存管机构承担实名开户和履行合同约定及借贷交易指令表面一致性的形式审核责任，但不承担融资项目及借贷交易信息真实性的实质审核责任。

资金存管机构应当按照网络借贷有关监管规定报送数据信息并依法接受相关监督管理。

第三十六条 网络借贷信息中介机构应当在下列重大事件发生后，立即采取应急措施并向工商登记注册地地方金融监管部门报告：

（一）因经营不善等原因出现重大经营风险；

（二）网络借贷信息中介机构或其董事、监事、高级管理人员发生重大违法违规行为；

（三）因商业欺诈行为被起诉，包括违规担保、夸大宣传、虚构隐瞒事实、发布虚假信息、签订虚假合同、错误处置资金等行为。

地方金融监管部门应当建立网络借贷行业重大事件的发现、报告和处置制度，制定处置预案，及时、有效地协调处置有关重大事件。

地方金融监管部门应当及时将本辖区网络借贷信息中介机构重大风险及处置情况信息报送省级人民政府、国务院银行业监督管理机构和中国人民银行。

第三十七条 除本办法第七条规定的事项外，网络借贷信息中介机构发生下列情形的，应当在5个工作日以内向工商登记注册地地方金融监管部门报告：

（一）因违规经营行为被查处或被起诉；

（二）董事、监事、高级管理人员违反境内外相关法律法规行为；

（三）国务院银行业监督管理机构、地方金融监管部门等要求的其他情形。

第三十八条 网络借贷信息中介机构应当聘请会计师事务所进行年度审计，并在上一会计年度结束之日起 4 个月内向工商登记注册地地方金融监管部门报送年度审计报告。

第七章 法律责任

第三十九条 地方金融监管部门存在未依照本办法规定报告重大风险和处置情况、未依照本办法规定向国务院银行业监督管理机构提供行业统计或行业报告等违反法律法规及本办法规定情形的，应当对有关责任人依法给予行政处分；构成犯罪的，依法追究刑事责任。

第四十条 网络借贷信息中介机构违反法律法规和网络借贷有关监管规定，有关法律法规有处罚规定的，依照其规定给予处罚；有关法律法规未作处罚规定的，工商登记注册地地方金融监管部门可以采取监管谈话、出具警示函、责令改正、通报批评、将其违法违规和不履行公开承诺等情况记入诚信档案并公布等监管措施，以及给予警告、人民币 3 万元以下罚款和依法可以采取的其他处罚措施；构成犯罪的，依法追究刑事责任。

网络借贷信息中介机构违反法律规定从事非法集资活动或欺诈的，按照相关法律法规和工作机制处理；构成犯罪的，依法追究刑事责任。

第四十一条 网络借贷信息中介机构的出借人及借款人违反法律法规和网络借贷有关监管规定，依照有关规定给予处罚；构成犯罪的，依法追究刑事责任。

第八章 附则

第四十二条 银行业金融机构及国务院银行业监督管理机构批准设立的其他金融机构和省级人民政府批准设立的融资担保公司、小额贷款公司等投资设立具有独立法人资格的网络借贷信息中介机构，设立办法另行制定。

第四十三条 中国互联网金融协会网络借贷专业委员会按照《关于促进互联网金融健康发展的指导意见》和协会章程开展自律并接受相关监管部门指导。

第四十四条 本办法实施前设立的网络借贷信息中介机构不符合本办法规定的，除违法犯罪行为按照本办法第四十条处理外，由地方金融监管部门要求其整改，整改期不超过 12 个月。

第四十五条 省级人民政府可以根据本办法制定实施细则，并报国务院银行业监督管理机构备案。

第四十六条 本办法解释权归国务院银行业监督管理机构、工业和信息化部、公安部、国家互联网信息办公室。

第四十七条 本办法所称不超过、以下、以内，包括本数。

项目 4
互联网银行

❑ 学习目标

通过对本章内容的学习，要了解互联网银行的产生与发展，熟悉互联网银行的特点功能与现状，掌握互联网银行管理上的一些风险及可采用的防范手段与原则，以及互联网银行在支付结算中的作用。要求学生能够说明互联网银行与传统银行的区别与联系，以及互联网银行与电子商务的关系，能够抓住互联网银行的业务流程特点，并能说出本章知识可用于哪些具体岗位。

❑ 思政目标

树立投资意识并具有正确的投资观。

遵纪守法。

❑ 案例导学

“进击”的互联网银行

“有花呗、借呗、微粒贷这些产品，平时的一些小额周转需求，完全可以在我的手机 App 里操作了。”在中国证券报记者采访过程中，不少“90 后”如是表示。另一方面，仅仅几年时间，国内多家民营互联网银行惊人的发展速度，已然打破了传统银行从业者的固有思维。大互联网银行所拥有的流量和场景优势，不是一般商业银行可以企及的。

以微众银行为例，该行 2016 年年末的负债总额为 452.92 亿元，其中客户存款只有 32.97 亿元，占总负债的 7.28%。而微众银行 2017 年年报显示，截至 2017 年年末，微众银行的负债总额为 733.72 亿元，其中同业存单年末余额为 171.1 亿元，占比 23.32%。同时，据腾讯 2017 年年报显示，截至 2017 年年底，微众银行的拳头产品，无担保消费贷款业务“微粒贷”管理的贷款余额已超过 1 000 亿元。

天风证券银行业首席分析师廖志明称，微众银行自成立之初就定位为“连接者”：连接个人、小微企业与金融机构。通过与中小银行签约，并提供自身优秀的风控能力“联合放贷”。这一模式一方面充分利用互联网技术降低传统银行的运营管理成本，另一方面利用银行的线下渠道与资金使得微粒贷的客户覆盖延伸至腾讯社交网络以外，实现金融与科技的深度融合。

分析人士认为，互联网银行并未改变银行业务的实质，只是实现了部分线下业务的线上化，其核心优势在于以互联网渠道取代物理网点。而放眼全球，互联网银行或者说银行业务“互联网化”已是大势所趋。

目前国际上主流的互联网银行大致分三类：一是无业务基础的纯互联网银行，如纳斯达克上市的 B of I；二是具备早期业务基础与流量基础的互联网银行，如汽车金融服务商设立的 Ally Bank；三是由传统银行设立的直销银行，如荷兰国际集团的 ING Direct。

如今中资商业银行也开始奋起直追，除了对传统网点的改造升级外，将自己彻底融入互联网，逐渐成为传统商业银行布局的一种思路。比如，中信银行与百度共同发起的首家互联网直销银行——百信银行，其在场景的创新和布局方面更是不遗余力。

前几天，百信银行与爱奇艺联手打造的“零钱 Plus”正式上线。用户在爱奇艺钱包中存入不低于 4 399 元，即可立享爱奇艺黄金 VIP 会员服务，同时，“零钱 Plus”还可享受银行存款收益，随存随取。

“听起来挺酷的，回家我就可以试一试，毕竟我们现在的娱乐和消遣活动，几乎都离不开各种‘盒子’了”，中国证券报记者随机采访时，多位“90 后”年轻人给出了如是答案。

据记者了解，“零钱 Plus”作为金融与娱乐深度结合的产品，具有很多创新的亮点。比如用户拥有很强的自由度，可以根据存款金额的留存情况，享受按日计的爱奇艺黄金 VIP 会员权益，也可以随时取出使用零钱。

分析人士表示，自身缺乏流量和场景就借助“外援”，不失为传统银行“以迂为直”的策略选择。可以预见的是，传统商业银行与新型互联网银行今后在网点、流量、场景等各个方面的较量会更趋激烈。

值得注意的是，不少专家和银行业内人士指出，与海外同行相比，我国互联网银行发展仍有不小差距。尤其是在移动互联网、大数据和云计算等新技术爆炸式发展下，海外互联网银行进入了新的发展阶段。随着技术水平的提高与客户需求进一步碎片化，手机 App 等新渠道成为了重要流量入口。如 Ally Bank 允许用户通过手机拍照的方式进行支票存汇，为过去依赖传统银行服务的客户提供向互联网银行过渡的服务。

我国多数直销银行在产品种类、销售渠道、用户体验等方面还存在诸多问题需要解决。民生银行联合中国金融认证中心（CFCA）编写的《中国直销银行白皮书》建议，直销银行未来需深化平台化发展与服务场景化。通过构建金融服务中介平台，直销银行在产品端实现本行、银行同业、非银同业、其他机构的基础产品和服务整合，并将产品渗透到金融服务的各个场景中。

王凯文，陈莹莹．“进击”的互联网银行 [N]. 中国证券报（2018-06-13）

4.1 互联网银行概述

4.1.1 互联网银行的定义

互联网银行（Internet bank or E-bank）是指借助现代数字通信、互联网、移动通信及物联网技术，通过云计算、大数据等方式在线实现为客户提供存款、贷款、支付、结算、汇转、电子票证、电子信用、账户管理、货币互换、P2P 金融、投资理财、金融信息等全方位无缝、快捷、安全和高效的互联网金融服务机构。它是银行、互联网和计算机的三位一体，是互联网上的虚拟银行柜台，理论上用户可以不受时间和空间的限制，只需拥有一个互联网终端（如电脑）或互联网移动终端（如手机），就可以享受全天候的网上金融服务。有些互联网银行需要依附传统商业银行的实体而存在（业界称为“负担银行”），而像美国 SFNB 这样完全摆脱了传统商业银行经营模式的纯粹的网络银行，我们则称之为“直销银行”或“虚拟银行”。互联网银行具有低成本和高回报的优势、可提供“3A”（anytime、anywhere、anyhow，随时随地任何方式的）服务等基本特征。

实际上，今天人们对互联网银行的认识仍在深化，并不存在一个最终的、统一规范的互联网银行的定义。现有的关于互联网银行的定义，是出于对互联网银行管理和研究的需要，因而不同国家在其定义之间存在着一些差异，涵盖的范围也不相同，形成了广义的互联网银行和狭义的互联网银行两种概念。

套用中国人民银行 2014 年 4 月发布的《中国金融稳定报告 2014》中的定义格式，可以这样表述互联网银行的定义：一般来说，互联网银行是互联网与银行的结合，是商业银行借助互联网和移动通信技术实现资金融通、支付和信息中介功能的新兴经营模式。广义的互联网银行既包括作为非金融机构的互联网企业从事的银行业务，也包括商业银行通过互联网开展的网上业务。狭义的互联网银行仅指商业银行开展的，基于互联网技术的，尚未摆脱传统商业银行基因的金融业务（如果完全脱媒，那就是直销银行），撇开不同概念之间差异的表象，可以认清互联网银行的一些基本属性。这些属性包括电子虚拟的服务方式、业务运行环境的开放、业务时空界限的模糊、交易实时处理、交易费用与物理地点非相关等。从这些属性中可以看出，互联网银行不只是将现有银行业务移植到网上那样简单，它是金融创新与科技创新相结合的产物，是一种新的银行产业组织形式和银行制度。

4.1.2 互联网银行的特点

“3A”式的服务。互联网银行突破了时间、空间的限制，它利用互联网技术将自己和客户连接起来。在各种安全机制的保护下，客户可以随时随地在不同的终端登录互联网办理各项银行业务。所谓的“3A”就是在任何时间（anytime）、任何地点（anywhere）以任何方式（anyhow）提供金融服务，它打破了传统商业银行的结构和运行模式。信息技术是任何规模的银行都可采用的经营工具，可以使任何规模的银行运用较少的投资购置最好的计算机系统，使用最先进的银行应用软件连接用户，并以此向传统的巨无霸型的大型商业银行挑战。过去银行聚集廉价存款的分支机构正变成耗资巨大的包袱，银行必须由粗放型经营走向依靠科技进步的集约型经营。

互联网银行是对传统银行颠覆性的变革，是未来金融格局的再造者，通俗来说，就是把传统银行完全搬到互联网上，实现银行的所有业务操作。互联网银行有如下特点：

①互联网银行和传统银行之间最明显的区别是，互联网银行无需分行，业务完全在网上开展。

②拥有一个非常强大安全的平台，保证所有操作在线完成，足不出户，流程简单，服务方便、快捷、高效、可靠，真正的 7×24 小时服务，永不间断。

③通过互联网技术，取消物理网点和降低人力资源等成本，与传统银行相比，具有极强的竞争优势。

④以客户体验为中心，用互联网精神做金融服务，共享、透明、开放，全球互联是未来银行的必然发展方向。

4.1.3 互联网银行的类型

根据不同的划分依据，互联网银行可以分为不同的类型，如按照服务对象可以分为个人银行与企业银行；按业务种类可以分为零售银行和批发银行；按建立模式可以分为负担银行（即分支型银行）和直销银行（也称纯互联网银行或虚拟银行）等，本书按建立模式的分类方式来进行阐述。

互联网银行一般有两种建立模式：一种是以互联网为背景的由传统银行开拓的互联网银行，即原有的“负担银行”（incumbent bank），它的分支机构密集，人员众多，在提供传统银行服务的同时推出互联网银行系统，形成营业网点、ATM 网点、POS 机、电话银行、互联网银行的综合服务体系。目前，无论从全球还是我国的情况看，这种形态占互联网银行的绝大比例。另外一种是在传统银行之外兴起的以互联网技术为依托，信息时代崛起的直销银行（direct bank），它的分支机构少甚至没有，人员少而精，采用移动电话、互联网等高科技服务手段与客户建立密切的联系，提供全方位的金融服务。还有就是传统的银行在互联网上设立网站，介绍银行的自身情况，发布金融信息，但在网上没有开设银行业务，充其量只能算作“上网银行”，而不是真正意义上的“互联网银行”。目前，全球在互联网上设立的银行，美国占了 90% 以上，其中有 25 家进入美国 100 家资产最多的银行之列，这说明互联网银行不是大银行的专利，互联网技术和现代通信技术为所有银行提供了平等的经营契机和发展机遇。

4.1.3.1 负担银行

这类银行是在现有的商业银行的基础上发展起来的，是传统银行业务的网上实现，传统银行开设新的电子服务窗口，即所谓传统业务的外挂电子银行系统。负担银行的典型代表富国银行（Wells Fargo）是美国第四大银行，资产总额 1.3 万亿美元，拥有 912 个分支机构，资本收益率高达 34%。目前，它被认为是美国银行业提供互联网银行服务的优秀代表，在互联网银行客户中，15% 是由互联网银行服务带来的新客户。

到目前为止，我国开办的互联网银行业务基本属于这一种类型。由于整个系统是依靠传统银行系统的基础，利用互联网开展银行的相关业务，所以也称之为互联网银行服务。传统银行开展互联网银行业务一般可以采用以下两类模式。一类是传统银行建立的一个网上分支机构，该机构并不独立，但是却配备最强的人力财力资源，往往拥有特别的突破原有体制框架的授权去开展业务。富国银行（Wells Fargo）采取了这种模式，它的互联网银行客户数量据称已经超过数百万，在 Smart Money. com 公布对美国 13 家最大的零售银行的互联网银行和 6 家虚拟银行的评比和排名中，该银行排在第三位。

另一类即建立一个独立的机构经营网上业务，称作互联网银行（纯互联网银行），这个机构可以拥有独立的品牌、独立的经营目标，甚至可以与传统银行自身展开竞争，花旗银行采取了这模式，建立了独立的电子花旗，在 Smart Money.com 的评比中排名第二，全美总资产排在第五位的第一银行（Bank One Cor）走得更远，1999 年 6 月推出了与第一银行品牌全不同的互联网银行 Wingspan Bank.com，独立开展互联网银行业务。

两种模式各有优劣势，网上分支机构可以依靠母体银行的客户群来开展业务，但却要受到母体银行原有体制框架、技术框架的约束限制。互联网银行则不受这些限制，不用考虑如何与母体银行庞大而迥异的计算机系统进行费力的联结和结合，自己独立的品牌也不受客户对母体银行印象好坏的影响，并可以提供比母体银行更多的产品和服务。

4.1.3.2 直销银行

直销银行又称直接银行，是完全依赖互联网发展起来的全新的电子银行，此类银行的所有交易和业务要依赖于互联网进行，比如世界第一家安全交易型互联网银行 —— 美国 SFNB。

SFNB 于 1995 年在互联网上建立，它不同于以往的银行，没有营业网点，整个银行的员工人数也大大少于传统银行。它采用一种全新的服务手段，用户只要在电脑输入其网址，屏幕上就显示出类似普通银行营业大厅的画面，上面有“开户”“个人财务”“咨询”“行长”等柜台，还有一名保安。客户只需单击所需柜台并按给定的指示操作，即可进入自己想进的区域。所以，客户足不出户便可以进行存款、转账、付账等业务操作。客户完全通过因特网与银行建立服务联系，实现 24 小时全天候服务，方便、可靠、快速。SFNB 从 1995 年 10 月开始试营业，每天都接到大量新储户的开户申请。开户时，客户只需要在该行网页上填写一张电子开户表，输入自己的姓名、地址、联系电话和开户金额等基本信息，然后发往银行；同时，用打印机打印出开户申请表，签上名字，连同支票一起寄给银行。几天后，客户就可以收到该互联网银行寄来的银行卡，客户用这张银行卡就可以进行网上交易了。SFNB 是第一个在互联网上提供全部业务交易和安全金融服务的金融机构，除此之外，还有许多因素使得 SFNB 与其他金融机构有所不同。SFNB 主要存在于互联网上，互联网银行业务是其重点之所在，而其他金融机构正尝试把互联网业务作为一项增值服务来提供。SFNB 给客户提供一个安全的环境，使他们能够在此环境中学习、接受和掌握这种全新的银行服务方式。SFNB 预计，在这种最有效的营销渠道方式下，经过一段时间并达到一定数量规模后会使经营成本大幅度下降。这种情况类似于通过电话提供服务的共同基金金融服务公司。传统的金融机构使用最昂贵的销售渠道，单位资产的成本大约为 350 个基点（债券和票据利率改变量的度量单位）。而与此相比，互联网银行单位资产的成本大约为 100 个基点，这给互联网银行本身带来了更高的利润空间，也给客户带来有形的收益。

如果互联网银行等金融机构要取得像传统金融机构那样的固定边际收益，那么应该让客户节省 2%~3% 的边际成本。金融机构可以向存款人提供高于基准利率 2~3 个百分点的存款利率，也可以把贷款利率降低 2~3 个百分点。通过提供多种免费服务和较高的存款利率，SFNB 把降低了的经营成本部分让给客户，使客户得到了有形的收益。例如，在大额存单和货币市场账户方面，SFNB 所提供的利率一直是全美最高的之一。反过来 SFNB 也得到了回报，因为这些措施吸引了更多的存款和客户。

直销银行的另一个典型代表是德国的 Entrium Direct Bankers，它作为 Quelle 邮购公司的一部分，于 1990 年成立，最初通过电话为顾客提供金融服务，1998 年开通互联网银行系统，目前已经成为德国乃至欧洲最大的直销银行之一，控制着德国直销银行界 30% 的存款和 39% 的消费贷款。

这种互联网银行是一种虚拟银行，它没有分支机构，借助互联网就可将业务拓展到世界各地，极大地减少了银行的管理费用，只占通常情况下的 1/3。根据美国博思管理顾问公司 1996 年 8 月的调查报告，这种互联网银行的经营成本只占经营收入的 15%~20%，而传统银行的经营成本则相当于经营收入的 60%。此外，在美国开办一个互联网银行所需费用是 100 万美元，而建立一家传统银行的分行所需的费用高至 150 万 ~ 200 万美元，每年还需要附加经营费用 35 万 ~ 50 万美元。国外的统计资料还显示，互联网银行的服务费仅为柜员服务费的 1/10。

直销银行的优势很明显，它可以树立自己的品牌，以极低廉的交易费用实时处理各种交易，提供一系列的投资、抵押和保险综合业务。由于客户服务成本很低，银行还可以向客户提供更优惠的存贷款利率。但与传统银行相比，直销银行也存在一些难以克服的缺点。例如，无法收付现金，加重了对第三方的依赖性；改变了以往银行保存交易记录的方式，需要法律和各方面的不断确认；缺乏客户基础，需要培养新的银行客户的信任度和忠诚度；银行前期技术投入非常大；等等。

4.1.4 互联网银行的功能

企业银行与家庭银行的发展在互联网出现之前，被称为电子银行，即银行通过专线、专用软件和企业、个人的电脑终端，为企业和个人提供多种银行服务，特别是转账、结算及内部资金调拨、个人理财服务等。现在互联网银行依据服务对象区分为企业银行与个人银行，即对公业务和对私业务。

网上企业银行是银企双方为适应“E 时代”的市场环境，由银行根据企业客户实际需要，专门为其设计的一套企业自助金融服务系统。它通过先进的互联网通信技术，将银行的计算机管理系统通过各种工具延伸到企业，形成将银行服务直接送到客户办公室的服务系统。同时通过计算机安全防范技术保证，在提供充分的业务方便性的同时，有效地保障企业资金的安全。

4.1.4.1 客户端功能

(1)操作员管理

操作员可以签到、签退、修改密码、查询操作员日志、退出系统。

(2)查询打印

查询打印存款户、贷款户余额（含集团子用户），查询打印存款户、贷款户交易明细（含集团子用户），查询打印存贷利率，查询打印牌价，查询打印客户委托交易（含集团子用户）。

（3）联机交易

联机交易分为以下几类：

①同城支付，包括同行系统付款和跨行付款。

②异地支付，包括同行系统内汇款、跨行汇款和委托银行开出银行汇票。

③还贷还息，处理客户主动归还银行借款本金和利息业务。

④集团内部转账，处理集团内部账户间资金划拨。

⑤代发工资，处理客户代发工资资金的转出，代发工资数据的传输。

⑥代收业务，处理委托银行代收费用数据的传输。

企业在签发交易时，系统对企业操作员的权限有严格的控制，企业开户注册操作时，将账号给予操作员，而且严格管控账号的交易权限和限额。企业在发送交易时，对操作员的管理要求比较严格，系统要求至少两个人对交易进行复核授权。系统具有的多人复核授权的授权管理模式，更加适应现代集团大企业的财务运作管理模式，可以根据企业开户时自主设定的多人授权关系、根据交易的金额自动识别通过互联网批量授权。

对于一些企业交易量较大的情况，系统能够对交易自动编押（计算支付密码），大大降低了企业操作人员的劳动强度。

（4）凭证号管理

①申领：主办行按凭证使用量由操作员办理，主管授权。

②销号：客户发出一笔交易，则该笔电子凭证自动销号，确保电子凭证号不能重复使用。

4.1.4.2 银行端管理功能

操作员管理：签到、签退、查询、注册、注销、更密、修改。

客户管理：查看客户终端、增加客户终端。开户时企业必须提供完整的申请单、营业执照复印件、银企协议。同时任何银行开户操作必须在两人相互监督下完成。

对客户终端可设定有权限查询或交易账号，对账号设定可做交易类型，对交易类型设定是否定向操作，若定向则设定定向关系——账号和限额，若不定向只设定限额，这能满足众多客户的不同需求。

企业 IC 卡发放管理：初始化读写器，初始化 IC 卡，企业操作员管理，企业操作员账号管理，IC 卡挂失、注销。

业务管理：业务打印（包含报表、票据）、反交易、查询操作员日志、查看交易日志、查看交易流水、查看凭证号、计费设定。

数据与交换行管理：利率牌价数据管理、交换行管理、系统日志的清理（操作员日志、交易日志）。

4.1.4.3 银行端监控功能

实时监控系统发生的交易，包括交易的统计信息和明细信息。金融行业属于国家重点安全防范单位，过去，银行一直采用模拟监控产品。随着安防技术的发展，互联网视频监控技术已经逐渐成熟，建立一套完善的银行互联网视频监控系统势在必行。监控系统作为金融部门不可或缺的安全防范技术手段，在各金融部门的安全保卫工作中起到了重要作用。

4.1.5　互联网银行的发展

1995 年 10 月 18 日，全球首家以互联网银行冠名的金融组织安全第一互联网银行打开它的“虚拟之门”，从此一种新的银行模式诞生了，它对 300 多年来的传统金融业产生了前所未有的冲击。1996 年 6 月，中国银行在因特网上设立网站，开始通过互联网向社会提供银行服务，从此拉开了中国互联网银行发展的序幕。

（1）第一阶段——银行“触网”

在这个阶段（计算机辅助银行管理阶段），银行通常在互联网上设立自己的站点，宣传自己的经营理念，介绍银行的背景知识及所开办的业务，旨在通过互联网这个信息传播媒体树立自己的形象，拓展社会影响力，更广泛地吸引市场资源。

20 世纪 60 年代，金融电子化开始从脱机处理发展为联机系统，使各银行之间的存、贷、汇等业务实现电子化联机管理，并且建立起较为快速的通信系统，以满足银行之间汇兑业务发展的需要。20 世纪 70 年代，发达国家的国内银行与其分行或营业网点之间的联机业务，逐渐扩大为国内不同银行之间的计算机互联网化金融服务交易系统，国内各家银行之间出现通存通兑业务。20 世纪 80 年代前期，发达国家的主要商业银行基本实现了办公业务的电子自动化。商业银行有两次联机高潮，一次是在 20 世纪 60 年代，这次高潮使各商业银行的活期存款信息可以直接经过计算机处理传输到总行，加强了商业银行内部纵向管理；一次是在 20 世纪 80 年代，实现了水平式的金融信息传输网络，电子资金转账网络成为全球水平式金融信息传输互联网的基本框架。

20 世纪 60 年代末兴起的电子资金转账 EFT（Electronic Funds Transfer）技术，为互联网银行的发展奠定了技术基础。所谓电子资金转账系统，是指使用主计算机、终端机磁带、电话和电信互联网等电子通信设备及技术手段进行快速、高效的资金传递方式。根据服务对象的不同与支付金额的大小，EFT 可以分为零售电子资金划拨系统（又称小额电子资金划拨系统）与批发电子资金划拨系统（又称大额电子资金划拨系统）。零售电子资金划拨系统的服务对象主要是广大的消费者群体，这些交易活动的特点是交易频繁，但交易金额相对较小。其法律关系主要是银行客户与银行的关系。批发电子资金划拨的法律关系除了银行客户与银行的关系外，还有银行间的关系，银行与批发电子资金划拨系统的关系。

20 世纪 70 年代末，电话银行在北欧国家兴起，到 20 世纪 80 年代中后期得到迅速发展。电话银行的出现，与金融创新产品的发展和金融管制有着密切的联系有所不同，电话银行的出现基本上与政府的金融管制无关，它是基于电话通信技术的发展而出现的创新结果。然而，电话银行服务存在着其自身难以克服的缺陷，最大的缺陷是在相当长的一段时期依然主要依靠语音识别、记录系统提供金融服务，这给电话银行服务的客户带来了诸多不便，直至“手机银行”的出现。因为与文字记录不同，在金融服务通信中客户交易时有差错、误解或矛盾的隐患，而通行的针对重大金融服务交易的传真复核确认制度过于烦琐和复杂。这种制度一方面降低了电话银行的经营效率，另一方面增加了双方（主要是客户端）的交易成本。目前，固定电话银行业务基本已经被“手机银行”所替代。“手机银行”本质上是互联网银行的表现形式之一，它是基于客户移动终端的互联网银行。

（2）第二阶段——网上银行

在这个阶段（银行电子化或金融信息化阶段），商业银行往往将已开办的传统业务移植到互联网上，将互联网作为银行业务的网上分销渠道，同时通过互联网提高传统业务的工作效率，降低经营成本，以便为客户提供更加方便周到的服务，进一步将培育客户对银行的忠诚度作为目的。

电话银行的一些缺陷影响了其发展范围和速度，随着计算机普及率的提高，商业银行逐渐将发展的重点从电话银行调整为 PC（个人电脑）银行，即以个人电脑为基础的电子银行业务。20 世纪 80 年代，在国内不同银行之间的网络化金融服务系统基础上，形成了不同国家之间、不同银行之间的电子信息互联网，进而形成了全球金融通信互联网。在此基础上，出现了各种新型的电子互联网服务，如以自助方式为主的在线银行（PC 银行）、自动柜员机系统（ATM）、销售终端系统（POS）、家庭银行系统（HB）和企业银行系统（FB）等。银行电子化使传统银行提供的金融服务变成了全天候、全方位和开放性的金融服务，电子货币成为电子化银行的未来货币形式。随着信息技术的进步，银行电子化水平也在逐步提高。家庭银行是银行电子化的重要内容。在 20 世纪 80 年代中期，欧美的一些银行就开始计划为主要客户提供通过计算机进入自己账户的互联网银行服务、家庭银行服务（home finance）。

（3）第三阶段——互联网银行

在这个阶段（全面开展互联网业务阶段），银行往往针对互联网的特点，建立新型的金融服务体系，创新业务品种，摆脱传统业务模式的束缚。同时，在提供标准化服务的基础上逐步建立以客户为中心的经营管理模式，更深入分析市场与客户的需求，以提供智能化的财务管理手段为依托，建立起面向客户的个性化服务模式，使银行的经营管理向着高技术含量、高知识含量的集约化经营模式转变。

20 世纪 90 年代中期以来，互联网银行的出现使银行服务完成了从传统银行到现代银行的变革，互联网银行摆脱了传统银行业务模式的束缚，建立了新型的金融服务体系并创新业务品种，为顾客提供多品种、全方位的服务。

互联网银行的第一个基本功能就是方便了电子商务交易活动中的支付，其功能和工作机理使得网上消费真正变为现实，如订票、购物等。只有形成快捷、安全、稳定的网上支付系统，互联网消费才能真正地顺利进行。因此，电子商务活动顺利开展的一个必备条件是实现第三方支付。互联网银行与传统银行相比的最突出的优势是成本优势，所有成本优势中，最突出的优势是交易成本优势；在所有服务优势中，最突出的是便捷全天候 24 小时服务。

（4）第四阶段——网银集团

在这个阶段（金融系统互联网化阶段），建立以互联网银行为核心，业务经营范围涉及保险、证券、期货等金融行业，以及商贸、工业等其他相关产业的集团在互联网经济市场充分发展的背景下，树立起以互联网银行为中枢神经和核心纽带的虚拟的互联网企业，逐步以数字技术为手段，控制并管理现实的各种社会经济成分。

随着互联网银行的不断发展，现代银行业集团在国际互联网技术和移动通信技术充分发展的前提下，逐步形成以互联网银行为中枢神经和核心的虚拟的互联网托拉斯集团。

网商银行技术架构简析

目前我国三家主流的互联网银行，从业务完整度上来看只有网商银行适合传统的银行系统，网商银行主要做小微企业和个人贷款，微众银行主要是个人消费金融板块，也就是新零售行业，而百信银行是百度和中信银行刚合作成立的，规模尚小。

网商银行的系统是由蚂蚁金服早期团队开发的，所以设计思路和架构与蚂蚁金服的思维差不多，核心系统是用 SOFAStack 架构，大致都是分为四个层次（见图 4–1）。

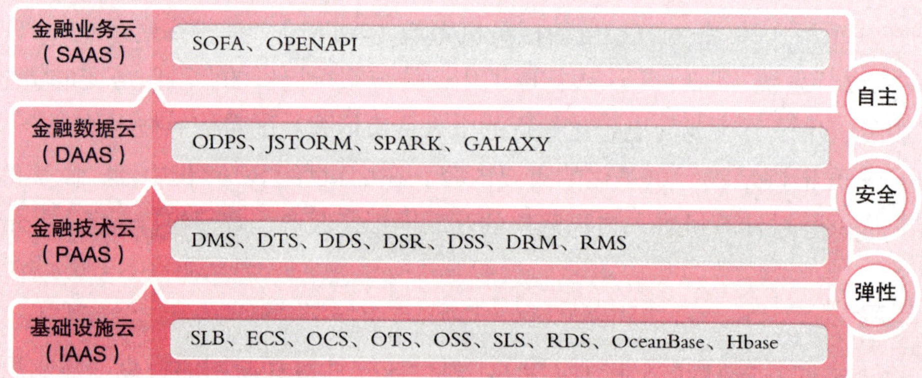

图 4–1 网商银行技术架构

SAAS 金融业务云对外提供开发接口。

DAAS 金融数据云包括 ODPS 开发数据处理服务，以及流式处理和离线处理等计算服务。

PAAS 金融技术云包括 DSR 分布式服务注册系统、DMS 分布式消息文件等。

IAAS 基础设施云主要包括 SLB 接入层、ECS 虚拟机、分布式数据库和 OCS 分布式缓存系统等等。大部分都是阿里内部自有基础设施技术。

最终是采用两地两活的弹性架构，形成独立的业务单元，分布到各个机房上。异地多活多中心也是很多金融系统采用的容灾方式。

4.2 移动终端金融服务

纵观商业银行的发展过程，移动终端金融服务是随着现代移动通信技术和互联网的发展，在自助银行和手机银行的基础上发展起来的一种移动金融服务形式。20 世纪 90 年代兴起的电子商务，实现了商务活动由网下向网上的转移。诸多成功的 B2B、B2C、C2C 等模式，把互联网经济的作用发挥到了极致。互联网银行兴起之后，手机银行从两个方面成为互联网银行的重要组成部分：一是作为移动金融服务的途径，成为互联网银行资金流动循环中不可缺少的补充环节；二是将自助设备与互联网连接，成为广大客户进入网络银行系统的重要通道。另外，自助银行和手机银行也有新的发展，一些电信终端（如手机、笔记本、平板电脑、POS 机甚至包括车载电脑）也成为自助银行的一种形式。

4.2.1 自助银行

自助银行（Self-service Bank）又称“无人银行”“电子银行”，它属于银行业务处理电子化和自动化的一部分，是近年在国外兴起的一种现代化的银行服务方式。它利用现代通信和计算机技术，为客户提供智能化程度高、不受银行营业时间限制的全天候金融服务，全部业务流程在没有银行人员协助的情况下完全由客户自己完成。国外的商业银行经过多年的建设，已建立了先进的计算机网络系统。自助银行的建设起点也比较高，利用现代科技手段向客户提供自动化程度高、方便、安全、周到、全天候的金融服务，功能也比较全面。

4.2.1.1 自助银行的产生

20 世纪 60 年代，自助银行首先在国外得到广泛应用。当时银行客户和业务不断增多，柜台客户流量变得越来越大，不少人排很长的队伍仅仅是为了办理小额存取款及查询等简单的业务，办理业务可能只需要 2~3 分钟的时间，但排队却可能要花费很长的时间，客户怨声载道。当时的银行认为，客户增多会使得银行柜台人员疲于应付，因此降低对优质客户的高端服务能力，于是便想通过增加营业网点来分散客户，但是增加网点和人员势必大幅度提高成本开支。

基于这些情况，银行开始尝试引入自助取款机，技术供应商也积极响应。于是，自助取款机应运而生，接着又扩展到自助存款机、外币兑换机、夜间金库、自助保管箱、存折补登机、信息查询机等一系列自助银行设备。这些设备的出现从时间和空间上延伸了银行的服务，很快便得到了客户的青睐。银行业也意识到这些设备不应只存在于银行的营业网点内，而是应该散布在公共场所，作为银行网点的一种延伸。

4.2.1.2 自助银行的类型

目前流行两种不同形式的自助银行营业网点，即混合式自助银行和隔离式（全自动化）自助银行。所谓的混合式自助银行，指的是在现有的银行分支机构的营业大厅内划分出一个区域，放置各种自助式电子设备，提供 24 小时的自助银行服务。该区域在日常营业时间内，能够分担这些网点的部分银行业务，缓解柜台压力；在柜台营业时间以外，营业大厅关门，该区域被人为地与营业大厅隔离，又变成了独立的自助银行。它也可以作为独立的自助银行营业网点，银行客户通过自行操作这些设备，获得所需的金融服务。

隔离式自助银行又称全自动自助银行，这种形式的自助银行与银行分支机构和营业网点完全独立，一般设立在商业中心、人口密集区或高级住宅区内，也是全天候开放。自助银行的独立网点不仅能有效节省银行开设人工网点的成本，还能迅速扩大其影响和服务区域。由于不受时间限制、能良好地保护个人隐私，自助银行能有效地吸引高收入阶层人士办理存款业务，以固定的营运成本争取更多的储蓄存款。

自助银行属于银行柜台业务处理电子化、自动化和互联网化的范畴，是商业银行为满足客户的交易需求而进行的金融创新成果，一般由电子保安、ATM、CDM（自动存款机）、外汇兑换机、存折补登、夜间金库、多媒体查询、自动保管箱等系统组成。目前各大银行都已推出不同规模层次的自助银行，无须银行工作人员操作，在一天 24 小时都可完成现有银行柜台作业的交易。客户可以凭借本行或联网其他银行的金融卡，开启门禁系统，然后利用银行提供的电子设备，进行现金存取款、外币兑换、存折补登、对账单打印、公共服务缴费、金融信息查询、财物保管等方面的自助服务。自助银行已逐渐成为衡量商业银行现代化水平的重要标志之一，它的推广必然大大加快银行的金融电子化与网络化建设步伐。

4.2.1.3 自助银行的功能

ATM 是最早出现的自助银行，现在属于自助银行设备中的一部分。从理论上讲，ATM 可以算是自助银行的一种早期模式——功能不齐全的自助银行。走进任何一家自助银行，都会看到里面至少有 5 台机器，一般来讲是自动提款机、自动存款机、多媒体查询机、存折补登机和外币兑换机等。大部分银行的自助银行设备和功能也都只局限于这几种，主要功能有：自动提款、自动存款、存折补登、多媒体查询、外币兑换、外汇买卖、银证转账、缴纳公用事业费、自助贷款等。

4.2.1.4 自助银行的特色

商业银行从自身的利益出发，根据以客户为中心的营销理念，充分考虑不同消费者的消费需求，开发了一些新型的服务网点模式。

（1）社区模式

在街道社区、厂矿企业、办公写字楼及其附近提供银行服务的分行模式，强调中间业务和表外业务的服务及营销，是一种“自助银行增强型”设计，即以自助设备为主，并不定时地配合必要的人工服务，以期同时达到高效率服务和业务推广的双重业务目标。

（2）商业区模式

在商业区、闹市区提供快速现金服务的自助银行，强化快速取现服务，以自助银行或自助银行增强型为主。

（3）校园模式

在校园及其附近提供简单存取款服务，其交易特征为“频率高、单次交易额小”，以特殊形式自助银行为主，如网吧银行、书吧银行等，也有单设自助取款机等。

(4)店中银行模式

在便利店、机场、加油站、商场、酒店等其他行业的营业厅内提供银行服务。这些营业场所也是银行客户经常光顾的场所，在这些场所提供银行服务显然给银行储户提供了极大的方便。可以结合所在营业场所的具体情况设计成咖啡吧银行、超市银行、专卖店银行等。

(5)顾问银行模式

顾问银行模式又称 VIP 分行，是一种专门为其附近的 VIP 客户提供专业理财服务的网点。与传统的自助银行网点不同，这些新型模式的网点具有更强的针对性，更贴近普通社会大众的生活，可以根据目标客户群的不同采用完全不同的设计风格，以满足目标客户群的心理和情感上的需求，这些将是未来自助银行网点发展的主要形式。

不同城市有不同的消费特点，相同城市不同区域的市民也有着不同的消费要求，相同区域的客户又会因为收入、职业等情况的不同分为若干个不同的客户群。在一个城市区域范围内，往往需要采用多种网点的整合布局，以达到既能最大服务覆盖、又能为不同客户提供个性化服务方式的目的。

最终的城市区域银行服务网点体系，必将是一个由重构的传统网点、各种新型分行模式和单独布放的自助服务设备（如 ATM 等）组成，这些不同模式网点的数量及分布，则应该完全根据整合营销策略的要素来进行确定。

4.2.1.5 自助银行的设计原则

自助银行整体方案的设计和规划，是依据金融机构和客户的具体需求来进行的。为了吸引更多的客户光顾自助银行，最大范围地开展各项业务，树立银行良好的形象，应该从不同的层面上进行统筹规划，并遵守以下原则：

(1)产品成熟性

所选择的设备应是技术稳定、功能先进的整合式设计的产品。

(2)符合工业化标准

硬件设备应遵循工业化标准，并具有开放式体系结构，以便支持符合标准的软件和硬件。

(3)良好的通信性能

自助银行的各个组成设备都应具有良好的通信能力，能够支持局域网和广域网的连接。

(4)模块化设计

系统应采用模块化设计，且具有良好的可维护性和可扩充性。

(5)安全性能好

系统在软、硬件方面都要提供安全措施，重要的自助服务设备应具有自动报警和监控功能。

4.2.1.6 自助银行服务终端设备

(1)自动柜员机(Automatic Teller Machine，ATM)

ATM是最普遍的自助银行设备，提供最基本的银行服务之一，即支付交易，有些全功能的产品还可以提供信封存款业务。在ATM上也可以对账户进行查询、改密等业务。作为自助式金融服务终端，ATM除了提供金融业务功能之外，还具有维护、测试、事件报告、监控和管理等多种功能。

(2)自动存款机(Cash Deposit Machine，CDM)

自动存款机能实时将客户的现金存入账户。在存款过程中，CDM能接受多种货币，识别面值并判断真伪，不需要人工核查、清点。客户存款能实时入账，并可以马上查询到交易处理结果而不必担心交易过程中出现意外问题。

(3)存折补登机(Automatic Passbook Update Machine，APUM)

存折补登机是一种方便客户存折更新需要的自助服务终端设备，通过存折感受器和页码读取设备的配合，实现自动打印和向前、向后自动翻页。客户将存折放入补登机后，设备自动从存折上的条码和磁条中读取客户的账户信息，然后将业务主机中的客户信息打印到存折上，打印结束后设备发出声音提示客户取走存折。整个过程自动完成，操作简便，打印迅速。

(4)外币兑换机(Foreign Exchange Machine，FEM)

外币兑换机适用于机场、旅游区、闹市区等地，主要服务对象为外国游客和有侨汇收入的居民。能识别多种不同的货币，在兑换过程中自动累计总数，然后按照汇率进行兑换。

(5)自动发卡机

为银行解决柜台压力，满足客户在自助银行开户的业务需求，解决新开户在自助银行发展的瓶颈，扩展客户数量的自助发卡设备在银行大堂和自助银行的运用，极大地缓解了新开户排队难的问题。银行多功能自助发卡机通过对第一代、第二代身份证的识别，支持开户发卡，实现在自助设备上客户就可以持证自助开户，同时该项设备还继承了传统银行自助设备的功能，如查询余额、查询明细、转账、修改密码和各种中间业务及补卡、换卡和持存折开卡等。

(6)多媒体虚拟柜员系统

虚拟柜员是指与DCC(银行数据集中工程)系统相连、外挂的自助设备(如ATM、CDM、CRS、POS等)及电子系统(如Call center)，需要注意的是虚拟柜员不能提供柜台服务，主要是查询与调拨。实体柜员是在各种机构内具体经办会计、储蓄、信贷、财务、银行卡业务的人员，分为3级主管、15级主管、现金柜员和普通柜员。无论何种实体柜员均能够对外营业，且都能够携带现金钱箱，办理现金收付，但不同属性柜员其授权权限及业务权限不同。

（7）多媒体查询机

多媒体查询机利用触摸屏技术提供设备说明、操作指导、金融信息、业务查询等多种服务。精心设计的简洁、直观的画面可以引导客户轻松操作，进行账户余额、近期交易的查询、对账单打印，并可修改密码、获得业务咨询、客户理财设计等多种信息服务。

（8）大屏幕信息显示屏

大屏幕信息显示屏采用通过主机控制的液晶显示屏，内容丰富多彩、灵活多变，克服了数码管显示方式单调、项目固定的缺陷。屏幕可以滚动显示利率、汇率，并可显示业务指南、广告等大量信息。通过修改主机上的应用程序，可以方便地更改显示内容和显示方式。

（9）夜间金库

夜间金库（又名银行自助金库）可以进行大额现金、贵重物品的寄存，它是自动柜员机的一种延伸产品，解决了普通存款机巨额存款的烦琐和银行营业柜台网点夜间无法进行交易的问题。此外，还增加了夜间贵重物品保管的功能，减少了用户在夜间现金和贵重物品的携带量，保证用户的资金安全，积极推进了银行的业务扩展，适于安放在繁华商业旺地，也可单独面向大额存款的企事业单位（如收费站、加油站、超市等）。

（10）自动保管箱

客户事先向银行申请办理租箱手续，领取箱号钥匙和专用磁卡。客户持专用磁卡插入读写器并输入密码进入检物室，在检物室内按语音提示，输入箱号和密码，系统核对无误后由机械手将客户租用的保管箱传送到客户身边；若有必要，客户可通过对讲系统与控制中心人员联络。客户用钥匙打开保管箱，可提存物品，操作结束后锁好保管箱按返回键，系统自动将保管箱放回原处。客户离开时，必须使用保管箱钥匙才能开启检物室房门，以防止客户将钥匙遗留在检物室内。

（11）其他辅助设施

包括电话、点钞机、伪钞识别机、UPS（不间断电源）、书写台等设备。

（12）自助银行安全监控系统

由于自助银行无人值守，其安全防范就极为重要。为此，必须设计聚合出入管理、安全防范、火灾监视、设备控制等系统于一体的现场综合安全管理系统。

① 出入管理功能。只有持有指定卡的人员方可进入该场所，并同时提供在防范异常、火灾等情况发生时的自动锁定和开启功能。

② 安全防范功能。利用传感器监视各种非法入侵和破坏活动。一旦发生异常情况，迅速报警，并启动电视系统监视或录像。电视监视功能——利用该系统监视重要的设备和区域，当异常情况发生时自动启动，实现监视或录像。火灾检测报警功能——发生火灾时发出报警、关闭空调、打开出入口。

③ 显示和报警功能。显示系统工作状态，有异常情况发生时，发出声光报警。联网报警——监视

无人场所发生异常可以通过公用电话回线转报到控制中心，实现了联网。

④ 设备管理功能。有人进入时，自动打开照明和空调，退出后关闭。

4.2.2 手机银行

手机银行结合了货币电子化与移动通信的崭新服务，不仅可以使人们在任何时间、任何地点处理自己的多种金融业务，而且极大地丰富了银行服务的内涵，使银行能以便利、高效而又较为安全的方式为客户提供传统和创新的服务。手机移动终端所独具的贴身特性，使之成为继 ATM、POS、互联网之后银行拓展业务的强有力的移动终端金融服务工具。

4.2.2.1 手机银行的技术基础

手机银行（Mobile Banking Service）也可称为移动银行，是商业银行利用互联网技术和移动通信网络及终端办理相关金融业务的简称。早期的手机银行是在电话银行和自助银行概念的基础上发展起来的，其概念是按照客户通过手机发送的短信指令，为客户办理查询、转账、汇款、捐款、消费、缴费等业务，并将交易结果以短信方式通知客户。随着互联网技术和现代移动通信技术的发展，手机银行也能实现互联网银行的所有操作。手机银行作为一种信息技术的应用成果，集成了多种现代通信技术为基础。

（1）信息无线应用（SMS）

短信服务（Short Messaging Service，SMS）是一种在移动网络上传送简短信息的无线应用，是一种信息在移动网络上储存和转寄的过程。世界上第一条短信息是 1992 年在英国 Voda fone 的 GSM 网络上通过 PC 向移动电话发送成功的。与话音传输及传真一样，短信服务同为 GSM（全球移动通信系统，Global System for Mobile Communication）数字蜂窝移动通信网络提供的主要电信业务，它通过无线控制信道进行传输，经短信息业务中心完成存储和前转功能，每个短信息的信息量限制为 140 个八位组。从发送方发送出来的信息（纯文本）被储存在短信息中心（SMS），然后再转发到目的用户终端。这就意味着即使接收方终端由于关机或其他原因而不能及时接收信息，系统仍然可以保存信息并在适当的时候重新发送。

（2）用户识别系统

用户识别系统即“用户识别应用开发工具”（Sim Tool Kit，STK）。它包含一组指令，用于手机与 SIM 卡的交互，这样可以使 SIM 卡运行卡内的小应用程序，实现增值服务的目的。之所以称小应用程序，是因为受 SIM 卡空间的限制，STK 卡中的应用程序都不大，而且功能简单易用。目前市场提供的主流 STK 卡主要有 16K、32K 和 64K 卡。

STK 卡与普通 SIM 卡的区别在于，在 STK 卡中固化了应用程序，通过软件激活提供给用户一个文字菜单界面。这个文字菜单界面允许用户通过简单的按键操作就可实现信息检索，甚至交易。STK 卡可以有选择性地和 PKI（公钥基础设施）结合使用，通过在卡内实现的 RSA 算法来进行签名验证，从而使利用手机从事移动商务和金融业务活动不再是纸上谈兵。

（3）移动通信 / 分组无线服务（GSM/GPRS）

GPRS（General Packet Radio Service）中文含义为通用分组无线服务，它是利用“包交换”的概念所发展出的一套无线传输方式。所谓的包交换就是将数据封装成许多独立的封包，再将这些封包一个一个传送出去。GPRS 是一种新的 GSM 数据业务，它在移动用户和数据网络之间提供一种连接，给移动用户提供高速无线 IP 和 X.25（第一个面向连接的网络，20 世纪 90 年代以后被面向连接的 ATM 网络所取代）分组数接入服务。GPRS 采用分组交换技术可以让多个用户共享某些固定的信道资源。

（4）无线应用协议（WAP）

WAP 是无线互联网的标准，由多家大厂商合作开发，它定义了一个分层的、可扩展系结构，为无线互联网提供了全面的解决方案。WAP 协议开发的原则之一是要独立于空中接口，所谓独立于空中接口是指 WAP 应用能够运行于各种无线承载网络之上，如 TDMA、CDMA、GSM、GPRS、SMS 等通信技术。

（5）移动通信 / 交互式数据业务（GSM/USSD）

USSD 是指非结构化补充数据业务，是一种基于 GSM 网络的新型交互式数据业务，它是在 GSM 的短信息系统技术基础上推出的新业务。GSM 业务主要包括结构补充业务（如呼叫禁止、呼叫转移）和非结构补充业务（如证券交易、信息查询、移动银行业务）两类。

（6）无线 Java 业务（K-Java）

无线 Java 业务是一种新的移动数据业务的增值服务，开辟了移动互联网新的应用环境，它能更好地为用户提供全新图形化、动态化的移动增值服务。用户使用支持 Java 功能的手机终端，通过 GPRS 方式接入中国移动无线 Java 服务平台，能方便地享受类似于互联网上的各种服务，如下载各种游戏、漫画、小说等，也可进行各种在线应用，如联网游戏、收发邮件、证券买卖、信息查询等。无线 Java 业务使得手机终端的功能类似于可移动上网的个人电脑，可以充分利用用户的互联网使用习惯及固定的互联网应用资源，提供高性能、多方位的移动互联网使用体验。

（7）无线扩频通信技术 / 无线二进制运行环境（CDMA/BREW）

美国高通公司从芯片出发设计了 BREW 平台。BREW 并不仅仅是为 PC 或 PDA 开发的产品的缩减版本，它比其他应用程序平台或成熟的操作系统小许多倍。平台位于芯片系统软件之上，启用了快速 C++ 本地应用程序及浏览器，与基于 Java 8482 技术和扩展虚拟机（例如游戏引擎和音乐播放器）的简易集成。除本地 C++ 以外，BREW 还支持多种语言，包括 Java、可扩展标记语言（XML）、Flash 等执行环境。而且，由于它可以驻留在采用 Palm 等任何移动操作系统（OS）的智能手机上，因而可使用 BREW 发布系统（BDS 无线下载为这些 OS 编写的应用程序，并像 BREW 应用程序一样使之商品化）。BREW 可为基本的电话和无线网络运行提供保护。

4.2.2.2 主要功能与支付方式

通过特殊技术（主要是 Java 和互联网通信技术）实现支付的手机，可支持电子支付和数据下载等多种功能。手机集成公交卡、银行卡和钥匙等功能，支付部分日常生活服务，方便市民出行购物，大大提高了公众生活质量。

移动支付是连接线上与线下的支付，典型代表如扫描支付，基于 LBS 技术的移动支付等。看见心仪的商品，扫一扫二维码，用手机完成支付后即可取走商品，这就是扫描支付，完全自主化。二维码扫描支付可以实现近场支付（自动售货机购物等），也可以实现远场支付（团购等）。目前二维码扫描是连接线上与线下的主要纽带。手机支付是指通过手机对银行卡账户进行支付操作，包括手机话费查询和缴纳、银行卡余额查询、银行卡账户信息变动通知、公用事业费缴纳、彩票投注等，同时利用二维码技术可实现航空订票、电子折扣券、礼品券等增值服务。

目前大多数移动支付表现为远场支付，典型代表如微信支付、手机银行支付、短信支付、语音支付、支付宝支付，主要通过移动互联网技术来实现支付。远程支付可以通过如下几种模式来实现：一是客户端模式，二是内嵌插件支付模式，三是手机刷卡器模式。最后需要说明的是，以上三种分类方法没有严格的界限，某些移动支付既可以实现近场支付，可以实现远场支付，也可以进行 O2O 移动支付。

此外，移动支付的主要问题是标准不统一，比如，国内三大运营商建立了各自的移动支付服务平台（Trusted Service Manager，TSM），提供不同行业（例如金融、公交等）的支付应用；中国银联与部分商业银行也建设了 TSM，向合作的运营商提供金融支付应用。2013 年年底中国建成的移动金融安全可信公共服务平台（MTPS）可以在一定程度上解决这一难题。移动金融安全可信公共服务平台的建成，可以实现商业银行、移动通信运营商、第三方支付公司的互联互通，公共服务平台是一个顶层架构，是移动支付行业的标准，在此顶层架构下可建立多个企业 TSM 并存的移动金融健康生态环境。

早期的手机银行以互联网为网络支持，以移动电话为接口设备，以 IC 卡为安全控制工具和交易手段，为客户提供更为方便、快捷的服务。2016 年手机银行已经成为一种结合了货币电子化与移动通信的崭新服务。移动银行业务不仅可以使人们在任何时间、任何地点处理多种金融业务，而且极大地丰富了银行服务的内涵，使银行能以便利、高效且安全的方式为客户提供传统和创新的服务。

微信红包

微信红包是传统“发红包”、移动通信、社交网络与支付相结合的产物，是由互联网催生的新事物，是微信功能的延伸。

微信红包分为拼手气群发红包和普通红包两种，基本操作如下：填写红包信息（金额、祝福语等）→微信支付→发送好友（群）。收发红包过程的背后则是财付通的充值功能、银行卡的提现功能和银行的支付结算功能的整合。

4.2.2.3 手机银行的基本原理

手机银行的基本原理是将用户手机 SIM 卡与用户本人的银行卡账号建立一一对应的关系，用户通过发送短信的方式，在系统短信指令的引导下完成交易支付请求，操作简单，可以随时随地进行交易。用户还可以通过 WAP 和客户端两种方式进行支付，无须任何绑定，用户在短信引导下完成交易，仅需要输入银行卡号和密码即可联网结算。

（1）手机支付

手机支付这项个性化增值服务强调了移动缴费和消费，可以实现众多支付功能。当我们在自动售货机前为找不到硬币而着急时，手机支付可以很容易地解决这个问题。当人们身处外地，或者是移动运营商的营业厅下班以后，为了缴话费四处找人、四处寻找手机充值卡而耗费精力时，手机支付真正让手机成为随身携带的电子钱包。整个移动支付价值链包括移动运营商、支付服务商（比如银行、银联等），应用提供商（公交、校园、公共事业等）、设备提供商（终端厂商、卡供应商、芯片提供商等）、系统集成商、商家和终端用户。

（2）手机银行的应用模式

① STK 智能卡模式。在电信商提供给手机用户的 STK 智能卡上，加上了银行的增值服务项目，即由手机 GSM 短信息中心和银行系统构成。手机与短信中心通过网络连接，而短信中心与银行之间的通信可以通过网络连接。由于手机短信息服务资源有限，存在以下缺点：不能与多个银行在同一张 STK 卡上合作，不能随时更新应用菜单，银行依赖电信商等。

② 无线应用协议模式。使用 WAP（无线应用协议）手机可以直接与互联网连接，利用银行提供的各种网上银行服务，摆脱电信商对银行增值服务的控制。但此种方式对客户来说，使用成本高，安全性却不高。

③ IC 卡上网交易模式。通过双卡手机，使用符合 ISO 国际标准的银行 IC 卡，银行可以开发更加广泛的业务，客户不仅可以使用不同银行的 IC 卡上网交易，而且使用成本降低，安全性提高。

进入 21 世纪，手机银行迅速兴起。在欧洲，手机上网已经成为开展移动商务的重要手段，手机银行也日益流行。在亚太地区，个人电脑不够普遍，互联网发展较晚，网上电子商务发展较晚。而由于与电脑相比手机具有便宜、便捷、个体拥有的特点，手机用户增长速度超过个人电脑增长速度，因此手机银行业务有着广阔的发展空间和市场潜力。香港的许多银行都相继推出手机银行移动理财服务，如大通银行、运通银行、汇丰银行、恒生银行、东亚银行、花旗银行、道亨银行、泰富银行等。

手机银行主要采用的实现方式有 STK、SMS、BREW、WAP 等。其中，STK 方式需要将客户手机 SIM 卡换成存有指定银行业务程序的 STK 卡，缺点是通用性差、换卡成本高；SMS 方式即利用手机短消息办理银行业务，客户容易接入，缺点是复杂业务输入不便、交互性差；BREW 方式基于 CDMA 网络，并需要安装客户端软件；WAP 方式即通过手机内嵌的 WAP 浏览器访问银行网站，即利用手机上网处理银行业务的在线服务，客户端无须安装软件，只需手机开通 WAP 服务。WAP 方式的手机银行较为方便、实用，成为该领域国际发展趋势，俄罗斯 Guta、斯洛文尼亚 SKB、意大利 Toscana、德国 Deutsche 等国际著名银行已竞相开通 WAP 手机银行业务。

（3）手机银行开发平台

手机银行开发平台包括开发者管理、API（应用程序编程接口）管理、应用管理、安全管理、计费管理等模块，主要是将手机支付的核心能力（包括支付缴话费、营销工具等）输送出去，从而吸引、聚拢庞大社会力量，利用众包的模式来推动业务、应用、产品的创新和发展。手机银行开发平台在对自身特点、当前开放平台的状况及未来的发展方向进行深入分析之后，确定了基础能力、支付能力、营销能力等几大类能力模块为发展方向。

（4）银联手机支付的应用

中国银联开发出了多种业务形态的手机支付业务模式，包括深度黏合运营商的 Sm Pass 模式（贴膜模式）、双界面卡模式、贴卡模式（手机背面直接粘贴银行卡）、同时支持远程和现场的 SD 模式等，并在全国范围内不同省市开展多种模式的银联手机支付业务的推广试点。

中国银联授权的手机支付运营商，为银联手机支付用户提供技术支持、运营接入、客户服务。内容提供方通过在中国银联手机支付运营平台交易产品、服务、资源等内容，获得交易利润的企业或商户承担交易手续费和提供交易佣金用户。使用中国银联手机支付业务的个人，负担银联手机支付业务服务费，银联手机支付费用由商户手续费（传统银行卡交易手续费）、销售佣金（额外向移动支付业务商户收取的超过手续费的销售利润返佣）、用户服务费（用户使用手机支付服务缴纳的费用）和移动支付品牌服务费四部分组成。相关分配方式为以下几种：交易手续费与传统银行卡交易手续费分配相同，发卡、转接和收单三方按照 7∶1∶2 的比例进行分配。销售佣金，按照发卡渠道方 50%、内容引入方 30%、平台运营方 20% 的比例分配服务费。

（5）银联手机支付的安全机制

银联手机支付系统采用点对点通信的安全加密、对称密钥的传输加解密保障信息交互的私密性、安全性、完整性和不可抵赖性；通过对存储密钥的两次加解密保障银行卡磁道信息在手机支付的整个生命周期都处于安全保密状态；同时，银联将 CUP Mobile 手机支付平台部署在上信机房，保证系统物理环境的安全，并采用与 CUPS 系统同样的技术方式设计安全的应用系统构架。

另外，虽然智能存储卡支付模式采用第三方提供客户端软件的形式交互，但该软件均按照银联提供的接口规范进行开发，并经过银联的测试认证，所以安全可靠性得以保障。

4.2.2.4 手机银行 App

零售银行的主战场已经逐渐从线下物理网点服务转向手机银行 App 移动服务。随着物联网、大数据、云计算、人工智能、区块链等信息技术的快速发展与广泛运用，金融科技给银行业带来了全新的挑战和机遇，各家银行近年来纷纷战略布局金融科技，加快零售银行向数字化转型。从当前趋势来看，手机银行 App（研究范围为商业银行零售业务 App，暂不考虑对公业务）作为金融科技前端主要输出产品，已成为银行的重要门户和承载客户体验的主要载体，银行零售业务也面临着一轮“从卡片经营向

App 经营”进化的过程，手机银行 App 成为银行零售业务数字化转型的主战场。手机银行 App 通过将金融产品和服务无缝融入生活场景中，并以线下网点服务作为补充，最终实现获客、活客、留客、变现、反馈的生态闭环。

（1）手机银行 App 客户端业务介绍

手机银行 App 客户端（以下简称手机银行 App）是以客户端软件形式通过使用通信运营商网络或 Wi-Fi 向个人客户提供汇款转账、账户查询、投资理财、生活缴费、话费充值、贷款业务等功能的金融服务。

（2）手机银行 App 的安全性

登录密码、交易密码、短信验证码加强了手机银行 App 使用的安全性。客户在登录时需要输入登录密码，验证客户入口身份；用户在交易时，需要输入交易密码及手机上的短信验证码，且交易金额不能超过银行设定的最高限额，多方面保证了客户资金的安全。

（3）手机银行 App 平台产出

手机银行 App 平台产出主要模式是通过场景吸引用户，对用户行为进行多维度的交叉分析，然后按照用户的实际需求定制产品无缝嵌入场景中，让用户在生活场景中使用金融服务，包括借贷、购买理财基金产品、支付结算等，这和传统零售银行业务变现模式一致，不同的是变现的渠道、变现的效率等。除了零售银行业务变现收入之外，手机银行 App 产出主要还包括两部分：第一，App 经营推动着整个零售经营方式的变革，譬如获客、营销、风控全面智能化，有效降低了银行经营成本，这也相当于增加了产出。第二，商户回佣、向接入的第三方平台收取费用、将成熟的技术提供给中小银行机构收取的费用等，这些收入对银行来说占比较小，且部分银行在引入商户、接入第三方平台时并不收取佣金，因为银行主要靠提供金融服务变现，这也是银行相对互联网企业的优势。其中，决定手机银行 App 平台价值的核心要素包括：用户、场景、产品、运维、转化。手机银行 App 平台投入与产出如图 4-2 所示。

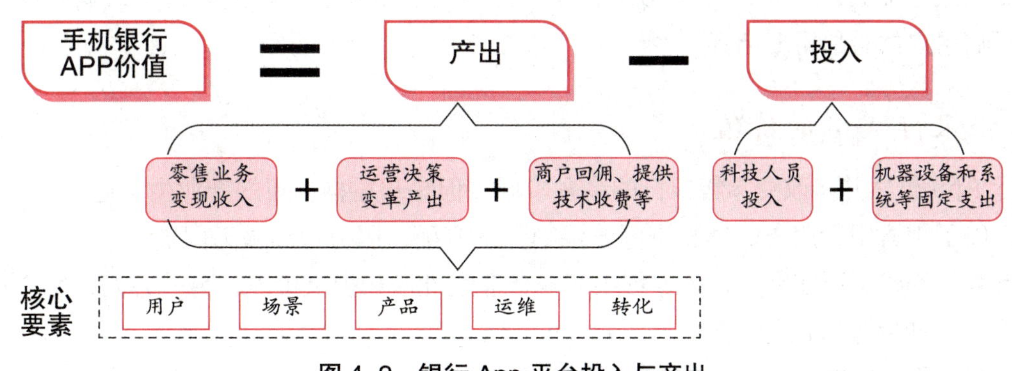

图 4-2 银行 App 平台投入与产出

（4）手机银行 App 布局核心要素

当前手机银行 App 最大痛点是：高频生活场景缺失，客户黏度和活跃度低。在用户运营体系中，有一个经典的框架叫 AARRR（如图 4-3 所示），涵盖 App 生命周期的五个阶段：获取客户、提高活跃度、提高留存率、获取收入、自传播，最终形成一个用户漏斗分析模型，突出了增长的所有重要元素，且这些元素相互作用，相互联系。对于手机银行 App 来说，零售客户基础庞大，并且金融端有比较强的变现能力，但是由于金融场景属于低频场景，用户黏度和活跃度一直都比较低，这是移动互联时代手机银行 App 亟须解决的痛点。

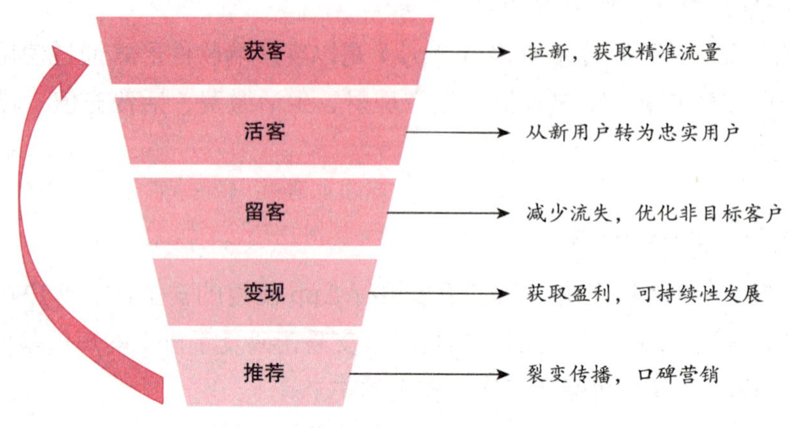

图 4–3 AARRR 模型

App 活跃度和留存率的提升靠提供更好的用户体验，只要用户体验提升了，App 用户黏度和活跃度自然会增加。对于手机银行 App 来说，提升用户体验当务之急是完善场景金融生态圈。具体来说，提升用户体验的方法有以下几点：

第一，覆盖高频生活场景。手机银行 App 经营的核心是构建场景金融生态圈，场景金融就是将金融活动嵌入各个不同的生活场景中，为客户提供从生活需求到金融解决方案的闭环生态，场景生态越完善，用户依赖度就越高。对于手机银行 App 来说，高频生活场景缺失是目前最大的痛点，是亟须补齐的短板。

第二，场景化产品创新。场景金融生态中金融服务不再是独立的产品形式，而是需要无缝嵌入用户的生活场景中，以帮助用户在特定场景下达成目标的综合金融解决方案形式呈现，突出用户的个性化和定制化。

第三，提高运维能力。手机银行 App 界面交互是否好看好用、运行是否稳定、响应速度是否足够快等，都是影响用户体验的重要因素。

(5)手机银行 App 的价值

手机银行 App 虽然并未改变零售银行的金融本质，但是却重构了新的产业生态逻辑：

第一，打破了零售银行服务时间和空间的限制。一方面，服务边界被无限放大，除了本行客户外，他行、非银行客户都成了潜在客户，为零售银行业务非线性增长提供可能；另一方面，客户在手机银行 App 上可随时随地使用零售银行服务。

第二，催生零售银行对产品和服务进行深层次的调整，从“以产品为中心”向“以客户为中心”迭代。零售银行经营模式从“产品→网点→客户”转变为“用户→场景→产品”，金融产品和服务需要无缝融合到生活场景中，以提升用户体验为目标，最大限度地实现产品的按需定制和精准营销。

第三，零售银行经营更加数字化、智能化。

银联手机支付的挂失

银联手机支付挂失流程参照银行卡挂失流程执行：用户拨打银联客服热线（或银联手机支付运营中心客服热线）获取人工服务，向工作人员说明需挂失银联手机支付业务绑定的手机号码，由工作人员根据系统后台记录完成匹配，根据用户预留的相关身份验证信息完成身份审验后，工作人员在后台将挂失用户金融智能卡片序列号 CSN 录入后台黑名单进行冻结，在逻辑上拒绝挂失 SD 卡发起的任意交易，以确保用户账户安全；用户事后找到已经冻结的 SD 卡，可拨打客服热线进行解冻操作；用户若需完全废弃之前冻结的 SD 卡，可拨打客服热线完成注销操作，注销完成后，用户可申办新的金融智能卡并完成开卡操作，重新使用银联手机支付业务。

未来十年，所有的银行都将是互联网银行

12 月 8—10 日，36 氪在北京国际会议中心举办了“WISE2020 新经济之王大会——崛起与回归”。本次大会是 WISE 大会的第八届，2020 年也是 36 氪成立的第十年。在新经济之王主会场，主办方邀请十年里乘风破浪的创变者们，连接初创公司、互联网巨头、投资机构、地方政府、传统企业等市场参与主体，一起回望中国新经济快速崛起的十年，共同展望新经济下一个十年的无限可能。

百信银行副首席战略官陈龙强在会上分享了他对互联网银行的理解。他说：

互联网银行天然是数字银行和开放银行，与数字经济天然适配。百信银行希望把金融服务嵌到各个场景里面去，开各种各样的“数字分行”。未来十年将是互联网银行的黄金十年，未来十年，所有的银行都将会是互联网银行。

在过去不到十年的时间，互联网银行已经逐步兴起。据公开数据看，微众银行已经服务了超过两亿用户，我们百信银行短短三年时间，也已经服务了接近 5000 万客户，这是一个非常惊人的数据，也是互联网银行的魅力。

回看过去十年，银行业确实发生了很多变化，我们感觉对银行服务很熟悉，感觉比较古典，其实并不是这样子的，我们看到像纸币、ATM 机，还有银行卡都在离我们远去，慢慢成为历史。但是在十年以前，我们用一张银行卡就能跨行 ATM 取钱就已经很兴奋了，那时候称为 1.0 网点经济时代。2.0 是 App 经济，是随着移动互联网兴起，银行的 App 也有了很大的进步。应该说用户体验，还有业务的丰富度，也都在发生很大的变化。离柜率开始逐年提高，大家开始渐渐地不再需要去网点。

最近两三年时间，我们作为新兴互联网银行，在做一个有开拓性的事情，我们讲数字经济时代下，互联网银行应该有什么样的变化。我们更看重的是在场景里面，能不能有我们互联网银行的存在，因为我们没有任何网点。但是网点的存在是有一定的底层逻辑的，开网点或者像开麦当劳一样，一定会去找相对比较好的区域，比如人流量比较大，或者跟目标客群比较接近的地方。对于互联网银行，天然是在互联网生态里面生存，也要去找有人流的地方。所以在我的理念里面，我们希望把金融服务能够嵌到各个场景里面去，这些场景希望是比较高频的，希望是有交易的。这些场景会跟我们有很好的契合，我们主要用开放 API 或小程序就能完成链接。我把它称为 3.0 场景经济。

所以过去十年，银行在发生很大的变化，从网点经济到 App 经济，再到场景经济的蓬勃发展。它在悄然无息地发生深刻变化。究其背后的原因，或者为什么会有这样的变化，以及再往后看应该注意什么。我列举了三个核心变量，无论是什么时候，都离不开这些核心要素。

第一是监管政策，持牌化经营、杠杆的约束等都成为铁律，所以监管自始至终是一个非常重要的影响变量。但现在来看，我们并不认为监管管死了。在我看来反而是监管更有弹性了，更有包容的空间。

第二是金融科技，大家可能更容易理解，在场肯定有很多科技“大咖”，科技成了核心竞争力，深刻地影响银行业务形态和服务形态的变化，我有一个非常基本的看法：过去银行是靠政策要红利，未来一定要考虑向技术要红利。

第三是商业模式，大家觉得银行就是存贷汇这些基本业务，经营的是风险，挣的是息差。但实际上有点野心的银行都希望跳出银行办银行，我们也要考虑在场景里面能不能用开放银行的模式激发一些新的动能。

举个例子，百信银行就是这样一家银行，我们首先要去思考用户侧的需求是什么，在常见的场景里面，包括电商、内容娱乐及最近热门的社区团购，用户在这个场景里面，他的第一诉求可能是消费，背后一定会有关联的金融需求，例如支付、信贷或者理财。我列举这些场景都是有交易场景的。我们需要在场景里面深度洞察用户的真实需求，并且更希望无感地、精准地去服务这些用户。另外一侧我们要考虑供给侧，靠一家银行的资产负债表，想象力是不够的，所以我们要考虑怎么联合更多的银行为这些场景、为这些用户提供更好的服务。在供给侧方面思考怎么样提高效率，提升服务的质量。

在这样一个核心逻辑底下，过去我们用“开放银行 +”的策略起到非常好的效果，服务用户数最新数据马上到 5000 万。但是我们银行只有大概 700 名员工，大家可以想象一下，这种服务效率是有多高。我们并不需要网点，我们就是 700 个员工，以及无数跑在云端上的机器，我们实现了普惠信贷累放超过 3000 亿元，这些客户户均贷款相对比较低，不需要任何抵押，我们称为普惠信贷。

今年我们发布了一张非常有个性的数字银行卡—百度闪付卡，这是开放银行的典型案例，看着是有形，其实是无形的，就嵌在百度 App 里面，这张卡又集合很多功能，大家想象一下，过去你的信用卡就是信用卡，借记卡就是借记卡，相对是比较割裂的。这张数字银行卡集成了借、贷、权益等，我们还可以包容更多的数字生活服务，因为是在同一个数字空间里面构想。

这张卡在国内受到非常大的关注，因为我们不需要任何物理介质去发行，你只要在网上动动手指就能完成申领，并且也非常安全。当时央视、新华网都报道了。在我看来，表面看是百信银行的一点点创新，背后更重要的是监管包容、是监管创新。前面列举了三个重要变量，一个是政策，一个是技术，一个是商业模式，这就是非常典型的利用好这三个变量的案例。

往后看十年，我想大胆地预测，是互联网银行的黄金十年。过去国内的互联网银行应该说已经完成了试水，监管也大概看明白了，这种模式还跑得通，老百姓都还接受，用户体验也不错。经过这个试验期，理论上下一个十年，一定是可以慢慢跑起来，甚至可以跑得更快的十年。我也认为未来所有银行都将是互联网银行，也可能都是金融科技公司，因为现在所有金融机构都在考虑怎么样更好、更快地完成数字化转型，去适应更新型的新经济，完不成的就会面临自然选择。

第二个更具体的预测是我认为互联网消费金融还有很大的机会。在未来的经济发展模式下，消费依然是非常核心的驱动力，消费金融这个赛道还是大有可为的。尤其是线上化率的提升，用户体验的提升及风控能力的提升，都需要金融机构继续努力，很多年轻用户已经基本习惯了在线上完成贷款、完成理财，或者完成更丰富的金融行为。

第三个预测是产业数字化是下一个十年非常重要的风口，产业数字金融将是一个非常重要的发展窗口期，也是我们下个十年重要的战略布局。产业这个事情其实也很好理解，过去十年，消费互联网比较成熟，我们个人需求端得到较好满足，大家可能用一个手机就完成了生活的必需，尤其今年疫情之下，也催生了更多生活上、工作上对线上化零接触的需求。未来十年消费端将向产业端延伸，需求端往供给端进化。这个供给侧变革一定是靠技术驱动的，需要靠政策去驱动，也需要金融机构的加持。互联网银行天然是在线上，天然是数字银行，跟这些产业互联网和商业互联网一样有非常好的耦合度，尤其是近几年兴起的 B2B 平台，有丰富的数据基础，有很多行业的产业链、小微企业需要我们去支持，所以我们也非常看好这个赛道。

我也坚信下一个十年能够爆发出非常好的，可能是非常伟大的公司，也会有越来越多的互联网银行，能够在下一个十年逐步加入这个群体，成为银行的新势力。

百信银行陈龙强现场实录

资料来源：https://baijiahao.baidu.com/s?id=1686379969230079050&wfr=spider&for=pc

36 氪官方账号（2020–12–18）

实训操作

（1）网上银行功能调研。访问两家网上银行，调查其开通网上银行的主要程序，掌握其主要功能，了解其主要安全策略，并对调查结果进行必要的分析和判断，将结果填入表 4–1。

表 4–1　分析结果表

序号	银行名称	主要开通程序	主要功能	安全策略
1				
2				

（2）在开通自己的个人网银后，登录银行网站，给自己的手机充值，或进行其他消费。

项目总结

（1）互联网银行借助数字通信、互联网、移动通信及物联网技术，通过云计算、大数据等方式在线实现为客户提供存款、贷款、支付、结算、汇转、电子票证、电子信用、账户管理、货币互换、P2P 金融、投资理财、金融信息等金融服务，具有高效快捷的特点。

（2）互联网银行是金融创新与科技创新相结合的产物，它不仅为现有金融机构提供了一条新的产品与服务销售渠道，还提出了如何将传统业务向互联网渠道整合，以及利用互联网渠道的优势带动相关产品创新的问题。

（3）必须要解决好互联网银行安全技术问题，完善技术和硬件设施，同时要加强和完善立法。

政策监管

中华人民共和国电子签名法

（2004年8月28日第十届全国人民代表大会常务委员会第十一次会议通过　根据2015年4月24日第十二届全国人民代表大会常务委员会第十四次会议《关于修改〈中华人民共和国电力法〉等六部法律的决定》第一次修正　根据2019年4月23日第十三届全国人民代表大会常务委员会第十次会议《关于修改〈中华人民共和国建筑法〉等八部法律的决定》第二次修正）

第一章　总则

第一条　为了规范电子签名行为，确立电子签名的法律效力，维护有关各方的合法权益，制定本法。

第二条　本法所称电子签名，是指数据电文中以电子形式所含、所附用于识别签名人身份并表明签名人认可其中内容的数据。

本法所称数据电文，是指以电子、光学、磁或者类似手段生成、发送、接收或者储存的信息。

第三条　民事活动中的合同或者其他文件、单证等文书，当事人可以约定使用或者不使用电子签名、数据电文。

当事人约定使用电子签名、数据电文的文书，不得仅因为其采用电子签名、数据电文的形式而否定其法律效力。

前款规定不适用下列文书：

（一）涉及婚姻、收养、继承等人身关系的；

（二）涉及停止供水、供热、供气等公用事业服务的；

（三）法律、行政法规规定的不适用电子文书的其他情形。

第二章　数据电文

第四条　能够有形地表现所载内容，并可以随时调取查用的数据电文，视为符合法律、法规要求的书面形式。

第五条　符合下列条件的数据电文，视为满足法律、法规规定的原件形式要求：

（一）能够有效地表现所载内容并可供随时调取查用；

（二）能够可靠地保证自最终形成时起，内容保持完整、未被更改。但是，在数据电文上增加背书以及数据交换、储存和显示过程中发生的形式变化不影响数据电文的完整性。

第六条　符合下列条件的数据电文，视为满足法律、法规规定的文件保存要求：

（一）能够有效地表现所载内容并可供随时调取查用；

（二）数据电文的格式与其生成、发送或者接收时的格式相同，或者格式不相同但是能够准确表现原来生成、发送或者接收的内容；

（三）能够识别数据电文的发件人、收件人以及发送、接收的时间。

第七条　数据电文不得仅因为其是以电子、光学、磁或者类似手段生成、发送、接收或者储存的而被拒绝作为证据使用。

第八条 审查数据电文作为证据的真实性，应当考虑以下因素：

（一）生成、储存或者传递数据电文方法的可靠性；

（二）保持内容完整性方法的可靠性；

（三）用以鉴别发件人方法的可靠性；

（四）其他相关因素。

第九条 数据电文有下列情形之一的，视为发件人发送：

（一）经发件人授权发送的；

（二）发件人的信息系统自动发送的；

（三）收件人按照发件人认可的方法对数据电文进行验证后结果相符的。

当事人对前款规定的事项另有约定的，从其约定。

第十条 法律、行政法规规定或者当事人约定数据电文需要确认收讫的，应当确认收讫。发件人收到收件人的收讫确认时，数据电文视为已经收到。

第十一条 数据电文进入发件人控制之外的某个信息系统的时间，视为该数据电文的发送时间。

收件人指定特定系统接收数据电文的，数据电文进入该特定系统的时间，视为该数据电文的接收时间；未指定特定系统的，数据电文进入收件人的任何系统的首次时间，视为该数据电文的接收时间。

当事人对数据电文的发送时间、接收时间另有约定的，从其约定。

第十二条 发件人的主营业地为数据电文的发送地点，收件人的主营业地为数据电文的接收地点。没有主营业地的，其经常居住地为发送或者接收地点。

当事人对数据电文的发送地点、接收地点另有约定的，从其约定。

第三章 电子签名与认证

第十三条 电子签名同时符合下列条件的，视为可靠的电子签名：

（一）电子签名制作数据用于电子签名时，属于电子签名人专有；

（二）签署时电子签名制作数据仅由电子签名人控制；

（三）签署后对电子签名的任何改动能够被发现；

（四）签署后对数据电文内容和形式的任何改动能够被发现。

当事人也可以选择使用符合其约定的可靠条件的电子签名。

第十四条 可靠的电子签名与手写签名或者盖章具有同等的法律效力。

第十五条 电子签名人应当妥善保管电子签名制作数据。电子签名人知悉电子签名制作数据已经失密或者可能已经失密时，应当及时告知有关各方，并终止使用该电子签名制作数据。

第十六条 电子签名需要第三方认证的，由依法设立的电子认证服务提供者提供认证服务。

第十七条 提供电子认证服务，应当具备下列条件：

（一）取得企业法人资格；

（二）具有与提供电子认证服务相适应的专业技术人员和管理人员；

（三）具有与提供电子认证服务相适应的资金和经营场所；

（四）具有符合国家安全标准的技术和设备；

（五）具有国家密码管理机构同意使用密码的证明文件；

（六）法律、行政法规规定的其他条件。

第十八条 从事电子认证服务，应当向国务院信息产业主管部门提出申请，并提交符合本法第十七条规定条件的相关材料。国务院信息产业主管部门接到申请后经依法审查，征求国务院商务主管部门等有关部门的意见后，自接到申请之日起四十五日内作出许可或者不予许可的决定。予以许可的，颁发电子认证许可证书；不予许可的，应当书面通知申请人并告知理由。

取得认证资格的电子认证服务提供者，应当按照国务院信息产业主管部门的规定在互联网上公布其名称、许可证号等信息。

第十九条 电子认证服务提供者应当制定、公布符合国家有关规定的电子认证业务规则，并向国务院信息产业主管部门备案。

电子认证业务规则应当包括责任范围、作业操作规范、信息安全保障措施等事项。

第二十条 电子签名人向电子认证服务提供者申请电子签名认证证书，应当提供真实、完整和准确的信息。

电子认证服务提供者收到电子签名认证证书申请后，应当对申请人的身份进行查验，并对有关材料进行审查。

第二十一条 电子认证服务提供者签发的电子签名认证证书应当准确无误，并应当载明下列内容：

（一）电子认证服务提供者名称；

（二）证书持有人名称；

（三）证书序列号；

（四）证书有效期；

（五）证书持有人的电子签名验证数据；

（六）电子认证服务提供者的电子签名；

（七）国务院信息产业主管部门规定的其他内容。

第二十二条 电子认证服务提供者应当保证电子签名认证证书内容在有效期内完整、准确，并保证电子签名依赖方能够证实或者了解电子签名认证证书所载内容及其他有关事项。

第二十三条 电子认证服务提供者拟暂停或者终止电子认证服务的，应当在暂停或者终止服务九十日前，就业务承接及其他有关事项通知有关各方。

电子认证服务提供者拟暂停或者终止电子认证服务的，应当在暂停或者终止服务六十日前向国务院信息产业主管部门报告，并与其他电子认证服务提供者就业务承接进行协商，作出妥善安排。

电子认证服务提供者未能就业务承接事项与其他电子认证服务提供者达成协议的，应当申请国务院信息产业主管部门安排其他电子认证服务提供者承接其业务。

电子认证服务提供者被依法吊销电子认证许可证书的，其业务承接事项的处理按照国务院信息产业主管部门的规定执行。

第二十四条 电子认证服务提供者应当妥善保存与认证相关的信息，信息保存期限至少为电子签名认证证书失效后五年。

第二十五条 国务院信息产业主管部门依照本法制定电子认证服务业的具体管理办法，对电子认证服务提供者依法实施监督管理。

第二十六条 经国务院信息产业主管部门根据有关协议或者对等原则核准后，中华人民共和国境外的电子认证服务提供者在境外签发的电子签名认证证书与依照本法设立的电子认证服务提供者签发的电子签名认证证书具有同等的法律效力。

第四章　法律责任

第二十七条 电子签名人知悉电子签名制作数据已经失密或者可能已经失密未及时告知有关各方、并终止使用电子签名制作数据，未向电子认证服务提供者提供真实、完整和准确的信息，或者有其他过错，给电子签名依赖方、电子认证服务提供者造成损失的，承担赔偿责任。

第二十八条 电子签名人或者电子签名依赖方因依据电子认证服务提供者提供的电子签名认证服务从事民事活动遭受损失，电子认证服务提供者不能证明自己无过错的，承担赔偿责任。

第二十九条 未经许可提供电子认证服务的，由国务院信息产业主管部门责令停止违法行为；有违法所得的，没收违法所得；违法所得三十万元以上的，处违法所得一倍以上三倍以下的罚款；没有违法所得或者违法所得不足三十万元的，处十万元以上三十万元以下的罚款。

第三十条 电子认证服务提供者暂停或者终止电子认证服务，未在暂停或者终止服务六十日前向国务院信息产业主管部门报告的，由国务院信息产业主管部门对其直接负责的主管人员处一万元以上五万元以下的罚款。

第三十一条 电子认证服务提供者不遵守认证业务规则、未妥善保存与认证相关的信息，或者有其他违法行为的，由国务院信息产业主管部门责令限期改正；逾期未改正的，吊销电子认证许可证书，其直接负责的主管人员和其他直接责任人员十年内不得从事电子认证服务。吊销电子认证许可证书的，应当予以公告并通知工商行政管理部门。

第三十二条 伪造、冒用、盗用他人的电子签名，构成犯罪的，依法追究刑事责任；给他人造成损失的，依法承担民事责任。

第三十三条 依照本法负责电子认证服务业监督管理工作的部门的工作人员，不依法履行行政许可、监督管理职责的，依法给予行政处分；构成犯罪的，依法追究刑事责任。

第五章　附则

第三十四条 本法中下列用语的含义：

（一）电子签名人，是指持有电子签名制作数据并以本人身份或者以其所代表的人的名义实施电子签名的人；

（二）电子签名依赖方，是指基于对电子签名认证证书或者电子签名的信赖从事有关活动的人；

（三）电子签名认证证书，是指可证实电子签名人与电子签名制作数据有联系的数据电文或者其他电子记录；

（四）电子签名制作数据，是指在电子签名过程中使用的，将电子签名与电子签名人可靠地联系起来的字符、编码等数据；

（五）电子签名验证数据，是指用于验证电子签名的数据，包括代码、口令、算法或者公钥等。

第三十五条 国务院或者国务院规定的部门可以依据本法制定政务活动和其他社会活动中使用电子签名、数据电文的具体办法。

第三十六条 本法自 2005 年 4 月 1 日起施行。

项目 5
互联网消费金融

❑ 学习目标

通过学习使学生掌握互联网消费金融的含义及特点，了解互联网消费金融的界定；区分传统消费金融与互联网消费金融；掌握互联网金融的模式及互联网消费金融的发展趋势。

❑ 思政目标

树立正确的消费观与投资观。

树立风险意识且具备抗风险能力。

❑ 案例导学

度小满率先获得消费金融牌照　剑指 2020 年 45 万亿市场爆发

这是一次有备而来的“弯道超车”。

5 月 16 日，距离度小满金融品牌一周年还剩 4 天，百度“AI 的第一个毕业生”度小满金融与哈尔滨银行宣布战略合作，度小满入股哈尔滨银行旗下的哈尔滨哈银消费金融公司（以下简称“哈银消金”）30% 股权，交易完成后，度小满将成为它的第二大股东。监管机构同日核准了该合作。

事实上，这也是互联网巨头在金融领域的巨大突破，是百度在金融方面率先攻下一城的标志性事件，腾讯金融、蚂蚁金服目前均未获得消金牌照。

国家金融与发展实验室投融资研究中心主任黄国平认为，“金融科技 + 消费金融”的想象空间很大，这个场景已经成为各大金融科技竞相追逐的“蓝海”，金融科技公司和消费金融公司之间的竞与合也备受市场瞩目。

中国人民大学重阳金融研究院副院长董希淼则指出，消费金融公司是我国消费金融的主要供给主体之一，在消费金融市场中发挥着重要作用。度小满金融战略投资哈尔滨哈银消费金融公司，成为哈银消金的第二大股东，对消费金融市场完善和发展具有积极意义。

度小满抢到先机

1997 年成立的哈尔滨银行（以下简称“哈行”）是城商行中的佼佼者——截至 2018 年年底，哈尔滨银行（集团）拥有营业机构 368 家，分支机构遍布全国七大行政区。2014 年 3 月，哈尔滨银行在香港联合交易所主板成功上市（股票代号：06138.HK），是中国第三家登陆香港资本市场的城市商业银行，也是中国东北地区第一家上市的商业银行。

而哈行也是最具“消费金融”敏感性的银行之一。早在 2016 年 11 月，哈尔滨银行就作为主要发起人，成立了银行系消费金融公司“哈尔滨哈银消费金融有限责任公司”（以下简称“哈银消金”）——这是经中国银保监会批准的全国第 19 家开业的持牌消费金融公司。（据笔者所知，到目前为止，已开业的消金牌照持牌公司一共也就 23 家）

此次哈银消金与度小满的联手，形成了“双剑合璧”，可以率先抢占消费金融的大盘子。

这个市场的盘子有多大?

从前瞻产业研究院发布的《2017—2022 年中国消费金融行业市场前瞻与投资战略规划分析报告》来看，中国消费信贷市场是从 2012 年开始启动的。到了 2016 年，中国人民币信贷余额已经达到 106.6 万亿元，其中，消费信贷余额为 22.2 万亿元，占人民币信贷余额的 20% 左右。相比之下，欧美居民的消费信贷则占国家信贷比例超过 60%，是中国的 3 倍。

根据当年的推算，预计到 2020 年中国的消费信贷占比将达到 25%。若未来四年内人民币信贷余额保持 13%～14% 的增速，则预计到 2020 年消费信贷总市场规模将达到 45 万亿元，年复合增长率约为 18%——消费金融的市场空间显然是极为广阔的。

是的，消费金融在中国的发展其实受到了多重利好的推动：政策红利、居民收入增长、消费观念转变及金融科技大数据、AI 等技术的爆发性增长。

在这样的大背景下，度小满和哈银已经抢到了先机。

度小满的消金布局

事实上，度小满能够在 BAT 等众多巨头中率先获得消金牌照，与度小满自身的各种优势分不开。首先，度小满的金融科技能力，必是受到哈银、哈银消金及监管层认可的。到目前为止，度小满金融利用 AI 技术在金融领域里广泛布局，不仅拥有覆盖金融业务全流程的 AI Fintech 解决方案，构建了包括智能获客、大数据风控、身份识别、智能投顾、智能机器人等多项核心能力，而且还打造了云帆消费金融开放平台及磐石一站式风控平台——说白了，度小满的技术既可以用在自己的产品设计里，又可以作为风控技术进行输出。

其次，投资哈银消金之后，两者在业务上可以协作：打通线上线下，互补短长。

哈银消金的两大股东，分别输入传统金融机构及金融科技公司的优秀基因。哈尔滨银行的零售业务经验、人才、风控实操等注入哈银消金；度小满则可以将自己的金融科技能力输出给哈银消金。

据悉，度小满所建立的数据信用模型和传统的央行征信数据之间形成了很好的增补效果，可将风险区分度提升 15%。多头监控系统，可提前 1 个月准确预警风险；行业监控和区域监控模型，可以动态监测不同地域和不同行业的信用水平变化，有效防止过度共债。

除了风控技术外，还有智能获客等环节，度小满也很“猛”——注意，度小满并不是为了业绩而尽量多地去做获客，而是在一个超过3亿多可授信用户的数据库里，非常“挑剔”地去挖掘那些“优质”客户。

再例如度小满的云帆2.0，在智能获客上很有一手：通过“响应模型”+“授信预估模型”+“looklike”+“用户画像”四位一体来进行智能获客，据说获客转化率提升了20倍；为金融机构提高的用户留存率高达180%。所有这些金融科技能力、大数据资源、技术和经验，都是目前行业领先的，双方可以优势互补。

需要强调的是，在此次成功入股哈银之后，度小满将收获近半年第二张金融牌照，2018年11月26日，度小满正式获得基金销售牌照。拥有了小贷牌照、消费金融牌照，加上强大金融科技能力的加持，度小满已经率先抢占优势行业和场景。

换句话说，此刻的度小满左手两张牌照（消费金融牌照和小贷牌照），右手是技术和数据——已经可以在消费金融市场上依仗先发优势开始跑马圈地：度小满的牌照和科技能力结合在一起后，就意味着度小满打通了消费金融的全部链条。

度小满可以将金融科技能力与牌照的先发优势充分结合，探索出可以适应更多场景的金融产品。资料显示，截至目前，度小满金融累计放贷总额超过3 500亿元，为50多家银行业合作伙伴创造了近100亿元的利息收入。

（撰稿：杨阳）

资料来源：https://www.sohu.com/a/314880407_116611（2019-05-18）

消费已成为中国经济主要发展动力之一，进一步激活消费金融的重要性也不断上升，蕴含70万亿元的蓝海市场，一大批银行、证券、基金、保险、小贷、担保、电商、零售、房地产、旅游等产业纷纷涉足。以消费金融引导消费和普惠金融升级，以供给创新创造消费需求，不仅将进一步刺激居民消费，扩大内需，更好满足居民消费需求，还可拉动产业转型升级，也成为供给侧结构性改革的核心要素。

5.1　消费金融的定义与特点

5.1.1　消费金融的定义

消费金融广义可理解为与消费相关的所有金融活动，狭义可理解为为了满足居民对最终商品和服务消费需求而提供的金融服务。

消费金融是指金融机构通过信贷服务方式，为消费者供消费信贷资金，满足其消费意愿，以达到刺激消费需要，扩大消费市场，促进消费经济增长的现代化金融服务方式。简而言之，消费金融指金融机构向不同需求层次消费者提供消费信贷，满足其消费意愿的现代金融服务方式。广义的消费金融包括住房贷款、汽车消费贷款、耐用品消费贷款和旅游贷款等一般性消费贷款，狭义的消费金融不包括住房贷款和汽车消费贷款，主要是耐用品消费贷款和旅游贷款等一般性消费贷款。

金融机构与消费者是消费金融的两大参与主体。金融机构作为消费贷款、消费信贷产品或服务的提供者，在消费金融活动中扮演着供给方的角色。银行是消费金融服务的主要提供商，2010 年以来专门成立的消费金融公司及快速发展的小额贷款公司丰富了消费金融服务的提供商，2014 年电商平台等互联网公司及 P2P 网贷的加入，在一定程度上改变着消费金融行业的发展格局。消费者作为消费金融的另一参与主体，是消费金融产品和服务的直接使用者，也是最终消费者，在消费金融活动中居于主体性地位。

5.1.2 消费金融的特点

总体来看，消费金融有两个显著特点：第一，贷款申请者是个人或者家庭，不是具有生产性的企业法人、具有公益性的社会团体或者是具有宏观性的政府组织等机构；第二，消费金融提供的各种贷款用于满足消费者消费目的，不是用于消费者进行个人投资、经营等。具有超前消费需要的家庭、个人，根据自己的需要向提供消费金融服务的机构申请贷款，消费金融提供者对申请者的财务状况、信用能力进行调查评估后，做出信贷决策。得到消费金融贷款的个人或家庭，可以用此贷款购买耐用消费品如房屋、汽车、家用电器等，也可以支付家庭旅游、子女教育、婚房装修等个人或家庭一般性支出。

5.2 互联网金融的发展历程

5.2.1 起步阶段和政策红利带来的大发展

2007—2010 年消费金融公司开始起步。2009 年银保监会（银监会）首次出台文件，对消费金融公司出资人也即股东进行了限制。此外，还明确注册资本应为一次性实缴，不低于 3 亿元人民币或等值的可自由兑换货币。由于对股东资质较为严苛，2010 年成立的首批 3 家试点消费金融公司，均由中资银行或者外资信贷机构（Home Credit）控股。

2013—2017 年，消费金融公司迎来政策红利大发展。2013 年，消费金融公司试点扩大为 16 个城市，同时限制了消费金融公司的经营范围和监管指标。2015 年，消费金融公司试点扩展至全国，审批权限下放至省级部门。2015—2016 年，又分别出台了《推进普惠金融发展规划（2016—2020 年）》《中国人民银行银监会关于加大对新消费领域金融支持的指导意见》《关于进一步扩大和升级信息消费持续释放内需潜力的指导意见》以鼓励消费金融的发展。2015—2017 年是消费金融公司成立的高峰期，3 年间新成立了 16 家消费金融公司。具体见图 5-1。

图 5-1　互联网消费金融在中国的发展轨迹

5.2.2　政策趋严利于规范消费金融行业发展

5.2.2.1 消费金融公司监管趋严，牌照价值凸显

尽管 2017 年有鼓励消费金融的政策出台，比如《关于进一步扩大和升级信息消费持续释放内需潜力的指导意见》，但宏观环境开始“去杠杆”，行业中整顿 P2P 平台网贷、现金贷业务，其成交额和平台数量都大幅减少。2019 年监管密集出台保护消费者权益（信息、收费）等文件，同时也对消费金融公司监管指标、信用评级做出了规定。2018—2019 年每年仅有一家消费金融公司成立。2020 年新成立 3 家消费金融公司，其中一家由银行控股，虽然边际放松，但一般认为整体来看仍面临较为严格的监管，牌照成为准入壁垒。

5.2.2.2 近期严限贷款投向，回归消费本源

之前消费贷、经营贷流入房市、股市的情况频频发生，近期地方政策均要求银行加强对资金流向的监控。2019 年，浙江银保监局要求银行机构加强个人消费贷款用途管控；北京银保监局要求辖内商业银行加强对信用卡大额透支和现金分期业务的资金流向进行监控，确保个人信用卡透支不得用于生产经营、购房和投资等非消费领域，这有利于消费贷款回归消费本源。

5.3　互联网消费金融的界定、产业链、特点与优势

5.3.1　互联网消费金融的界定

互联网消费金融是“互联网 + 消费金融”的新型金融服务方式。互联网消费金融是指银行、消费金融公司或互联网企业等市场主体出资成立的非存款性借贷公司，以互联网技术和信息通信技术为工

具，以满足个人或家庭对除房屋和汽车之外的其他商品和服务消费需求为目的，向其出借资金并分期偿还的信用活动。

在我国，互联网消费金融有着特定的经营服务范围。《关于促进互联网金融健康发展的指导意见》（银发〔2015〕221号，以下简称《指导意见》）将互联网金融业态分为互联网支付、网络借贷、股权众筹融资、互联网基金销售、互联网保险、互联网信托和互联网消费金融七大类。其中，互联网支付、网络借贷和互联网消费金融属于广义消费金融范畴。但是从《指导意见》表述看，我国对互联网消费金融采取了相对严格的界定：一是互联网消费金融不包括互联网支付内容，两者分别属于银监会和人民银行监管；二是互联网消费金融不包括网络借贷，特别是P2P网络借贷；三是互联网消费金融业务缩小化。

互联网的发展为消费金融的发展注入了新的活力，互联网消费金融是指通过互联网来向个人或家庭提供与消费相关的支付、储蓄、理财、信贷及风险管理等金融活动。

5.3.2 互联网消费金融的产业链

完整的互联网消费金融产业链包括上游的资金供给方、消费金融核心圈及下游的催收方或坏账收购方，其中消费金融核心圈包括消费金融服务提供商、零售商、消费者和征信/评级机构四部分。

上游的资金供给方包括消费金融服务商的股东、消费金融服务商的资产受让方、P2P网贷平台投资人等。消费金融服务提供商包括银行、互联网消费金融公司、大学生消费分期平台、提供消费分期服务的电商平台、P2P网贷平台等。零售商是广义的，包括各种消费品和服务的经销商。下游的催收方是专业的催收公司，坏账收购方是专门收购坏账的金融机构。

其中，消费金融核心圈分为消费者支付和消费金融服务提供商支付两大模式，第三方独立征信与评级在现阶段缺失，消费金融服务提供商风险控制成本较高。

消费者支付模式是消费金融服务提供商先给消费者发放贷款，消费者在消费时自行支付给零售商，这种模式的产品主要有信用卡和综合性消费贷款，对于综合性消费贷款，消费金融服务提供商难以控制消费者的资金流向。

消费金融服务提供商支付模式是消费者在进行相应消费时，消费金融服务提供商直接向零售商支付，这一模式可以保证专款专用，但需要消费金融服务提供商拓展更多合作商户。

在消费金融核心圈中，第三方征信与评级是消费金融服务提供商业风险控制的关键环节，但目前国内信用体系建设滞后，个人征信与信用评级体系现阶段仍处于缺位状态。

5.3.3 互联网消费金融的特点

① 在依托场景方面，常常与各类商品、服务提供商进行合作，在大数据征信层面也常常会有征信公司进行全程参与。

② 在资金端方面，有些以自有资金或小贷公司的资金进行放贷，还有些通过 P2P 等理财平台进行融资后再进行放贷。

③ 在支付方式方面，常常与第三方支付平台进行合作，通过其来进行放贷或资金回款，极大地提高了资金的流动效率。

④ 在具体支付对象方面，有的是直接将款项支付给消费者，有的是直接支付给产品、服务提供商。

5.3.4 互联网消费金融的优势

5.3.4.1 政策方面

众所周知，我国在亚洲金融危机时正式提出发展消费金融，中国人民银行在 1998 年和 1999 年相继放开了个人住房贷款和汽车消费贷款的政策，以促进以商业银行为主导的金融机构开展消费金融业务。发展消费金融对扩大内需、促进消费、促进经济结构合理化发展具有重要意义。同时，在 2016 年“两会”期间，政府工作报告中也提出“要在全国开展消费金融公司试点，鼓励金融机构创新消费信贷产品”，消费金融成为热点词汇。2016 年 3 月，中国人民银行、银监会联合印发《关于加大对新消费领域金融支持的指导意见》，政策利好成为推动行业发展的重要力量。

5.3.4.2 技术优势

互联网消费金融与传统消费金融的不同之处在于，互联网消费金融利用了互联网技术的优势，打造“线上互联网 + 线下实体”的运行模式。从事互联网消费金融的机构在资金来源上有一定的优势，通过探索信用消费 + 场景布局，进而打造一个全新的“互联网 +”样本，通过场景的建立，增强客户黏性，不断扩张消费金融市场，实现盈利。随着云计算的普及，大数据挖掘的成本大幅度降低，可以利用大数据技术精确地进行市场细分、选定目标客户、评估客户信用等级，从而降低资金配置风险，提升风险管理能力。

5.3.4.3 市场需求

随着我国居民生活水平的逐渐提高，消费需求也更加旺盛，“80 后”“90 后”超前消费意识逐渐增强，接受新型金融产品的能力也较强，因此使用消费信贷手段来缓解预算不足的观念逐渐深入。在居民消费观念日益成熟的背景下，发展消费金融已经具备相应的社会基础。而作为解决资金问题之一的消费金融系统必将迎来发展商机，有效帮助企业迅速开拓消费市场，推动消费金融业务发展，实现业务模式的“互联网 +”转型。金融系统通过规则引擎、工作流引擎、自动征信、商家加盟的方式，实现借款业务的快速审批、智能风控、借款流程自定义等功能，满足消费金融公司快速、高效、便捷的借款业务需求。

5.4 互联网消费金融的分类与模式

5.4.1 互联网消费金融的分类

5.4.1.1 按主体划分

（1）商业银行

目前的消费金融市场以房贷、车贷、信用卡为主，传统商业银行仍然占据着绝对的霸主地位。不过面临互联网金融的冲击，传统银行也在设法应对，积极布局互联网消费金融。

（2）消费金融公司

消费金融公司的兴起正好赶上互联网时代，在产品设计、交易系统和风控技术等方面可以直接实现“互联网 +”的跨越。相对于传统银行的个人消费信贷业务，消费金融公司在组织架构的灵活性、信贷审批效率等方面也更具优势。目前一些互联网化程度比较高的消费金融公司已经直接实现了小额支付信用贷款申请的全程线上化，如兴业消费金融的“网络贷”，以及招联金融的“零零花”等。

（3）电商平台

电商平台的消费金融产品，比如蚂蚁金服的花呗、京东金融的京东白条、苏宁金融的任性付等，是我们比较熟悉的。电商平台借助于用户流量和互联网消费场景优势，短期内实现了爆发式增长。除此之外，电商平台经过多年发展积累了大量的用户信息和交易数据，为其进行大数据风控提供了条件。例如阿里推出的芝麻信用，京东推出的白热度等信用评估产品，这也是电商消费金融服务能够迅速增长的重要基础。

（4）互联网消费金融平台

这一类别包括众多的创业公司，例如 P2P 网贷平台、第三方助贷平台等居间服务平台，也包括网络小贷、商业保理等类金融机构平台等，这类平台大多侧重于一些垂直领域或细分人群。

对比分析如下：

第一，商业银行的优势在于资金成本较低，实力雄厚，能提供利率较低、额度较大的消费金融产品。同时，商业银行拥有丰富的金融资源，还能围绕用户提供除消费信贷之外的其他多种多样的金融服务。其主要问题在于服务门槛较高，大量无资产、信用水平较低或者缺乏信用记录的人群则无法覆盖，造成服务人群的断层。并且授信、定价、风控等仍然主要围绕用户综合信用水平展开，与消费场景结合的紧密度及产品的精细化程度不高。

第二，消费金融公司的优势主要在于两个大的方面：一是牌照优势；二是股东资源优势。相对于银行来说，消费金融公司不吸收存款，在经营限制上相对宽松一些。因此，消费金融公司的消费信贷产品一般较银行申请手续简单，审批时间更短，用户门槛也有所降低。

第三，电商平台的优势有三点：一是可以利用既有用户数据解决部分用户的征信问题，基于自有场景生态能够更好地控制资金流向以及用户状态，管理信用风险；二是可以低成本大规模快速获取客户；三是消费金融产品与消费场景可以无缝融合，用户体验更好。

第四，互联网消费金融平台体量小，往往更加灵活、决策效率更高、调整更快，对新的技术、模式接受程度更高，并且更加注重产品创新。这类机构特点决定了其通常专注于某个垂直细分领域，做深做透并达到一定业务规模和品牌影响力后，再逐步进行产品业务的扩展。

5.4.1.2 按产品业务划分

（1）非特定用途类

比较典型的是银行、消费金融公司、互联网金融平台等发放的现金消费贷款，不限定特定的消费用途。

（2）半特定用途类

比较典型的是电商平台或部分消费金融公司推出的代付类消费金融产品，例如京东白条、蚂蚁花呗、苏宁任性付等，不过许多大的电商平台商品品类较为丰富，消费用途限定的意义并不明显；还有些只为某一类人提供金融产品和服务的消费金融平台。值得一提的是，不同人群在同一消费场景中可能呈现出不同的风险特征。

（3）特定用途类

消费金融公司或互联网金融平台提供的垂直类消费金融产品，有特定消费场景和用途，不能用作其他消费品类，例如特定为装修用途、教育用途、租房用途、旅游用途等。

对比分析如下：

从特定、半特定到非特定类消费信贷产品，由于资金用途范围逐步扩大，信贷风险也逐级上升，同时风控难度相应增加。特别是现金类消费贷款，由于贷款用途很难限定，借款人极有可能隐瞒真实借款用途从而掩盖贷款实际面临的风险。同时，非特定类产品也面临更大的欺诈风险，特别是对于互联网消费金融产品来说更是如此。因此，为了控制信贷风险，非特定和半特定类消费信贷产品的授信、定价、风控等基本都是围绕借款人的信用水平进行的，与具体的消费场景结合得并不十分紧密，在差异化定价、个性化服务等方面有所不足。

而特定类消费信贷产品由于资金用途单一且特定，因此能够充分结合借款人、消费场景等因素，进行差异化的授信、定价、风控等，也能结合具体场景进行个性化的设计从而提供更好的用户体验。不过反过来看，特定类消费信贷产品的标准化程度较低，通常只能适用于单一场景，无法在不同场景之间进行批量复制。半特定类消费信贷产品一般在某一范围内（例如某个电商平台）都能适用，标准化程度相对较高。非特定类消费信贷产品资金用途最为广泛，同时也是标准化程度最高的产品，几乎能适用于任何消费场景，可以迅速进行批量复制推广。

5.4.2 互联网消费金融的模式

2015 年互联网消费金融业务快速增长，不同参与主体从不同的角度切入消费金融服务，形成了不同的业务模式。

5.4.2.1 电商平台消费金融模式

2014 年京东商城和天猫商城两大电商平台陆续推出消费分期服务，京东白条与天猫分期是两类不同的模式，京东白条不仅针对自营商品，同时适用于联营的实物商品，天猫分期是针对平台上开通分期购物的商家商品。

（1）天猫消费金融模式

①天猫商家需要开通分期购物服务；

②天猫商家确定可以分期购物的具体商品；

③天猫商城（蚂蚁微贷）根据注册消费者历史交易数据对其进行投信；

④消费者在商家选择分期购物商品；

⑤蚂蚁微贷向商家支付货款；

⑥消费者通过支付宝进行还款。

天猫模式对消费者的授信是基于淘宝历史交易数据，未获得授信的消费者及授信额度不足以覆盖商品价格的部分，需要在消费者的余额宝中冻结相应数额的资金。

天猫消费分期模式（蚂蚁微贷）的主要收益来自于天猫商家及消费者支付的手续费。消费者信用风险是天猫分期的主要风险，蚂蚁微贷是主要风险承担者。天猫商城建立起的商家评价体系，对天猫商家具有较大的约束作用，但由于天猫分期目前并没有对接央行的征信系统，对消费者的约束作用相对较小，选择优质消费者及对消费者的授信就是天猫分期风险控制的关键。

（2）京东白条模式

①京东根据消费者在京东的历史交易数据对其进行授信，授信额度在 6 000~15 000 元；

②消费者到京东商城进行消费；

③如果消费者选购京东自营商品，支付环节在京东内部完成，如果消费者选购第三方卖家的联营商品，由京东将货款先行支付给第三方卖家；

④京东或第三方卖家向消费者发货；

⑤消费者按约定向京东还款。

京东白条模式的收益来自于消费者分期付款的手续费，京东白条服务有助于销售规模的提升，可以带来额外的利润。消费者信用风险是主要风险，京东是实际风险承担者。通过消费者交易数据对其授信是京东白条风险控制的关键。

5.4.2.2 P2P 网贷消费金融模式

P2P 网贷消费金融是 2013 年互联网消费金融的主要形式，2014 年电商平台等新兴力量改变了这一局面，但 P2P 网贷消费金融仍是互联网消费金融的重要形式。P2P 消费金融模式以 P2P 平台为中心，连接消费者（借款人）和投资人。消费者通过 P2P 平台获得投资人的资金之后，再去购买产品或服务。

P2P 消费金融的具体模式为：

①消费者（借款人）通过 P2P 平台提出借款申请；

② P2P 平台根据消费者提供的资料对其进行信用审查，将通过 P2P 审核的借款信息在 P2P 平台上发布；

③投资人对 P2P 平台上发布的项目进行投资；

④ P2P 平台在相应的项目募资完成后，向借款人打款；

⑤消费者收到借款资金后进行消费；

⑥消费者根据约定定期通过 P2P 平台还本付息，将约定的还款金额打到 P2P 平台；

⑦ P2P 平台收到借款人的回款后将资金返还给投资人。

P2P 平台的具体经营模式可能存在一定的差异，例如有些平台先向消费者放款，再将债权转让给投资人，但 P2P 网贷消费金融模式的风险特征基本一致。消费者信用风险是 P2P 网贷消费金融模式的基础性风险，P2P 平台的经营风险是网贷消费金融模式的核心风险，P2P 平台和投资人都是风险的主要承担者。

5.5 互联网消费金融与传统消费金融的比较

互联网消费金融与传统消费金融主要区别有：客户获取成本低、产品设计更加场景化、风险管控更加技术化。

5.5.1 客户获取成本低

传统消费金融机构主要通过地毯式推广、上门推销的方式开展，而互联网消费金融主要运用大数据技术和海量的用户数据进行主动授信和推送，通过营销活动能够使存量用户迅速转化为有效的金融客户。

5.5.2 产品设计更加场景化

传统消费金融需要我们到银行申请贷款，要频繁往返网点进行签约、提现，而互联网消费金融是以无形的方式嵌入消费场景中，申请更便捷，使用起来更方便，在购物和支付行为中让人体会不到申请贷款的难度和困扰。

5.5.3 风险管控更加技术化

互联网消费金融采用大数据技术构建有效的风控模型，同时采用云端反欺诈技术进行风险管理，而传统机构在这方面存在不足。金融产品的销售，尤其是贷款产品的销售不像一般的销售行为，它具有延迟支付的效应，日常的交易是一手交钱、一手交货，钱货两清，不会有遗留问题，而作为金融从业者，钱贷出去后存在着较大的风险。由此可见，风险管控能力直接决定金融业务发展的规模和可持续性。在实践中，一个贷款产品的出现，首先吸引而来的不是大量的优质客户，而是大量的欺诈类客户，甚至形成了完整的产业链，即一些机构或个人专门组织进行贷款产品的套现、欺诈。而互联网消费金融机构由于拥有海量的客户资源，可以主动挑选客户。

5.6 消费金融公司与商业银行和互联网公司经营对比

消费金融公司与商业银行和互联网公司相比，竞争中未见明显优势。消费金融公司相比商业银行资金来源渠道少、用户定位长尾人群、消费贷利率较高，处于劣势；而相比互联网公司，消费金融公司在线上用户流量和获取客户成本方面则缺乏优势。

5.6.1 商业银行资金来源广，利率更低

传统商业银行主要通过信用卡和个人消费贷款参与消费金融业务。消费金融公司与商业银行相比，由于无法吸收公众存款，资金来源渠道窄。消费金融公司的用户多为年轻、低收入、低学历群体，相比商业银行中高收入、有稳定还款能力的客户群，还款保障度较低。2020 年，由于多家商业银行推出优惠利率的个人消费贷款，利率甚至低于个人按揭，一般认为消费金融公司的高利率难以与其竞争。但消费金融公司的贷款期限可按天计算，比商业银行灵活。可以看出，商业银行的消费金融业务发展与消费金融公司的差异较为显著。

5.6.2 互联网公司更具线上流量和获取客户成本优势

互联网公司包括互联网银行、电商平台、支付平台、新兴互联网消费金融平台、P2P 平台，产品类型包括消费分期、现金贷等。消费金融公司资金来源较互联网公司广，除互联网银行可吸收公众存款、资金来源与商业银行类似外，其他平台的融资渠道仅包括自有资金、资产证券化、P2P 投资人资金。消费金融公司与互联网公司的客户群定位类似，均为传统商业银行难以覆盖到的长尾用户，但由于互联网公司以线上业务为主，我们认为其在客户流量和获取客户成本方面相对消费金融公司更有优势。消费贷，消费金融公司利率约 15%、商业银行约 10%、互联网公司为 8%～10%；现金贷，消费金融公

司利率约 20%、商业银行约 15%、互联网公司约 14%~15%。消费金融公司和互联网公司的贷款产品，期限较为灵活。由此看来，互联网公司的消费金融业务发展与消费金融公司更为相近。

扩展阅读 消费金融开启黄金十年 互联网巨头哄抢 28 万亿“蛋糕”

消费金融正在以肉眼可见的速度野蛮生长。以 2016 年为起跑线，中国消费金融行业开启了“黄金十年”赛道。数据显示，2017 年年底，消费金融市场规模在 9 万亿元左右。而有数据预测，到 2022 年市场规模将进一步放大至 28 万亿元。

面对巨大的市场空间，没有人可以不动心。银行、电商、持牌消费金融公司等纷纷进军该领域，上线消费信贷产品。即使是金融业务基础薄弱的互联网流量平台，也开始小试牛刀。

流量平台跑步入场

当前的消费金融市场，除了 BAT（百度、阿里巴巴、腾讯）三巨头之外，TMD（今日头条、美团、滴滴出行）等互联网流量平台们也开始跑步入场。

中国商标网显示，不久前今日头条母公司字节跳动申请了吾先分期、轻果分期、字节付三个商标，这些商标的国际分类中，均含第 36 类商标——包括金融业务和货币业务提供的服务，以及与各种保险契约有关的服务。

从商标名称上看前两者疑似与消费分期业务有关，而后者与第三方支付业务有关。这让外界再度将目光聚焦到今日头条进军消费金融这件事上。

实际上早在 2017 年年初，今日头条就开始在金融领域发力。一位曾经面试过今日头条金融部门的人士称，他了解到的情况是今日头条的金融部门成立于 2017 年 2 月，当时定下的方向包括消费金融、保险、证券，“主要是通过技术输出和海量的用户导流去变现”。

2017 年 8 月中下旬起，今日头条母公司“北京字节跳动科技有限公司”在招聘网站明确发布了与消费金融业务相关的职位，迄今仍在招聘。

从招聘职位来看，今日头条在消费金融领域有意进军汽车贷款业务。全天候科技发现，今日头条目前在北京、南宁、东莞等地区招聘负责车贷业务金融专员，主要负责对办理车贷业务的客户进行协助洽谈，负责对客户汽车分期贷款前期的引导并协助销售顾问收集资料，为客户提供全方位的贷款服务前期工作（分期方式、利率及服务流程等协同讲解）。岗位职责中还明确提到需要“负责客户分期贷款手续办理和现场审核、面签合同等签订环节的服务工作。

瓜分 28 万亿元市场

宏观经济下行之际，消费浪潮反而越来越汹涌。

作为一年当中网络购物的高峰，每年的“双 11”是观察消费情况的绝佳样本。从阿里和京东公布的数据来看：2017 年“双 11”天猫最终交易额 1 682 亿元，京东累计下单超过 1 271 亿元；2018 年双 11，天猫全天交易额首次突破 2 000 亿元，达到 2 135 亿元，京东累计下单金额超过 1 598 亿元。

在数据惊人的背后，消费金融做出了很大贡献。2017 年“双 11”当中，天猫所有交易额中无线成交占比高达 90%，而在手机端来自花呗的交易额占比超过四成，而刷爆京东白条额度的用户比例也高达 38%。

与此相应，电商平台、商家们也极力助推消费金融，鼓动提前消费。蚂蚁金服方面公布的数据表明，2017 年“双 11”，蚂蚁金服将临时提额花呗用户的比例从前一年的六成提升到八成，总提额超过 1 760 亿元，人均提额 2 200 元。2018 年“双 11”期间京东金融方面也宣布累计提额 800 亿元，人均提额 3 126 元。

如今，越来越多的消费者倾向于分期付款，使用范围从单笔金额较高的场景拓展到小额消费领域及线下。据花呗分期业务负责人介绍，消费者选择分期的商品从 3C 数码类扩展到美妆、母婴等女性群体消费品，而且在教育培训、医疗健康领域也增势明显。

年轻人对消费金融的接受度正在日益提高，消费分期正在成为新的流行生活方式。由花呗发布的《2017 年轻人消费生活报告》显示，近 40% 的“90 后”把花呗设为支付宝首选的支付方式，尤其是在购买手机时，76.5% 的年轻用户会选择分期。

另外一项调查结果显示，在购买产品或享受服务而资金不足时，愿意了解分期消费的人占比高达 95.14%，按人群来分 21～30 岁的年轻消费者对分期消费的接受程度最高，达 97.27%。

“现在‘95 后’是敢消费的，中国的‘95 后’有点像美国的‘80 后’”，融 360CEO 叶大清认为，中国的“95 后”要比“80 后”“85 后”敢花钱。

消费金融的迅速发展也离不开政策支持。作为拉动经济的三驾马车之一，在贸易摩擦、投资乏力的情况下，消费被视为拉动经济增长的主要推动力。

根据商务部的统计数据，2018 年上半年，消费对经济增长的贡献达到 78.5%，持续成为“中国经济增长主引擎”。

消费金融过度繁荣隐忧

消费金融在繁荣的同时，问题也随之隐现。

“今年真的是愁了一年。头发白了好多，天天都是还款日，到处弄钱，着了魔”，在某信用卡论坛里一位用户如是说。在这个社区里，在几十个借贷 App 上借贷的“老哥”比比皆是，很多人靠以贷养贷勉强支撑。

对于消费金融的过度借贷、共债问题，监管部门有所警惕，中国互联网金融协会秘书长陆书春表示，互联网消费金融领域存在过度借贷、重复授信及个人信息保护等方面的问题。问题的解决需要监管部门、自律组织和行业机构共同努力。

“一旦面临大面积的个人信用受损，资金出现问题将拖累整个行业甚至金融体系”，某商业银行总行资产管理部人士表示担忧，他认为学生族、新工作人员和民工等群体由于缺乏金融常识和自制力，盲目借贷和多头借贷，可能会成为“多头共债”的主体。

随着银行、持牌金融机构、金融科技公司、P2P 大小巨头入局消费金融，有限的优质客群被瓜分殆尽。后入局者面临客户质量下降问题，不少机构选择进一步下沉到长尾人群——覆盖征信记录缺失或者风险较高的客户，风险成本越来越高，风控难度越来越大。

为了抢夺市场，某些消费金融平台甚至有意放松风控标准。

在上述信用卡社区，有用户反映某流量平台新上线的信用贷款产品审核较宽松，从注册到放款 3 分钟，放款 15 000 元，“以前全是秒拒，这次本来没抱希望，居然过了。”

另一个用户也表示，自己欠了小贷和银行 30 多万元，征信上有几百条小贷记录，信用卡还有逾期呆账，这次随便填写了资料，该平台居然也给了 15 000 元的额度，“不知道是不是放水”。

以韩国、日本等国家的发展历史来看，在金融危机过后，为了刺激经济发展，政府出台政策鼓励消费，对消费金融的监管也放松，消费金融过度繁荣常常会导致严重的金融和社会后果。

台湾曾爆发卡债危机，截至2005年台湾金融机构共发行1.3亿多张金融卡，由于共债现象严重，资产不良率大幅度上升，以卡养卡的情况大量出现。麦肯锡2005年的调查数据显示，台湾过度借贷人口为30万到40万人，其中30%人群的债务为月薪的22~45倍，债务金额远远超出还债能力。

2006年台湾地区金融监管机构发布的《卡债问题报告》称“卡奴”人数为52万人，平均每人背负30万新台币债务，其中提前消费、过度消费是债务形成主要成因之一，资金用途有70%用于奢侈消费，仅30%用于民生消费。

韩国和日本的情况也类似。1997年，亚洲金融危机爆发后，韩国政府制定了一系列促进消费金融发展的政策。

据第一财经报道，2002年至2004年在韩国金融史上被称为“信用卡大乱”。2003年，韩国民众人均信用卡持有量达到4张，人均信用卡债务达到2 000美元。韩国银行的统计数据显示：2003年底，韩国信用不良者数量超过370万人，占当时经济活动人口的18%。

由于资产质量下降，坏账率高速增加，日本、韩国无一例外都出现暴力催收的问题。暴力催收的方法包括对借贷人及亲朋进行电话骚扰、频繁上门催债，甚至要求债务人“卖器官”偿还债务。

因借款用户陷入债务危机走投无路，自杀、抢劫、贩毒等极端事件频繁出现。据媒体报道，2000年日本国内因经济因素自杀的人数增至近9 000人，约占自杀总人数的30%。

看回国内，目前消费金融带来的不良现象也不容小觑。21聚投诉显示，最近一个季度投诉量排名榜前十名中，互联网金融公司占据九席，基本上都和网贷或者消费金融问题有关。

值得注意的是，用户投诉的理由大多集中在高利贷、变相收取利息、暴力催收等方面，其中涉事平台包括不少知名的互联网金融平台。

从日韩经验来看，消费金融过度发展之后，必定会带来政策对行业的严厉治理，以及整个行业的洗牌。

资料显示，日本自2005年起陆续出台《贷金业法》、《利息限制法》和《出资法》，规定消费金融公司年化利率不得高于15%，且需要将以往超出部分退还给借款人，贷款额度不得超过借款人年收入的三分之一。

这导致众多消费金融机构破产倒闭，尤其是实业背景的消费金融公司数量急剧减少，2010年日本最大的消费金融公司武富士申请破产。银行和财团背景的消费金融公司逐渐成为市场主力。

对中国而言，众多互联网公司进军消费金融领域是否会重蹈他国覆辙目前尚难以定论。但是团购行业、P2P行业的教训还历历在目，至于它们未来走向何处，唯有时间才能给出答案。

资料来源：https://www.cnbeta.com/articles/tech/803005.htm 全天候科技（2018-12-28）

作者：张吉龙

实训操作

王先生，性别：男，出生年月：1980 年 10 月，职业：机关事业单位，家庭月收入：12 000 元，妻子的职业为护士，家庭存款为 3 万元，居住在二线城市，目前每个月支出房贷 4 000 元，家中有一个 10 岁的女儿读小学。近期，王先生的家人生病急需 40 万元的医药费，在借遍亲朋好友的情况下，王先生还差 10 万元。在这种情况下，王先生想到了网上借款。请你针对王先生的情况，调研各大借款平台 / 渠道，为王先生选择最划算、最合适的借款平台 / 渠道。

项目总结

（1）互联网消费金融从本质上讲其实就是网络贷款，是指具有相关资质的互联网金融企业在大数据征信的基础上，通过互联网向消费者提供某个具体消费产品（房产或汽车除外）或服务贷款的金融运作模式。消费金融广义可理解为与消费相关的所有金融活动，狭义可理解为为了满足居民对最终商品和服务消费需求而提供的金融服务。互联网的发展为消费金融的发展注入了新的活力，互联网消费金融是指通过互联网向个人或家庭提供与消费相关的支付、储蓄、理财、信贷及风险管理等金融活动。

（2）互联网消费金融公司的优势：消费金融公司的专业性和业务线的单一性，使得公司能够专注地围绕消费者的需要定制业务流程，在客户申请、用款的体验上更强调速度快、申请方便，在服务效率和便利性方面具有比较优势。

（3）互联网消费金融发展的趋势：互联网消费金融产品模式趋同；互联网消费金融征信依赖大数据；互联网消费金融服务对象集中；互联网消费金融产品定价市场化。

政策监管

消费金融公司试点管理办法

第一章　总则

第一条　为促进消费金融业务发展，规范消费金融公司的经营行为，根据《中华人民共和国银行业监督管理法》《中华人民共和国公司法》等法律法规，制定本办法。

第二条　本办法所称消费金融公司，是指经银监会批准，在中华人民共和国境内设立的，不吸收公众存款，以小额、分散为原则，为中国境内居民个人提供以消费为目的的贷款的非银行金融机构。

第三条　本办法所称消费贷款是指消费金融公司向借款人发放的以消费（不包括购买房屋和汽车）为目的的贷款。

第四条　消费金融公司名称中应当标明“消费金融”字样。未经银监会批准，任何机构不得在名称中使用“消费金融”字样。

第五条 银行业监督管理机构依法对消费金融公司及其业务活动实施监督管理。

第二章 设立、变更与终止

第六条 申请设立消费金融公司应当具备下列条件：

（一）有符合《中华人民共和国公司法》和银监会规定的公司章程；

（二）有符合规定条件的出资人；

（三）有符合本办法规定的最低限额的注册资本；

（四）有符合任职资格条件的董事、高级管理人员和熟悉消费金融业务的合格从业人员；

（五）建立了有效的公司治理、内部控制和风险管理制度，具备与业务经营相适应的管理信息系统；

（六）有与业务经营相适应的营业场所、安全防范措施和其他设施；

（七）银监会规定的其他审慎性条件。

第七条 消费金融公司的出资人应当为中国境内外依法设立的企业法人，并分为主要出资人和一般出资人。主要出资人是指出资数额最多并且出资额不低于拟设消费金融公司全部股本 30% 的出资人，一般出资人是指除主要出资人以外的其他出资人。

前款所称主要出资人须为境内外金融机构或主营业务为提供适合消费贷款业务产品的境内非金融企业。

第八条 金融机构作为消费金融公司主要出资人，应当具备下列条件：

（一）具有 5 年以上消费金融领域的从业经验；

（二）最近 1 年年末总资产不低于 600 亿元人民币或等值的可自由兑换货币（合并会计报表口径）；

（三）财务状况良好，最近 2 个会计年度连续盈利（合并会计报表口径）；

（四）信誉良好，最近 2 年内无重大违法违规经营记录；

（五）入股资金来源真实合法，不得以借贷资金入股，不得以他人委托资金入股；

（六）承诺 5 年内不转让所持有的消费金融公司股权（银行业监督管理机构依法责令转让的除外），并在拟设公司章程中载明；

（七）具有良好的公司治理结构、内部控制机制和健全的风险管理制度；

（八）满足住所地国家（地区）监管当局的审慎监管指标要求；

（九）境外金融机构应当在中国境内设立代表处 2 年以上，或已设有分支机构，对中国市场有充分的分析和研究，所在国家或地区金融监管当局已经与银监会建立良好的监督管理合作机制；

（十）银监会规定的其他审慎性条件。

金融机构作为消费金融公司一般出资人，除应当具备第（三）、（四）、（五）、（六）、（七）、（八）、（九）项规定的条件外，还应当具备注册资本不低于 3 亿元人民币或等值的可自由兑换货币的条件。

第九条 非金融企业作为消费金融公司主要出资人，应当具备下列条件：

（一）最近 1 年营业收入不低于 300 亿元人民币或等值的可自由兑换货币（合并会计报表口径）；

（二）最近 1 年年末净资产不低于资产总额的 30%（合并会计报表口径）；

（三）财务状况良好，最近 2 个会计年度连续盈利（合并会计报表口径）；

（四）信誉良好，最近 2 年内无重大违法违规经营记录；

（五）入股资金来源真实合法，不得以借贷资金入股，不得以他人委托资金入股；

（六）承诺 5 年内不转让所持有的消费金融公司股权（银行业监督管理机构依法责令转让的除外），并在拟设公司章程中载明；

（七）银监会规定的其他审慎性条件。

非金融企业作为消费金融公司一般出资人，应当具备第（二）、（三）、（四）、（五）、（六）项规定的条件。

第十条 消费金融公司主要出资人可以在消费金融公司章程中约定，在消费金融公司出现支付困难时，给予流动性支持；当经营失败导致损失侵蚀资本时，及时补足资本金。

第十一条 消费金融公司至少应当有1名具备5年以上消费金融业务管理和风险控制经验，并且出资比例不低于拟设消费金融公司全部股本15%的出资人。

第十二条 消费金融公司的注册资本应当为一次性实缴货币资本，最低限额为3亿元人民币或等值的可自由兑换货币。

银监会根据消费金融业务的发展情况及审慎监管需要，可以调整注册资本的最低限额。

第十三条 消费金融公司根据业务发展的需要，经银监会批准，可以设立分支机构。设立分支机构的具体条件由银监会另行制定。

第十四条 消费金融公司董事和高级管理人员实行任职资格核准制度。

第十五条 消费金融公司有下列变更事项之一的，应当报经银行业监督管理机构批准：

（一）变更公司名称；

（二）变更注册资本；

（三）变更股权或调整股权结构；

（四）变更公司住所或营业场所；

（五）修改公司章程；

（六）变更董事和高级管理人员；

（七）调整业务范围；

（八）改变组织形式；

（九）合并或分立；

（十）银监会规定的其他变更事项。

第十六条 消费金融公司有下列情况之一的，经银监会批准后可以解散：

（一）公司章程规定的营业期限届满或者公司章程规定的其他解散事由出现；

（二）公司章程规定的权力机构决议解散；

（三）因公司合并或者分立需要解散；

（四）其他法定事由。

第十七条 消费金融公司因解散、依法被撤销或被宣告破产而终止的，其清算事宜按照国家有关法律法规办理。

第十八条 消费金融公司设立、变更、终止和董事及高级管理人员任职资格核准的行政许可程序，按照银监会相关规定执行。

第十九条 消费金融公司设立、变更及业务经营过程中涉及外汇管理事项的，应当遵守国家外汇管理有关规定。

第三章 业务范围及经营规则

第二十条 经银监会批准，消费金融公司可以经营下列部分或者全部人民币业务：

（一）发放个人消费贷款；

（二）接受股东境内子公司及境内股东的存款；

（三）向境内金融机构借款；

（四）经批准发行金融债券；

（五）境内同业拆借；

（六）与消费金融相关的咨询、代理业务；

（七）代理销售与消费贷款相关的保险产品；

（八）固定收益类证券投资业务；

（九）经银监会批准的其他业务。

第二十一条 消费金融公司向个人发放消费贷款不应超过客户风险承受能力且借款人贷款余额最高不得超过人民币 20 万元。

第四章 监督管理

第二十二条 消费金融公司应当按照银监会有关规定，建立健全公司治理架构和内部控制制度，制定业务经营规则，建立全面有效的风险管理体系。

第二十三条 消费金融公司应当遵守下列监管指标要求：

（一）资本充足率不低于银监会有关监管要求；

（二）同业拆入资金余额不高于资本净额的 100%；

（三）资产损失准备充足率不低于 100%；

（四）投资余额不高于资本净额的 20%。

有关监管指标的计算方法遵照银监会非现场监管报表指标体系的有关规定。银监会视审慎监管需要可以对上述指标做出适当调整。

第二十四条 消费金融公司应当按照有关规定建立审慎的资产损失准备制度，及时足额计提资产损失准备。未提足准备的，不得进行利润分配。

第二十五条 消费金融公司应当建立消费贷款利率的风险定价机制，根据资金成本、风险成本、资本回报要求及市场价格等因素，在法律法规允许的范围内，制定消费贷款的利率水平，确保定价能够全面覆盖风险。

第二十六条 消费金融公司应当建立有效的风险管理体系和可靠的业务操作流程，充分识别虚假的申请信息，防止欺诈行为。

第二十七条 消费金融公司如有业务外包需要，应当制定与业务外包相关的政策和管理制度，包括业务外包的决策程序、对外包方的评价和管理、控制业务信息保密性和安全性的措施和应急计划等。

消费金融公司签署业务外包协议前应当向银行业监督管理机构报告业务外包的主要风险及相应的风险规避措施等。

消费金融公司不得将与贷款决策和风险控制核心技术密切相关的业务外包。

第二十八条 消费金融公司应当按规定编制并报送会计报表及银行业监督管理机构要求的其他报表。

第二十九条 消费金融公司应当建立定期外部审计制度，并在每个会计年度结束后的 4 个月内，将经法定代表人签名确认的年度审计报告报送银行业监督管理机构。

第三十条 消费金融公司应当接受依法进行的监督检查，不得拒绝、阻碍。银行业监督管理机构在必要时可以委托会计师事务所对消费金融公司的经营状况、财务状况、风险状况、内部控制制度及执行情况等进行审计。

第三十一条 消费金融公司对借款人所提供的个人信息负有保密义务，不得随意对外泄露。

第三十二条 借款人未按合同约定归还贷款本息的，消费金融公司应当采取合法的方式进行催收，不得采用威胁、恐吓、骚扰等不正当手段。

第三十三条 消费金融公司应当按照法律法规和银监会有关监管要求做好金融消费者权益保护工作，业务办理应当遵循公开透明原则，充分履行告知义务，使借款人明确了解贷款金额、期限、价格、还款方式等内容，并在合同中载明。

第三十四条 消费金融公司违反本办法规定的，银行业监督管理机构可以责令限期整改；逾期未整改的，或者其行为严重危及消费金融公司的稳健运行、损害客户合法权益的，银行业监督管理机构可以区别情形，依照《中华人民共和国银行业监督管理法》等法律法规，采取暂停业务、限制股东权利等监管措施。

第三十五条 消费金融公司已经或者可能发生信用危机、严重影响客户合法权益的，银监会可以依法对其实行接管或者促成机构重组。消费金融公司有违法经营、经营管理不善等情形，不予撤销将严重危害金融秩序、损害公众利益的，银监会有权予以撤销。

第五章 附则

第三十六条 香港、澳门和台湾地区的出资人设立消费金融公司适用境外出资人的条件。

第三十七条 本办法中“以上”均含本数或本级。

第三十八条 本办法由银监会负责解释。

第三十九条 本办法自2014年1月1日起施行，原《消费金融公司试点管理办法》（中国银监会令2009年第3号）同时废止。

项目 6
众筹融资

❑ 学习目标

了解众筹模式的概念及特点；掌握众筹模式和发展趋势及运营原理等知识内容，要求学生熟悉和了解众筹模式的基本概况和现有的具有代表性的产品与业务，并能够结合具体案例进行众筹模式的体验与实际操作。

❑ 思政目标

树立众筹意识。

具备法律意识，遵纪守法。

❑ 案例导入

你所不知道美国自由女神像的由来——第一个众筹项目

自由女神像是美国的象征，也是美利坚民族和美法人民友谊的象征，表达了美国人民争取民主、自由的崇高理想。历史上，自由女神像一直代表着美国精神，成为最“美国”的标志性建筑。这座高达 305 英尺（93 米）高的雕像，甚至比纽约港建筑的平均高度还高了 6 英寸（15 厘米），成为美国最容易辨认的象征之一。它还作为不少电影的背景，长期活跃在大荧幕上，像著名的灾难电影《2012》、科幻电影《决战猩球》中都找得到它的身影。

然而这座雕像的建造过程却是十分偶然和奇妙的。它的建筑师——法国雕塑家奥古斯特·巴托尔迪更是因此有了一段相当传奇的经历。

起初，奥古斯特·巴托尔迪的灵感来自于苏伊士运河。他本来是想在运河上建造雕像的，他为这个雕像赋予了“自由照亮世界”的创意：一个头戴闪耀王冠的女人，一只手握着火炬，另一只手拿着一块石碑。后来，政治因素让他改变了想法，建造地点从中央公园一直延伸到了贝德罗岛。

为了宣传他的想法，巴托尔迪从华盛顿特区到洛杉矶，几乎横穿了美国。但他始终无法获得政府的支持，心灰意冷的他再次回到法国，开始和朋友爱德华德寻求合作。多年以来，爱德华德一直想建造一座法裔美国人的纪念碑。

美国大学历史学家 Alan Kraut 曾强调：“爱德华德是美国的崇拜者。”爱德华德对美国内战的结果、400 万奴隶的解放及美国与法国的民族关系感到欣慰。

1875 年，爱德华德成立法美联盟，筹集了 25 万美元，用以资助巴托尔迪创作这座雕像。按照他们当时的想法是，美国人也会反过来为这座雕像筹集资金。

但在美国，尤其是在纽约市，计划进展很慢。因为在纽约市，人们更乐意为大项目投入资金。1876 年，为了吸引更多的投资，巴托尔迪在费城百年展上展示了雕像的巨手和火炬。尽管有人质疑巴托尔迪并没有完成雕像的主体架构，但在纽约公共图书馆的帮助下，还是得到了来自麦迪逊广场市民的欢迎。

19 世纪 80 年代，美国自由女神像委员会通过出售自由女神的雕像模型筹集到了许多资金。这些模型的价格从 1 美元到 5 美元，从大到小，不同的规格应有尽有，并通过全国性的宣传活动销售到了美国各地，在公众的想象中树立了自由女神像代表美国的形象的意识。

根据克里斯汀·加诺特和唐纳德·兰米德在《建筑与工程成就百科全书》中所提到的，巴托尔迪此后还举行了各种各样的筹款活动，从文艺晚会到职业拳击赛，能募捐的场所巴托尔迪都去了个遍。他还邀请埃玛·拉扎勒斯写了一首诗，名叫“新巨人”。这首诗在 1883 年一个筹款艺术展上首次亮相（二十年后，它被刻在自由女神底座内壁的一块青铜匾上）。拉扎勒斯鼓舞人心地呼吁：“把你们那疲惫困顿的人，你们那渴望自由呼吸的拥挤不堪的人都给我 / 把那些无家可归、饱经风浪的人都送来 / 在这金色的大门旁，我要为他们把灯举起。”这让这座雕像不仅表达了对美国民主社会的赞美，还将它与 19 世纪的移民潮联系起来，表达了移民们对美好生活的向往。实际上爱德华德一直把美国作为美好事物的象征，埃利斯岛国家移民博物馆的历史学家和馆长巴里·莫雷诺在节目中曾说道，他认为巴托尔迪是爱德华德实现这一愿景的渠道。

然而，建造费用过于庞大，资金链很快就断了。就在这危急时刻，爱德华德决定邀请美国小报《纽约世界》的出版商约瑟夫·普利策来拯救这个项目。1885 年 3 月，普利策在他的报纸上发表了一篇文章，这篇文章慷慨地渲染了自由和平等的氛围，通过指出雕像本身是由“工人、商人、商店女工、工匠们等，不分阶级不分收入的普通人”捐助的事实，一举激发了群众的众筹热情。很快，出版社就筹集到了 10 万美元的巨款，尽管它们大多都是一美元一美元汇过来的。

自由女神像的筹款环节像极了现在的众筹模式，但它又远高于普通人的诉求。因为，自由女神像真正的伟大之处不在于有多么精湛的制造工艺，以及多么优秀的设计团队，而是每天都有源源不断的人在世界各地为它捐款筹资。

1885 年，自由女神像的主体已经竣工。1886 年 10 月，自由女神像正式亮相在世人面前，在这场揭幕仪式上，格罗弗·克利夫兰总统进行了简短的演讲，掌声持续了整整 15 分钟。

后来，这尊巨大的雕像成了爆款旅游场地。由于 1898 年美国国会通过了《私人寄卡法》，使私人公司有权制作符合要求的明信片，于是一张张印有自由女神像的明信片铺天盖地地传往世界各地，使其成为美国的标志性建筑。

这座雕像在第一次世界大战期间也成了标准的美国象征。它是美国士兵在启程前往欧洲作战时所仰望的景象，也是他们最终回家时第一眼看到的景象。

现在的自由女神像依然屹立在纽约港口，美国精神也在不断延续着。细细想来，这么一个庞然大物，居然是由设计师们众筹出来的，让人由衷地佩服和感慨。这尊雕像以后还会陪伴一代又一代美国人的成长，而它的建造者们也会随着时间，和女神像永远活在美国人的精神记忆里。向这批不服输的建造者致敬。

资料来源：https://www.163.com/dy/article/EG18TNO905428L5I.html 网易（2019-05-25）

6.1 众筹概述

近年来，在创投圈，众筹成为圈内追捧的热题，美国创业企业融资法案《乔布斯法案》的出台为众筹提供了法律上的支持。而在中国，国务院也审核批准了《关于促进互联网健康发展的指导意见》。在如今众筹行业兴起之时，众筹领域的相关问题，比如众筹是怎样发展的、创业者需要具备什么条件才能众筹、选择什么样的众筹模式及众筹的未来发展情况如何，都成为大众关注的问题。

6.1.1 众筹的定义

众筹是指用“团购＋预购”的形式，向网友募集项目资金的模式。现代众筹指通过互联网方式发布筹款项目并募集资金。相对于传统的融资方式，众筹更为开放，能否获得资金也不再是由项目的商业价值作为参考标准。只要是网友喜欢的项目，都可以通过众筹方式获得项目启动的第一笔资金，为更多小本经营或创作的人提供了无限可能。

作为近些年新兴的互联网金融模式，众筹翻译自国外 crowdfunding 一词，即大众筹资或群众筹资，它具有低门槛、多样性、依靠大众力量、注重创意的特征，是指一种向群众募资，以支持发起的个人或组织的行为。众筹是一种“预消费”模式，用“团购＋预购”的形式，向公众募集项目资金。一般通过网络上的平台连接起赞助者与提案者。众筹被用来支持各种活动，包含灾后重建、民间集资、竞选活动、创业募资、艺术创作、自由软件、设计发明、科学研究及公共专案等。Massolution 研究报告指出，2013 年全球总募集资金已达 51 亿美元，其中 90% 集中在欧美市场。世界银行报告更预测 2025 年总金额将突破 960 亿美元，亚洲占比将大幅成长。

众筹由发起人、支持者和平台三部分组成。发起人是指有创造能力但缺乏资金的人，或者是需快速出售产品的人；支持者是对筹资者的创业项目和回报感兴趣的，有能力支持的人；平台是连接发起人和支持者的互联网终端。

众筹的成功需要三个必备要素，即“需求、优势、价值”。

众筹的第一个要素是“需求”，需求是众筹的前提。发起人和参与者通过众筹的方式实现双方的需求。项目发起人的需求包括项目发展的需求、品牌推广的需求、渠道建设的需求、人才资源的需求、客户资源的需求、战略资源的需求、项目资金的需求等。项目发起人的需求是构成开展众筹的先决条件。众筹参与者的需求包括消费需求、收益增值需求、创业需求、投资需求、资源变现需求、自身项目发展需求等。只要二者的需求相匹配，无论是众筹还是被众筹都是满足各自需求的目标。

众筹的第二个要素是“优势”，发起人的优势决定参与者的选择，参与者的优势同样决定发起人的选择。各自优势是众筹的筹码，决定众筹合作条件。发起人的优势越大，参与者的众筹进入门槛越高。发起人越多，参与者就越多。参与者的优势越大，对发起人项目的选择标准越高。参与者的优势越明显，可选择的发起人对象也就越多。双方的优势代表众筹合作后的竞争力，也关系众筹合作后的价值创造力。

众筹的第三个要素是“价值”，无价值不众筹。众筹解决需求，发挥优势，实现价值。如果说解决需求是发起人和参与者众筹合作的起因，那么众筹后实现价值则是双方期望达成的结果和目标。双方需求不一致，实现的价值也不一致。

6.1.2 众筹的兴起和发展

众筹最初是艰难奋斗的艺术家们为创作筹措资金的一个手段，现已演变成初创企业和个人为自己的项目争取资金的一个渠道。众筹网站使任何有创意的人都能够向陌生的人筹集资金，消除了向传统投资者和机构融资的许多障碍。

众筹的兴起源于美国网站 kickstarter，有创造力的人通过网络平台向公众筹资，获得他们所需要的资金，从而实现他们的梦想。这种模式的兴起打破了传统的融资模式，每一位普通人都可以通过该种众筹模式获得从事某项创作或活动的资金，使得融资的来源者不再局限于风投等机构，而可以来源于大众。在欧美逐渐成熟并推广至亚洲、中南美洲、非洲等地区。

众筹的雏形最早可追溯至 18 世纪，当时很多文艺作品都是依靠一种叫作“订购（subion）”的方法完成的。例如，莫扎特、贝多芬都曾采取这种方式来筹集资金，他们去找订购者，这些订购者给他们提供资金。当作品完成时，订购者会获得一本写有他们名字的书，或是协奏曲的乐谱副本，或者可以成为音乐会的首批听众。类似的情况还有教会捐赠、竞选募资等，但上述众筹现象既无完整的体系，也无对投资人的回报，不符合商业模式特征。

众筹作为一种商业模式最早起源于美国，距今已有十余年历史。近几年，该模式在欧美国家迎来了黄金上升期，发展速度不断加快，在欧美以外的国家和地区也迅速传播开来。

2012 年，美国研究机构 Massolution 在全球范围内对众筹领域展开了一项调查。结果显示，该年度全球众筹平台筹资金额高达 28 亿美元，而在 2011 年只有 14.7 亿美元。2007 年，全球众筹平台的数量尚不足 100 个，截至 2012 年年底已超过 700 个。

众筹融资模式起源

众筹融资作为一种商业模式，起源于美国。早在2001年，众筹先锋平台美国 Artist Share 公司就已诞生，在该平台获得资助的音乐人多次获得格莱美奖。2006年，美国学者迈克尔·萨利文致力于建立一个名为 Fundavlog 的融资平台，第一次用众筹（crowdfunding）一词解释了 Fundavlog 的核心理念。该平台允许发起人采用播放视频的方式在互联网上吸引潜在投资者进行项目融资。尽管该平台建设最终以失败告终，但迈克尔·萨利文通过博客持续发布该平台工作进度及在维基百科对众筹定义等行为将众筹带进了公众视野。

2012年12月27日，美国福布斯网站发布一项报告，该报告预测：未来，众筹模式将会成为项目融资的主要方式。

在欧美国家的诸多众筹平台当中，成立于2009年4月的 Kickstarter 最具代表性。截至2012年，该平台共发布项目数27 086个，其中，成功项目为11 836个，项目共融资99 344 382美元，参与投资支持项目的人数超过300万，2012年全年营业收入超过500万美元。对于一个处于创业初期的企业来讲，上述数据证明了众筹是一个值得肯定和推广的商业模式。

目前，无论是国外还是国内，文化创意产业融资都是众筹商业平台起步的主要内容。Kickstarter 作为美国众筹平台的第一巨头，目前仍是以音乐、电影、漫画等与文艺相关的项目为主。据统计，2012年，Kickstarter 近30%筹资成功的项目都属于音乐类。国内情况大致也是如此。

6.1.3 众筹的特点

6.1.3.1 初创性

众筹项目的发起者多是一些处于创业初期的人。这些创业者之所以选择众筹作为自己的融资方式，是因为在创业初期，缺乏启动资金，融资较为困难。大部分在众筹网站上进行融资的项目都处于创意萌芽阶段或者是试生产阶段，项目发起人往往没有足够的资金支撑项目的推进与投产。

6.1.3.2 创意性

众筹项目想要吸引别人的关注必须具备一定的创意，没有创意的众筹项目很难获得投资者的青睐，也很难成功获得融资。纵观成功的众筹项目，不管是科技、绘画、音乐还是电影，基本都会有一些创意元素在里面。在那些众筹网站上，创意性高的众筹项目往往是通过率最高的。因此，众筹项目发起人在发起众筹项目时一定要考虑项目是否具备创意性。发起人必须先将自己的创意（设计图、成品、策划等）展示，才能通过平台的审核，而不单单是一个概念或者一个点子，要有可操作性。

6.1.3.3 广告性

一个众筹项目从发起到实现，会经历一段不短的时间。在这段时间里，众筹项目会得到投资者的持续关注。如果项目足够有吸引力，投资者还会自发地去宣传众筹项目，这在一定程度上推广了众筹项目。

6.1.3.4 风险最小化

众筹的钱来自大众，这样一来项目发起人需要承担的风险就被分割了。换言之，无形之中，项目发起人需要承担的风险就小了许多。

多数时候，一些项目发起人并不是不具备投资某个项目的能力，而是不敢去承担某个项目万一失败带来的巨大风险。随着众筹的兴起，项目发起人渐渐懂得了运用众多投资者的力量来分散项目风险，这无疑能够促使更多的项目由创意变成现实。

6.1.3.5 门槛低

众筹一个很明显的特点就是门槛很低，无论身份、地位、职业、年龄、性别，只要有好的创意、有创造能力，都可以在众筹平台上发起众筹项目。除此之外，在众筹网站上发起众筹项目，融资范围不受地域的限制。世界上任何一个角落的人只要对某个项目有意向，都可以对众筹项目发起投资，都可以发起项目。

6.1.3.6 平民化

与那些需要多轮融资的“高大上”项目相比，在众筹平台上发起的项目则显得比较平民化。

支持者通常是普通的草根民众，而非公司、企业或是风险投资人。许多项目的支持额度都在大众能够接受的范围内，这就让众筹走下了神坛，变得更加亲民。在众筹项目扎堆生长的时代，普通大众渐渐成为支持项目实现的中坚力量。

6.1.4 众筹融资的分类

众筹模式的核心是众筹平台，它连接了大众投资人、融资企业和个人。大众通过众筹平台可了解筹资的信息，并通过平台与筹资人进行沟通。当确定了需要投资的项目后，会与众筹平台和筹资人签订协定，通过银行或者支付机构支付资金，银行或支付机构先保管投资人资金作为保证金，再决定转移多少资金给筹资人，如果企业的筹资没有达到预期目标，则将资金退还给投资人。同时，在项目启动后进行监督。当期限到达后，融资企业会直接给投资的大众以相应的回报，并且把情况反馈给众筹平台。

众筹的商业模式依照其运行的复杂程度，以及涉及的利益相关者的数量和法律环境，可划分为三种模式：一是捐赠与赞助模式，二是预售模式，三是借贷与股权投资模式。借贷与股权投资模式由于涉及金额交易等问题，从实际操作和法律的层面来讲，都是极为复杂的。

6.1.4.1 捐赠与赞助模式

捐赠与赞助模式是无偿的投资模式，大众可以通过网站直接选择捐赠或者赞助小额资金。一些公益机构的网站允许直接在网络上捐款，通过网络来扩大捐款的来源。公益机构的管理者或组织公益活动的个人也可利用自身在网络社区和社交网站中的影响力，发起资金赞助活动。

6.1.4.2 预售模式

预售模式是得到普遍应用的模式，美国的 Kickstarter 网站及中国的“点名时间”都使用该模式。产品或服务在创造出来前，就被发布在网站上吸引投资者，投资者选择投资后，会在规定期限内收到该产品或服务。筹资流程由筹资人开始。首先，筹资人发起筹资，把筹资项目发布到网站上。每个项目必须在发起人预设的时间内获得超过目标金额的投资，否则会被下架并且不能获得任何资金。投资者选择自己感兴趣的项目，并投资小额的现金。项目成功后，网站将监督项目发起人执行项目，并确保项目完成后筹资人发放实物报酬。报酬必须是非现金或者非股权式的，大多为实物回报或者服务承诺。比如在一个微电影的筹资项目中，投资人常以电影的纪念卡片和电影光碟作为报酬。

众筹平台对于回报方式的限制基于两种理由：第一，非现金的回报方式可以避免所有权纠纷。Kickstarter 公司解释说，这种类型的众筹与股票交易不同，尽管投资者享受了项目产生的产品，但是项目的所有权应该完全属于项目发起者，该项目未来可能产生的收益属于项目发起者；第二，非现金和非股权的报酬能够规避国家金融监管机构的审查，因为实物的回报方式与金融投资回报有明显的差别。项目不回报现金或股权，使投资项目更像是一种购买行为，而不像投资行为，从而避免“非法集资”之嫌。虽然该模式的网络平台会监督筹资项目的运行和资金使用情况，但是投资者承担了主要的投资风险，众筹平台不保证项目的真实性和报酬发放的及时性。Kickstater 公司表示：不对项目发起者完成项目的能力作保证，投资者要尽可能了解发起者和该项目的计划，并且尽可能向发起者获取直接信息。相比之下，中国的“点名时间”更加考虑投资者的利益：项目筹资成功后网站先付 50% 资金给项目发起者，在确认项目完成了一半或接近完成后再付余款，以保证项目如期进行，投资者能够获得回报。

6.1.4.3 借贷与股权投资模式

该模式与预售模式有许多相同之处，根本上的不同是回报方式。由于报酬是现金或者公司股权，该模式更加适合中小企业融资。Earlyshare 属于该模式的众筹平台。Earlyshare 在《乔布斯法案》出现前就已经尝试为企业提供众筹渠道，《乔布斯法案》正式生效后，Earlyshare 协助美国证券交易监管委员会制定众筹法律法规，成为行业中有声望的企业。Earlyshare 把投资企业分为两种：一种是小型企业（Small Business），即已经建立的小企业，投资者根据企业过去的发展状况和企业未来的发展计划来判断是否投资；另一种是创业公司（Early-stage Company），即有创意的创业者需吸引投资建立新的公司。Earlyshare 分别为两种类型的企业设计出不同的众筹流程，前者旨在强调企业的投资回报率，后者旨在宣传该创意的商业前景。每个筹资的企业会设定筹资目标，一旦达到筹资目标，投资人的资金就会被转交给企业，而投资人则根据投资金额会获得企业的股权。

6.1.4.4 其他众筹类别

（1）产品众筹

产品众筹又称回报众筹、权益众筹、奖励众筹、实物众筹和预售众筹，是指投资人将资金投给筹款人用以开发某种产品（或服务），待该产品（或服务）开始对外销售或已经具备对外销售条件的情况下，筹款人按照约定将开发的产品（或服务）以无偿或低于成本的方式提供给投资人的一种众筹方式。

众筹与团购有很大的相似性，特别是众筹中的产品众筹与团购更为相似，但两者的重要区别在于，团购是针对既有的、成熟的、一般是批量化的产品，吸引消费者共同购买，属于促销行为，而产品众筹一般是未上市的产品，它可能是一个首发的全新产品，也可能是半成品，甚至只是一个创意，正因为如此，众筹参与者才能参与产品的设计研发等过程。由于众筹者参与，众筹组织者往往以低于产品上市后的市场价格回馈众筹参与者，这又使众筹带有预售特征。

产品众筹的商业逻辑有效地建立起以顾客为中心的服务性思维，并将传统的价值链颠倒过来，客户成为第一个环节，后面的各个环节均以客户需求来驱使。该商业逻辑的起点是顾客，然后转向完全针对顾客需求来设计产品，关注客户需求和关心的问题，去发现可能的产品设计方案，力争用这些方案来最大限度地满足目标客户的需求并有效地解决客户所关心的问题。

产品众筹提供了从客户端到商务端的信息反馈，创业者可以通过这种方式直接了解目标顾客的真实需求，通过与目标顾客的多次信息交流和往来逐步把握住目标顾客尚未清晰阐述的潜在需求，有针对性地逐步完善新产品设计。

产品众筹回报方式，一般可分成若干等级，不同等级对应相应的产品及服务。随着众筹的发展，产品众筹的回报模式也越来越有创意。如众筹网上《森林的孩子》一书的回报模式很有创意："凡需要定做读诗版的读者，请关注'森林的孩子'公众微信号，选择两首自己最喜欢的诗歌，将朗诵版的音频发送至'森林的孩子'后台，由出版方负责将其制作成二维码，读者拿到书通过扫描二维码，就可以听到自己读的诗歌。出版方会在书的封面写上你的名字。"此外，208 元一档回报中写明，分享该众筹项目信息到朋友圈的就有机会参加"我的团队与大孩子、小孩子的读者见面会"。通过这样温情的互动活动，完成了图书的再次传播与推广。

产品众筹的筹资效果和回报模式的设计有很大关系，人性化、有创意、互动程度高、让人感兴趣的增值服务，往往能吸引更多的投资人。如《森林的孩子》就将温情、人性、荣誉感、参与感、交流互动很好地结合在一起，获得了很好的众筹效果。

（2）农业众筹

农业在我国现代化进程中属于严重滞后行业，迫切需要转变发展模式、优化产业结构，而土地流转政策的出现及互联网金融的普及为该行业实现规模化、现代化提供了机遇。具体实施可将农民土地使用权入股参与众筹，同一品种成立一家公司，或者几个农产品品种成立一家公司。另外需要吸收该领域较为成熟的企业参与众筹，可作为领投人，采取"领投 + 跟投"模式，主要以资金和技术入股。

农业项目融资流程如下：

第一，在一定区域的土地所有人首先达成共识，初步确定众筹项目、筹集资金、出让股份等要素，发起方可以是区域农村合作社或县、镇政府。

第二，将项目上传平台，只公开部分必要信息，同时采取“预热 + 申购”模式，根据项目不同可以灵活地确定项目预热期，同时在项目预热期间，潜在领投人约谈项目方，项目方可针对切合的领投人做若干场次路演，并同最终确定的领投人再次敲定众筹项目的筹集金额、出让股份，同时还要确定领投人入股比例、增值服务（包括技术、人员、渠道等方面的帮助）、正式申购时间等。

第三，项目开启申购，其他合格的投资者可以看到详细的项目资料，并且在规定的时间内确定投资金额，打款到平台专属账户。

第四，在申购期内完成总体申购额度的项目则众筹成功，否则认为项目众筹失败，成功的项目将进入实质性运营阶段，平台负责项目后续的监管工作，项目公司有义务按时向平台递交财务报表，汇报项目进展情况。

农业众筹项目核心要素主要表现在以下四个方面：一是农业的特殊性决定了众筹投资人的主要群体是农民，众筹的资产为土地使用权。二是另外的众筹投资主体应该是成熟的农业企业和相关领域具备投资经验及货源的投资机构（成熟企业可以通过自己设立相关的基金入股）。三是关联交易模式，用股权划分机制规避利益输送风险。四是农业股权众筹的重点环节是项目提交前的筹备和投资后同领投机构的合作。而平台发布环节主要作用有两个：第一个是解决信息不对称问题，第二个是帮助众筹项目做初步推广。

股东作为关联交易方，能够使成立的企业尽快实现盈利，维持正常运转，降低风险，对初创企业的存活起着至关重要的作用。所以在成立众筹项目的时候，应该以此作为筛选投资人的标准。至于未来如果想要走向资本市场，可以披露，也可以去关联交易化，如果企业自身发展良好，完全可以极大地降低关联交易比重，另外相关企业和机构的加入，对于其他众筹参与方来说，不失为一个可选的退出途径，可有效降低众筹风险。

（3）影视众筹

国产动画电影《西游记之大圣归来》的最终票房为 10 亿元，除了“自来水现象”“次周票房不降反升”“众筹周边首日卖千万破纪录”等现象外，这部电影背后的众筹模式也获得业内关注。该片的出品人路伟透露，曾经参与《西游记之大圣归来》投资的 89 位众筹投资人，合计投入 780 万元，届时预计可以获得本息约 3 000 万元。除了靠口碑实现票房逆袭外，片尾银幕上出现的 109 个小朋友通过众筹的形式成为影片的焦点。有了《西游记之大圣归来》的成功案例，影视众筹也受到越来越多人的关注。

众筹是用“团购 + 预购”的形式向网友募集项目资金的一种融资模式，它利用互联网和社会网络服务传播的特性，让尚未在市场发布的好产品，在众筹平台展现出来，从而争取更多人的关注和支持，最后获得产品发行所需要的资金。2014 年，美国圣丹斯电影节上参赛作品中有 26 部是通过 Kickstarter 和 Indiegogo 融资的，占到了参赛总数的 15%。截至 2015 年年初，在 Kickstarter 这个最为成功的众筹平台上，累计已有 16 496 个电影项目成功募集到了所需资金，成功率达到 39.13%，仅次于游戏项目。

2014 年对于影视众筹来说，更是“井喷式”爆发的一年。除了点名时间、众筹网等平台陆续推出影视众筹产品外，以 BAT 为代表的一批互联网企业，也开始进军影视众筹领域。如百度“百发有戏”推出的《黄金时代》，阿里巴巴旗下“娱乐宝”推出的《狼图腾》《魁拔 2》，腾讯“微信平台”推出的《西游记之大圣归来》。

百度依托旗下爱奇艺视频网站，同时借助百度钱包、百度金融中心推出百度爱奇艺众筹计划，形成了影视 O2O 闭环。阿里巴巴与国华人寿推出的“娱乐宝”平台，除了专业的增值平台外，还有阿里影业作为坚实后盾。腾讯采取长远战略，依靠自身较强的用户黏性和优质 IP 资源，通过与传统老牌华谊公司合作，蓄势待发，开始逐步向影视众筹市场发力。

影视众筹的参与主体由项目发起人即筹资人、众筹平台和出资方三方构成。其中筹资方根据具体情况可分为影视机构发起筹资及个人发起筹资。而专业众筹网站则在筹资方和出资人之间承担着信息中介传播平台的角色和对筹资人项目审核评估的责任，即部分承担了影视众筹项目的把关人功能，同时众筹平台也会声明众筹项目的风险性，以规避不必要承担的风险。根据我国影视众筹的现状可知，我国影视众筹模式的运作机制和流程大致可分为 4 个环节：项目发起环节、资金筹集环节、项目实施环节及评价反馈环节。

（4）出版众筹

出版众筹指的是通过互联网平台为出版项目进行的大众筹资行为，出版众筹是产品众筹（奖励众筹）的一种，以图书和杂志为主（不包括影视出版）。出版与“众筹”这种网络融资形式结合起来，形成的是一种新型的出版经营模式，更加丰富了“众筹”内涵。它可以为出版项目筹集资金、宣传和推广项目，还能够帮助出版社预测市场，判断首印数量以降低出版风险，配合上线项目进行相关营销活动。同时，由于出版众筹模式具有互联网众筹开放性、互动性等特征，它形成的是一种作者与读者、出版方与市场之间的互动，这种互动更加直接，极具交互性，用户的黏性也更强。在整个出版过程中，项目投资人不仅仅只是充当投资人的角色，还在很大程度上参与项目的生产和实施，充当着监督人和审稿人的角色。

众筹出版的支持方式主要有两种：一是资金支持，这是较为典型的众筹支持方式，支持者在众筹平台上以资金资助的形式帮助项目发起者完成图书出版的目标；二是创作过程支持，这种方式较为新颖，项目支持者可以参与图书的内容创作、人物设定等，也可以为书籍在设计、排版、印刷或翻译等方面提供相关支持。在出版众筹项目中，常见的回报有获得图书优先阅读权、作者亲笔签名的图书、读书会或能够与作者面对面接触交流的活动入场券、将捐赠者的名字写入捐赠名单，以及项目周边小礼品等。

（5）公益众筹

作为一种互联网金融的创新模式，众筹从一开始就有着参与公益、助力公益的影子。在互联网时代做公益，更多是与科技相结合。而公益众筹便是在互联网大环境下的一种公益新模式。

广义的公益众筹是指公益项目的公众筹资，即公益项目面向公众募集资金或者其他资源。狭义的公益众筹是指发起人（公益机构、企业或个人）在回报众筹平台发起的公益性筹款项目，出资者对项目进行资金支持，并在项目成功后获得相应的回报。

公益众筹具有低门槛、多样性、大众力量等特点，具体如下：

①低门槛：无论基金会、注册机构、民间组织，只要是公益项目就可以发起众筹；

②多样性：公益众筹的方向具有多样性，公益项目类别包括助学、助老、助残、关爱留守儿童等；

③大众力量：支持者可以是普通民众，也可以是企业。

6.1.5 众筹的优缺点

6.1.5.1 众筹的优点

（1）大众参与，门槛低

对于很多创业者与中小微企业而言，融资难、融资贵是一大痛点，而走传统融资道路一般比较复杂，获得银行贷款实属不易，寻求天使投资、风险投资更是难上加难。而众多成功案例足以表明，众筹作为一种低门槛的投融资模式，不仅能帮助草根创业者顺利实现融资，还能让普通大众参与其中，真正做到双向参与。

（2）快速融资

融资，是项目方发起众筹的主要动机之一。而作为一种直接融资渠道，众筹能帮助创业者与中小微企业以一种高效便捷的方式实现快速融资。值得一提的是，作为一种新兴的融资模式，众筹的低门槛与低成本不仅受到广大创业者与小微企业的青睐，也成为社会公益项目进行募资的一个绝佳途径。

（3）宣传推广

对于参与众筹融资的项目而言，众筹平台本身就是一个不错的宣传推广平台。因为项目直接面对的是潜在投资者或消费者，项目展示就能取得一定的广告效应，如果产品或服务品质过硬的话，用户客源及市场渠道自然水到渠成。

众筹对项目的宣传推广作用主要体现在两个方面：第一，你的项目融资成功了，这相当于是对大众的一次广告。有些人看到你的项目但没有贡献资金，可能是因为他无法判断这个产品是否能够筹得足够的资金量。但当别人帮你把钱凑齐后，他们有可能成为你未来的客户。第二，无论融资成功与否，你的项目都获得了展示。给谁看？给潜在的投资人看。

（4）市场调研

除了融资外，一些众筹融资项目往往还具有市场调研的性质与目的。其实道理很简单，因为钱是直接来自消费者的，消费者对这个产品的认可与评价就是一份市场调查，能在一定程度上反映出该产品将来大范围投放市场后的结果。众筹模式的一个隐性的价值在于：先让消费者掏腰包，再去生产产品。如果项目融资成功，并且实际的研发与生产过程一切顺利，那么这相当于在很大程度上降低了创业成本与风险。

6.1.5.2 众筹的缺点

首先，造成了生产压力。根据众筹平台的普遍规则，如果一个项目筹资成功，那么就必须要在规定时间内完成产品的开发与制造，实现对支持者的承诺。所以众筹在让筹款人在筹到钱的同时也承受较大的订单压力。因为这些钱是来自消费者一端，相当于是直接订购。这种压力在实体产品项目上尤其明显。

其次，与传统风险投资相比，众筹缺乏创业指导。传统的风险投资都是“过来人”，或是自身有创业经验，或是有宽广的行业人脉和观察积累。总之，在众筹平台上的支持者们是不可能提供统一、有建设性的建议的。这就需要筹资人具有一定的判断能力。

最后，众筹平台上的投资人不够专一。众筹平台能快速筹到用于产品研发和生产的资金，但不能保证项目今后的资金链保持完整。传统的风险投资在提供早期投资后，如果项目发展顺利，还有机会获得后续的 A、B、C 轮融资。而在众筹平台上，那些支持者很可能随时把注意力转向其他新的创意。

6.1.6 众筹模式的意义

6.1.6.1 门槛低，帮助大众实现梦想

低门槛是众筹的特点之一，可以帮助社会各个阶层的人实现梦想。每个阶层的人都有自己的梦想，但是普通人实现梦想就比较困难，众筹的出现恰恰为这些人士提供了一个实现梦想的机会。

6.1.6.2 品牌传播，助力企业发展

众筹是互联网金融的细分领域，作为互联网金融，本身就是一个营销点。通过众筹匹配上下游的产业链包括资本市场、最终的用户，最终实现资源资金的对接。众筹最大的价值莫过于广告价值了。

6.1.6.3 丰富资本市场

企业通过众筹为自己的项目募集启动资金，对于创业者来说，既能降低融资成本，召集种子用户，为创业项目做宣传，同时也能让更多的投资人享受股权的收益，参与项目。通过众筹融资，不仅可以解决资金问题，而且在用户积累、品牌传播方面也起到极大的推动作用。

6.2 股权众筹

6.2.1 股权众筹的定义、特征与意义

6.2.1.1 股权众筹的定义

股权众筹是指公司出让一定比例的股份，面向社会上的大众投资者，投资者通过出资入股公司，在将来得到一定的收益作为回报，这种通过互联网渠道进行融资的方式被称作股权众筹。通俗地说，股权众筹便是私募股权互联网化。

早在2009年，已经有不少国家开始运用众筹模式。中国最初引进股权众筹模式的时间是2011年，直到两年之后才诞生了第一个股权众筹案例。而实际上具备一定担保价值的股权众筹项目是在2014年才开始出现，同年证监会出台法规表示将会对众筹展开监管。从国内的实际情况来看，众筹模式已然成为被广大民众欣然接受的事物。从是否有担保来看，股权众筹主要分为有担保股权众筹与无担保股权众筹。无担保的股权众筹，指的是在具体融资过程中，作为投资人，并没有第三方对相关权益问题作出担保。从当前的现实情况可以看出，在国内绝大多数众筹投资都属于这种模式。而有担保股权众筹的模式则指的是在具体的融资过程中，由第三方对投资人的相关权益问题作出担保，但是目前我国只有贷帮众筹项目会提供相应的担保，绝大部分平台并不接受这种模式。

6.2.1.2 股权众筹的特征

(1)公开、大众、小额并且以股权作为回报

众所周知，产品众筹的回报形式一般是为众筹的支持者提供与项目有关的产品或服务，如点名时间平台上发起的动画电影《大鱼海棠》，目标金额为10 000元，实际获得了1 582 650元，支持人数达到3 596人，主要的回报方式是电影资料选集、电影票、出现在电影片尾中的感谢名单等组合。而股权众筹则主要是以企业的股权或者是项目的股权作为回报。对于项目发起人而言，公司通过众筹平台出让一定比例的股权，大致占全部股权的20%以内。对于投资人而言，投资者通过资金的投入换取项目股权来分享未来收益。如积木旅行由于得到了风投的A轮融资，之前参与该众筹项目的41位天使投资人在不到8个月的时间内获得了近5倍的回报，吸金效应明显。股权众筹中单个投资人的投资金额一般为几十万到几百万元。从2015年的数据来看，融资成功的7 532个股权众筹项目平均每个项目的融资额仅为68.9万元，全年参与股权众筹的人次为10.21万人，平均每位股权投资人投资了5.08万元。

(2)直接融资、直接交易

股权众筹是一种去中心化的点对点直接交易的投融资模式。当前股权众筹的主要投资模式有三类：一是直投模式。即单个投资人在平台上筛选有投资意向的项目，并单独与项目发起方沟通，平台在其中主要发挥信息桥梁的作用，双方能否达成合作更多的还是取决于投资人。二是合投模式。即平台先对投资人征集项目投资意向，如果所有意向投资人的总金额超过项目发起方的融资额，投资人便可以股权众筹平台为活动纽带协商开展尽职调查、入股交易、法律条款等事宜。三是领投与跟投相结合的模式。即有相同项目投资意向的投资人被分为领投人和跟投人两类，领投人具有较强的经济实力、较高的投资资历、丰富的投资经验。领投人需要对项目履行尽职调查、项目估值、协议商定等职责，而一般的普通投资者作为跟投人只需要按期打款，因此领投人的投资收益分成要高于跟投人，具体分红比例由领投人与跟投人协定。以上三种投资模式的成本由高到低，当前股权众筹平台中领投与跟投模式最多。

(3)股权众筹具有参与感和社交性

参与股权众筹的项目发起人、众筹平台、投资人之间及其内部都存在着一定的情感社交关系，因而股权众筹项目能够利用熟人圈子迅速将项目或者股份推广开来。例如，2015年7月在暑期档大卖的

《大圣归来》以7亿多元的票房成绩刷新了国产动画电影的历史记录，而在电影的制作和发行环节过程中，发行人所引入的股权众筹模式同样成为该片最大的亮点。《大圣归来》通过发行人的微信朋友圈发起项目，共有89位众筹出品人参与，他们的投资额度在数万元到数十万元，通过这种众筹的方式共筹得资金780万元，平均每位众筹出品人出资8.7万元，而到了产品收益兑付时，仅票房收益部分平均每位众筹投资人就能够获得33.7万元，这还不包括后续的一些衍生产品或者特许权益所带来的收益。除此之外，作为回报，部分众筹出品人或其家人的照片被安排播放在影片最后的鸣谢部分，提升了众筹投资人的项目参与感。与此同时，众筹出品人不仅作为投资人，也作为宣传者和消费者为《大圣归来》的影响力和票房收入做出了贡献，影片上映之初他们及其亲友就贡献了200多场包场，部分投资人还在北京、上海等地为该片提供了长时间的免费户外广告，实现了项目发起人和投资人的互惠共赢。众筹的优势便在于其融合并且成功植入了社交情感因素，使投资者的参与感更强，项目也更容易众筹成功。

6.2.1.3 股权众筹的意义

股权众筹是互联网金融的重要领域，是金融与互联网深度融合的新业态。股权众筹融资在我国生根发芽，规模迅速成长，近来更是呈现井喷式发展，帮助众多企业获取通过传统融资渠道无法获取的资金，可以说股权众筹融资对我国完善金融业态具有重要意义。

（1）股权众筹融资能够促进金融脱媒

金融脱媒是金融市场发展的一种趋势，目的是减少融资中介造成的融资障碍，实现融资渠道扁平化，降低投融资双方沟通过程的信息成本、时间成本，提高融通资金的运作效率。融资中介狭义上是指处于金融市场垄断地位的银行机构，广义上则泛指各种金融部门，而资金供求双方必须绕开融资中介，才能符合脱媒本质。股权众筹代表了金融脱媒的创新发展方向和趋势，既满足了投资者寻求更高回报的投资意愿，也满足了中小企业对更低融资成本的需求。股权众筹融资模式是资金直接从供给端流向需求端的便利渠道，无须经过融资中介，从而摆脱了对传统融资中介的依赖。

（2）股权众筹融资可帮助实现普惠金融

普惠金融概念最初是在小额信贷的研究基础上建立的，目的是让每个人都能享有金融服务的权利，确保普通民众也能享受便捷的金融服务。普惠金融的核心思想是解决金融系统的排斥问题，帮助受传统金融体系排斥的群体回归金融系统。大力发展普惠金融，要勇于创建新模式、提出新思路，促进金融市场深化改革。目前，我国民间资本数额庞大，可投资标的较少，投资者往往采取将储蓄资金存放在银行获取利息的低收益模式。此外，众多初创型中小企业很难符合银行高门槛的融资条件，无法方便快捷地获取企业运营所需要的资金。股权众筹融资，以网络平台为媒介，两端的载体一边是不易获得资金的初创型中小企业，另一边是投资渠道受到限制的投资者，整个融资过程呈现大众化、高效化、便捷化的特点，能帮助大量初创型中小企业获得运营资金，同时可为众多投资者拓宽资产配置方式，可以有效促进普惠金融的发展。

（3）股权众筹融资可促进我国多层次资本市场体系建设

我国资本市场体系建设经过多年发展，已经取得一定成果，目前基本能够满足各类型企业的融资需求，但是和发达国家相比还存在很大的进步空间。我国经济飞速发展，初创型中小企业数量逐渐增多，构建多层次资本市场体系，尤其是形成多维度的场外资本市场体系尤为重要。目前，场外市场体系由全国性中小企业股份转让市场和区域性股权交易市场两部分组成，在一定程度上改善了中小企业融资难困境。股权众筹的出现为场外市场建设提供了新的思路，已经形成对场外市场的有益补充。

6.2.2 股权众筹与股权融资的区别

股权众筹，是基于互联网众筹平台、以股权转让与交易的方式进行的一种新型投融资模式，即公司出让一定比例的股份，面向大众投资者融资；投资者通过权益性投资入股，成为股东，可获得企业发展收益。股权融资是指企业的股东愿意让出部分企业所有权，通过企业增资的方式引进新股东的融资方式。

其实，无论从概念上还是投资过程看，股权众筹与股权融资都有着不少相似之处。不过，两者在侧重点上是截然不同的。那么，股权众筹与股权融资有哪些区别呢?

(1)融资渠道不同

股权众筹是基于互联网平台即股权众筹平台进行的一种线上投融资模式，而股权融资则是在线下操作的一种投融资模式。

(2)融资主体不同

进行股权众筹融资的一般都是处于初创期的小微企业。股权融资有公募与私募之分，公募股权融资即是通过股票市场向公众投资者发行企业的股票来募集资金，发行主体多为具有持续盈利能力的大型企业；而私募则是成熟期的民营中小企业进行股权众筹融资的主要方式。

(3)定位不同

股权众筹的定位就是投融资的信息服务平台，服务的对象主要是两方面，一方面是融资方，中国的小微企业群，进入天使轮的企业，或者进入风险投资 A 轮融资的企业；另外一方面是中国的投资方，大量潜在的社会投资人。

(4)融资成本不同

股权众筹作为一种低门槛的直接融资渠道，有效降低了小微企业的融资成本。而传统股权融资，无论是公募还是私募发售，其隐性成本非常高。对项目方来讲，主要是缺乏经验，不能充分展现项目亮点，同时对接投资人数量非常有限，找到匹配的投资人需要运气。由于缺乏金融和投资知识，项目方很难科学地把握交易结构、交易估值，容易遭受不可避免的损失。

其实，股权众筹可以看作是对股权融资的有效补充，对推动社会创新创业、完善我国多层次资本市场体系、促进金融改革创新都具有十分重要的意义。

6.2.3 股权众筹与VC/PE的区别

通常来说，私营企业以股权的形式寻求投资的选择有天使投资（Angel Investment）、风险投资（Venture Capital，VC）、私募股权（Private Equity，PE）或首次公开募股（Initial Public Offerings，IPO）等。为了将股权众筹置于现存投资方式的大环境中，有必要对传统的投资方式和股权众筹进行对比。

6.2.3.1 天使投资

天使投资人通常是指以向小型私人创业企业购买股权的方式提供资金支持的个人。这一定义实际上与股权众筹的定义类似，都是个人向市场上有成长前景的小企业投入资金。但天使投资人往往是对市场有深刻洞察的个人，一方面，他们人数较少且不易找到，因此良好的个人关系网络具有很重要的作用；另一方面，即使某些公司找到了天使投资人，还必须把自己的商业想法推销给天使投资人，以说服其投资。

天使投资与股权众筹的差异在于：投资者的数量和投资者付出的努力不同。天使投资人是有资金实力的个人，他们往往支持小型初创企业并帮助其实现成长，但在股权众筹模式中，有一群小投资者为小型初创企业贡献少量的资金。此外，不仅天使投资人对小型初创企业拥有决策权，在某一领域有相关经验的众筹投资者也能够成为企业管理决策的一员，毕竟他们都是利益相关者，致力于企业的发展并寻求潜在的回报。但天使投资人和众筹投资者的参与程度是不一样的，天使投资人对小型初创企业的投资数额较大，不仅对企业的经营决策拥有一定的决策权，还会利用自己在某领域的专业知识为这些小型初创企业提供丰富的商业经验、管理技术和社会资本等。而众筹投资者数量较多，投资金额相对很小，相关的行业经验也比较匮乏，因此对小型初创企业的帮助有限。

6.2.3.2 风险投资

风险投资就是风险投资家或风险投资机构向具有良好发展潜力的公司或项目进行资金投入，谋求资本增值收益并承担投资失败风险的一种股权投资方式。风险投资通常以获取高额的投资回报为目的。风险投资活动的参与主体往往是由职业经理人组成的风险投资团队，风险投资家的职业经理人团队往往会对即将投资的项目或企业进行相当长时间的跟踪调查、价值评估和进行相关的可行性分析。风险投资的风险资本则主要来自于向机构或者个人投资者募集的风险基金，其金额往往比较大，因此风险投资家通常拥有初创企业的表决权。

风险投资与股权众筹最重要的相似点是它们都关注具有巨大成长潜力的小型创业企业。而二者的差异主要体现在投资者的规模和投资企业的成长阶段上，风险投资家资金实力雄厚，而股权众筹通常是从大众那里获取资本，显而易见，公众众筹背后的主导思想是投资者众多。风险投资企业的有限合伙人也可能会直接投资初创企业以获取利益，但风险投资家的主要收入则是年度管理费用和风险投资利润分成。另外，风险投资往往关注处于成长阶段的初创企业，对于种子期或概念期的项目或企业关注很少，而股权众筹则主要关注种子期或概念期的创意项目。

6.2.3.3 私募股权

私募股权致力于以有限合伙人的身份为封闭式基金募集资本，它们通常有清晰界定的投资战略、明确每位投资者权利和义务的限制条款及 10～13 年的封闭期。投资者们可以轮流获得超过公开市场水平的股权收益优先分配权，但这是以流动性和任意调整投资组合特权为代价的。非公开配售被私募股权行业视为一种有效的投资方式，因为它可以利用相关证券法规的豁免登记从某种特殊的投资者那里以更低的成本、更快速地实现相应的投资目标。对于筹资企业来说，私募股权投资作为长期投资不仅可以为企业提供稳定的长期资金，也能给企业提供有关管理、技术和经验等。但是对很多投资者而言，私募股权的大部分投资机会还是难以获得，因为私募股权限制最小投资规模，缺乏流动性，不对大众投资者开放。

私募股权与风险投资的行为和组织都很相似，它们都购买企业的股权并从有限合伙人那里获取资金，此外，它们都对有限合伙人收取费用。但与风险投资不同的是，私募投资者倾向于寻找较为成熟的、很可能已公开上市的大型企业，而风险投资更关注创业型企业。并且，私募融资的资本数量通常比较大。虽然股权众筹也不经常发生在企业的初创阶段，但它显然也不会关注完全发展起来的成熟企业，因此私募投资比风险投资离众筹活动的距离更远。

6.2.3.4 首次公开募股

首次公开募股是指企业通过证券交易所首次公开向投资者发行股票，以募集用于企业发展所需资金的过程。对大多数以独资、合伙或有限责任公司形式成立的初创企业而言，随着企业的成长和规模的扩大，这些形式在公司治理、筹资能力等方面往往会阻碍公司的壮大与发展。因此，很多企业都会选择首次公开募股来获得公司扩张的资本，分散原始股东的风险并提高公司股权的变现能力。

从理论上来讲，首次公开募股与股权众筹非常相似，因为两者都愿意向大众出售本公司的股份，不同之处在于，股权众筹包括私募股权，而当一个大公司首次公开发行股票时，我们通常说的是公众普通股。普通股可以在证券交易所自由交易，但私募股权却没有这样的流动性。同时，首次公开募股的公司涉及的资本量明显远远大于股权众筹，因此首次公开募股并不是一种冒险资本主义，它是企业在不断成长需要扩张规模的情况下做出的最优选择。而私人众筹活动对小型初创企业而言是个更加合适的解决资金问题的方法，因为小型初创企业需要较少的资源，企业的所有权也倾向于保留在少数人的手中。

6.2.4 股权众筹的运作模式及流程

6.2.4.1 个人直接投资众筹模式及流程

个人直接投资与网上购物类似，投资者在众筹平台上浏览其列出的可投资项目，然后对其创始人背景、行业情况、主要产品、发展潜力等各方面做出风险与收益的权衡，据此选择个人认为有潜力的企业进行投资。如果企业或项目达到目标投资金额，则融资成功，投资者随后会收到股权证明、投资协议书等代表股东身份和未来收益凭据的纸质文件。在个人直接投资的模式下，众筹平台通常会委托专业的投资公司或律师事务所来处理相关纸质文件交接。

采用这一模式的典型代表是全球最早的股权型众筹平台 Crowdcube，其运作流程类似淘宝，它直接把投资者和融资者连接起来。当融资者有项目在 Crowdcube 上线时，融资者需要提供项目描述、退出机制、投资机会总结、商业计划和未来三年的财务预测。Crowdcube 会在 72 小时内对项目进行审核，审核通过后融资者才能把自己的融资计划发布在 Crowdcube 上，然后投资者可根据意愿在一定的投资期限（通常为 60 天）内投资，直至达到目标金额或投资期限截止。一旦达到目标金额，由 Crowdcube 聘请的律师事务所会来处理相关的合同和股权手续，事务所首先向融资者确认股东数量和投资计划，然后投资者会在 7 天内收到邮件以确认他们的投资，7 天过后投资自动与所投资的企业绑定，投资者收到纸质版文件。这期间平台会对投资者和创业者进行深入的反洗钱调查和背景调查以确保各方的利益不受侵害。个人直接投资对于投资人的要求较高，投资人须对项目非常熟悉，并具备一定的行业经验。采用该模式的众筹平台通常会提示投资风险，如 Crowdcube 为了帮助投资者了解投资股票的风险，专门设计了风险摘要栏目，以提醒投资者理性投资和多样化投资。有些平台还会受持有投资者的股份委托并管理投资，投资者可以直接从平台得到投资反馈和企业的发展情况，被投资企业对投资者发放的股息或转让股份等事项也通过平台交付给投资者，平台以此收取一定的管理费。

虽然个人直接投资省去了融资者和投资者之间的中介活动，但筹资人在选择投资人时需要对每一个投资者进行单独的调查和咨询，这会耗费筹资人巨大的精力和时间，从而影响股权众筹的效率。另外，股权众筹网站虽然会发布投资的建议和风险提示，但对于大部分专业知识相对较少的小额投资者而言，一方面他们仍然很难判断所投资企业或项目的发展潜力和市场价值，另一方面也会耗费他们大量的时间和精力来识别可投资的项目，这都会使其面临更大的风险，不利于股权众筹的发展。

6.2.4.2 “领投＋跟投”股权众筹模式及流程

（1）模式

“领投＋跟投”模式，又称辛迪加模式，最早起源于美国的股权众筹平台 Angelist。Angelist 的辛迪加模式可以实现领投人和其他跟投人投资同一项目。Angelist 规定，领投人要挑选和审核项目，并且占投资比例的 10% 以上，其他份额由跟投人认领。同时在融资完成后，领投人负责将资金投资到标的项目，并且进行投资后的监督与管理。

对于跟投人来说，股权众筹采取“领投＋跟投”模式，可以让跟投人参与领投人组织的联合投资体。跟投人在每个投资项目中只需要投资一小笔资金，就可以借助联合投资体，充分利用领投人在挑选投资项目和投资管理上的丰富经验。

对于领投人来说，可以通过这种方式撬动众多跟投人的资金，还能额外获得投资收益的分成。通常情况下，领投人通过联合投资模式可以撬动的资金，是他自己投入资金的 5~10 倍。这使领投人得以参与投资和领投更多的项目，包括参与那些投资金额门槛较高的项目。此外，领投人汇集更多的资金去投资，也有利于领投人代表所有投资人在投资项目中争取更多的权利。除了投资中的好处外，通过联合投资，领投人还可以借机融入跟投人的社会关系，这些社会关系将为领投人及其投资项目带来更多的附加价值。

“领投＋跟投”模式对创业企业也有好处。创业企业不需要一一面对每个跟投人，不会陷入投资人众多的纠缠和麻烦中去。它只需要应对一个领投的投资人，就可以获得超出领投人投资金额 5~10 倍的投资额，还能获得跟投人在社会关系上对企业的帮助。

（2）流程

在“领投 + 跟投”模式中，领投人在项目的各个阶段都起主导作用，核心内容包括项目筛选、交易结构设计、项目上线、投后管理、择时退出等，跟投人在项目上线后介入。

① 项目筛选。股权众筹第一步是筛选优质项目。融资方将项目的基本信息、团队成员、商业计划书上传至众筹平台，由平台的投资团队对项目作出初步质量审核，通过内部投票表决委员会确定是否允许其上线。领投人选择自己感兴趣的项目，通过尽职调查确定是否领投，如果领投的话，需要出具尽职调查报告和阐述领投理由，并确定项目投前估值。

② 交易结构设计。领投人帮助融资方完善商业计划书，确定项目投后估值及投资金额等交易结构。领投人对一个融资项目的认购金额通常应达到该融资项目实际募集金额的 30%~80%，剩余部分由项目上线后跟投人认购。

③ 项目上线。领投人协助项目路演，确定投资意向书条款，帮助项目落实跟投。跟投人通过商业计划书、线上路演等信息披露途径对项目进行了解，决定是否跟投。

④ 融资成功或失败。当认筹额超过融资额，或虽然认筹额小于融资额，但是超过融资额 80%，并且领投人愿意追加投资，股权众筹成功，否则失败。股权融资若失败，融资人与领投人可以对项目进行完善后重新提交上线。

⑤ 投后管理。投后管理方面，投资后领头人代表投资人跟踪融资项目进展情况、参与公司重大决策，尽最大努力为项目提供有价值的帮助。

⑥ 退出。领投人代表投资人选择合适的时机以合理公允的市场价格退出，但退出前，要书面告知参与本轮融资的跟投人共同设立的有限合伙企业的执行事务合伙人，以便其代表合伙企业做出相应的投资决策。

6.2.5 股权众筹的募集、投后管理和退出

6.2.5.1 股权众筹项目资金募集

股权众筹融资方将项目的基本信息、团队成员、商业计划书上传至股权众筹平台，由平台的投资团队对项目做出初步质量审核，通过内部投票表决委员会确定是否允许其上线。上线后进行项目资金的募集，可以采取个人直接投资方式，也可以采取“领投 + 跟投”融资模式。个人投资是指个人投资者通过投资平台直接购买融资企业的股份份额，这种投资方式对于单独的个人投资者来说要求比较高，这种模式不仅要求投资者对项目涉及的行业有所了解，还要对项目的运营管理有一定的判断能力与经验。一般情况下，平台会对个人投资者在投资之前进行风险提示，提示投资者可能面临的风险及损失，并且建议投资者审慎地选择投资，通过采取多样化行业项目，小额单笔投资的方式规避投资风险。“领投 + 跟投”模式已经在前面介绍过，这里不再赘述。

6.2.5.2 股权众筹项目的投后管理

随着股权众筹的快速兴起，投后管理逐渐成为融资成功后不可或缺的重要环节。融资方和投资人除了面临一系列复杂的投后程序外，更关心股权众筹成功后公司的经营发展和未来走向。如何顺利、高效地走完协议、尽职调查、股东会、工商变更、资金交割等一系列流程，同时还能让股东及时全面地掌握最新的财务报表、维系好投融关系、监管资金用途等，这些服务都需要极高的专业度。

投后管理主要负责项目信息披露、协助招聘人才、协助后续融资及协助战略梳理。目前，投后管理不足主要体现在信息披露不及时、向投资人反馈不到位、服务态度不佳等问题上。

第一，投后管理应该建立专业化的投后管理团队和企业资源共享平台，在投后管理过程中，以配合领投机构对受投公司进行财务监控、业务运营规划指导和合资资源整合等方面的管理，目的是使受投公司向正确的方向发展。

第二，投后管理要对股东负责，肩负起定期汇报公司进展、通报财务状况和人事及业务状况等方面的责任，必要时根据受投公司实际需要，合理规划资源对接、退出时机与收益点控制及下一轮融资策略等方面工作。

以京东金融为例，京东已建立起自己的投后管理团队。一方面，可用来协助领投人协调资源、扶持创业企业做大；另一方面，可以定期或不定期监督企业对募集资金的使用，监督领投人勤勉尽责地履行领投人职责。投后管理最看重的是为每个投后项目提供定制化投后服务，并且随着企业的发展及战略变化，不断优化服务体系。

在京东股权众筹平台“东家”上线的项目，可以享受一站式投后管理服务，通过京东创业生态圈对接多种资源，像其内部资源包括商城、“到家”、保险等，还可以享受众创学院、创业门诊、资深投后顾问等培训咨询服务。同时，投后管理团队会根据不同项目的特点，实现不同项目间的黏性对接和交叉服务。以已经融资成功的某社交 App 为例，首先是联手京东保险为特定人群定制保险产品，包括疾病险、意外险、运动险等。此外，投后管理团队还建议并协助该社交 App 商城对接京东商城、成人器械部等部门，拓宽产品品类，保障货源稳定。此外，提供圈内项目间的对接方案也是京东平台的一大亮点。例如，这款社交 App 已与另一款旅行 App 联手设计旅游产品等。

据了解，京东众筹平台之所以可以深入开展投后管理，原因是其在每个项目中都有少许股份。但限于人力服务、沟通成本等，大部分股权众筹平台缺乏融资方和投资方直接沟通交流机制，只能通过线下一对一交流或开会，势必耗费大量人力物力，运转效率不高、投资人不爽、融资方无奈。作为第三方的“红娘”平台苦于法律地位的问题，无法直接干预投融双方的“婚后生活”，投后管理可谓“有心无力”。由此，一些众筹平台开始推出了集约化、互联网化股权众筹投后管理系统。这类系统可实现尽职调查、工商交割、公司治理（投票表决、运营信息披露）及后续法律财务服务等环节的互联网全程管理。业内人士指出，这种方式也是开展投后管理的重要途径之一。

6.2.5.3 股权众筹的退出机制

退出机制一直是股权众筹难于直面的痛点，2015 年 12 月 23 日，股权众筹平台 36 氪首推“下轮氪退”引起高度关注。随着股权众筹的快速发展，越来越多的股权众筹平台开始进行退出机制方面的探索和创新。股权众筹行业因为发展时间相对较短，尤其是巨头及专业机构进入时间比较晚，从股权投资长期性的特点来看，客观地说之前各家平台在退出方面的确考虑相对较少，相关退出案例也是凤毛麟角。

作为股权众筹本身，业内公认有四大难点——优质项目少、估值定价难、建立信任耗时久、退出周期长，其中退出一直是股权众筹平台需要重点考虑的问题。根据专业股权投资机构通常的作为，目前具备一定专业投资能力的平台更多地采用“领投＋跟投”的方式，实施“次轮或次次轮、被并购、新三板挂牌或 IPO、大股东回购”四种退出方式。

从国家给股权众筹行业定义为多层次资本市场的底层来说，建议监管部门及行政部门（比如工商管理部门）给予更多扶持，简化有关流程，或者通过建立统一的挂牌登记系统，给众筹平台提供合法的线上交易退出通道。之前没有新三板和战略新兴板，收购兼并的活动也并不活跃，退出的途径只有首次公开募股一条道。目前，企业可以在高速成长期挂牌，为投资人大大缩短退出期，如果发展得好，甚至可以用挂牌后的定向增发取代传统的 B 轮和 C 轮融资，这样就可为早期的众筹投资提供良好的退出途径。

此外，也可以通过投后管理、提供财务顾问的服务，将创业公司卖给上市公司从而实现退出。还可以在挂牌前和各地的股权交易中心合作，通过这些中心来转让一些投资人的老股。众筹平台则通过撮合老股转让的交易，获得合理的佣金。有的平台也在尝试以收益权凭证转让的方式来让原始股东及早期投资人的投资实现退出，但这种收益权转让的方式需要注意的风险在于重复转让，毕竟收益权不是物权而是质权，不能通过房产登记中心做抵押登记，所以除了合同约束外并没有好的办法可以避免这种风险。有的股权众筹平台做一些代持和流转，但是股权众筹平台自身做股权交易平台违背了国家法律法规，与监管政策可能会有冲突，因而与互联网金融资产交易中心、股权交易中心有机结合将是解决股权众筹退出的一个好的探索。

国内外公益众筹平台

【国内】

NO1. 腾讯公益：腾讯公司倡导并发起了中国互联网第一家在民政部注册的全国性非公募基金会——腾讯基金会，致力公益慈善事业，关爱青少年成长，倡导企业公民责任，推动社会和谐进步。

NO2. 轻松筹：轻松筹，是由北京轻松筹网络科技有限公司率先推出的基于社交网络、面向广大网民日常生活内容，以独立网站运营，针对商业市场的品牌众筹平台。

NO3. 众筹网：众筹网涵盖的领域包括科技、艺术、设计、音乐、影视、出版、动漫游戏、公益、公开课、农业及苏州站、河南站在内的 10 个频道和 2 个地方站。基本涵盖了众筹领域的各个方面。

NO4. 淘宝众筹：淘宝众筹的来源是“淘星愿”，主要方向为科技、农业、娱乐、公益等关注点。

NO5. 京东轻众筹：京东轻众筹是一种审核简单、即发即筹的众筹模式，专门针对用户在移动端发起的众筹。

【国外】

NO6. Microplace：Microplace 是 PayPal 旗下的一家公司，允许投资者把钱投入缓解贫困的项目。像在任何经纪公司一样，用户可以在 Microplace 创建一个账号。然后每个季度会收到利息及投资组合报告。一个投资成熟后，用户可以拿回他们的钱，也可以把资金投到另一个项目。

NO7. Crowdrise：在 Crowdrise 用户可以通过投票支持慈善机构和志愿组织，为他们的项目捐款，或帮助他们募捐。也可以创建一个文档为慈善机构筹款，或加入现有的项目团队。Crowdrise 会从捐款中扣除 5%，同时收取交易费。25 美元以下的捐款收取 1 美元，25 美元及以上的收 2.5 美元。Crowdrise 已经有 1 500 000 个慈善机构。

NO8. 33needs：33needs 是连接投资者和小型企业的网络应用程序。投资者抽取项目资金目标的 3%，33needs 则收取 5%。网站还将项目分门别类，如“教育”“环保”“社区”等。

NO9. Firstgiving：该机构主要帮助组织计划、执行及评估成功的线上筹款项目及活动。非营利组织可以做一个页面发送给他们的支持者，个人用户则可以创建一个网页来为某个组织募款。Firstgiving 的广泛影响力已初步显现。

NO10. Ioby：它是连接社区环保项目捐赠者和志愿者的平台，以此激发纽约的环保知识普及及环保行动。网站以支持创新性环保项目为主，如纽约社区和学校的垃圾回收及堆肥、街道美化、城市园林及公园维修。

6.3 众筹融资的风险及风险防范

6.3.1 众筹融资的风险

6.3.1.1 股权众筹的法律风险

股权众筹是互联网金融的重要组成部分，作为一个刚刚兴起不久的融资模式，在我国涉及的法律领域比较广泛，但是直接明文规定的法律法规仍在空缺中。

（1）非法集资的法律风险

我国对于非法集资的界定标准较为详细：①在没有获得有关监管部门的审核批准，或借用合法经营的外衣掩盖真实意图的前提下，向大众募集资金；②募集资金时进行公开宣传，包括通过各种媒体、项目推介会、发传单等途径；③对融资项目作出投资回报承诺，例如承诺在一定期限内偿还本金支付利息并给予货币、实物、股权等作为回报；④不限制投资人群，面向社会不特定对象募集资金。目前没有专门适用股权众筹的法律条款，监管部门也没有明文禁止这种融资模式，可以说股权众筹目前徘徊在法律边缘，股权众筹运营模式运用互联网平台作为媒介，任何人都可以浏览项目信息，不可避免地触碰到第二条标准。有些平台项目为了吸引更多的投资者，加入了“股权回购”条款，承诺“在一定期限内以货币形式给予回报”。股权众筹平台的投资者普遍采取实名认证，采取这种方式是否就属于“社会特定对象”，没有明确的法律依据，而且实名认证并非强制性要求，很多平台没有采取这种方式。

（2）非法发行证券的法律风险

我国为了实现对资本市场的有序监管，对证券公开发行作出了严格限制，没有经过有关部门审核批准，任何企业或者个人不允许公开发行证券。对于公开发行的标准，我国明确规定以下三点，只要满足其中一点即可视为公开发行。第一，不设定具体人群，向社会不特定对象发行证券；第二，设定具体人群，向社会特定对象发行证券，但累计人数超过200人；第三，法律、行政法规规定的其他发行行为。股权众筹融资针对第一点界定标准的解释，与非法集资的情况相同，关于“社会不特定对象”目前没有明确定论。针对第二点，股权众筹依托互联网平台发布融资信息，如果不对投资人数进行限制，很容易突破200人的限制。针对第三点，实际为股权众筹的合法化预留了空间。综合分析，股权众筹融资模式在第一点和第二点的界定标准上，均有触及法律红线的风险。

6.3.1.2 操作风险

（1）尽职调查不严导致的操作风险

尽职调查是指对项目企业及投资者进行严格的审核，确定相关资料的完整性、真实性、合法性，降低风险发生的概率，然而目前一些股权众筹平台缺少完善的尽职调查体系，极易造成操作风险。

首先，在投资者审核方面，我国没有设立明确的统一标准，由各众筹平台根据自身的发展策略自行设置投资者审核制度，依据现行法律监管标准，有必要对投资者本人进行实名认证，防范非法发行证券的法律风险。此外，从投资者保护角度出发，股权众筹融资本质是股权投资、价值投资，项目经营失败导致投资者颗粒无收的风险很高，普通收入人群对相关投资风险缺少足够的认识，不能承受较高的投资风险，因此若对投资者缺少适度的审核制度，将扩大整个行业的风险。

其次，在对领投人的审核方面，缺少对领投人资质审核的明确标准，有些股权众筹平台设定领投人需要具备一定的投资经验，有一定的风险识别和判断能力，能够帮助其他投资人完成股权转让的对接工作，还需要具备投资热情专注投资事业，这些标准的设置具备合理性，但是平台对于领投人标准的审核往往停留在形式上。

最后，在项目企业审核方面，一些股权众筹平台对项目审核缺乏实质性的分析，仅仅对融资方提供的商业计划书进行简要审查，没有设立完备的资料审核流程，项目企业提供资料的真实性、合法性、完整性无法准确核定。此外，如果项目企业夸大企业竞争优势与发展前景，股权众筹平台一般不会深入追究，一些缺乏市场竞争力的企业也可通过审核，这样无疑增加了项目失败的风险。

（2）网络系统缺陷导致的操作风险

互联网信息技术是股权众筹平台建设的重要基础，融资信息以股权众筹平台作为媒介对外发布，一旦出现网络异常情况，例如出现网络中断、网络拥堵、交易延迟、黑客攻击等事件，将会给信息系统的稳定性、服务性及安全性带来影响。股权众筹平台对信息技术的要求较高，相关方面的专业人才较少，容易引起网络系统缺陷从而造成操作风险。某些股权众筹平台对客户的隐私性、项目企业的知识产权资料等重要内容缺少信息技术防控措施，或者内部访问权限没有进行有效的监管，如果相关资料被不法分子窃取，将会给投资者和项目企业造成不可挽回的损失。

6.3.1.3 信用风险

（1）项目企业欺诈造成的信用风险

项目企业的信用风险，主要是由于股权众筹平台缺乏对商业计划书的严格审查，没有履行尽职调查义务，忽视风控体系建设。目前我国没有颁布针对股权众筹融资的法律，对项目筹资人及项目投资人没有限制。根据我国法律“法不禁止即自由”的原则，任何人都可以向股权众筹平台递交众筹项目申请，一些资信状况不佳的人提交虚假信息上线进行众筹，如果股权众筹平台缺乏合理的审核制度，缺少尽职调查流程，就容易把虚假项目放置于股权众筹平台上对外募资。此外，项目企业融资成功后，将所募集的资金汇入企业账户，如果缺乏有效的监管措施，项目企业很可能谎称经营失败，将所募资金据为己有，或者向投资者隐瞒企业经营信息，误导投资者，违规使用资金。股权众筹的投资者普遍出资额度较小，进行详细调查的意愿不强烈，此外，投资者往往通过互联网投入资金，互联网没有地域限制，很可能与所投资的企业在地理上相距较远，股权众筹的投资者即使有实地调查的意愿，也会因为路费成本、时间成本等因素放弃，降低了自身获取信息的深度与广度，增加了信息不对称所引发的信用风险。

目前我国征信体系无法向金融领域各类公司提供配套的征信体系服务，造成的后果是不法分子因欺诈违约付出的成本大幅降低，股权众筹融资模式中的项目筹资人提供虚假信息被审核发现后，只会被股权众筹平台取消评审资格，最严重的也只是会被拉入平台黑名单，此时，虚假信息提供者完全可以换一个股权众筹平台继续行骗，而不用承担任何处罚，无疑增加了项目企业欺诈导致的信用风险。

（2）股权众筹平台欺诈造成的信用风险

股权众筹平台作为融资信息的发布者，同样有可能因利益驱使进行违法运营。目前股权众筹平台的盈利模式主要是收取融资佣金，融资项目的多寡直接影响股权众筹平台能否盈利，容易造成股权众筹平台降低项目审核标准，放宽项目准入条件，允许更多劣质项目出现在股权众筹平台。股权众筹平台甚至可以对项目企业进行夸大宣传，承诺投资回报，用欺诈的方式诱导投资者投入资金，严重危害投资者利益。

6.3.1.4 资金安全风险

（1）资金募集阶段的安全风险

在募集阶段，资金管理应该遵循权责分明、审慎独立的原则。目前我国经营业绩优异、信誉度良好、规模较大的股权众筹平台都选择了独立的大型第三方机构进行资金托管，以确保资金安全。选择第三方托管资金，不仅可以增加投资者对股权众筹平台的信任度，还可以提高融资方对股权众筹平台的认可度，进而吸引越来越多的人在股权众筹平台进行投融资匹配。然而，我国股权众筹平台与资金托管方建立合作的模式并非强制关系，很多业绩欠佳的股权众筹平台融资规模小、经营风险高，很难与资金托管机构达成合作意向。此时，股权众筹平台募集到的资金只能自行管理，形成资金池，股权众筹平台的管理者很可能利用资金池从事不法行为或者利用职务便利将项目资金挪作他用，形成了极大的安全隐患。

（2）资金使用阶段的安全风险

融资项目成功募集所需资金后，就进入资金使用阶段。有些股权众筹平台会选择一次性将资金汇入被投资企业的账户，这种做法可能导致对项目企业使用资金的途径无法进行有效监管，企业经营者很可能会违背融资合同中关于资金用途的承诺，一旦发生欺诈行为，投资人很难追回损失。被投资企业应提供完善的资金使用流程，说明企业现阶段的资金需求，包括使用目的、资金用途及企业当前的基本运营信息、财务信息等内容，由领投人负责向众多投资人披露信息。领投人必须严格审核企业提交的信息，确保其真实性，以降低资金的安全风险。

6.3.2 众筹融资的风险防范

6.3.2.1 建立健全法律法规明确股权众筹融资的合法性

美国的乔布斯法案中，废除了非上市企业在通过私募方式募集资金时不得公开宣传的限制，但要求参与其中的投资者必须是美国证监会认证的投资人，同时在乔布斯法案的规定中，这种募集方式不会被视作公开募集。这一规定使非上市公司在资金筹集时可以通过更为广泛的宣传来扩大投资的投资者群体。如果我国的股权众筹要健康地发展，首先应该建立明确的法律法规确立股权众筹的合法性。我国市场投资活动非常活跃、需求旺盛，却被诸如民间高利贷等风险高、不规范的“擦边球”所误导，难以形成良性发展。与此同时，我国创业者依然面临严峻的筹资难题，一些好产品、好项目苦于资金匮乏被迫流产甚至被“高利贷”拖累，使创业者的信心大受打击。面对如此窘境，亟需构建投资者与创业者之间的桥梁。国家监管机构应制定相关法律法规，将股权众筹与公开发行区别开来，确立股权众筹在我国金融市场的合法地位。

6.3.2.2 建立健全小股东权益保护机制

建立健全小股东权益保护机制是监管层在制定相关法律法规及各众筹平台在制定相关交易规则时需要慎重考虑的事情。美国乔布斯法案中有明确的关于投资者准入的定量条款，包括对投资者年收入和投资比例的严格限定。建立并完善小股东权益保护机制，要做到投资前防范风险，投资后有法可依，为投资者的合法投资上“双保险”。当然，保护机制的建立无法一蹴而就，应建立符合基本国情的投资者适当性管理制度，选出与市场风险匹配的合格投资者，并对投资者充分进行风险提醒，这是保护投资者的首要任务。同时要完善信息披露制度，定期定向地对股东披露公司财务信息、经营管理信息，以保障股东利益，规范企业经营。此外，应推进股东诉讼制度的建设进程，为股东权益的维护构建最后一道屏障。在投资中能够规避风险固然最好，但投资者一旦遭遇违约等风险，损失的补偿制度便显得尤为重要。

6.3.2.3 加强征信体系建设

在我国现阶段征信体系内，中国人民银行的征信系统收录内容最全面，能够较好地反映个人及企业的信用情况。2015 年，我国允许芝麻信用、考拉征信等 8 家机构运用自身交易大数据，开展个人征信市场化以完善我国征信体系建设。

我国金融市场的诚信度与发达国家相比还有较大差距，加强征信体系建设，对于促进股权众筹行业发展具有重要意义。在中国人民银行征信系统尚未接入股权众筹平台的背景下，股权众筹平台难以调用中国人民银行的个人征信报告，不能及时掌握项目发起人的资信状况，当前所有的股权众筹平台只能采用人工方式对投资人的信用进行评估，消耗了大量的人力、物力、财力，严重影响了平台运营效率，并且缺乏大数据的支持。同时由于股权众筹平台没有接入征信系统，平台之间的信息无法共享，在一个平台的违约记录，不会被其他平台知晓，违约人可以伪造其他项目信息在其他平台继续行骗，违约成本过低，在一定范围内增加了众筹项目的欺诈风险，不利于众筹平台的可持续发展。

我国应大力推动征信体系建设，完善征信大数据集中管理，并向包括股权众筹平台在内的互联网金融平台开放使用。在建立股权众筹诚信档案的同时，还应制定黑名单措施，一旦存在违背诚信原则的行为，就应取消其在平台发布新众筹项目的资格。加强征信体系建设，将显著降低股权众筹融资模式面临的信用风险，助力我国股权众筹行业健康稳定发展。

6.3.2.4 兼顾审慎性和包容性，制定专门的监管规则

对于股权众筹融资，有关部门需要制定专门的监管规则。首先，由于股权众筹的特殊性，通过互联网平台进行操作，存在很大的信用风险和欺诈风险，需要通过制定一定的规则对其运行进行规范。其次，股权众筹还处在刚刚起步的阶段，如果像监管成熟的金融产品和金融服务那样对众筹进行监管，会大大增加众筹运作的成本，使许多潜在的投资者因为成本等原因被排除在众筹平台之外。我国应当参考目前已有的金融服务监管法律，制定出符合我国国情的众筹监管法律法规，对众筹的监管要坚持适度原则，既要及时发现众筹平台中存在的风险，对其进行防范，又要防止因过度监管给众筹融资的健康发展带来阻碍。当然，众筹监管原则的制定不是一朝一夕的事情，需要在不断的探索中进行完善。

6.3.2.5 完善众筹平台风控体系

股权众筹作为一种新型的融资方式，有其自身业务的特殊性，建立风险控制体系是股权众筹平台建设中必不可少的环节，直接影响着股权众筹平台能否长期健康稳定发展。良好的风控体系可以确保平台正常运行，吸引更多的潜在客户。

① 在股权众筹筛选环节，建立“初审—反欺诈—实地访查—最终核查”的标准化流程。

项目筛选作为股权众筹融资模式流程的起点，也是风险防范的起点，股权众筹平台应该设立专门的项目评审部门并严格实行具体的风控流程。

第一关，初审环节。股权众筹平台需要明文列示项目企业需要提交的材料清单，包含但不限于项目企业商业计划书、企业市场竞争力分析、企业创始人过往经历、企业录制宣传视频、企业营利模式简介、企业管理层简介、企业组织架构简介、企业拟融资规模及企业拟出让的股权比例。股权众筹平台项

目评审部必须对材料逐一进行详细查看，选择有融资前景的项目进入下一环节。

第二关，反欺诈环节。股权众筹平台项目评审部对项目进行初审后，与项目企业签订保密协议，然后要求企业提供项目发起人身份证明、企业过往经营状况详细介绍、企业工商营业执照、税务登记执照、企业房屋产权证明、企业房屋租赁证明、企业完税证明及可以说明企业真实性的其他材料，股权众筹平台项目评审部门对企业信息真实性、完整性作出评价，严格控制项目企业的欺诈舞弊风险。

第三关，实地访查环节。对于符合资料真实性、完整性要求的项目企业，股权众筹平台项目评审部应该进行实地走访，对项目企业管理层及基层员工进行约谈，深入了解企业的各项信息，评价项目企业实际情况是否与提供的材料相符，并将走访材料记录在案。

第四关，最终核查环节。股权众筹平台项目评审部在对前期搜集的各项信息进行审核后，对项目进行投票表决，决定项目是否成功突围，进入股权众筹平台展示界面，开始向潜在投资者募集资金。

按照上述标准建立项目筛选环节风控体系，可以显著降低项目欺诈风险。

② 在资金安全方面，股权众筹平台应该与独立的第三方资金托管机构建立合作。

在资金募集阶段，投资的资金先汇入资金托管机构指定账号中进行封存。如果项目企业众筹失败，资金原额退回给各投资者，如果项目企业众筹成功，资金应该按照约定标准分时间、分进度、分批次汇入项目企业中，具体的划款规则应由项目投资人与项目企业协商约定，严格防范资金安全风险，保护投资者利益。

6.3.2.6 在信息安全方面，成立信息技术安全部

股权众筹是互联网金融领域的成员，自身发展有赖于互联网技术的支持。目前，关于互联网公司遭受黑客攻击的案例不胜枚举，信息安全已经成为互联网金融企业需要高度重视的问题，成立信息技术安全部，运用 IT 人员的专业技能，定期维护股权众筹平台的网络系统，建立信息安全防火墙，除了能确保平台正常运营外，还能有效防止股权众筹平台的各项信息被窃取，保护股权众筹平台、投资者及项目企业的利益不受损害。

6.3.2.7 加强投资者教育，提高风险识别能力和防范意识

在股权众筹模式中，股权投资与平常的股票投资存在着很大不同，股权投资的周期通常比股票投资长，在短时期内很难赎回，而且在项目创立初期失败概率更高。由于投资者在金融方面的知识参差不齐，对股权众筹的风险还没有充分认识，我国监管部门应当开展更多与众筹相关的讲座，加强对投资者的教育，普及股权众筹的基本知识，让投资者充分意识到市场风险，积极正确地引导投资者，使股权众筹向健康有序的方向发展。

腾讯百度阿里巴巴变身天使投资的背后

进入 2011 年，互联网行业中多了一道风景，那就是行业巨头开始做天使投资人。

虽然中国概念股在美遭遇集体“封杀”的厄运，但是并没有影响互联网巨头的并购步伐。特别是互联网三大巨头腾讯、百度、阿里巴巴的并购行为，更像是一场投资竞赛。

腾讯率先开启了对外投资的步伐，除了布局电子商务领域外，在5月份，腾讯拿出4.45亿元投资华谊兄弟，正式进入影视投资，另外，还投资艺龙网进入在线旅游行业。进入6月份，百度3.06亿元投资去哪儿网，也涉足在线旅游。紧接着，美团网7月7日宣布B轮5 000万美元的融资的投资方名单亮相，阿里巴巴集团是该轮融资的领投人。

当然，这次投资案例仅仅是三大巨头并购领域中的几笔大的投资，还有一些小的或不为人知的投资，这里就不再一一列举，这些并购案例清晰地表明三大巨头正在朝着一些新的行业领域进军，而这些行业与其主业是不相关联的。是什么原因使得三大巨头今年如此大刀阔斧、步伐一致去做天使投资人呢?

市场PE估值偏低，并购恰逢其时?

说起阿里巴巴、腾讯、百度，大家都知道这些都是不差钱的公司，虽然近期中国概念股在美国资本市场遭遇了一波“封杀”潮，使得部分上市公司股价大幅下滑，但这三家公司的市值仍然处于在美上市中国互联网公司前列，截至7月12日百度市值497亿美元，每股股价为147.78美元；腾讯市值为3 734.44亿港元，股价为207港元；阿里巴巴市值为587.86亿港元，股价收于12.10港元。这些数字都是在中国概念股遭遇“封杀”后的最新数字，而之前，三大互联网巨头的市值也一直是互联网行业中的佼佼者。

今年，资本市场低迷，加上国家宏观调控收紧银根，让部分中小企业面临资金短缺，兼之创业板公司和中小板公司经过市场洗礼，估值相对处于低谷。而这些都是吸引VC/PE投资的最佳时机。一向不差钱的互联网三大巨头今年大手笔的投资，是否也是看好了这些估值相对偏低的中小企业而进行新一轮的投资，在扩大自己企业多元化发展的同时，在互联网上的又一次创新呢?他们这是一场抄底行动吗?

投中集团分析师冯坡接受《证券日报》记者采访时表示，网络巨头加强在相关领域的投资，主要基于企业自身所采取的开放化战略。由于企业的投资主要出于战略目的而不会考虑未来收益，因此，一些新业务领域的早期企业，也会受到投资者的关注。

股权投资，为将来做准备

腾讯、百度、阿里巴巴三大互联网巨头大手笔的对外投资，引起互联网市场不小的震撼，投资额一笔高过一笔，在外界看来更像是三者之间的投资竞赛。而三大互联网公司本身对于今年的投资战略有着自己的答案。

投资去哪儿网，涉足在线旅游网站，百度有自己的长远打算。

百度企业发展部总经理汤和松接受《证券日报》记者采访时表示，投资旅游行业是因为百度看到了旅游行业的整体强劲增长，并坚信在线旅游服务将在行业中担当越来越重要的角色。而去哪儿网是在线旅游市场的行业领导者，具有较强的技术和产品、良好的品牌，以及一个非常强大的管理团队。百度将通过百度的框计算平台结合去哪儿网的数据及内容，在未来继续探索更多可以与去哪儿网整合的百度产品，例如百度知道或者百度旅游，这是百度投资去哪儿网的主要原因。通过对去哪儿网的投资，百度也将为计划旅游的网民带来更好的搜索体验。

而对于涉足多个行业的投资，汤和松是这样解释的：作为互联网企业的先行者，百度也愿意鼓励创业，并支持创业者获得回报。百度近期的投资着重在垂直电子商务领域，比如家装、房地产和汽车等。这些战略性少数股权的交易，旨在帮助发展电子商务生态系统的关键环节。作为在线生态链的核心，百度将从这些行业的蓬勃发展中间接受益。另外，可以充分利用投资并购方式加强公司核心业务发展、建设良性生态系统，并布局未来，这是百度的一贯战略。而对去哪儿网的投资，百度将获取多数股权，这将带来更多的直接回报。

互联网未来将社区化

如果说百度的对外投资是为了支持创业者获得回报，给公司获得更多的投资股权回报的话，那么阿里巴巴的投资又是出于什么考虑呢？

阿里巴巴公关总监陶然在接受《证券日报》记者采访时否定了这次对外投资是公司战略上的变化。陶然表示，阿里巴巴投资的目的是随着电子商务的快速发展，进一步完善电子商务生态系统，提高阿里巴巴集团及旗下公司对消费者和小企业的服务能力。

至于为什么选择做天使投资人，阿里巴巴方面没有给出正面回答。陶然表示，公司选择的对外投资对象都是与主业领域相关的。

而最早发起大规模投资的腾讯，对于这次对外投资表示不作过多解释。

就在腾讯、百度、阿里巴巴大张旗鼓地对外投资时，同样是互联网公司中的大鳄，几大门户网站如新浪、网易、搜狐就显得异常安静，它们的投资显得略微滞后。对此，互联网专家王斌（笔名磐石之心）接受《证券日报》记者采访时表示，腾讯、百度、阿里巴巴的对外投资都是为了打造平台化和圈住更多用户。

王斌表示，腾讯、百度、阿里巴巴已经意识到互联网目前的变化，未来的互联网将是社区化，而三大巨头也是为整合社区化网络公司在做准备，面对一个开放和产业链共赢的互联网环境，巨头们通过投资可以获得更多合作伙伴、更多业务，从而拓宽自己的服务范围，圈住更多用户。而国内的门户网站除了资金紧张外，还有一个重要的原因是没有意识到当前互联网的变化。

同样，分析师冯坡也表示在互联网企业普遍的平台化战略之下，企业不仅在技术层面吸引更多应用开发团队接入自身平台、共享相关数据信息，而且企业业务扩张模式也发生重要转变——企业通过战略性并购及投资加强与原有业务的协同效应，或是开拓新的业务领域。

“中国互联网已发生变化，当前互联网用户不再关注功能诉求，而是社区诉求，社区化是互联网发展的终极目标。”王斌表示。

作者：夏芳

资料来源：《证券日报》（2011-7-13-(D1)）

项目总结

（1）众筹是crowdsourcing（公众搜索）和microfinancing（微型金融）二词含义的融合，是一种通过“团购+预购”的形式向网友募集项目资金的模式。它涵盖了多种类型的个人和企业筹资，但是无一例外地需要接触大众，以获得达成某一目标所需的资金，是一种更为平民化的资金筹集行为。

（2）众筹平台连接众筹项目的发起人和投资人。它为发起人提供发布并展示创意、计划、产品的便利，负责审核项目方及拟募资项目的资质和条件，并为合格项目的成功募集提供各种支持服务。发起人是众筹项目的创建人，是资金的需求方，往往是拥有独到的创造能力却缺乏资金的人。投资人即项目的支持者，是对筹资者的故事和回报感兴趣，有支持能力的人。投资人在众筹平台上浏览并筛选出感兴趣的项目，通过众筹平台对项目进行资金支持，在项目成功后获得回报。

（3）众筹平台可以分为四类：捐赠式众筹、奖励式众筹、债权众筹、股权众筹。

（4）金融有风险，众筹需谨慎。既要重视众筹各参与方的信用风险，还要重视在我国特殊的法律背景下的法律风险。

实训操作

众筹平台融资数据分析

众筹之家网站统计数据显示，2016 年 5 月 1 日至 5 月 31 日，国内主要众筹平台有 24 家有达到或超过目标融资额的项目发生，总融资金额 34 294 万元。对比同年 4 月，总融资金额有小幅下滑，但整体发展情况良好。京东东家项目“二马科技”认投金额达到 3 867 万元，成为当月融资额最高的项目。

实训内容：请登录众筹之家等网站，查阅我国当月众筹平台融资数据，并分析互联网众筹未来的发展趋势。

政策监管

私募股权众筹融资管理办法（试行）

（征求意见稿）

第一章　总则

第一条　【宗旨】为规范私募股权众筹融资业务，保护投资者合法权益，促进私募股权众筹行业健康发展，防范金融风险，根据《证券法》《公司法》《关于进一步促进资本市场健康发展的若干意见》（国发〔2014〕17 号）等法律法规和部门规章，制定本办法。

第二条　【适用范围】本办法所称私募股权众筹融资是指融资者通过股权众筹融资互联网平台（以下简称股权众筹平台）以非公开发行方式进行的股权融资活动。

第三条　【基本原则】私募股权众筹融资应当遵循诚实、守信、自愿、公平的原则，保护投资者合法权益，尊重融资者知识产权，不得损害国家利益和社会公共利益。

第四条　【管理机制安排】中国证券业协会（以下简称证券业协会）依照有关法律法规及本办法对股权众筹融资行业进行自律管理。证券业协会委托中证资本市场监测中心有限责任公司（以下简称市场监测中心）对股权众筹融资业务备案和后续监测进行日常管理。

第二章　股权众筹平台

第五条　【平台定义】股权众筹平台是指通过互联网平台（互联网网站或其他类似电子媒介）为股权众筹投融资双方提供信息发布、需求对接、协助资金划转等相关服务的中介机构。

第六条　【备案登记】股权众筹平台应当在证券业协会备案登记，并申请成为证券业协会会员。

证券业协会为股权众筹平台办理备案登记不构成对股权众筹平台内控水平、持续合规情况的认可，不作为对客户资金安全的保证。

第七条　【平台准入】股权众筹平台应当具备下列条件：

（一）在中华人民共和国境内依法设立的公司或合伙企业；

（二）净资产不低于 500 万元人民币；

（三）有与开展私募股权众筹融资相适应的专业人员，具有 3 年以上金融或者信息技术行业从业经历的高级管理人员不少于 2 人；

（四）有合法的互联网平台及其他技术设施；

（五）有完善的业务管理制度；

（六）证券业协会规定的其他条件。

第八条　【平台职责】股权众筹平台应当履行下列职责：

（一）勤勉尽责，督促投融资双方依法合规开展众筹融资活动、履行约定义务；

（二）对投融资双方进行实名认证，对用户信息的真实性进行必要审核；

（三）对融资项目的合法性进行必要审核；

（四）采取措施防范欺诈行为，发现欺诈行为或其他损害投资者利益的情形，及时公告并终止相关众筹活动；

（五）对募集期资金设立专户管理，证券业协会另有规定的，从其规定；

（六）对投融资双方的信息、融资记录及投资者适当性管理等信息及其他相关资料进行妥善保管，保管期限不得少于十年；

（七）持续开展众筹融资知识普及和风险教育活动，并与投资者签订投资风险揭示书，确保投资者充分知悉投资风险；

（八）按照证券业协会的要求报送股权众筹融资业务信息；

（九）保守商业秘密和客户隐私，非因法定原因不得泄露融资者和投资者相关信息；

（十）配合相关部门开展反洗钱工作；

（十一）证券业协会规定的其他职责。

第九条　【禁止行为】股权众筹平台不得有下列行为：

（一）通过本机构互联网平台为自身或关联方融资；

（二）对众筹项目提供对外担保或进行股权代持；

（三）提供股权或其他形式的有价证券的转让服务；

（四）利用平台自身优势获取投资机会或误导投资者；

（五）向非实名注册用户宣传或推介融资项目；

（六）从事证券承销、投资顾问、资产管理等证券经营机构业务，具有相关业务资格的证券经营机构除外；

（七）兼营个体网络借贷（即 P2P 网络借贷）或网络小额贷款业务；

（八）采用恶意诋毁、贬损同行等不正当竞争手段；

（九）法律法规和证券业协会规定禁止的其他行为。

第三章　融资者与投资者

第十条　【实名注册】融资者和投资者应当为股权众筹平台核实的实名注册用户。

第十一条　【融资者范围及职责】融资者应当为中小微企业或其发起人，并履行下列职责：

（一）向股权众筹平台提供真实、准确和完整的用户信息；

（二）保证融资项目真实、合法；

（三）发布真实、准确的融资信息；

（四）按约定向投资者如实报告影响或可能影响投资者权益的重大信息；

（五）证券业协会规定和融资协议约定的其他职责。

第十二条　【发行方式及范围】融资者不得公开或采用变相公开方式发行证券，不得向不特定对象发行证券。融资完成后，融资者或融资者发起设立的融资企业的股东人数累计不得超过200人。法律法规另有规定的，从其规定。

第十三条　【禁止行为】融资者不得有下列行为：

（一）欺诈发行；

（二）向投资者承诺投资本金不受损失或者承诺最低收益；

（三）同一时间通过两个或两个以上的股权众筹平台就同一融资项目进行融资，在股权众筹平台以外的公开场所发布融资信息；

（四）法律法规和证券业协会规定禁止的其他行为。

第十四条　【投资者范围】私募股权众筹融资的投资者是指符合下列条件之一的单位或个人：

（一）《私募投资基金监督管理暂行办法》规定的合格投资者；

（二）投资单个融资项目的最低金额不低于100万元人民币的单位或个人；

（三）社会保障基金、企业年金等养老基金，慈善基金等社会公益基金，以及依法设立并在中国证券投资基金业协会备案的投资计划；

（四）净资产不低于1 000万元人民币的单位；

（五）金融资产不低于300万元人民币或最近三年个人年均收入不低于50万元人民币的个人。上述个人除能提供相关财产、收入证明外，还应当能辨识、判断和承担相应投资风险；

本项所称金融资产包括银行存款、股票、债券、基金份额、资产管理计划、银行理财产品、信托计划、保险产品、期货权益等。

（六）证券业协会规定的其他投资者。

第十五条　【投资者职责】投资者应当履行下列职责：

（一）向股权众筹平台提供真实、准确和完整的身份信息、财产、收入证明等信息；

（二）保证投资资金来源合法；

（三）主动了解众筹项目投资风险，并确认其具有相应的风险认知和承受能力；

（四）自行承担可能产生的投资损失；

（五）证券业协会规定和融资协议约定的其他职责。

第四章　备案登记

第十六条　【备案文件】股权众筹平台应当在设立后5个工作日内向证券业协会申请备案，并报送下列文件：

（一）股权众筹平台备案申请表；

（二）营业执照复印件；

（三）最近一期经审计的财务报告或验资报告；

（四）互联网平台的ICP备案证明复印件；

（五）股权众筹平台的组织架构、人员配置及专业人员资质证明；

（六）股权众筹平台的业务管理制度；

（七）股权众筹平台关于投资者保护、资金监督、信息安全、防范欺诈和利益冲突、风险管理及投资者纠纷处理等内部控制制度；

（八）证券业协会要求的其他材料。

第十七条 【相关文件要求】股权众筹平台应当保证申请备案所提供文件和信息的真实性、准确性和完整性。

第十八条 【核查方式】证券业协会可以通过约谈股权众筹平台高级管理人员、专家评审、现场检查等方式对备案材料进行核查。

第十九条 【备案受理】股权众筹平台提供的备案申请材料完备的，证券业协会收齐材料后受理。备案申请材料不完备或不符合规定的，股权众筹平台应当根据证券业协会的要求及时补正。

申请备案期间，备案事项发生重大变化的，股权众筹平台应当及时告知证券业协会并申请变更备案内容。

第二十条 【备案确认】对于开展私募股权众筹业务的备案申请，经审查符合规定的，证券业协会自受理之日起 20 个工作日内予以备案确认。

第二十一条 【备案注销】经备案后的股权众筹平台依法解散、被依法撤销或者被依法宣告破产的，证券业协会注销股权众筹平台备案。

第五章 信息报送

第二十二条 【报送融资计划书】股权众筹平台应当在众筹项目自发布融资计划书之日起 5 个工作日内将融资计划书报市场监测中心备案。

第二十三条 【年报备查】股权众筹平台应当于每年 4 月 30 日之前完成上一年度的年度报告及年报鉴证报告，原件留档备查。

第二十四条 【信息报送范围】股权众筹平台发生下列情形的，应当在 5 个工作日内向证券业协会报告：

（一）备案事项发生变更；

（二）股权众筹平台不再提供私募股权众筹融资服务；

（三）股权众筹平台因经营不善等原因出现重大经营风险；

（四）股权众筹平台或高级管理人员存在重大违法违规行为；

（五）股权众筹平台因违规经营行为被起诉，包括：涉嫌违反境内外证券、保险、期货、商品、财务或投资相关法律法规等行为；

（六）股权众筹平台因商业欺诈行为被起诉，包括：错误保证、有误的报告、伪造、欺诈、错误处置资金和证券等行为；

（七）股权众筹平台内部人员违反境内外证券、保险、期货、商品、财务或投资相关法律法规行为。

（八）证券业协会规定的其他情形。

第六章 自律管理

第二十五条 【备案管理信息系统】市场监测中心应当建立备案管理信息系统，记录包括但不限于融资者及其主要管理人员、股权众筹平台及其从业人员从事股权众筹融资活动的信息。备案管理信息系统应当加入中国证监会中央监管信息平台，股权众筹相关数据与中国证监会及其派出机构、证券业协会共享。

第二十六条 【自律检查与惩戒】证券业协会对股权众筹平台开展自律检查，对违反自律规则的单位和个人实施惩戒措施，相关单位和个人应当予以配合。

第二十七条 【自律管理措施与纪律处分】股权众筹平台及其从业人员违反本办法和相关自律规则的，证券业协会视情节轻重对其采取谈话提醒、警示、责令所在机构给予处理、责令整改等自律管理措施，以及行业内通报批评、公开谴责、暂停执业、取消会员资格等纪律处分，同时将采取自律管理措施或纪律处分的相关信息抄报中国证监会。涉嫌违法违规的，由证券业协会移交中国证监会及其他有权机构依法查处。

第七章 附则

第二十八条 【证券经营机构开展众筹业务】证券经营机构开展私募股权众筹融资业务的，应当在业务开展后5个工作日内向证券业协会报备。

第二十九条 本办法自 年 月 日起实施，由证券业协会负责解释和修订。

项目 7 大数据金融

学习目标

了解大数据产生的背景与发展历程；掌握大数据金融的内涵与特点、经营模式和风险等原理知识内容，要求学生熟悉和了解大数据金融的基本概况和市场中现有典型的平台和产品，并能够进行平台与产品的实际操作训练；掌握其运营规则、操作流程及方法技巧。

思政目标

树立以客户为中心的经营理念。

树立个性化营销理念。

案例导入

IBM 用大数据预测股价走势

IBM 日本使用“大数据”（Big Data）信息技术成功开发了经济指标预测系统，计划于 6 月产品化。借助该预测系统，通过统计、分析新闻中出现的单词等信息来预测股价等走势。目前，不少信息系统企业都在使用“大数据”信息技术开发预测系统，估计今后也将广泛应用于商品需求和天气等高精度预测领域。

IBM 日本的新系统首先从互联网上的新闻中搜索“新订单”等与经济指标有关的单词，然后结合其他相关经济数据的历史数据分析与股价的关系，从而得出预测结果。在开发该系统的过程中，IBM 日本以美国“ISM 制造业采购经理人指数”为对象进行了验证实验。该指数以制造业中的大约 20 个行业、300 多家公司的采购负责人为对象，调查新订单和雇员等情况之后计算得出。

此次实验首先假设“受访者受到了新闻报道的影响”，然后分别计算出约 30 万条财经类新闻中出现的“新订单”“生产”及“雇员”等 5 个关键词的数量。根据这些结果就能够大致判断出受访者受到了哪些新闻的影响及所受影响的程度。接着，对可能影响 ISM 制造业采购经理人指数变化的物价相关统计等其他总计约 480 项经济数据进行综合分析，从而预测该指数的未来动态。

据介绍，实验最终仅用了 6 小时便计算出分析师需要花费数日才能得出的预测值，预测精度几乎一样。

该系统的售价尚未确定，不过预计起价约为 2 000 万日元（约合人民币 1 601 920 元）。

资料来源：https://cloud.zol.com.cn/303/3030684.html 日经中文网转载 ,2012-07-04.

7.1　大数据金融概述

7.1.1　大数据金融的概念

大数据金融是指集合海量非结构化数据，对其进行实时分析，为互联网金融机构提供客户全方位信息，通过分析和挖掘客户的交易和消费信息掌握客户的消费习惯，并准确预测客户行为，使金融机构和金融服务平台在营销和风控方面有的放矢。

大数据

大数据是 IT 行业术语，是指无法在一定时间范围内用常规软件工具进行捕捉、管理和处理的数据集合，是需要新处理模式才能具有更强的决策力、洞察发现力和流程优化能力的海量、高增长率和多样化的信息资产。大数据的 4V 特点：Volume（大量）、Velocity（高速）、Variety（多样）、Veracity（精确）。

大数据金融主要是运用大数据分析方法从事金融活动的方法和过程，即厂商、个人和政府通过云计算、机器学习、物联网、区块链等人工智能技术来匹配金融大数据的方法和过程。大数据金融反映的是金融机构、政府当局、厂商和个人正在进行决策的具体过程，关注大数据工具的选择和运用，强调金融活动主体在互联网扩张过程中掌握和运用云平台、云计算、机器学习、物联网、区块链等人工智能手段的技术层级，注重金融活动的效用函数。从数字经济运行角度看，大数据金融的落地过程伴随着互联网、大数据和人工智能等相互融合的运行过程。

基于大数据的金融服务平台主要指拥有海量数据的电子商务企业其开展的金融服务。大数据的关键是从大量数据中快速获取有用信息的能力，或者是从大数据资产中快速变现的能力，因此，大数据的信息处理往往以云计算为基础。目前，大数据服务平台的运营模式可以分为以阿里小额信贷为代表的平台模式和京东、苏宁为代表的供应链金融模式。

大数据金融模式广泛应用于电商平台，以对平台用户和供应商进行贷款融资，从中获得贷款利息及流畅的供应链所带来的企业收益为主。随着大数据金融的完善，企业将更加注重用户的个人体验，设计个性化金融产品。未来，大数据金融企业之间的竞争将存在于对数据的采集范围、数据真伪性的鉴别及数据分析和个性化服务等方面。

7.1.2 大数据金融的特点

(1)网络化的呈现

在大数据金融时代，大量的金融产品和服务通过网络来展现，包括固定网络和移动网络。其中，移动网络将会逐渐成为大数据金融服务的一个主要通道。随着法律、监管政策的完善，随着大数据技术的不断发展，将会有更多、更加丰富的金融产品和服务通过网络呈现。支付结算、网贷、P2P、众筹融资、资产管理、现金管理、产品销售、金融咨询等都将主要通过网络实现，金融实体店将大量减少，其功能也将逐渐转型。

(2)基于大数据的风险管理理念和工具

在大数据金融时代，风险管理理念和工具也将调整。例如，在风险管理理念上，财务分析（第一还款来源）、可抵押财产或其他保证（第二还款来源）的重要性将有所降低。交易行为的真实性、信用的可信度通过数据的呈现方式将会更加重要，风险定价方式将会出现革命性变化。对客户的评价将是全方位、立体的，而不再是一个抽象的、模糊的客户构图。基于数据挖掘的客户识别和分类将成为风险管理的主要手段，动态、实时的监测而非事后的回顾式评价将成为风险管理的常态性内容。

(3)信息不对称性大大降低

在大数据金融时代，金融产品和服务的消费者和提供者之间信息不对称程度大大降低。消费者可实时获知对某项金融产品（服务）的支持和评价。

(4)高效率性

大数据金融无疑是高效率的。许多流程和动作都在线上发起和完成，有些动作是自动实现的。在合适的时间、合适的地点，把合适的产品以合适的方式提供给合适的消费者。同时，强大的数据分析能力可以将金融业务做到极高的效率，交易成本也会大幅降低。

（5）金融企业服务边界扩大

首先，就单个金融企业而言，其最合适的经营规模扩大了。由于效率提升，其经营成本必随之降低。金融企业的成本曲线形态也会发生变化。长期平均成本曲线的底部会更快来临，也会更平坦更宽。其次，基于大数据技术，金融从业人员个体服务对象会更多。换言之，单个金融企业从业人员会有减少的趋势，或至少其市场人员有降低的趋势。

（6）产品的可控性、可受性

通过网络化呈现的金融产品，对消费者而言是可控、可受的。可控，是指在消费者看来，其风险是可控的。可受，是指在消费者看来，首先其收益（或成本）是可接受的；其次产品的流动性也是可接受的；最后消费者基于金融市场的数据信息，其产品也是可接受的。

（7）普惠金融

大数据金融的高效率性及扩展的服务边界使金融服务的对象和范围也大大扩展，金融服务也更接地气。例如，极小金额的理财服务、存款服务、支付结算服务等普通老百姓都可享受到。甚至极小金额的融资服务也会普遍发展起来。传统金融想也不敢想的金融深化在大数据金融时代完全实现。

7.1.3 大数据金融的优势

大数据金融有着传统金融难以比拟的优势。互联网的迅速发展不仅极大扩展着企业拥有的数据量，也使得企业能够更贴近客户，了解客户需求，实现非标准化的精准服务，增加客户黏性；企业通过自己的征信系统实现信用管理的创新，有效降低坏账率，扩大服务范围，增加对小微企业的融资比例，降低了运营成本和服务成本，实现规模经济。

（1）运营交易成本低，客户群体大

由于这种资金融通以大数据云计算为基础，以大数据自动计算为主而非人工为主参与审批，成本低廉，不仅可以针对小微企业金融服务，而且可以根据企业生产周期灵活决定贷款期限。大数据金融不仅整合碎片化的需求和供给，而且拓展服务领域，服务数以千万计的中小企业和中小客户，进一步拉低了大数据金融的运营与交易成本，边际成本低，效益好。

（2）精准营销、个性化服务

无论平台金融还是供应链金融都是建立在长期大量的信用及资金流的大数据基础之上，任何时点都可以通过计算得出信用评分，并通过网上支付方式，实时根据贷款需要及其信用评分等大数据来放出贷款。由于是建立模型根据每家企业的信用评分及不同生产流程进行放贷，大数据金融不受时空限制，能够较好地匹配期限管理，解决流动性问题，可针对每一家企业的个性化融资要求做出不同的金融服务且快速、准确、高效。

(3)科学决策，风险管理和控制好

由于平台或供应链聚拢了信息流、物流、资金流，贷款方对产业运作及风险点熟识且掌控能力强，便于预警和防范风险，基于这些交易借贷行为基础上的大数据金融记录了违约率等相关指标，可以实时给出信用评分，能够解决信用分配、风险评估、实时授权甚至是识别欺诈问题，利用分布式计算来做出风险定价、风险评估模型，建立在大数据金融基础上的风控科学决策能有效降低不良贷款率。由于大数据金融的信息处理和数据模型优势，不仅可以替代风险管理、风险定价，甚至可以自动进行保险精算。

大数据能够通过海量数据的核查和评定，增加风险的可控性和管理力度，及时发现并解决可能出现的风险点，对于风险发生的规律性有精准的把握，将推动金融机构对更深入和透彻的数据分析需求，支持业务的精细化管理。虽然银行有很多支付流水数据，但是各部门不交叉，数据无法整合，大数据金融的模式促使银行可以对沉积的数据进行有效利用。大数据将推动金融机构创新品牌和服务，做到精细化服务，对客户进行个性定制，利用数据开发新的预测和分析模型，实现对客户消费模式的分析以提高客户的转化率。大数据必将给金融企业带来更多基于数据的业务和内部管理优化机会。

7.2 大数据金融模式

目前，大数据服务平台的运营模式可以分为以阿里小额信贷为代表的平台模式和以京东、苏宁为代表的供应链金融模式。

阿里小贷以“封闭流程＋大数据”的方式开展金融服务，凭借电子化系统对贷款人的信用状况进行核定，发放无抵押的信用贷款及应收账款抵押贷款，单笔金额在5万元以内，与银行信贷形成非常好的互补。阿里金融目前只统计、使用自己的数据，并且会对数据进行真伪性识别、虚假信息判断。阿里金融通过其庞大的云计算能力及所建立的多种模型，为阿里集团的商户、店主实时计算其信用额度及其应收账款数量，依托电商平台、支付宝和阿里云，实现客户、资金和信息的封闭运行，有效降低了风险因素，同时真正做到了一分钟放贷。京东商城、苏宁的供应链金融模式是以电商作为核心企业，以未来收益的现金流作为担保，获得银行授信，为供货商提供贷款。

大数据金融模式广泛应用于电商平台，以对平台用户和供应商进行贷款融资，从中获得贷款利息及流畅的供应链所带来的企业收益。随着大数据金融的完善，企业将更加注重用户的个人体验，进行个性化金融产品的设计。未来，大数据金融企业之间的竞争将存在于对数据的采集范围、数据真伪性的鉴别及数据分析和个性化服务等方面。

7.2.1 平台金融模式

平台金融模式是平台企业通过互联网、云计算等信息化方式对其长期以来积累的数据进行专业化的挖掘和分析，并与传统金融服务相结合，创新性地为平台所服务的企业开展相关资金融通工作。譬如现

在大家熟知的阿里金融，以及未来可能进入这一领域的电信运营商等。

采用平台金融模式的企业平台上聚集了大大小小众多商户，企业凭借平台多年的交易数据积累，利用互联网技术，借助平台向企业或个人提供快速便捷的金融服务。平台金融模式的优势在于，它建立在庞大的数据流量系统的基础之上，对申请金融服务的企业或个人情况十分熟悉，相当于拥有一个详尽的征信系统数据库，能够加强风险控制，降低企业的坏账率；依托企业的交易系统，具有稳定、持续的客户源。

平台模式有效解决了信息不对称的问题，在高效的 IT 系统之上，将贷款流程流水线化。平台模式的特点在于企业以交易数据为基础对客户的资金状况进行分析，贷款客户多为个人及难以从银行得到贷款支持的小微企业，贷款无须抵押和担保，能够快速发放贷款，且多为短期贷款。同时，平台模式中的企业必须在前期进行长时间交易数据的积累，在交易数据的积累过程中完善交易设备和电子设备，以及进行数据分析所需的基础设施积累和人才积累。

说到大数据，最应该被提及的是在数据海洋中耕耘已久并衍生出金融借贷业务的阿里系。首先从宏观上对阿里系进行分析。

阿里系的基础是“三流”：信息流、资金流及目前布局的物流。信息流、资金流在三者中起着夯实基础的作用，物流则是阿里系壮大的必要保证和壁垒。信息流是依托于阿里集团 15 年来平台业务的积累发展而来。资金流，一方面是大家最为熟悉的小额信贷公司，小微贷款能在商家资金、资源运转上助一臂之力，帮助他们扩大规模，促进买家消费，而这种金融创新将带动商业的蓬勃发展，商业的运转旺盛也会刺激金融的发展；另一方面则是引领普通人群理财风潮的余额宝，余额宝的诞生可以说满足了阿里试图将客户资金留在阿里生态圈内部的需求，是支付宝功能之外的拓展。

从物流层面来说，同京东的一日几送、节假日照送的强大的物流体系相比，阿里在物流上的弱势限制了阿里交易量的增长空间，也直接影响了阿里在信息流、资金流上的积累。菜鸟物流建立后，大幅提高了阿里的竞争壁垒，实现了阿里生态圈的闭环，在未来将有望对大企业进行融资。目前，阿里集团仍在积极探索“三流合一”，以信息流、资金流、物流三流来整合一个完整的阿里生态圈，以信息流支撑资金流、物流，以物流、资金流反哺信息流。

7.2.2 供应链金融模式

以京东为代表的供应链金融模式是以电商或行业龙头企业为主导的模式。在海量的交易数据基础上，作为核心企业，或以信息提供方的身份或以担保方的身份，通过和银行等机构的合作，对产业链条中的上下游进行融资的模式。在此合作模式中，京东等龙头企业起到的对信息进行确认审核、担保或提供信息的作用，并没有实质上对用户提供资金的融通，这一职责仍旧由银行或别的资金供给方担负。笔者之所以将这一模式确定为电商或行业龙头企业为主导的模式，在于其能够为银行提供流量、数据或信息，而由于银行竞争的同质性，在这一模式中银行成为“附庸”。

供应链金融是指银行向客户（核心企业）提供融资和其他结算、理财服务，同时向这些客户的供应商提供贷款及时收达的便利，或向其分销商提供预付款代付及存款融资服务。它是商业银行信贷业务的一个专业领域（银行层面），也是企业尤其是中小企业的一种融资渠道（企业层面），能够通过整合资金、资源、物流等活动提高整个供应链的资金运用效率。供应链金融的具体产品，包括第三方金融机构对供应商的信贷产品和购买商的信贷产品。供应链金融作为一种创新产品，有极大的社会和经济价值，一方面可以满足企业的短期资金需求，促进整条产业链的协调发展；另一方面，通过引入核心企业能够对资金需求企业及产业链进行风险评估，可以扩大市场服务范围。以电商企业为代表的互联网巨头利用供应链金融模式，可以有效解决传统供应链金融发展过程中的一系列问题，增加对中小企业的关注度及实际服务效果。

京东的供应链金融是京东对供应商、银行的双向深度绑定。从供应商的角度来看，这主要是由于金融借贷需要信用凭证，其往往和支付、物流等供应链环节紧密对接，通过供应商在支付、物流上的数据和凭证进行抵押担保。

那么京东供应链金融的运营模式究竟是怎样的呢？

总体来说，京东向其供应商提供收账款融资、订单融资、供应商委托贷款融资、应收账款资产包计划等服务来解决传统担保不足情况下的供应商融资需求。供应商无须在银行拥有授信额度即可获得融资，降低融资门槛；利用委托贷款，可加速资金周转，提高资金使用率，增加业务利润。贷款来源为15家银行提供的100亿元授信额度，京东提供交易数据、进行贷款申请的审核、向银行提交申请。京东还面向企业推出小额信用贷款、流水贷款、联保贷款、票据兑现、应收账款融资、境内外保理业务等金融服务；面向个人推出保险、理财、黄金、信用交易等未来金融服务构想。

京东并非首家运用供应链金融模式的电子商务企业，敦煌网和慧聪网等企业均早于京东推出了这项业务。

7.3 金融大数据的应用

随着大数据技术的广泛普及和发展成熟，金融大数据应用已经成为行业趋势，在交易欺诈识别、精准营销、黑产防范、消费信贷、信贷风险评估、供应链金融、股市行情预测、股价预测、智能投顾、骗保识别、风险定价等涉及银行、证券、保险、支付清算和互联网金融等多领域的具体业务中得到了广泛应用。对于大数据的应用分析能力，正在成为金融机构未来发展的核心竞争要素。

毋庸置疑，金融大数据拥有着广阔的发展前景。然而，金融大数据应用也面临着数据资产管理水平不足、技术改造难度大、行业标准缺失、安全管控压力大和政策保障仍不完善等一系列制约因素。为推动金融大数据更好地发展应用，必须从政策扶持保障、数据管理能力提升、行业标准规范建设和应用合作创新等多个方面入手，不断强化应用基础能力，持续完善产业生态环境。

大数据技术的应用提升了金融行业的资源配置效率，强化了风险管控能力，有效促进了金融业务的创新发展。金融大数据在银行业、证券行业、保险行业、支付清算行业和互联网金融行业都得到了广泛的应用。

7.3.1 大数据在银行业中的应用

国内不少银行已经开始尝试通过大数据来驱动业务运营，如中信银行信用卡中心使用大数据技术实现了实时营销，光大银行建立了社交网络信息数据库，招商银行则利用大数据发展小微贷款。总的来看银行大数据应用可以分为四大方面：

7.3.1.1 客户画像

客户画像应用主要分为个人客户画像和企业客户画像。个人客户画像包括人口统计学特征、消费能力数据、兴趣数据、风险偏好等；企业客户画像包括企业的生产、流通、运营、财务、销售和客户数据、相关产业链上下游等数据。值得注意的是，银行拥有的客户信息并不全面，基于银行自身拥有的数据有时候难以得出理想的结果，甚至可能得出错误的结论。比如，如果某位信用卡客户月均刷卡 8 次，平均每次刷卡金额 800 元，平均每年打 4 次客服电话，从未有过投诉，按照传统的数据分析，该客户是一位满意度较高、流失风险较低的客户。但如果看到该客户的微博，得到的真实情况则是：工资卡和信用卡不在同一家银行，还款不方便，好几次打客服电话没接通，客户多次在微博上抱怨，该客户流失风险较高。所以银行不仅仅要考虑银行自身业务所采集到的数据，更应考虑整合外部更多的数据，以扩展对客户的了解。包括以下几点：

① 客户在社交媒体上的行为数据（如光大银行建立了社交网络信息数据库）。通过打通银行内部数据和外部社会化的数据，可以获得更为完整的客户拼图，从而进行更为精准的营销和管理。

② 客户在电商网站的交易数据。如建设银行将自己的电子商务平台和信贷业务结合起来，阿里金融为阿里巴巴用户提供无抵押贷款，用户只需要凭借过去的信用即可。

③ 企业客户的产业链上下游数据。如果银行掌握了企业所在产业链上下游的数据，可以更好地掌握企业的外部环境发展情况，从而可以预测企业未来的状况。

④ 其他有利于扩展银行对客户兴趣爱好的数据，如网络广告界目前正在兴起的 DMP(Data Management Platform) 数据管理平台的互联网用户行为数据。

7.3.1.2 精准营销

在客户画像的基础上，银行可以有效地开展精准营销，具体如下：

① 实时营销。实时营销是根据客户的实时状态来进行营销，比如客户当时的所在地、客户最近一次消费等信息来有针对地进行营销（某客户采用信用卡采购孕妇用品，可以通过建模推测怀孕的概率并推荐孕妇人群喜欢的业务）；或者将改变生活状态的事件（换工作、改变婚姻状况、置房等）视为营销机会。

② 交叉营销。即不同业务或产品的交叉推荐，如招商银行可以根据客户交易记录分析，有效地识别小微企业客户，然后用远程银行来实施交叉销售。

③ 个性化推荐。银行可以根据客户的喜好进行服务或者银行产品的个性化推荐，如根据客户的年龄、资产规模、理财偏好等，对客户群进行精准定位，分析出其潜在金融服务需求，进而有针对性地营销推广。

④ 客户生命周期管理。客户生命周期管理包括新客户获取、客户防流失和客户赢回等。如招商银行通过构建客户流失预警模型，对流失率等级前 20% 的客户发售高收益理财产品予以挽留，使得金卡和金葵花卡客户流失率分别降低 15 个和 7 个百分点。

7.3.1.3 风险管理与风险控制

内外部数据资源整合是大数据信贷风险评估的前提。一般来说，商业银行在识别客户需求、估算客户价值、判断客户优劣、预测客户违约可能的过程中，既要借助银行内部已掌握的客户相关信息，也要借助外部机构掌握的人民银行征信信息、客户公共评价信息、商务经营信息、收支消费信息、社会关联信息等。该部分策略主要目标为数据分析提供更广阔的数据维度和数据鲜活度，从而共同形成商业银行贷款风险评估资源。

在风险管理和控制方面包括中小企业贷款风险评估和欺诈交易识别等手段。

（1）中小企业贷款风险评估。银行可通过企业的生产、流通、销售、财务等相关信息结合大数据挖掘方法进行贷款风险分析，量化企业的信用额度，更有效地开展中小企业贷款业务。

（2）实时欺诈交易识别和反洗钱分析。银行可以利用持卡人基本信息、卡基本信息、交易历史、客户历史行为模式、正在发生行为模式（如转账）等，结合智能规则引擎（如从一个不经常出现的国家为一个特有用户转账或从一个不熟悉的位置进行在线交易）进行实时的交易反欺诈分析。如 IBM 金融犯罪管理解决方案帮助银行利用大数据有效地预防与管理金融犯罪，摩根大通银行则利用大数据技术追踪盗取客户账号或侵入自动柜员机（ATM）系统的罪犯。

在风控上，银行以核心企业为切入点，将供应链上的多个关键企业作为一个整体，利用交往圈分析模型，持续观察企业间的通信交往数据变化情况，通过与基线数据的对比来洞察异常的交往动态，评估供应链的健康度及为企业贷后风控提供参考依据。在传统方法中，银行对企业客户的违约风险评估多是基于过往的信贷数据和交易数据等静态数据，这种方式的最大弊端就是缺少前瞻性。因为影响企业违约的重要因素并不仅仅只是企业历史的信用情况，还包括行业的整体发展状况和实时的经营情况，而大数据手段的介入使信贷风险评估更趋近于事实。

7.3.1.4 运营优化

① 市场和渠道分析优化。通过大数据，银行可以监控不同市场推广渠道尤其是网络渠道推广的质量，从而进行合作渠道的调整和优化。同时，也可以分析哪些渠道更适合推广哪类银行产品或者服务，从而进行渠道推广策略的优化。

② 产品和服务优化。银行可以将客户行为转化为信息流，并从中分析客户的个性特征和风险偏好，更深层次地理解客户的习惯，智能化分析和预测客户需求，从而进行产品创新和服务优化。如兴业银行目前对大数据进行初步分析，通过对还款数据挖掘比较区分优质客户，根据客户还款数额的差别，提供差异化的金融产品和服务方式。

③ 舆情分析。银行可以通过爬虫技术，抓取社区、论坛和微博上关于银行及银行产品和服务的相关信息，并通过自然语言处理技术进行正负面判断，尤其是及时掌握银行及银行产品和服务的负面信息，及时发现和处理问题；对于正面信息，可以加以总结并继续强化。同时，银行也可以抓取同行业的银行正负面信息，及时了解同行做得好的方面，作为自身业务优化的借鉴。

利用大数据技术，银行可以根据企业之间的投资、控股、借贷、担保及股东和法人之间的关系，形成企业之间的关系图谱，利于关联企业分析及风险控制。知识图谱在通过建立数据之间的关联链接，将碎片化的数据有机地组织起来，让数据更加容易被人和机器理解和处理，并为搜索、挖掘、分析等提供便利。

7.3.2 大数据在证券行业中的应用

大数据时代，大多数券商已意识到大数据的重要性。券商对于大数据的研究与应用正处于起步阶段，相对于银行和保险业，证券行业的大数据应用起步相对较晚。目前国内外证券行业的大数据应用大致有以下方向。

7.3.2.1 股市行情预测

大数据可以有效拓宽证券企业量化投资数据维度，帮助企业更精准地了解市场行情。随着大数据广泛应用、数据规模爆发式增长及数据分析及处理能力显著提升，量化投资将获取更广阔的数据资源，构建更多元的量化因子，投资研究模型更加完善。

证券企业应用大数据对海量个人投资者样本进行持续性跟踪监测，对账本投资收益率、持仓率、资金流动情况等一系列指标进行统计、加权汇总，了解个人投资者交易行为的变化、投资信心的状态与发展趋势、对市场的预期及当前的风险偏好等，对市场行情进行预测。

投资景气指数

2012年，国泰君安推出了“个人投资者投资景气指数”（简称3I指数），通过一个独特的视角传递个人投资者对市场的预期、当期的风险偏好等信息。国泰君安研究所对海量个人投资者样本进行持续性跟踪监测，对账本投资收益率、持仓率、资金流动情况等一系列指标进行统计、加权汇总后得到的综合性投资景气指数。

3I指数通过对海量个人投资者真实投资交易信息的深入挖掘分析，了解个人投资者交易行为的变化、投资信心的状态与发展趋势、对市场的预期及当前的风险偏好等信息。在样本选择上，选择资金100万元以下、投资年限5年以上的中小投资者，样本规模高达10万份，覆盖全国不同地区，所以，这个指数较有代表性。在参数方面，主要根据中小投资者持仓率的高低、是否追加资金、是否盈利这几个指标，来看投资者对市场是乐观还是悲观。3I指数每月发布一次，以100为中间值，100—120属于正常区间，120以上表示趋热，100以下则是趋冷。从实验数据看，2007年至今，3I指数的涨跌波动与上证指数走势拟合度相当高。

7.3.2.2 股价预测

证券行业具有自身的特点，与其他行业产品与服务的价值衡量普遍存在间接性的特点不同，证券行业客户的投资与收益以直接的、客观的货币形式直观地呈现。受证券行业自身特点和行业监管要求的限制，证券行业金融业务与产品的设计、营销与销售方式也与其他行业具有鲜明的差异，专业性更强。

诺贝尔经济学奖得主罗伯特·席勒设计的投资模型至今仍被业内沿用。在他的模型中，主要参考三个变量：投资项目计划的现金流、公司资本的估算成本、股票市场对投资的反应（市场情绪）。他认为，市场本身带有主观判断因素，投资者情绪会影响投资行为，而投资行为直接影响资产价格。然而，在大数据技术诞生之前，市场情绪始终无法进行量化。大数据技术可以收集并分析社交网络如微博、朋友圈、专业论坛等渠道上的结构化和非结构化数据，了解市场对特定企业的观感，使得市场情绪感知成为可能。

2011 年 5 月英国对冲基金 Derwent Capital Markets 建立了规模为 4 000 万美元的对冲基金，该基金是首家基于社交网络的对冲基金，该基金通过分析 Twitter 的数据内容来感知市场情绪，从而指导投资。利用 Twitter 的对冲基金 Derwent Capital Markets 在首月的交易中确实盈利了，其以 1.85% 的收益率，让平均数只有 0.76% 的其他对冲基金相形见绌。

麻省理工学院的学者根据情绪词将 Twitter 内容标定为正面或负面情绪。结果发现，无论是如“希望”的正面情绪，或是“害怕”“担心”的负面情绪，其占总 Twitter 内容数的比例，都预示着道琼斯指数、标准普尔 500 指数、纳斯达克指数的下跌。美国佩斯大学的一位博士则采用另外一种思路，他追踪了星巴克、可口可乐和耐克三家公司在社交媒体上的受欢迎程度，同时比较它们的股价。他们发现，Facebook 上的粉丝数、Twitter 上的听众数和 Youtude 上的观看人数都和股价密切相关。另外，品牌的受欢迎程度还能预测股价在 10 天、30 天之后的上涨情况。但是，Twitter 情绪指标，仍然不可能预测出会冲击金融市场的突发事件。例如，在 2008 年 10 月 13 号，美国联邦储备委员会突然启动一项银行纾困计划，令道琼斯指数反弹，而 3 天前的 Twitter 相关情绪指数毫无征兆。而且，研究者自己也意识到，Twitter 用户与股市投资者并不完全重合，这样的样本代表性有待商榷，但仍无法阻止投资者对于新兴的社交网络倾注更多的热情。

7.3.2.3 客户关系管理

（1）客户细分

通过分析客户的账户状态（类型、生命周期、投资时间）、账户价值（资产峰值、资产均值、交易量、佣金贡献和成本等）、交易习惯（周转率、市场关注度、仓位、平均持股市值、平均持股时间、单笔交易均值和日均成交量等）、投资偏好（偏好品种、下单渠道和是否申购）及投资收益（本期相对和绝对收益、今年相对和绝对收益及投资能力等）来进行客户聚类和细分，从而发现客户交易模式类型，找出最有价值和盈利潜力的客户群，以及他们最需要的服务，更好地配置资源和政策，改进服务，抓住最有价值的客户。

（2）流失客户预测

券商可根据客户历史交易行为和流失情况来建模，从而预测客户流失的概率。如 2012 年海通证券自主开发的“基于数据挖掘算法的证券客户行为特征分析技术”，主要应用于客户深度画像及基于画像的用户流失概率预测。通过对海通证券 100 多万样本客户、半年交易记录的海量信息分析，建立了客户分类、客户偏好、客户流失概率的模型。该项技术最大初衷是希望通过客户行为的量化分析，来测算客户将来可能流失的概率。

7.3.2.4 智能投资顾问

智能投资顾问是近年证券公司应用大数据技术匹配客户多样化需求的新尝试之一，目前已经成为财富管理新蓝海。智能投顾业务提供线上的投资顾问服务，能够基于客户的风险偏好、交易行为等个性化数据，采用量化模型，为客户提供低门槛、低费率的个性化财富管理方案。智能投顾在客户资料收集分析、投资方案的制定执行及后续的维护等步骤上均采用智能系统，且具有低门槛、低费率等特点，因此能够为更多的零售客户提供定制化服务。随着线上投顾服务的成熟及未来更多基于大数据技术的智能投资策略的应用，智能投顾有望从广度和深度上都将证券行业带入财富管理的全新阶段，为未来政策放宽，证券公司投资顾问从前端佣金收费向后端的管理费收取模式转变进行探索准备。

智能投资顾问业务提供线上投资顾问服务，其基于客户的风险偏好、交易行为等个性化数据，依靠大数据量化模型，为客户提供低门槛、低费率的个性化财富管理方案。

7.3.3 大数据在保险行业中的应用

过去，由于保险行业采用代理人制度在传统的个人代理渠道，代理人的素质及人际关系网是业务开拓的最关键因素，而大数据在新客户开发和维系中的作用没那么突出。但随着互联网、移动互联网及大数据的发展，网络营销、移动营销和个性化的电话销售作用日趋显现，越来越多的保险公司注意到大数据在保险行业中的作用。总的来说，保险行业的大数据应用可以分为四大方面：客户细分及精细化营销、欺诈行为分析、精细化运营和风险定价。

7.3.3.1 客户细分和精细化营销

（1）客户细分和差异化服务

风险偏好是确定保险需求的关键。风险喜好者、风险中立者和风险厌恶者对于保险有不同的态度。一般来讲，风险厌恶者有更大的保险需求。在客户细分的时候，除了风险偏好数据外，要结合客户职业、爱好、习惯、家庭结构、消费方式偏好数据，利用机器学习算法来对客户进行分类，并针对分类后的客户提供不同的产品和服务策略。

（2）潜在客户挖掘及流失用户预测

保险公司可通过大数据整合客户线上和线下的相关行为，通过数据挖掘手段对潜在客户进行分类，细化销售重点。通过对大数据进行挖掘，综合考虑客户信息、险种信息、既往出险情况、销售人员信息等，筛选出影响客户退保或续期的关键因素，并通过这些因素和建立的模型，对客户的退保概率或续期概率进行估计，找出高风险流失客户，及时预警，制定挽留策略，提高保单续保率。

（3）客户关联销售

保险公司可以利用关联规则找出最佳险种销售组合、利用时序规则找出顾客生命周期中购买保险的时间顺序，从而把握保户提高保额的时机，建立既有保户再销售清单与规则，从而促进保单的销售。除这些做法外，借助大数据，保险业可以直接锁定客户需求，以淘宝运费退货险为例。据统计，淘宝用户运费险索赔率在 50% 以上，该产品对保险公司带来的利润只有 5% 左右，但是很多保险公司都有意愿去提供这种保险。因为客户购买运费险后保险公司就可以获得该客户的个人基本信息，包括手机号和银行账户信息等，并能够了解该客户购买的产品信息，从而实现精准推送。假设该客户购买并退货的是婴儿奶粉，保险公司就可以了解该客户家里可能有小孩，可以向其推荐关于儿童疾病险、教育险等利润率更高的产品。

（4）客户精准营销

在网络营销领域，保险公司可以通过收集互联网用户的各类数据：如地域分布等属性数据，搜索关键词等即时数据，购物行为、浏览行为等行为数据，以及兴趣爱好、人际关系等社交数据，在广告推送中实现地域定向、需求定向、偏好定向、关系定向等定向方式，实现精准营销。

7.3.3.2 欺诈行为分析

赔付直接影响保险企业的利润，对于赔付的管理一直是险企的关注点。而赔付中的“异常值”（即超大额赔付）是推高赔付成本的主要驱动因素之一。保险欺诈严重损害了保险公司的利益，为了识别可疑保险欺诈案件，需要展开大量专项调查，但往往需要耗费数月或数年的时间。

借助大数据手段，保险企业可以识别诈骗规律，显著提升骗保识别的准确性与及时性。保险企业可以通过建设保险欺诈识别模型，大规模地识别近年来发生的所有赔付事件。通过筛选数万条赔付信息挑出疑似诈骗索赔，保险企业再根据疑似诈骗索赔展开调查，有效提高了工作效率。此外，保险企业可以结合内部、第三方和社交媒体数据进行早期异常值检测，包括客户的健康状况、财产状况、理赔记录等，及时采取干预措施，减少先期赔付。

基于企业内外部交易和历史数据，实时或准实时预测和分析欺诈等非法行为，包括医疗保险欺诈与滥用分析及车险欺诈分析等。

（1）医疗保险欺诈与滥用分析

医疗保险欺诈与滥用通常可分为两种：一是非法骗取保险金，即保险欺诈；二是在保额限度内重复就医、浮报理赔金额等，即医疗保险滥用。保险公司能够利用过去的数据，寻找影响保险欺诈最为显著的因素及这些因素的取值区间，建立预测模型，并通过自动化计分功能，快速将理赔案件依照滥用欺诈可能性进行分类处理。

（2）车险欺诈分析

保险公司利用过去的欺诈事件建立预测模型，将理赔申请分级处理，进行车险理赔申请欺诈侦测、业务员及修车厂勾结欺诈侦测等，可以很大程度上解决车险欺诈问题。

7.3.3.3 精细化运营

（1）产品优化，保单个性化

过去在没有精细化的数据分析和挖掘的情况下，保险公司把很多人都放在同一风险水平之上，客户的保单并没有完全解决客户的各种风险问题。但是，保险公司可以通过自有数据及客户在社交网络的数据，解决现有的风险控制问题，为客户制定个性化保单，获得更准确及更高利润率的保单模型，给每一位顾客提供个性化的解决方案。

（2）运营分析

基于企业内外部运营、管理和交互数据分析，借助大数据台，全方位统计和预测企业经营和管理绩效。基于保险保单和客户交互数据进行建模，借助大数据平台快速分析和预测再次发生或者新的市场风险、操作风险等。

（3）代理人（保险销售人员）甄选

根据代理人员（保险销售人员）业绩数据、性别、年龄、入职前工作年限、其他保险公司从业经验和代理人人员思维性向测试等，找出销售业绩相对最好的销售人员的特征，优选高潜力销售人员。

7.3.3.4 风险定价

保险企业对保费的定义是基于对一个群体的风险判断，对于高风险的群体收取较高的费用，对于低风险群体则降低费用。通过灵活的定价模式可以有效提高客户的黏性，而大数据为这样的风险判断带来了前所未有的创新。

保险公司通过大数据分析可以解决现有的风险管理问题。比如，通过智能监控装置搜集驾驶者的行车数据，如行车频率、行车速度、急刹车和急加速频率等；通过社交媒体搜集驾驶者的行为数据，如在网上吵架频率、性格等；通过医疗系统搜集驾驶者的健康数据。以这些数据为出发点，如果一个人不经常开车，并且开车十分谨慎的话，那么他可以比大部分人节省 30%～40% 的保费，掌握客户的这些信息将大大提高保险产品的竞争力。

7.3.4 大数据在支付清算行业中的应用

目前，支付服务操作十分便捷，客户已经可以做到随时随地进行转账操作。但面对盗刷和金融诈骗案件频发的现状，支付清算企业面临的交易诈骗识别的挑战特别巨大。

大数据可以利用账户基本信息、交易历史、位置历史、历史行为模式、正在发生行为模式等，结合智能规则引擎进行实时的交易反欺诈分析。整个技术实现流程为实时采集行为日志、实时计算行为特征、实时判断欺诈等级、实时触发风控决策、案件归并形成闭环。

7.4 大数据金融的风险管理

7.4.1 大数据金融存在的问题

随着个人财务行为从线下移动到线上，诸如购买偏好、财务状况、资产持有和信用状态等财务习惯在网络上留下了痕迹，这给用户隐私和数据安全带来了巨大的风险。近年来，中国的金融公司已经在客户信息中采取了大量创新应用。

7.4.1.1 大数据对个人信息的大量获取导致了隐私泄漏和安全问题

随着个人所在或行经位置、购买偏好、健康和财务情况的海量数据被收集，再加上金融交易习惯、持有资产分布，以及信用状况以更细致的方式被储存和分析，机构投资者和金融消费者能获得更低的价格、更符合需要的金融服务，从而提高市场配置金融资源的能力。

但同时，金融市场乃至整个社会管理的信息基础设施将变得越来越一体化和外向型，对隐私、数据安全和知识产权构成更大风险。就个人隐私而言，大数据的隐私问题远远超出了常规身份确认风险范畴。最近对欧洲 150 万手机用户的数据进行的研究表明，只需要 4 项参照因素就可以确认其中 95% 的个人身份。

7.4.1.2 大数据技术不能代替人类价值判断和逻辑思考

大数据这一技术工具并不能使人们摆脱曲解、隔阂和成见，数据之间相关性也不等同于因果关系，大数据还存在选择性覆盖问题。例如，社交媒体是大数据分析的重要信息源，但其中年轻人和城市人比例偏多，还存在大量由程序控制的“机器人”账号或“半机器人”账号。波士顿的应用程序为统计城市路面坑洼情况，从驾驶员的智能手机上收集数据，对年老和贫困市民较多区域的情况统计则较少；“谷歌流感趋势”曾高估了 2012 年流感发病率。这说明依赖有缺陷的大数据可能给政府决策造成负面影响，还可能加剧社会不公。

7.4.1.3 金融大数据应用技术与业务探索仍需突破

金融机构原有的数据系统架构相对复杂，涉及的系统平台和供应商相对较多，实现大数据应用的技术改造难度较大，而且系统改造的同时必须保障业务系统的安全可靠运行。同时，金融行业的大数据分析应用模型仍处于探索阶段，成熟案例和解决方案仍相对较少，金融机构应用大数据需要投入大量的时间和成本进行调研和试错，一定程度上制约了金融机构大数据应用的积极性。而且，目前的应用实践反映出大数据分析的误判率还比较高，机器判断后的结果仍需要人工核查，资源利用效率和客户体验均有待提升。

7.4.1.4 金融行业的数据资产管理应用水平仍待提高

金融行业的数据资产管理仍存在数据质量不足、数据获取方式单一、数据系统分散等一系列问题。一是金融数据质量不足，主要体现为数据缺失、数据重复、数据错误和数据格式不统一等多个方面；二是金融行业数据来源相对单一，对于外部数据的引入和应用仍需加强；三是金融行业的数据标准化程度低，分散在多个数据系统中，现有的数据采集和应用分析能力难以满足当前大规模的数据分析要求，数据应用需求的响应速度仍不足。

7.4.1.5 金融大数据的行业标准与安全规范仍待完善

当前，金融大数据的相关标准仍处于探索期，金融大数据缺乏统一的存储管理标准和互通共享平台，涉及金融行业大数据的安全规范还存在较多空白。相对于其他行业而言，金融大数据涉及更多的用户个人隐私，在用户数据安全和信息保护方面要求应更加严格。随着大数据在多个金融行业细分领域的价值应用，在缺乏行业统一安全标准和规范的情况下，单纯依靠金融机构自身管控会带来较大的安全风险。

7.4.1.6 基于大数据开发的金融产品和交易工具对金融监管提出挑战

大数据的使用正在改变金融市场，也需要改变监管市场的方式，以保证市场参与者负责地使用大数据。例如，2010 年 5 月的"闪电暴跌"令道琼斯工业平均指数突然大跌，美国监管部门认为是高频交易造成了快速抛售引发了更多抛售。监管机构限制大数据技术的使用，或是对其使用进行直接干预，其潜在风险是巨大的，应鼓励业界对更复杂的技术乃至更大数据的利用。

纽约大学理工学院大数据金融会议上，美国商品期货交易委员会的斯科特·奥马利亚表示，美国商品期货交易委员会曾考虑是否应让监管机构对交易商的算法进行认证，"鲁莽行为"正取代"市场操纵"，成为起诉不当行为的标准；劳伦斯伯克利国家实验室拥有超级计算能力和雄厚的分析技术，足以实时监控威胁稳定的交易行为。

传统的停市机制在市场暴跌后停止全部交易，实时监控能够将单个参与者扫地出门，从而向诚信的参与者继续敞开市场。

7.4.1.7 金融大数据发展的顶层设计和扶持政策还需强化

在发展规划方面，金融大数据发展的顶层设计仍需强化。一方面，金融机构间的数据壁垒仍较为明显，数据应用仍是各自为战，缺乏有效的整合协同，跨领域和跨企业的数据应用相对较少。另一方面，金融行业数据应用缺乏整体性规划，当前仍存在较多分散性、临时性和应激性的数据应用，数据资产的应用价值没有得到充分发挥，业务支撑作用仍待加强，迫切需要通过行业整体性的产业规划和扶持政策，明确发展重点，加强方向引导。

此外，互联网金融条件下的消费者隐私保护相关法律制度尚不健全。当前中国没有明确的隐私保护制度，也没有专门的法律来保护个人财务信息。相关法律规范较为分散，没办法做出统一规划，其中大部分规定单一、层次不同、操作性差，处理这些在线数据可能会造成不可估量的损失。近年来，虽然许多金融公司增加了对数据安全的投入，但金融业务系统的复杂性却在不断增加，这进一步增加了大数据的风险。在大数据的背景下，黑色产业链更容易将用户信息作为目标。互联网金融机构的竞争日益激烈，越来越多的互联网公司意识到数据收集的重要性。这些数据分别由各个大中小型互联网企业掌握。收集此信息的能力是互联网金融公司的核心业务能力。如果有人能够通过一些简单的手段获取这些信息，就可以降低企业的运营成本。但这一做法的副作用就是使一些地下黑色产业链找到了“商机”，用户数据如果一旦进入其中，将有很大一部分可能用于犯罪行为。

7.4.2 促进大数据金融发展的有效措施

7.4.2.1 出台促进金融大数据发展的产业规划和扶持政策

建议针对产业发展需求和政策空白领域，出台促进金融行业大数据发展应用的指导性政策意见，明确产业发展的目标、方向、路径和要求，完善产业发展的配套保障体系和发展能力评估建设体系。指导和支持金融大数据在产业标准、安全和商业化等多个领域的相关研究。逐步加快发布和形成金融大数据产业应用标准体系和行业规范，以标准促进产业合作，创造更加良好的产业发展环境，增强产业界发展积极性。

7.4.2.2 分阶段推动金融大数据开放、共享和统一平台建设

针对金融机构大数据分散和隔离问题，建议由监管机构牵头，分阶段推进金融行业安全可控的大数据开放共享。首先从制定统一数据目录、明确最低开放标准着手，逐步鼓励金融机构创新合作模式，搭建金融行业统一数据平台，克服跨组织数据流通障碍。未来可鼓励金融机构探索建立独立运营主体，负责金融行业大数据的统一管理和运营，开展跨行业、跨领域应用合作，促进金融大数据在社会经济各领域的价值实现。

7.4.2.3 强化金融大数据行业标准和安全规范建设

建议组织金融行业各方主体，协同制定统一的金融行业大数据交易规范，明确交易各方的数据安全责任，保障金融大数据市场的健康、有序发展；制定明确的数据安全使用标准，对金融大数据的使用权限、使用范围、使用方式和安全机制等进行严格的规范化、标准化管理；建立有效的投诉机制和惩罚机制，实施全程全网的数据安全使用管控与源头追诉。

7.4.2.4 依托行业平台推进金融大数据应用成果共享合作

积极发挥以“中国支付清算协会金融大数据应用研究组”为代表的行业组织的平台作用，打造具有品牌影响力的金融大数据交流分享平台，建立金融大数据行业的长效沟通机制，促进金融大数据应用成果的经验分享和互动交流。同时，积极推动金融行业和电信、电商、旅游等跨行业的沟通和合作，通过专题活动宣传和推广，展示金融大数据在各个行业领域的应用成果，增加金融大数据应用的社会关注度。

大数据金融的运行和发展是制度、主体和行为的综合，其内容极其宽泛。数字经济的核心永远是如何挖掘、搜集、整合、加工和处理大数据，通过匹配大数据以获取准确信息来实现效用最大化。当数字经济突破行业和区域范围，它在伴随全体厂商追求效用最大化的同时，社会资源配置机制便会得到优化，这便是大数据金融的意义所在。

大数据将成为企业的重要资产，企业通过大数据金融创新商业模式和盈利模式，通过掌控大数据金融获得在产业链中的核心地位进而基业长青。由于大数据金融带来的技术创新与金融创新不仅能支持数千万家中小企业的发展，在后金融危机时代能够促进我国经济结构调整和转型升级。因此大数据金融战略不仅成为企业的战略选择，而且在产业和国家层面也成为战略抉择。

实训操作

基于大数据的互联网信用查询 —— 芝麻信用

芝麻信用管理有限公司是合法独立的信用评估及管理机构，其推出的芝麻信用是面向社会的信用服务体系，依据方方面面的信息，运用大数据及云计算技术客观呈现个人的信用状况，通过连接各种服务，让每个人都能体验信用所带来的价值。

芝麻信用分是根据个人用户在互联网多维度的数据信息进行加工、整理、计算后得出的信用评分，分值范围为350~950，分值越高代表信用水平越好。芝麻信用分可以为各种生活和金融活动提供服务，为进行诚信评估做出更为快速和精准的决策。

实训任务：互联网个人征信信息查询，思考大数据下芝麻信用分数能否用于征信依据？

具体操作步骤：

（1）进入支付宝 App，搜索“芝麻信用”。

（2）在搜索结果中点击应用“芝麻信用”并进入。

（3）第一次进入芝麻信用的时候需要把支付宝的相关信息授权给它。

（4）查看自己的芝麻信用分，这个分数是根据个人在支付宝消费的相关信息综合评定得出的。

项目总结

（1）大数据金融是指集合海量非结构化数据，通过对其进行实时分析，可以为互联金融机构提供客户的全方位消息，通过分析和挖掘客户的交易和消费信息掌握客户的消费习惯，并准确预测客户行为，使金融机构和金融服务平台在营销和风险控制方面有的放矢。

（2）大数据金融企业之间的竞争将存在于对数据的采集范围、数据真伪性的鉴别及数据分析和个性化服务等方面。

（3）对于大数据来说，其应用和价值的挖掘不能以牺牲个人数据财产权为代价，而应经由严格的执法和行业的自律，确保大数据在权利保障有效的框架下发挥更大的作用，这样大数据才会拥有健康的未来。

（4）根据企业处于大数据金融服务中的环节及价值的差异，可将大数据金融分为平台金融和供应链金融两大模式。

（5）社交网络、电子商务、第三方支付、搜索引擎等互联网技术形成的大量数据极具价值，云计算、神经网络、遗传算法、行为分析等理论使数据挖掘和分析成为可能，数据将是金融的重要战略资产。

政策监管

金融机构客户身份识别和客户身份资料及交易记录保存管理办法

第一章　总则

第一条　为了预防洗钱和恐怖融资活动，规范金融机构客户身份识别、客户身份资料和交易记录保存行为，维护金融秩序，根据《中华人民共和国反洗钱法》等法律、行政法规的规定，制定本办法。

第二条　本办法适用于在中华人民共和国境内依法设立的下列金融机构：

（一）政策性银行、商业银行、农村合作银行、城市信用合作社、农村信用合作社。

（二）证券公司、期货公司、基金管理公司。

（三）保险公司、保险资产管理公司。

（四）信托公司、金融资产管理公司、财务公司、金融租赁公司、汽车金融公司、货币经纪公司。

（五）中国人民银行确定并公布的其他金融机构。

从事汇兑业务、支付清算业务和基金销售业务的机构履行客户身份识别、客户身份资料和交易记录保存义务适用本办法。

第三条　金融机构应当勤勉尽责，建立健全和执行客户身份识别制度，遵循“了解你的客户”的原则，针对具有不同洗钱或者恐怖融资风险特征的客户、业务关系或者交易，采取相应的措施，了解客户及其交易目的和交易性质，了解实际控制客户的自然人和交易的实际受益人。

金融机构应当按照安全、准确、完整、保密的原则，妥善保存客户身份资料和交易记录，确保能足以重现每项交易，以提供识别客户身份、监测分析交易情况、调查可疑交易活动和查处洗钱案件所需的信息。

第四条　金融机构应当根据反洗钱和反恐怖融资方面的法律规定，建立和健全客户身份识别、客户身份资料和交易记录保存等方面的内部操作规程，指定专人负责反洗钱和反恐融资合规管理工作，合理设计业务流程和操作规范，并定期进行内部审计，评估内部操作规程是否健全、有效，及时修改和完善相关制度。

第五条 金融机构应当对其分支机构执行客户身份识别制度、客户身份资料和交易记录保存制度的情况进行监督管理。

金融机构总部、集团总部应对客户身份识别、客户身份资料和交易记录保存工作作出统一要求。

金融机构应要求其境外分支机构和附属机构在驻在国家（地区）法律规定允许的范围内，执行本办法的有关要求，驻在国家（地区）有更严格要求的，遵守其规定。如果本办法的要求比驻在国家（地区）的相关规定更为严格，但驻在国家（地区）法律禁止或者限制境外分支机构和附属机构实施本办法，金融机构应向中国人民银行报告。

第六条 金融机构与境外金融机构建立代理行或者类似业务关系时，应当充分收集有关境外金融机构业务、声誉、内部控制、接受监管等方面的信息，评估境外金融机构接受反洗钱监管的情况和反洗钱、反恐怖融资措施的健全性和有效性，以书面方式明确本金融机构与境外金融机构在客户身份识别、客户身份资料和交易记录保存方面的职责。

金融机构与境外金融机构建立代理行或者类似业务关系应当经董事会或者其他高级管理层的批准。

第二章　客户身份识别制度

第七条 政策性银行、商业银行、农村合作银行、城市信用合作社、农村信用合作社等金融机构和从事汇兑业务的机构，在以开立账户等方式与客户建立业务关系，为不在本机构开立账户的客户提供现金汇款、现钞兑换、票据兑付等一次性金融服务且交易金额单笔人民币 1 万元以上或者外币等值 1 000 美元以上的，应当识别客户身份，了解实际控制客户的自然人和交易的实际受益人，核对客户的有效身份证件或者其他身份证明文件，登记客户身份基本信息，并留存有效身份证件或者其他身份证明文件的复印件或者影印件。

如客户为外国政要，金融机构为其开立账户应当经高级管理层的批准。

第八条 商业银行、农村合作银行、城市信用合作社、农村信用合作社等金融机构为自然人客户办理人民币单笔 5 万元以上或者外币等值 1 万美元以上现金存取业务的，应当核对客户的有效身份证件或者其他身份证明文件。

第九条 金融机构提供保管箱服务时，应了解保管箱的实际使用人。

第十条 政策性银行、商业银行、农村合作银行、城市信用合作社、农村信用合作社等金融机构和从事汇兑业务的机构为客户向境外汇出资金时，应当登记汇款人的姓名或者名称、账号、住所和收款人的姓名、住所等信息，在汇兑凭证或者相关信息系统中留存上述信息，并向接收汇款的境外机构提供汇款人的姓名或者名称、账号、住所等信息。汇款人没有在本金融机构开户，金融机构无法登记汇款人账号的，可登记并向接收汇款的境外机构提供其他相关信息，确保该笔交易的可跟踪稽核。境外收款人住所不明确的，金融机构可登记接收汇款的境外机构所在地名称。

接收境外汇入款的金融机构，发现汇款人姓名或者名称、汇款人账号和汇款人住所三项信息中任何一项缺失的，应要求境外机构补充。如汇款人没有在办理汇出业务的境外机构开立账户，接收汇款的境内金融机构无法登记汇款人账号的，可登记其他相关信息，确保该笔交易的可跟踪稽核。境外汇款人住所不明确的，境内金融机构可登记资金汇出地名称。

第十一条 证券公司、期货公司、基金管理公司以及其他从事基金销售业务的机构在办理以下业务时，应当识别客户身份，了解实际控制客户的自然人和交易的实际受益人，核对客户的有效身份证件或者其他身份证明文件，登记客户身份基本信息，并留存有效身份证件或者其他身份证明文件的复印件或者影印件：

（一）资金账户开户、销户、变更，资金存取等。

（二）开立基金账户。

（三）代办证券账户的开户、挂失、销户或者期货客户交易编码的申请、挂失、销户。

（四）与客户签订期货经纪合同。

（五）为客户办理代理授权或者取消代理授权。

（六）转托管，指定交易、撤销指定交易。

（七）代办股份确认。

（八）交易密码挂失。

（九）修改客户身份基本信息等资料。

（十）开通网上交易、电话交易等非柜面交易方式。

（十一）与客户签订融资融券等信用交易合同。

（十二）办理中国人民银行和中国证券监督管理委员会确定的其他业务。

第十二条 对于保险费金额人民币 1 万元以上或者外币等值 1 000 美元以上且以现金形式缴纳的财产保险合同，单个被保险人保险费金额人民币 2 万元以上或者外币等值 2 000 美元以上且以现金形式缴纳的人身保险合同，保险费金额人民币 20 万元以上或者外币等值 2 万美元以上且以转账形式缴纳的保险合同，保险公司在订立保险合同时，应确认投保人与被保险人的关系，核对投保人和人身保险被保险人、法定继承人以外的指定受益人的有效身份证件或者其他身份证明文件，登记投保人、被保险人、法定继承人以外的指定受益人的身份基本信息，并留存有效身份证件或者其他身份证明文件的复印件或者影印件。

第十三条 在客户申请解除保险合同时，如退还的保险费或者退还的保险单的现金价值金额为人民币 1 万元以上或者外币等值 1 000 美元以上的，保险公司应当要求退保申请人出示保险合同原件或者保险凭证原件，核对退保申请人的有效身份证件或者其他身份证明文件，确认申请人的身份。

第十四条 在被保险人或者受益人请求保险公司赔偿或者给付保险金时，如金额为人民币 1 万元以上或者外币等值 1 000 美元以上，保险公司应当核对被保险人或者受益人的有效身份证件或者其他身份证明文件，确认被保险人、受益人与投保人之间的关系，登记被保险人、受益人身份基本信息，并留存有效身份证件或者其他身份证明文件的复印件或者影印件。

第十五条 信托公司在设立信托时，应当核对委托人的有效身份证件或者其他身份证明文件，了解信托财产的来源，登记委托人、受益人的身份基本信息，并留存委托人的有效身份证件或者其他身份证明文件的复印件或者影印件。

第十六条 金融资产管理公司、财务公司、金融租赁公司、汽车金融公司、货币经纪公司、保险资产管理公司以及中国人民银行确定的其他金融机构在与客户签订金融业务合同时，应当核对客户的有效身份证件或者其他身份证明文件，登记客户身份基本信息，并留存有效身份证件或者其他身份证明文件的复印件或者影印件。

第十七条 金融机构利用电话、网络、自动柜员机以及其他方式为客户提供非柜台方式的服务时，应实行严格的身份认证措施，采取相应的技术保障手段，强化内部管理程序，识别客户身份。

第十八条 金融机构应按照客户的特点或者账户的属性，并考虑地域、业务、行业、客户是否为外国政要等因素，划分风险等级，并在持续关注的基础上，适时调整风险等级。在同等条件下，来自于反洗钱、反恐怖融资监管薄弱国家（地区）客户的风险等级应高于来自于其他国家（地区）的客户。

金融机构应当根据客户或者账户的风险等级，定期审核本金融机构保存的客户基本信息，对风险等级较高客户或者账户的审核应严于对风险等级较低客户或者账户的审核。对本金融机构风险等级最高的客户或者账户，至少每半年进行 1 次审核。

金融机构的风险划分标准应报送中国人民银行。

第十九条 在与客户的业务关系存续期间，金融机构应当采取持续的客户身份识别措施，关注客户及其日常经营活动、金融交易情况，及时提示客户更新资料信息。

对于高风险客户或者高风险账户持有人，金融机构应当了解其资金来源、资金用途、经济状况或者经营状况等信息，加强对其金融交易活动的监测分析。客户为外国政要的，金融机构应采取合理措施了解其资金来源和用途。

客户先前提交的身份证件或者身份证明文件已过有效期的，客户没有在合理期限内更新且没有提出合理理由的，金融机构应中止为客户办理业务。

第二十条 金融机构应采取合理方式确认代理关系的存在，在按照本办法的有关要求对被代理人采取客户身份识别措施时，应当核对代理人的有效身份证件或者身份证明文件，登记代理人的姓名或者名称、联系方式、身份证件或者身份证明文件的种类、号码。

第二十一条 除信托公司以外的金融机构了解或者应当了解客户的资金或者财产属于信托财产的，应当识别信托关系当事人的身份，登记信托委托人、受益人的姓名或者名称、联系方式。

第二十二条 出现以下情况时，金融机构应当重新识别客户：

（一）客户要求变更姓名或者名称、身份证件或者身份证明文件种类、身份证件号码、注册资本、经营范围、法定代表人或者负责人的。

（二）客户行为或者交易情况出现异常的。

（三）客户姓名或者名称与国务院有关部门、机构和司法机关依法要求金融机构协查或者关注的犯罪嫌疑人、洗钱和恐怖融资分子的姓名或者名称相同的。

（四）客户有洗钱、恐怖融资活动嫌疑的。

（五）金融机构获得的客户信息与先前已经掌握的相关信息存在不一致或者相互矛盾的。

（六）先前获得的客户身份资料的真实性、有效性、完整性存在疑点的。

（七）金融机构认为应重新识别客户身份的其他情形。

第二十三条 金融机构除核对有效身份证件或者其他身份证明文件外，可以采取以下的一种或者几种措施，识别或者重新识别客户身份：

（一）要求客户补充其他身份资料或者身份证明文件。

（二）回访客户。

（三）实地查访。

（四）向公安、工商行政管理等部门核实。

（五）其他可依法采取的措施。

银行业金融机构履行客户身份识别义务时，按照法律、行政法规或部门规章的规定需核对相关自然人的居民身份证的，应通过中国人民银行建立的联网核查公民身份信息系统进行核查。其他金融机构核实自然人的公民身份信息时，可以通过中国人民银行建立的联网核查公民身份信息系统进行核查。

第二十四条 金融机构委托其他金融机构向客户销售金融产品时，应在委托协议中明确双方在识别客户身份方面的职责，相互间提供必要的协助，相应采取有效的客户身份识别措施。

符合下列条件时，金融机构可信赖销售金融产品的金融机构所提供的客户身份识别结果，不再重复进行已完成的客户身份识别程序，但仍应承担未履行客户身份识别义务的责任：

（一）销售金融产品的金融机构采取的客户身份识别措施符合反洗钱法律、行政法规和本办法的要求。

（二）金融机构能够有效获得并保存客户身份资料信息。

第二十五条 金融机构委托金融机构以外的第三方识别客户身份的，应当符合下列要求：

（一）能够证明第三方按反洗钱法律、行政法规和本办法的要求，采取了客户身份识别和身份资料保存的必要措施。

（二）第三方为本金融机构提供客户信息，不存在法律制度、技术等方面的障碍。

（三）本金融机构在办理业务时，能立即获得第三方提供的客户信息，还可在必要时从第三方获得客户的有效身份证件、身份证明文件的原件、复印件或者影印件。

委托第三方代为履行识别客户身份的，金融机构应当承担未履行客户身份识别义务的责任。

第二十六条 金融机构在履行客户身份识别义务时，应当向中国反洗钱监测分析中心和中国人民银行当地分支机构报告以下可疑行为：

（一）客户拒绝提供有效身份证件或者其他身份证明文件的。

（二）对向境内汇入资金的境外机构提出要求后，仍无法完整获得汇款人姓名或者名称、汇款人账号和汇款人住所及其他相关替代性信息的。

（三）客户无正当理由拒绝更新客户基本信息的。

（四）采取必要措施后，仍怀疑先前获得的客户身份资料的真实性、有效性、完整性的。

（五）履行客户身份识别义务时发现的其他可疑行为。

金融机构报告上述可疑行为参照《金融机构大额交易和可疑交易报告管理办法》（中国人民银行令〔2006〕第2号发布）及相关规定执行。

第三章　客户身份资料和交易记录保存

第二十七条 金融机构应当保存的客户身份资料包括记载客户身份信息、资料以及反映金融机构开展客户身份识别工作情况的各种记录和资料。

金融机构应当保存的交易记录包括关于每笔交易的数据信息、业务凭证、账簿以及有关规定要求的反映交易真实情况的合同、业务凭证、单据、业务函件和其他资料。

第二十八条 金融机构应采取必要管理措施和技术措施，防止客户身份资料和交易记录的缺失、损毁，防止泄漏客户身份信息和交易信息。

金融机构应采取切实可行的措施保存客户身份资料和交易记录，便于反洗钱调查和监督管理。

第二十九条 金融机构应当按照下列期限保存客户身份资料和交易记录：

（一）客户身份资料，自业务关系结束当年或者一次性交易记账当年计起至少保存5年。

（二）交易记录，自交易记账当年计起至少保存5年。

如客户身份资料和交易记录涉及正在被反洗钱调查的可疑交易活动，且反洗钱调查工作在前款规定的最低保存期届满时仍未结束的，金融机构应将其保存至反洗钱调查工作结束。

同一介质上存有不同保存期限客户身份资料或者交易记录的，应当按最长期限保存。同一客户身份资料或者交易记录采用不同介质保存的，至少应当按照上述期限要求保存1种介质的客户身份资料或者交易记录。

法律、行政法规和其他规章对客户身份资料和交易记录有更长保存期限要求的，遵守其规定。

第三十条 金融机构破产或者解散时，应当将客户身份资料和交易记录移交中国银行业监督管理委员会、中国证券监督管理委员会或者中国保险监督管理委员会指定的机构。

第四章　法律责任

第三十一条 金融机构违反本办法的，由中国人民银行按照《中华人民共和国反洗钱法》第三十一条、第三十二条的规定予以处罚；区别不同情形，向中国银行业监督管理委员会、中国证券监督管理委员会或者中国保险监督管理委员会建议采取下列措施：

（一）责令金融机构停业整顿或者吊销其经营许可证。

（二）取消金融机构直接负责的董事、高级管理人员和其他直接责任人员的任职资格、禁止其从事有关金融行业的工作。

（三）责令金融机构对直接负责的董事、高级管理人员和其他直接责任人员给予纪律处分。

中国人民银行县（市）支行发现金融机构违反本办法的，应当报告上一级中国人民银行分支机构，由上一级分支机构按照前款规定进行处罚或者提出建议。

第五章　附则

第三十二条　保险公司在办理再保险业务时，履行客户身份识别义务不适用本办法。

第三十三条　本办法下列用语的含义如下：

自然人客户的“身份基本信息”包括客户的姓名、性别、国籍、职业、住所地或者工作单位地址、联系方式，身份证件或者身份证明文件的种类、号码和有效期限。客户的住所地与经常居住地不一致的，登记客户的经常居住地。

法人、其他组织和个体工商户客户的“身份基本信息”包括客户的名称、住所、经营范围、组织机构代码、税务登记证号码；可证明该客户依法设立或者可依法开展经营、社会活动的执照、证件或者文件的名称、号码和有效期限；控股股东或者实际控制人、法定代表人、负责人和授权办理业务人员的姓名、身份证件或者身份证明文件的种类、号码、有效期限。

第三十四条　本办法由中国人民银行会同中国银行业监督管理委员会、中国证券监督管理委员会、中国保险监督管理委员会解释。

第三十五条　本办法自 2007 年 8 月 1 日起施行。

项目 8
供应链金融

❑ 学习目标

理解供应链金融发展的必要性；掌握供应链金融的定义、构成与特点；掌握供应链金融的交易形态及功能；掌握供应链金融的风险控制原则；了解供应链金融产生的背景，明确我国供应链金融发展方向。

❑ 思政目标

树立供应链金融风险意识，具备抗风险能力。

❑ 案例导学

阿里的触角，远不仅于此

蚂蚁金服，手握牌照，拓宽场景。

广发证券报告显示，目前，支付行业比较有价值的业务牌照是互联网支付、移动支付、银行卡收单牌照，有 26 家公司同时拥有这三类牌照，支付宝是其中之一，即支付宝可以经营所有的支付业务。除此之外，蚂蚁金服还手握基金牌照、小贷牌照。值得一提的是，关于金融控股牌照，众多媒体报道，蚂蚁金服与中信、光大、招商局等老牌央企金控并列入第一批名单，同时也表明监管层对其的认可。不难看出，似乎并没有阿里触及不到的领域。根据广发证券报告显示，2016 年、2017 年蚂蚁金服税前净利润分别为 29.07 亿元、131.89 亿元。2017 年支付连接占比 54%、金融服务占比 11%、技术服务占比 34%。

根据其公司 2018 年版最新融资报告书预测，2017 年至 2021 年蚂蚁金服技术服务收入占比将提高至 65%，而金融服务收入占比下降至 6%。因此，蚂蚁金服未来的营收结构中技术服务业务占比最大，支付、金融服务占比逐步缩小。据了解，蚂蚁金服的区块链迄今落地超40个应用场景，涉及公益、跨境汇款、小微企业融资、商品正品溯源、租赁房源溯源等领域。然而，理想的供应链必定离不开“四流合一”（物流、业务流、信息流和资金流）。而对“四流”的分析显然是创新的关键，同时也是能否在供应链金融领域有所作为的切入点。

目前，围绕供应链金融，除蚂蚁金服外，腾讯、京东、平安壹账通等众多互联网巨头企业正在加速入场布局，打造“产业＋金融”生态圈。早在2016年，蚂蚁金服已宣布全面开启农村金融战略，并发布“谷雨计划”。基于阿里生态圈中完善的电商平台、云计算等服务系统，实现了农产品供应链内部资金流闭环流动。

另外，携手国内数家农产品龙头企业，并通过阿里生态圈中农村淘宝、天猫、阿里巴巴、菜鸟物流、阿里云等力量，从生产端为农户、企业提供强有力的资金和销售服务。2018年5月25日，首次对外阐释了蚂蚁金服在“金融＋电商＋农业生产”的互联网农产品供应链布局，阐释了蚂蚁金服农村金融的战略规划。

从农业生产经营的投入，到农业生产资料的购买，再到农产品的销售，金融＋电商的模式覆盖了整个过程的方方面面，形成了一个农产品供应链的线上生态链。供应链金融成为优质风口，引发各路资本竞相追逐。但在金融领域一定要注意风控，若风控不到位，暗藏已久的“雷”终会爆发。

无独有偶，2019年7月以来，供应链金融暴雷多数发生在大企业身上，“萝卜章”“假合同”现象横飞，处于供应链上的“C位”——核心企业也遭信用质疑。对此，监管层出手，7月16日下发155号文，规范供应链金融发展。在加强供应链金融风险管控方面，做了更加细化的规定。其中，特别提到金融科技“鼓励保险机构将物联网、区块链等新技术嵌入交易环节等，提升智能风控水平”。记者获悉，未来监管层将继续推进供应链创新与应用，同时加强供应链金融风险监管，引导金融机构健全对核心企业及上下游链条企业的跟踪监控。蚂蚁金服副总裁蒋国飞透露，目前针对中小企业供应链金融的区块链融资已经跑通，在杜绝欺诈、降低操作风险方面优势明确，机构、核心企业都可以更高效地掌握并运用这些能力开展现有业务，有望弥补传统市场空白。

据蚂蚁金服官方公众号显示，目前，“双链通”这一模式已经在成都得到实践。例如，注册资本只有30元的成都百脑汇“冠勇专卖店”，与上游企业中科大旗一起在蚂蚁“双链通”上完成了第一单融资，为他们提供担保的是成都中小企业融资担保有限责任公司。蚂蚁双链通以中科大旗的技术资质和应付账款为依托，以产业链上各参与方间的真实贸易为背景，让中科大旗的信用可以在区块链上逐级流转。最终，不仅中科大旗得到了成都中小担的授信，“冠勇”这样的末端供应商也凭借中科大旗的信用流转得到了融资支持。

“蚂蚁‘双链通’全面升级开放，而这一服务运用区块链技术彻底消灭了供应链金融领域的‘萝卜章、假合同’等问题。”蒋国飞说道。那么，区块链技术是否能从根本上杜绝供应链金融难题？一位金融风控人士表示，区块链能解决应收账款凭证真实性的问题。核心企业方面的应收账款等凭证可在区块链系统上进行签发，凭证中拥有数字签名，且所有的相关参与方都可以在系统上进行验证。这样一来，所有的凭证都会有核心企业的背书，其他主体无法伪造。

一位银行业相关人士向《贸易金融》记者透露：“把传统的线下确权通过电子合同电子签章等模式转移到线上操作，把确权流程等变得更加容易操作，在假设网络安全不出现漏洞的情况下，预防萝卜章、假合同是绝对有益的。”

从供应链金融爆发的风险来看，把矛盾集中在了确权的问题上。其实，不同机构的风险偏好决定各个机构的风险偏好有高有低，导致了对于确权问题的要求有紧有松。

银行相关人士表示，区块链是帮助确认贸易背景的一种方式，前提是核心企业等供应链上的单位有意愿被记录交易信息，而且愿意加入区块链来完成确权。供应链金融的风险说到底是商业信用的风险，区块链作为先进的科技手段，能够让“确权、三流合一”这些传统难题变得可操作，但是无法解决确权意愿问题。

8.1 供应链金融概述

8.1.1 供应链金融产生的背景

近年来，供应链金融发展迅猛，产融结合，突出供应链，降低整体经营成本，已是国内企业和金融机构争相创新的新领域。目前国内的供应链金融尚处于发展阶段，伴随着物联网、大数据、区块链等新兴技术的涌现和应用，行业发展呈现向好趋势。以科技手段助力供应链金融建立风控体系，让优质的核心企业信用向供应链上下游传导，健全中小企业信用体系，从而解决融资难、融资贵、融资繁等问题。

8.1.1.1 供应链金融运行中的微观基础

供应链金融是供应链管理的一个分支，供应链管理是指对整个供应链系统进行计划、协调、操作、控制和优化的各种活动和过程。美国供应链专业协会这样定义供应链管理：“供应链管理包括规划和管理供应采购、转换（即加工生产）和所有物流活动，尤其是渠道成员的协调和合作。这些成员包括供应商、中间商、第三方提供商、客户。从本质上讲，供应链管理是对企业内外供应和需求的全面整合。”其内容包括所有物流活动、生产运营及营销、销售、产品设计、金融、信息技术之间的协调。香港利丰研究中心认为，“供应链管理就是把供应链最优化，以最小的成本完成从采购到最终满足顾客的所有流程，要求上述工作流程、实物流程、资金流程和信息流程均有效率地运行”。

换言之，现代供应链管理的目标是以正确的价格来提供正确的商品，而且还要在正确的操作成本前提下，在正确的时间将正确的质量、正确的数量送到正确的地点，并使整个产业系统的所有权成本最小化。从总体上看，现代供应链管理呈现出如下特征。

（1）追求卓越服务

越来越多的供应链成员开始真正地重视客户服务与客户满意度。传统的量度是以“订单交货周期”“完整订单的百分比”等来衡量的，而目前更注重客户对服务水平的感受，服务水平的量度也以此为标准。客户服务重点的转移所产生的结果就是重视与供应链所有相关企业的关系，并把上下游看成是提供高水平服务的合作者。

（2）追求时间与速度

在供应链环境下，时间与速度已被看作提高企业竞争优势的主要衡量标准，一个环节的拖沓往往会影响整个供应链的运转。供应链中的各个企业通过各种手段实现它们之间物流、信息流的紧密连接，以达到对最终客户要求的快速响应、减少存货成本、提高供应链整体竞争水平的目的。

（3）注重质量与资产生产率

供应链管理涉及许多环节，需要环环紧扣，并确保每一个环节的质量。任何一个环节，比如运输服务质量的好坏，都将直接影响供应商备货的数量、分销商仓储的数量，进而最终影响用户对产品质量、时效性及价格等方面的评价。改进资产生产率不仅要注重减少企业内部的存货，更重要的是通过企业间的合作与数据共享减少供应链渠道中的存货。

（4）组织精简，凸显优势

供应链成员类型及数量众多是引发供应链管理复杂的直接原因。在当前的供应链发展趋势下，越来越多的企业开始考虑减少物流供应商的数量。比如，跨国公司客户更愿意将它们的全球物流供应链外包给少数几家物流供应商，理想情况下最好是一家物流供应商。这样不仅有利于管理，而且有利于在全球范围内提供统一的标准服务，更好地显示出全球供应链管理的整体优势。

从以上供应链管理呈现出的特点可以看出，供应链是一个复杂的经营和管理过程，其中涉及许多企业间的协调和交互活动，这些协调交互活动的状况直接影响供应链的服务、质量和成效。在一般的供应链运营中，加工企业需要从原料企业购买原材料，将其加工成零件，然后出售给部件供应商，部件供应商生产部件后，销售给产成品企业，产成品企业再将其生产的产成品出售给分销商和零售商，后者最终将商品出售给消费者。在这一过程中，资金流是企业的生命源泉，因为资金流动能满足企业任何时刻的支付需求。企业支出和收入的资金发生在不同的时刻，这就产生了资金缺口。在企业下达订单与接收货物之间存在着资金缺口，一旦下游企业出现资金困难就很难采购到所需要的原料或产品；在接受存货和形成产品销售之间存在着资金上的压力，因为库存管理活动需要资金支持，并产生库存持有成本；在销售产品和下游客户支付现金之间也存在一定程度的资金缺口，形成所谓的应收账款；在支付现金和实际接受现金之间产生了现金转换周期，从而对上游企业产生资金上的压力，因为如果不能及时获得资金，就可能对企业的现金流产生不利影响，使正常的生产经营活动出现困难。

8.1.1.2 供应链金融运行中的宏观基础

除了微观层面的因素外，产业方面的背景对供应链中金融问题的产生也是一种驱动力。从某种意义上讲，供应链金融是适应国际贸易新形势的产物，是在新的国际贸易背景下对新型组织间关系的有益探索。

（1）国际贸易的全球化趋势催生新的贸易融资模式

在经济全球化的背景下，生产分工也呈现出全球化的趋势。产品的研发、设计、加工、装配、销售越来越突破国家和地区的限制，实现了全球化大生产。产品的价值链可能由不同国家或地区的不同企业分工完成，每家企业都成了全球化生产链条上的一环。

生产领域的国际分工必然导致贸易领域的全球化。随着科学技术的不断进步和各国对外开放程度的不断提高，流通领域中跨国交易的广度、深度和规模都在与日俱增。贸易领域的全球化推动了世界市场的进一步完善，国际贸易开始从地区性的互惠互利向多边贸易体制转变，统一的全球化大市场正在逐步形成。

国际贸易的全球化趋势在客观上带来了金融的全球化。金融的全球化促使资金在世界范围内重新配置，使资本流向经济效益更高的国家和地区。与此同时，资本市场、金融机构、货币体系、金融政策与法律等金融要素进一步同质化，全球金融市场日趋一体化。

就目前的趋势来看，生产链和供应链在全球化的背景下联系日趋紧密，生产链的全球化必然要求供应链的金融服务全球化。以此为基础，国际贸易的全球化趋势必然要求金融市场以供应链为中心提供更为灵活、成本更低、效率更高、风险可控的金融产品和融资模式。供应链融资正是在这种背景下应运而生的。

（2）中小企业贸易融资需求亟待供应链金融的支撑

随着中国加入 WTO，越来越多的中小企业开始进入全球产业分工链条之中。但是，由于缺乏资金，很多中小企业在成长道路上举步维艰，不堪重负。这在很大程度上限制了中小企业把握进入国际市场、提升竞争实力的机会。中小企业贷款难的问题一直是个亟待解决的棘手问题。

从融资渠道来看，大多数中小企业主要采用的是内源性融资模式。然而，由于大多数中小企业属劳动密集型企业，利润并不高，企业自身的资本积累能力不足，内源性融资在很大程度上无法满足扩大再生产、提高企业竞争力的客观要求。而从外源性融资方式来看，由于国内股票市场的准入门槛较高，很多中小企业受注册资本和公司股本总额的限制，根本无法进入股市融资。可以说，我国绝大多数中小企业较难进入公开的证券市场进行融资，这在很大程度上限制了中小企业的发展。

迄今为止，银行信贷是中小企业最主要的融资渠道。但是，中小企业很难从商业银行那里获得贷款。由于中小企业的财务制度不健全、抗风险能力弱、缺乏足够的抵押担保，商业银行为了尽量减少呆账、坏账的风险，基本不愿意向中小企业放贷，而是把重点放在了大型企业身上。从银企关系的角度讲，中小企业客观上需要信贷资金的支持，而商业银行又苦于中小企业条件不足而惜贷、惧贷，这就造成了银企间关系上的信用隔阂。要突破这种隔阂，就必须寻求新的融资模式。目前来看，供应链融资模式是解决这一问题最好的可尝试的方案之一。

（3）商业银行的发展及金融业态的多样化需要新的业务生长点和利润来源

商业银行作为金融体系中的重要一环，如今也面临着商业模式创新的必要，从而推动了供应链金融的产生。在我国的商业银行体系中，存贷差收入是银行主营业务收入的重要组成部分。而国外发达国家的商业银行一半以上的利润来源是中间业务收入。所谓中间业务，就是银行为客户办理各种委托代理业务。银行作为信用关系的中间人，既不是债务人，也不是债权人，它只提供金融服务，受托处理各类业务并从中抽取一定的服务费用和佣金。从中不难发现，国内商业银行的利润来源较为单一，利润生长点较为僵化。更为重要的是，随着资本市场的不断开放，存贷利差的规模正在不断缩小，商业银行的盈利水平正在进一步缩水。与此同时，由于国内银行在业务模式、经营思路、服务项目上存在严重的同质化现象，银行业的竞争环境在不断恶化。

从宏观金融环境来看，随着国内投融资体制的深入改革，越来越多的非银行融资形式应运而生，一些实力雄厚的大型公司客户能够自行发行股票和债券进行直接融资。这在很大程度上造成了通常所说的“金融脱媒”现象。

如果商业银行还仅以传统的存贷利差作为单一的收入来源，只把目光聚集在大公司和大客户身上，那么在未来金融体制的发展趋势下，商业银行就很难适应灵活多变的市场需求，不仅盈利水平会持续下滑，而且传统盈利模式造成的路径依赖会进一步限制其经营模式的结构性转变。

综上所述，正是因为上述企业微观和产业宏观层面的共同作用，使得供应链金融逐渐进入人们的视野，成为新经济环境下一种重要的创新模式。而这种创新模式的核心就是结合产业运行的特点，有效地解决了企业，尤其是中小企业日常经营管理活动中的融资难问题，在全球产业分工的大形势下，将金融资源和产业资源高度结合，实现产业效益与金融效益的乘数效应。

8.1.2 供应链金融的含义

随着供应链思想逐渐被接受及供应链研究的日趋完善，供应链的工具和实践也得到很大的提升，供应链中的物流、商流、信息流的效率得到巨大的提升。当整合供应链中的物流和信息流在实践中被应用和检验时，资金流也开始得到越来越多的关注。

宝洁公司在 2002 年的报告中指出，在供应链中，材料和产品的物理流动过程往往伴随着大量信息化的金融活动。

基布勒（Keebler）和卡特（Carter）等人认为，供应链管理影响到公司的资本结构、风险等级、成本结构、盈利能力和最终市场价值，作为影响股东价值的重要因素，供应链管理者必须运用金融的视角分析财务因素对供应链绩效的影响。

无论是从单个企业的角度还是从供应链的角度出发，供应链中的物流、商流、信息流和资金流相互作用、相互影响，已经形成一个相辅相成的整体。特别是供应链中的信息流和资金流，基本上贯穿了供应链中所有的行为。

8.1.2.1 国外对供应链金融的理解

纵观目前国际上有关供应链金融的定义，首次提出该概念的是蒂默（Timme）等学者，他们认为供应链上的参与方与为其提供金融支持的处于供应链外部的金融服务提供者可以建立协作关系，而这种协作关系旨在实现供应链的目标，同时考虑到物流、信息流、资金流及进程、全部资产和供应链上的参与主体的经营，这个过程就称为供应链金融。从这个概念界定可以看出，供应链金融非常强调金融主体与供应链参与企业之间协作关系的建立，并且通过这种紧密的关系，可以促进供应链商流、物流、信息流和资金流的结合。

除此之外，普法夫（Pfaff，2004）等人认为订单周期管理，包括涉及订单、记账、支付过程和 IT 系统的任何活动，也是供应链金融的一个重要方面。霍夫曼（Hofmann，2003）则在一篇文章中指出，运营资产管理旨在降低固定资产及库存和在途物资，同样试图通过改善物流和信息流的交互环节，如订单处理、债务和负债管理（如现金流转周期），来改善在途时间、预付款和付款期限，是供应链管理与财务工具相结合的一个方式。同样，威廉·阿特金森（William Atkinson，2008）认为，供应链金融可以定义为一个服务与技术方案的结合体，这种结合体将需求方、供应方和金融服务提供者联系在一起，当供应链建成后，能够优化其透明度、金融成本、可用性和现金交付。阿伯丁集团（Aberdeen Group，2007）认为供应链金融的核心就是关注嵌入供应链的融资和结算成本，并构造出优化供应链成本流程的方案。以上这些界定的特点在于指出了供应链金融通过供应链企业与金融服务提供者之间的合作关系，能够优化供应链资金流、降低供应链财务成本。

另一类对供应链金融的定义，比较强调生态圈建立对财务和资金的优化，具代表性的有迈克尔·拉莫洛克斯（Michael Lamoureux，2007），他认为供应链金融是一种在核心企业主导的企业生态圈中，对资金的可得性和成本进行系统优化的过程。这种优化主要是通过对供应链内的信息流进行归集、整合、打包和利用的过程，是通过嵌入成本分析、成本管理和各类融资手段而实现的。

在供应链金融研究中，霍夫曼在 2005 年提出具有代表性的供应链金融定义，他认为供应链金融可以理解为供应链中包括外部服务提供者在内的两个以上的组织，通过计划、执行和控制金融资源在组织间的流动，以共同创造价值的一种途径。

8.1.2.2 国内对供应链金融的理解

近些年来，供应链中的资金流管理日益受到国内各行各业的关注。很多学者探讨了供应链融资服务的商业模式。

杨绍辉（2005）从商业银行的角度出发，给出了“供应链金融”的定义：供应链金融是为中小型企业量身定做的一种新型融资模式，它将资金流有效地整合到供应链管理中来，既为供应链各个环节的企业提供商业贸易资金服务，又为供应链弱势企业提供新型贷款融资服务。

闫俊宏、许祥秦（2007）研究了基于供应链金融的中小企业融资，分析其在解决中小企业融资难等问题上的优势，并提出供应链金融的三种基本模式，即应收账款融资模式、存货融资模式和预付账款融资模式，对各模式的特点、流程进行了介绍。

蒋婧梅、战明华（2012）认为中小企业由于其自身缺乏抵押物、信息不透明等原因，长期以来难以突破融资难的发展瓶颈。随着科技水平、物流业、供应产业链的发展，供应链金融这一创新产品以其独特的优势成为商业银行新的业务领域。

国内关于供应链金融定义的普遍观点认为，供应链金融是指“以核心客户为依托，以真实贸易背景为前提，运用自偿性贸易融资的方式，通过应收账款质押登记、第三方监管等专业手段封闭资金流或控制物权，对供应链上下游企业提供的综合性金融产品和服务”。“供应链金融”是一种独特的商业融资模式，依托于产业供应链核心企业对单个企业或上下游多个企业提供全面金融服务，以促进供应链上核心企业及上下游配套企业“产—供—销”链条的稳固和流转顺畅，降低整个供应链运作成本，并通过金融资本与实业经济的协作，构筑银行、企业和供应链的互利共存、持续发展的产业生态。这种定义和观点被深圳发展银行概括为“M+1+N”，即依托核心企业“1”，为其众多的供应商“M”和众多的分销商或客户“N”，提供综合金融服务。所以从这个意义上讲，国内理解的供应链金融大多是金融机构根据产业特点，围绕供应链上核心企业，基于交易过程向核心企业及其上下游相关企业提供的综合金融服务。

8.1.2.3 供应链金融的构成

供应链金融生态由供应链金融参与方之间的角色和结构关系，以及它们与制度和技术环境的关系共同构成。供应链金融生态包含四层结构。

(1)供应链金融受益主体

供应链金融的受益主体主要是指在生产和贸易过程中，依附于供应链上核心企业的上下游中小企业，借助核心企业信用背书，缓解融资难融资贵问题。

(2)供应链金融实施主体

在供应链金融发展初期，实施主体主要为商业银行。随着供应链金融行业的不断发展与创新，掌握了供应链上下游企业真实贸易信息的行业龙头企业、物流公司、金融信息服务平台等各参与方纷纷利用自身优势来提供供应链金融服务。

(3)供应链金融资金方

供应链金融资金方是直接提供金融资源的主体，同时也承担着最终风险。

(4)供应链金融基础服务

供应链金融的发展需要配套的基础设施服务提供方，如技术服务提供商、供应链金融信息化服务商、行业组织等。

综上所述，结合国内外对供应链金融理解的异同，大体认为供应链金融是一种集物流运作、商业运作和金融管理为一体的管理行为和过程，它将贸易中的买方、卖方、第三方物流及金融机构紧密地联系在了一起，实现了用供应链物流盘活资金，同时用资金拉动供应链物流的作用；而在这个过程中，金融机构如何更有效地嵌入供应链网络，与供应链经营企业相结合，实现有效的供应链资金运行，同时又能合理地控制风险，成为供应链金融的关键问题。

8.1.3 供应链金融的特点

从产业供应链角度出发，供应链金融的实质就是金融服务提供者通过对供应链参与企业的整体评价（行业、供应链和基本信息），针对供应链各渠道运作过程中企业拥有的流动性较差的资产，以资产所产生的确定的未来现金流作为直接还款来源，运用丰富的金融产品，采用闭合性资金运作的模式，并借助中介企业的渠道优势，来提供个性化的金融服务方案，为企业、渠道及供应链提供全面的金融服务，提升供应链的协同性，降低其运作成本。具体看，供应链金融有以下特点。

8.1.3.1 现代供应链管理是供应链金融服务的基本理念

供应链金融是一种适应新的生产组织体系的全方位金融性服务，特别是融资模式，它不是单纯依赖客户企业的基本面资信状况来判断是否提供服务，而是依据供应链整体运作情况，以企业之间真实的贸易背景入手，来判断流动性较差资产未来的变现能力和收益性。通过融入供应链管理理念，可以更加客观地判断客户企业的抗风险能力和运营能力。可以说，没有实际的供应链做支撑，就不可能产生供应链金融，而且供应链运行的质量和稳定性直接决定了供应链金融的规模和风险。

8.1.3.2 大数据对客户企业的整体评价是供应链金融服务的前提

整体评价是指供应链服务平台分别从行业、供应链和企业自身三个角度对客户企业进行系统的分析和评判，然后根据分析结果判断其是否符合服务的条件。行业分析主要是考虑客户企业受宏观经济环境、政策和监管环境、行业状况、发展前景等因素的综合影响；供应链分析主要是评判客户所在供应链的行业前景与市场竞争地位，企业在供应链内部的地位，以及与其他企业间的合作情况等信息；企业基本信息的评价主要是了解其运营情况和生产实力是否具备履行供应链合作义务的能力，是否具备一定的盈利能力与营运效率，最为重要的就是掌握企业的资产结构和流动性信息，并针对流动性弱的资产进行融通可行性分析。显然，上述所有信息都有赖于大数据的建立，大数据指的是某事物所涉及的数据量规模巨大，以至于无法通过人工在合理时间内实现截取、管理、处理并整理成人类所能解读的信息的数据。事实上，供应链运行中每一笔交易、每一项物流活动，甚至每一个信息沟通都是数据，通过筛选、整理、分析所得出的结果不只是简单、客观的结论，还能用于帮助提高企业经营决策。搜集起来的数据还可以被规划，引导供应链金融活动的产生。

8.1.3.3 闭合式资金运作是供应链金融服务的刚性要求

供应链金融是对资金流、贸易流和物流的有效控制，使注入企业内的融通资金的运用限制在可控范围之内，按照具体业务逐笔审核放款，并通过对融通资产形成的确定的未来现金流进行及时回收与监管，达到过程风险控制的目标。即供应链金融服务运作过程中，供应链的资金流、物流运作需要按照合同预定的确定模式流动。

8.1.3.4 构建供应链商业生态系统是供应链金融的必要手段

供应链金融要有效运行的另一个关键点在于商业生态网的建立。1993 年，美国著名经济学家穆尔（Moore）在《哈佛商业评论》上首次提出了“商业生态系统”概念。所谓商业生态系统，是指以组织和个人（商业世界中的有机体）的相互作用为基础的经济联合体，是供应商、生产商、销售商、市场中介、投资商、政府、消费者等以生产商品和提供服务为中心组成的群体。它们在一个商业生态系统中发挥着不同的功能，各司其职，但又形成互赖、互依、共生的生态系统。在这一商业生态系统中，个体虽有不同的利益驱动，但身在其中的组织和个人互利共存，资源共享，注重社会、经济、环境综合效益，共同维持系统的延续和发展。在供应链金融运作中也存在着商业生态的建立，包括管理部门、供应链参与者、金融服务的直接提供者及各类相关的经济组织，这些组织和企业共同构成了供应链金融的生态圈。如果不能有效地建构这一商业生态系统，或者说相互之间缺乏有效的分工，不能承担相应的责任和义务，并且进行实时的沟通和互动，供应链金融就很难开展。

8.1.3.5 企业、渠道和供应链，特别是成长型的中小企业是供应链金融服务的主要对象

与传统信贷服务不同，供应链金融服务运作过程中涉及渠道或供应链内的多个交易主体，供应链金融服务提供者可以获得渠道或供应链内的大量客户群和客户信息，为此可以根据不同企业、渠道或供应链的具体需求，定制个性化的服务方案，提供全面的金融服务。供应链中的中小企业，尤其是成长型的中小企业往往是供应链金融服务的主体，通过供应链金融服务，这些企业的资金流得到优化，提高了经营管理能力。传统信贷模式下中小企业存在的问题，都能在供应链金融模式下得到解决。

具体讲，在传统金融视角下，中小企业由于规模较小、经营风险大，甚至财务信息不健全等原因，存在信息披露不充分、信用风险高的状况。而且一般观点常常认为由于中小企业道德风险大、存在机会主义倾向，最终使得成本收益不佳。而在供应链金融视角下上述问题都不存在。一方面，由于中小企业嵌入在特定的供应链网络中，供应链网络的交易信息及供应链竞争力，特别是供应链的成员筛选机制使得信息披露不充分及信用风险高这些问题得以解决；另一方面，由于供应链成员都会对其上下游进行严格、动态的监督，供应链信息的及时沟通与交换，以及灵活多样的外包合作，不仅控制了机会主义和道德风险，而且降低了运行成本，大大提升了供应链金融的收益。

8.1.3.6 流动性较差的资产是供应链金融服务的针对目标

在供应链的运作过程中，企业会因为生产和贸易的原因，形成存货、预付款项或应收款项等众多资金沉淀环节，并由此产生对供应链金融的迫切需求，因此这些流动性较差的资产就为服务提供商或金融机构开展金融服务提供了理想的业务资源。但是流动性较差的资产要具备一个关键属性，那就是良好的自偿性。这类资产会产生确定的未来现金流，如同企业经过“输血”后，成功实现“造血”功能。供应链金融的实质，就是供应链金融服务提供者或金融机构针对供应链运作过程中企业形成的应收、预付、存货等各项流动资产进行方案设计和融资安排，将多项金融创新产品有效地在整个供应链各个环节中灵活组合，提供量身定制的解决方案，以满足供应链中各类企业的不同需求，在提供融资的同时帮助提升供应链的协同性，降低其运作成本。

8.1.4 供应链金融的交易形态

传统的供应链金融的交易形态有应收账款融资、库存融资及预付款融资三种，并且在供应链金融的发展过程中也出现了一种新兴的交易形态——战略关系融资。下面对四种交易形态做简要的介绍。

8.1.4.1 应收账款融资

应收账款融资，也称发票融资，是指企业将赊销而形成的应收账款转让给专门的融资机构，以应收账款作为还款来源，使企业得到所需资金，保证资金的周转。

应收账款融资是集融资、结算、财务管理和风险担保于一体的综合性金融服务。应收账款融资的主要方式有保理、保理池融资、反向保理、票据池授信、出口应收账款池融资和出口信用险项下的贸易融资。

8.1.4.2 库存融资

库存融资又称存货融资，是指需要融资的企业，将其拥有的存货用作抵押，向资金提供方出质，同时将质押存货转交给具有合法保管存货资格的物流企业进行保管，以获得贷方贷款的融资业务，是物流企业参与下的动产质押业务。库存融资的主要方式有静态抵质押授信、动态抵质押授信和仓单质押授信。

8.1.4.3 预付款融资

预付款融资是指在上游企业承诺回购的前提下，由第三方物流企业提供信用担保，中小企业为缓解预付货款压力以金融机构指定仓库的既定仓单向银行等金融机构申请质押贷款，其提货权由金融机构控制的融资业务。

预付款融资的主要类型有：先票（款）后货授信、担保提货（保兑仓）授信、进口信用证项下未来货权质押授信、国内信用证和附保贴函的商业承兑汇票。

8.1.4.4 战略关系融资

上面介绍的三种融资方式都属于有抵押物前提下的融资行为，与原有的企业融资方式比较相似。在供应链中还存在着基于战略伙伴关系、基于长期合作产生的信任而进行的融资，即战略关系融资。这种融资方式的特点在于要求资金的供给方与需求方相互之间非常信任。在战略关系融资中，供需双方之间除了需要依靠契约进行沟通，还要进行关系沟通。

8.1.5 供应链金融的功能

8.1.5.1 追踪供应链资金流

供应链金融出现的一个重要原因就是传统的供应链管理无法对链上的资金流进行有效管理。而供应链金融的核心是可以追踪供应链资金流，对不同供应链成员间金融资源流动进行管控。

8.1.5.2 金融资源的合理配置与运用

供应链金融的出现使得链条上的企业关系更多的是协作关系而不是竞争关系，金融资源的使用考虑的不仅仅是一家企业的收益，而是对金融资源的合理配置与运用，从而使整个供应链上所有企业的利益最大化。

8.1.5.3 扩大金融资源的源泉

供应链成员及服务提供商之间所提供的商品和服务需要进行支付，因而有了融资的需求。供应链金融提高了链上成员获得资本及在金融市场上融资的可能性，改善了链上企业融资的境遇。

8.1.6 供应链金融的主要价值

8.1.6.1 降低融资成本

核心企业由于与供应链上下游中小企业有长期的贸易往来关系，不仅对供应链上中小企业的经营状况、信用状况、管理水平等方面有较为全面的了解，而且还通过订单和销售渠道选择控制着中小企业的未来生存与发展。银行通过核心企业的担保将对中小企业的授信转化为对核心企业的授信，破解信息不对称问题，极大限度地盘活资金，让中小企业能够以相对较低的成本获得融资。

8.1.6.2 降低融资门槛

在供应链金融模式下，为了应对中小企业资信普遍偏低的特点，银行可以只关注每笔具体的业务交易，适当淡化对企业的财务分析和贷款准入控制。在融资过程中，银行重点考察申贷企业单笔贸易真实背景及企业历史信誉情况，通过资金的封闭式运作，利用贸易自偿性来控制贷款风险，从而使一些因财务指标不达标而导致贷款被拒的中小企业，可以凭借单笔业务的贸易背景真实性来获取贷款融资。

8.1.6.3 降低融资风险

通过对物权单据的控制和融资款项的封闭运作，银行可以对资金流和物流进行控制，使风险监控直接渗透到企业的生产和贸易过程中，有利于对风险的动态管控。

同时，供应链金融在一定程度上实现了银行授信与融资主体风险的隔离。银行更注重企业交易背景的真实性和连续性，通过对企业的全面审查，确定企业销售收入作为其融资的还款来源，同时限定融资期限与贸易周期相匹配，使资金不能被动用，银行发放贷款的风险相对较小。风险的降低鼓励了银行开展中小企业融资业务的范围，一定程度上缓解了惜贷拒贷的问题。

在金融与物流、供应链管理的交叉领域所发生的职能是投资、融资、会计（财务方面）及运营方面的采购、生产和销售。在一个协作的供应链环境里，一方的采购通常涉及另一方的销售，因而连续的检验采购、生产和销售容易发生混淆。基于此，需要指出的是，在供应链金融环境下，人们所关注的金融功能具体是指协作供应链职能而非单个组织的职能。这中间一个有趣的区别是传统上人们所认为的公司内外部发生了转变，以前从组织之外获取的资源被认为是外部融资，现在却不一样了，原因在于人们把协作成员当成一个大实体。只有这个实体外的组织所提供的资源才被认为是外部融资。表面上看起来可能与传统的观念相悖，但事实上机构和融资手段都没有发生改变，仅仅是在供应链金融环境下，内部融资的可选择性被扩展了。

8.2 供应链金融风险控制

8.2.1 供应链金融风险管理的原则

导致供应链金融不确定性的因素有三类：供应链内生风险、供应链外生风险与供应链主体风险。内生风险方面来自供应链企业之间的互动，任何因企业间不当的互动行为所导致的供应链损失都可以归结为供应链内生风险。供应链外生风险一般指的是供应链面临的外部不确定性因素，也可以称为系统性风险。这种风险往往会对供应链网络及网络中的组织产生负面影响。而供应链主体风险则是由供应链行为主体本身的原因造成的风险和不确定性。以上三种风险均会影响融资的绩效，为此，在供应链金融风险管理的过程中，应当充分认识到上述三种风险的状况，合理地建构供应链和供应链金融运行体系。具体来讲，供应链金融风险管理的原则如下。

（1）业务闭合化

闭合原意是使首尾相接形成环路，从而最大限度地提高效率、降低消耗。供应链金融运行的首要条件就是要形成业务的闭合，也就是说供应链的整个活动是有机相连、合理组织、有序运行的，从最初的价值挖掘到最终的价值传递和价值实现形成完整循环。这是因为供应链金融的核心和前提是供应链运营，一旦供应链活动和环节难以实现闭合，或者价值产生和实现过程中出现偏差，必然会产生潜在问题，导致金融风险产生。具体来讲，从供应链价值实现的角度看，如何从价值发现，经价值生产、价值传递，到价值实现形成完整的价值环路，决定着供应链金融的基础——供应链运营的竞争力和收益。从业务流程的角度看，从供应链参与者及金融组织者之间的协同计划和预测市场，到具体的供应链运营组织和金融活动的开展，并且有效地管理分销和营销活动，最终实施高效的服务管理，这是供应链金融风险管理的基本要求。当然，值得指出的是，业务的闭合化不代表业务的封闭化，业务的封闭意味着所有的价值活动及运营活动都是在某企业内部实现的。例如，其企业融资给供应链中的上下游合作者，不仅要求融资需求方使用自己的组织生产资源和要素，甚至要求合作者定点供应给自身的渠道。这样的封闭虽然能控制融资风险，但是将合作者绑定在自己的体系中，必然会产生潜在的利益冲突和矛盾。而闭合化是指充分利用社会性资源来实现金融价值，作为融资平台和综合风险管理者能全面地组织、协调、管理供应链价值和活动，这样的模式更加有利于供应链生态的打造，也更易被合作者所接受。

（2）管理垂直化

供应链金融管理的垂直化意味着对各个管理活动和领域实施专业化管理，并且使它们相互制衡，互不从属或重叠。这样做的优势在于：一方面有利于细分管理领域或活动，明确责任，满足流程服务化的需要；另一方面可以建立基于市场和业务的明确的考核机制，有利于强化战略风险管理。具体来讲，对于供应链金融活动而言，主要是做到四个方面的垂直管理：

一是形成业务审批与业务操作相互制约、彼此分离、协同发展的“审批与操作分离”的管控与运营制度，这样能有效规避急功近利、盲目扩张带来的风险；

二是交易运作和物流监管的分离，亦即从事供应链交易的主体不能同时从事物流管理，特别是对交易中商品的物流监管；

三是实施“三权分立”，即在经营单位组织机构设置上，采取开发（金融业务的开拓）、操作（金融业务的实施）、巡查（金融贸易活动的监管）三者分开原则，并按照“目标一致、相互制约、协同发展”的思路对各部门的职责进行明确分工；

四是经营单位与企业总部审议制度，对供应链金融业务审批要实行经营单位与总部两级集体评审制度。经营单位必须设立评审委员会，对具体项目进行评审，具体内容包括合法性、合规性、可操作性和风险防控措施等方面。

在总部层面，对特定业务指定专门评审员进行评审，或由管理部门负责人组织集体评审，并根据不同风险等级，报请领导审批，必要时由企业领导层集体决策。通过层层审批，了解工商企业、相关合作方及金融机构等各方面的情况，最大限度地规避金融业务风险。

（3）收入自偿化

收入自偿化原则是供应链融资的基本条件，它指的是根据企业真实的贸易背景和供应链流程，以及上下游综合经营资信实力，向供应链中的企业提供短期融资解决方案，并且以供应链运营收益或者所产生的确定未来现金流作为直接还款来源的融资过程。自偿性贸易融资与流动资金贷款具有相似的地方，两者都是满足企业经营活动的短期融资，但在授信理念、授信管理方式上两者的区别十分明显。从授信理念看，流动资金贷款注重企业的财务实力、担保方式、企业规模、净资产、负债率、盈利能力、现金流等指标的考核，还款来源主要是企业利润、综合现金流、贷款额度和期限。依靠授信人员根据财务状况测算，准确性较差，授信额度和授信期限一般难以科学准确地加以确定，且容易产生资金挪用风险。而自偿性贸易融资业务注重贸易背景的真实性和企业物流资金流的有效锁定，期限严格且与贸易周期匹配，具有明显的自偿性。

从授信管理方式看，自偿性贸易融资注重客户的债项评级结果，注重结合特定产品等进行授权控制，授权控制相对宽松。从授信结果看，流动资金贷款多为单笔授信，而自偿性贸易融资为满足贸易时效性、批量性和周转性的要求多为额度授信。自偿性贸易融资产品设计本身即包含较强的风险控制，主要工具有：动产质押和抵押、单据控制（退税托管、国内信用证）、个人无限连带责任及关联方责任捆绑等。其他风险控制措施还包括：①根据货物状况、买卖价格、同品质货物市场价格、评估价格及市场行情等因素审慎确定货物价值，也就是货物或品种的准入制度；②根据货物变现难易程度和价格稳定程度，按货物价值的一定比例发放贷款，同时书面约定信贷债权存续期货物价值下降的防范措施，如规定在货物价值下降超过约定幅度时，申请授信客户应当及时追加货物或另行追加担保等，这一点在电子产品等货物的贸易融资中体现得尤为明显；③增加客户股东或主要管理层的个人连带保证和资产担保责任；④根据归还贷款金额情况解押控制货物；⑤随着贸易关系链的延伸，将授信偿还与贸易关系中有实力的关联方进行责任捆绑，以实现风险控制。对于以动产质押作为主要方式控制货物的，必须注意三点：一是审核出质动产的权属；二是慎重选择动产保管的第三方，必须有仓储场所的所有权、完善的管理制度、专业的管理设备和技术；三是规范质押物出入库的管理。同时，还应该逐步建立贸易产品市场行情动态监测和分析机制，做好贸易产品的市场运行监测，这在一定程度上可以避免道德风险和虚假贸易风险。

（4）交易信息化

供应链金融风险管理有赖于高度的信息化管理，这种信息化不仅仅表现为企业生产经营系统和管理系统的信息化，更在于企业或组织内部与金融服务组织者之间的信息化沟通，以及供应链运营过程管理的信息化。企业或组织间信息化主要包括两个方面：一是供应链运行中不同部门和领域之间的信息化，即企业内部跨职能的信息沟通，例如，在从事供应链金融的过程中，企业的销售部门能否及时提供项目执行情况反馈表，会计核算中心及时按月提供资金到款表，生产制造或供应部门及时反馈项目运行情况，物流管理部门提供客户发货、物流等信息，企业内部如果不能做到信息化、数字化，并且进行有效传递，风险就必然会产生；二是企业或组织间的信息化，亦即供应链上下游企业之间，或者金融服务组织者之间的信息沟通，诸如焦点企业能否与配套企业积极地进行信息交换、金融机构与产业企业之间能否及时有效地协调、服务平台商和整合风险管理者及流动性提供者之间能否顺畅沟通等，都决定了供应链金融风险的大小，如果产业之间做不到信息的标准化和交换，供应链运行就会名存实亡，金融收益就会面临挑战。除了企业或组织内部及相互之间的信息化之外，供应链运营过程的信息化也是需要关注的，因为它涉及能否及时掌握供应链运行的状况和信息的正确性。这包括金融业务的网上审批和联网管理、使用物流金融业务现场操作软件系统，实现监管点账目的无纸化、监管物网上仓库数码化、监管报表的自动化和银行查询端口的实用化等功能，使用互联网远程监控技术，采用移动通信系统的“全球眼”“电子眼”等通信工具，实现异地可视化监控、GPS、物联网技术在物流金融领域的应用等。

（5）风险结构化

风险结构化指的是在开展供应链金融业务的过程中能合理地设计业务结构，并且采用各种有效手段或组合化解可能存在的风险和不确定性。供应链金融业务往往会因为主体行为失当、作业环节中的差错等产生各种风险，为此，在供应链金融产品的设计过程中需要考虑缓释各种风险的途径和手段。

风险的结构化需要考虑四个方面的要素：

一是保险。保险是业务风险分散的首选方案之一。一个完善的金融保险分散方案应该是客户信用险、客户财产保险及第三方的监管责任险和员工真诚险等的有效组合，这在市场经济发达国家较为普遍，但中国仍处在市场经济初期，诚信经济尚不完善，这种综合性保险尚需探索和发展。

二是担保与承诺。供应链金融业务中需要考虑到各类不同的参与方和主体所能起到的担保与承诺的职能，这些参与方与主体不仅包括直接的融资需求方、连带保证方和一般保证方，还须要考虑其他利益相关者的担保承诺，从而最大限度地缓释风险。

三是协议约定。供应链金融业务责任的承担，应该既有利于业务开展又切实符合公开、公平、公正的原则。要想实现这一业务持续、健康和较快地发展，就必须客观地界定合作各方的权利和义务，约定相应风险承担的方式及范围。

四是风险准备金的建立。供应链金融的高风险使得金融服务提供商及参与监管的企业面临巨大的挑战，为了有效避免高风险业务出现损失的不确定性，可以借鉴期货市场的风险准备金制度和某些中介行业的职业风险基金制度，计提一定比例的高风险业务风险准备金。这样即便出现风险损失，也可将其控制在预期范围内，使其对经营期间的影响得到一定程度的缓解。

8.2.2 供应链金融风险控制体系

供应链中上下游之间的交易需要通过一定的控制手段进行约束才能达到最初的交易目标。根据控制理论的经典理论，一般存在着两种控制方式：正式控制和非正式控制（Jaworski，Mac Innis，1989）。根据艾森哈特（Eisenhardt，1985）对代理理论的综述文献，正式控制是基于测量的外部控制，非正式控制则是基于价值的内部控制。正式控制，也称为客观控制（Objective Control），强调正式法规、流程和政策的建立和利用以对预期绩效实现进行监控（Das，Teng，2001），从交易成本经济学角度来看，则是采用契约和科层的机制对合作进行控制（Luo，Shenkar，Nyaw，2001）。非正式控制又称为小团体控制、社会控制（Social Control）或规范控制（Normative Control），它强调通过社会规范、价值、文化及内在化目标的建立来鼓励所期望的行为和结果，依靠承诺、名誉和信任等因素从协作角度出发对合作关系进行管理（Larson，1992）。

8.2.2.1 正式控制体系

正式控制包括两种主要形式：第一，结果控制，也叫绩效控制，采取绩效测量的方法对行为所产生的结果进行监控。基于结果的控制手段，可以直接实现委托方的目标需求，要使结果控制切实发挥作用，必须将其建立在融资方行为的结果可以准确测量的基础上（Das，Teng，1998）。由于结果控制能够在双方利益一致的基础上把交易双方的偏好统一起来，提高目标一致性，因此能够减少双方自利的冲突，从而更好地限制交易中的机会主义行为（Jensen，Meckling，1976）。第二，行为控制，也叫过程控制，关注的是把合适的行为转变成预期结果的过程。基于行为的控制手段，可以使融资方的活动在预设的规程内进行，而要使行为控制切实发挥作用，必须将其建立在融资方的行为信息可以有效监控的基础上。有效的行为控制可减少流动性提供者面临的道德风险，因此紧密的关系、信息分享、行为监控都是行为控制的部分。

基于上述两种控制的特点，在供应链金融的运营过程中，可以按照流程分析风险的关键控制点（结果控制）进行供应链金融运营前期、中期和后期的全程管理（行为控制）。具体来讲，首先将供应链金融的运营信息绘制在三维解析图中，三维坐标分别代表供应链流程、主体和运营要素。供应链流程是供应链金融运营的所有相关环节和步骤；供应链主体是执行流程中的某一环节或活动时可能涉及的经济主体；供应链要素是分析在执行某一环节活动涉及某一主体时，可能出现的管理行为和风控的前提和基础。例如在应收账款保理融资业务中，供应链流程是操作该项业务的所有活动，包括供需双方签约，供方、需方向融资方申请保理融资，对融资需求方的征信调查，转让应收账款、贴现融资等。

供应链主体指的是在执行某一环节，例如征信调查时会涉及买卖的供方、需方、第三方物流、信息平台服务商等。供应链要素是征信调查中平台服务商需要提供的信息，如买卖合约的真实性信息、物权的情况、融资需求方历史绩效及其他各类信息。这时可以分析判断，假如平台商不能提供上述信息或者信息不全面，甚至不真实时，能否从其他渠道获得相应信息，或者补充、证实平台商提供的信息，如果这些难以实现，那么该环节就成了风险控制的关键节点。基于上述风险控制点，确立供应链金融运营前期、中期和后期管理体系。

前期管理一般指的是供应链金融业务运作前规范体系的建立和前提条件确立的状态，包括制度体系建设、管理运作的组织结构及品种准入体系等。制度体系建设是从业务管理、额度及经营授权、业务评审、品种准入、协议文本管理、风险管理、机构及人员管理等方面做出严格规定，在此基础上订立金融业务操作规范。组织结构是执行关键控制点的参与人员和权限配置；品种准入是建立监管物风险评估制度和品种目录制度，对监管物品种实行准入制，对未进入监管物品种目录的不进行操作，进入目录的严格按照风险等级对应的配套流程进行操作。中期管理是在供应链金融运营过程中的管理体系，包括标准化现场操作的规范、核查流程与方式。后期管理是指出现风险时实现高效稳定的应对和处理，将损失降到最小，包括风险预警机制的建立、危机事件应急预案及替代或互补的操作方式等。

8.2.2.2 非正式控制体系

非正式控制也包括两种主要形式：信任和资产专用性。信任是关系规范中的一种重要表现形式（Goodale et al.，2008），因此信任是非正式控制中的重要方式。信任指的是在风险状态下一方对另一方的积极期望，也可以指一方在风险状态下对另一方的信赖。信任有信任行为结果和积极期望的主观状态之分，也有信任信念（trusting belif）和信任意向（trusting intention）之分。总之，信任是一个多维度、多层级的概念（Das，Teng，2001）。卢曼（Luhmann，1979）把信任简单定义为对期望可以实现的信心。根据不同的研究角度，信任的分类也各有不同。萨科（Sako，1992）将信任分为商誉信任（goodwill trust）、契约信任（contractual trust）、能力信任（competence trust）。努特布姆（Noote. boom，1996）则把契约信任合并到能力信任中，并将信任分为“根据协议执行任务能力”的计算型信任和“如此做的自身意图”的认知型信任。扎克尔（Zucker，1986）则从特征型、规范型、过程型三个方面建立信任的形成机制对其进行划分。特征型信任机制，也就是具有相同或相似的文化背景、价值观念的主体之间建立信任，是一种认知型信任；规范型信任机制，也就是通过激励与惩罚使协议规定得到有效遵守，是一种计算型信任；过程型信任机制，结合了巴尼和汉森（Barney，Hansen，1994）关于信任是从低度、经过中度、向高度发展的观点，通过长期合作，从以计算为基础的信任演变为以认同为基础的信任。在供应链金融运营过程中，信任来源于金融主导者与所有相关参与者之间的互动和合作，特别是明确各方的法律关系，作为提供服务的企业只承担自己可以承担和能够承担的责任，超出范围的业务坚决不做。

总的来讲，战略合作关系的建立包括几个方面：一是与金融机构或流动性提供者之间的合作。没有长期稳定的战略合作关系，较容易发生金融机构或流动性提供者转嫁风险的现象，因此，如何确立与金融机构或流动性提供者之间的战略合作，并且强化操作管理部门与金融区域风控之间的沟通非常重要。二是与关键客户建立起稳定的合作关系。供应链金融服务提供者需要对客户生产经营（侧重行业成熟度、企业成长性）、财务状况（侧重现金流）、业务扩张、出入库管理（侧重货物流）、管理层变动、工资发放、其他监管公司入驻、配合程度、控货措施及费用结算等情况进行分析评价，作为客户管理与服务改进的依据。此外，还需要对客户进行等级考核评定，考核结果与项目风险等级挂钩，作为对客户进行分类管理及后续业务合作的依据。三是与合格子服务供应商之间的合作，包括与货运代理人、第三方物流企业及其他合作者之间的沟通和管理等。对上述合作主体评定等级，考核等级评定结果与项目风险等级挂钩，作为经营单位对相关供方进行管理及后续业务合作的依据，这样也可以有效地降低风险，建立起稳定、长期的合作和信任机制。

资产专用性是指资源一旦用作特定投资后，很难再移作他用的性质。相应地，专用性资产就是用作支持某些特定交易的资产，一旦终止该资产所指向的交易，该资产无法全部或部分地挪作他用，就会成为沉没成本。根据威廉姆森（1985）的研究，资产专用性包括场地专用性、物质资产专用性、人力资产专用性及专项资产，顾名思义，分别与场地、物质资产、人力资产和累积资产相关，其共同特征就是一旦形成便很难转作其他用途。资产专用性程度越高，交易双方就具有更强的依赖性，任何一方违约都会给另一方造成巨大损失。基于资产专用性的非正式控制表明，通过专用性资产的投资将合作双方的利益紧紧捆绑在一起，无论是供应商更换买方，还是买方更换供应商，这两方面的能力都受到制约。在高度动态化和异质化的市场中，资产专用性会损害合作的柔性，但有利于双方建立长期合作的伙伴关系，从而规避关系风险。因此，高水平的资产专用性导致长期的合作关系及科层和集成特性的治理形式（David，Han，2004；Leiblein，Miller，2003）。资产专用性由于可能导致沉没成本，也会计入交易成本，因此，从节约成本的角度出发，资产专用性会促使双方组织内部化（Rind-fleisch，Heide，1997）。当保持独立的合同关系时，相对于外部市场成本而言，资产专用性会通过长期的合作关系降低搜寻和选择成本，从而降低交易双方内部的交易成本。在供应链金融中，资产专用性既可以体现为质押物、担保的存在，也可以体现为为了维系特定的关系或者业务而投入的资产，例如信息系统，还包括协同管理系统（实现金融业务网上审批和联网管理）、金融业务现场操作软件系统（实现监管点账目的无纸化、监管物网上仓库数码化、监管报表的自动化和银行查询端口的实用化等功能）、互联网远程监控技术（实现异地可视化监控），以及 GPS、物联网技术在供应链金融领域的应用。

详解供应链金融案例：以菜鸟网络、蚂蚁金服、怡亚通、乐商云集为例

“供应链金融”最大的特点就是在供应链中寻找出一个大的核心企业，以这个企业为出发点，为供应链提供金融支持。一方面，将资金有效注入处于相对弱势的上下游配套中小企业，解决中小企业融资难和供应链失衡问题；另一方面，将银行信用融入上下游企业的购销行为，增强其商业信用，促进中小企业与核心企业建立长期战略协同关系，提升供应链的竞争能力。

为此，我们整理了各大企业发展供应链金融的案例并汇总，供大家借鉴学习。

一、阿里巴巴：菜鸟网络供应链融资

菜鸟网络供应链金融“入仓即可贷”的服务于 2018 年 6 月开始试点，2018 年 7—10 月全面推广。从过去部分商家的“专利”，变成所有商家“入仓即可获得贷款”。伴随国家智能物流骨干网的建设，该服务已经覆盖到了菜鸟云仓体系，将帮助物流企业和入仓商家备战“双 11”。首批试点的云仓物流企业有中国邮政、科捷、心怡、发网、天图等。

菜鸟网络供应链金融平台是构建在生态基础上，利用科技的力量，实现融资需求方与资金方的匹配。其核心在于：

（1）利用电商平台保障收入自偿性；

（2）打通供应链金融全信息链，让资产可控，掌握每个商家的每个商品或服务，如一个小时发了多少货、收入多少货款，还有每个货物的地址、条件、价值等；

（3）技术领先，用技术和数据来解决和突破问题，而不是用作业来解决和突破。

回顾这两年来的发展，菜鸟网络供应链金融平台可提供多元化解决方案，包含了存货融资、预付融资、银票、跨境外币融资、车辆融资、CP保理等多种产品，并且开放性地引入了多家商业银行、供应链金融机构提供金融服务。

二、蚂蚁金服：供应链金融谜团解密

蚂蚁金服是阿里巴巴电子商务有限公司以其为主体创立的一家金融服务公司，蚂蚁金服亦逐步形成支付宝、余额宝、芝麻信用、借呗、用呗等在国内影响深远的普惠金融业务。

（一）蚂蚁金服供应链模式分析

1. 以农产品供应链为例

对于蚂蚁金服的供应链金融，早在2016年，蚂蚁金服已宣布全面开启农村金融战略，并发布“谷雨计划”。蚂蚁金服携手国内数家农产品龙头企业，并通过阿里生态圈中农村淘宝、天猫、阿里巴巴、菜鸟物流、阿里云等力量，从生产端为农户、企业提供强有力的资金和销售服务。

农村金融面临着客户量多但风险管控难度大的问题，农户很少能够得到金融机构的支持，所以蚂蚁金服从信贷切入农村金融服务，农户后续的支付、理财、保险等服务才会选择蚂蚁金服，也率先占据中国农村金融市场。

主要优势有：①蚂蚁金服基于阿里生态圈中完善的电商平台、云计算等服务系统，能够实现农产品供应链内部资金流形成闭环流动。②蚂蚁金服所针对的农产品龙头企业是农户生产经营、收入来源的主要依托，其对农户风险的把控超过所有金融机构。蚂蚁金服通过以账户形势对农户授信，农户可将账户上的钱用于购买农资农具，等农产品出售后，优先偿还贷款，余下的归农户。这样三者之间形成的闭环可大大降低金融风险。③没有自建物流体系的阿里，联合“三通一达”，即申通集团、圆通集团、中通集团、韵达集团等共同组建了菜鸟网络。菜鸟网络以数据为核心，通过社会化协同，打通了覆盖跨境、快递、仓配、农村、末端配送的全网物流链路，提供了大数据联通、数据赋能、数据基础产品等，为整个供应链数据信息监控提供了良好的基础。④蚂蚁金服通过和中华保险合作，对农户的养殖过程进行投保，进一步降低农村信贷风险，也有利于完善农村金融服务体系，形成客户黏性。

存在的风险点有：①虽然近来农村金融日益火爆，但是仍面临着农村整体信用数据缺失、农村企业融资成本高、农民资产流动性差、农民文化程度和信用意识低等问题。②在供应链中，农产品龙头企业是整个供应链风险控制的关键点。但我国农业龙头企业的综合实力存在参差不齐的情况，供应链管理的经验和实力不是很强，对农户的控制力不是很强。

2. 农村供应链金融

农联中鑫是中华保险与蚂蚁金服在共同的农村金融发展战略基础上强强联合的产物，经历了三个发展阶段，初步确立了“互联网＋融资＋保险＋农业供应链一体化”的服务模式。农联中鑫作为第一家专门以“信贷＋保险”模式服务三农群体的公司，致力于为广大新型农业经营主体、职业农民提供“互联网＋融资＋保险＋农业供应链”一体化创新服务，助力农业供给侧结构性改革。

当前农村金融发展滞后特别是农业信贷短缺的一个重要原因，就是农户抵押物缺乏且农户缺乏官方的信用记录，而蚂蚁金服的优势就在于海量数据的积累，既有淘宝交易数据、支付宝支付数据、蚂蚁信用积分，也有一些与生活场景关联起来的便利。蚂蚁金服只需要做的就是，结合自身优势禀赋，与产业链各方合作寻求金融解决方案。为此，蚂蚁金服在农村金融方面开始了一些尝试。

在农村要建立农村信用体系，真正实现将信用转化为财富，既需要数据采集和积累，更需要风控机制的支持。蚂蚁金服有海量数据、强大后台信息技术的支持，而中华保险有大量农村保险客户，且有风险分散和管控手段。二者强强联合，可以促进农村金融的发展。

（二）蚂蚁金融 ABS 模式分析

据悉，蚂蚁金服旗下 ABS 产品基础资产主要涉及两类业务：花呗和借呗。在蚂蚁金服的体系中，花呗主要用于天猫、淘宝和部分阿里体系外的商户消费购物，其使用环节在支付中，没有预借现金的功能。借呗产品可申请放款到支付宝账户余额或者银行卡中使用，蚂蚁借呗通过发行 ABS，将绝大部分资产向表外转移，从而达到缩小贷款规模、缩减资产负债表、杠杆率表面合规的目的。

简单来讲，供应链金融 ABS 在不增加核心企业负债及担保额度的基础上，实现了为小微供应商提供参与资本市场融资的机会。对于保理公司来讲，供应链金融 ABS 为其提供了在发展早期参与资本市场活动的难得机遇。

从供应链层面来看，处于供应链上游的供应商，对核心企业依赖性很强，议价地位较弱，为获取长期业务合作而采用赊销交易方式。通过赊销交易，核心企业得以进行应付款的账期管理，缩短现金周期。但供应商账上形成大量应收账款，存在资产变现需求。对核心企业来说，制造和分销环节外包的需求增加，和因供应商和分销商融资瓶颈明显、财务成本上升、毛利下降导致代理产品销售的积极性减弱，以及核心企业为了推动销售增加信用敞口影响应收财务报表、大供应商挤出小供应商导致核心企业的谈判地位恶化等不利因素会影响核心企业的有效资源配置，因此核心企业有必要发展供应链金融来保证整个产业链的良性发展，实现产业整体资源优化配置。

传统行业核心企业供应链金融 ABS 和贸易类应收账款 ABS 的主要区别为由于核心企业的加入及核心企业和产业链上中小企业长期稳定的业务合作，可以增加每笔基础资产的质量或是大大增加资产证券化产品的信用等级，从而降低中小企业的融资成本。因此，供应链金融 ABS 有助于上游企业借助核心企业的信用支持开辟新的融资渠道，降低对传统银行的信贷依赖，并加快资金回笼，对中小企业盘活应收账款资产、解决中小企业融资与服务实体经济有重要意义。

三、怡亚通："供应链 + 互联网"，打造新流通商业生态圈

流通业是连接生产与消费的桥梁，它可以及时反馈市场信息和需求变化，促进以需定产和供需匹配，提高供给结构对需求变化的适应性和灵活性。伴随着消费升级进程的不断加快，市场呈现出"新消费、新零售、新生态"的特征。面对这一巨大的新兴市场和新业态，众多资本和互联网电商企业纷纷进入商贸流通领域。但是，单纯依靠互联网技术开发应用，试水式地从线上走到线下，尽管可以让中小零售商享受到互联网的红利，却无法整合整个消费流通的产业链和供应链，难以真正推动实体经济的发展。

为解决流通行业的痛点，帮助各环节的企业做大做强，怡亚通针对渠道下沉难、线上线下转型难、商品销售难、仓储配送难、资金压力大等行业普遍存在的难题，开启了"新流通"战略发展时代。

怡亚通"新流通"战略是指利用"供应链 + 互联网"链接品牌企业、传统经销商、零售商及终端消费者，实现流通渠道的互联互通，贯穿上下游信息流、物流、资金流等关键环节，从而促进品牌企业、渠道经销商、零售商的资源集约共享，真正做到品牌分销渠道扁平化、O2O商业消费社区化、全渠道供应链资源共享化，实现O2O供应链商业生态圈的共生共融共赢。

“新流通”是对整个商品流通行业全链条上的升级，不仅可以帮助零售商解决库存和物流、增加门店流量和提高消费者购物体验，更能解决广大零售从业者的真正痛点：消除品牌商、渠道商和中小零售商间的壁垒，使得品牌商、渠道商、零售商实现集约共享，享受商业生态圈红利。

怡亚通以“供应链＋互联网”的思维模式，将品牌商、经销／代理商、小微零售终端和最终消费者进行“扁平化”连接。怡亚通通过全国分销体系解决规模与成本问题、本地生态壁垒问题，让品牌商不仅能通过大型电商平台、大型零售终端连接最终消费者，还能通过直连大量社区零售商店直接连接最终消费者，减少中间环节，有效打破横亘在上下游之间的信息壁垒和资源壁垒。

互联互通的结构关系决定了新流通一定是资源共享、共融共生的新产业链关系网，品牌商、O2O商店、平台商、流量提供商及客户共享成果的同时，在以消费主导供给侧结构性改革的时代大潮下，市场需求的大数据也将得到共享。

在怡亚通体系内，任何社区商店都能得到品牌支持，拥有更强大的商品选择权，以及与品牌商对话的机会。同时，数以百万计的社区零售商店可组织创造自己的节日：三好节（质量好、价格好、体验好），将品牌方、终端门店、消费者各方有效连接在一起，打造好场景，使各方受益，从而推动整个社区化商店的发展。

“新流通”战略充分关注品牌商、渠道商、零售商和消费者的需求，能直接将消费者信息反馈到品牌商，促使其提供更好的购物体验和产品，能助力经销商体系快速整合，实现资源共享，能随时建立互联互通的反馈机制，最终实现集约、共享、共赢的商业生态圈。

四、乐商云集：鞋服电商神话，打造柔性供应链是关键

乐商云集准确切入鞋服分销端供应链，以技术为驱动，以协同为核心，上游连着鞋服品牌企业，下游连着众多的分销渠道，中间通过一体化的分销与供应链平台，帮助鞋服企业解决仓储、物流、销售、退货、资金等一系列问题。

乐商云集在分布式计算、大数据和移动互联等技术驱动下，自主研发一体化数据信息系统，包含ERP、WMS、ECMS、CRM、BI、SCF。同时，乐商云集以供应链优化与整合为核心，通过整合行业上下游资源，集成信息服务、金融服务、供销平台、仓储物流四大产品服务体系，提升行业上下游协同水平，优化供应链效率，降低成本，打造柔性供应链。

依托乐商云集SaaS分销管理系统，上游与供应商ERP系统对接，下游与分销商的终端零售系统对接，为供应商、分销商搭建端到端的快速合作通道，彻底解决电商行业供需不匹配的问题。

网络供销平台对供应商的价值在于：

（1）全渠道运营服务：包括快速建立天猫、京东等电商平台分销渠道，获取海量优质分销商，并与分销商高效协同。

（2）解决渠道冲突：通过有效的货品管理、价格管控、库存共享、虚实仓联通等解决渠道冲突。

（3）渠道管控：对下游分销商进行有效的货品区隔与管理、价格设定与监控，实现科学的渠道管控。

（4）数据开放：共享货品、交易、物流、库存、营销等数据，快速响应市场并制定最优渠道

策略。

网络供销平台对分销商的价值在于：

（1）正品货源保障：通过供应商品牌授权，获取优质的品牌正品货源。

（2）低成本运营：缩短渠道链路、减少流通成本，实现低投入低风险的低成本运营。

（3）货品管理：通过订单透传、库存同步，优化货品管理。

（4）服务保障：完善的售后保障及IT系统、仓储物流、金融配套增值服务。

（一）仓储物流

乐商云集拥有近10万平方米的自建仓，20万平方米的合作管理仓，并自主研发了仓储管理系统（WMS）和ECMS，为客户提供标准仓储管理输出及整体仓储解决方案。

标准仓储管理输出主要涵盖库房布局、设计与先进设备配置、订单响应和库内操作、收货预约及上架、库存管理、退货逆向物流、订单导入、日常作业报表监控、流程服务持续跟进、大促保障响应机制等服务。同时，通过平台化操作的仓储管理系统，对仓库作业进行可视化应用和管理，极大地控制作业风险和盲点，有助于商家解决库存积压、库存不准、超卖、退货处理难等问题。

整体仓储解决方案包括仓储规划、瓶颈探索、策略优化、现代设备配备、人员培训等。

（二）中台架构信息系统服务

鞋服行业大部分痛点是由信息不对称带来的，那么如何解决传统系统建设的弊端呢？为此，乐商云集提出“大中台、小中台”的思路，建设以核心能力服务化和数据在线为中心的业务中台。业务中台包括商品中心、库存中心、订单中心、结算中心、会员中心、渠道中心、物流中心、营销中心，业务中台支撑着应用前台。

中台架构的价值在于帮助企业：

（1）建立持续沉淀核心业务能力；

（2）形成快速响应业务的能力，快速创新和应对不确定性；

（3）更好支撑业务转型和组织升级；

（4）为打通数据、实现数据化运营、实现数据智能化打下坚实基础。

新零售的核心是根据消费者的需求来调整生产需求，而“大中台、小前台”这种系统模式，能够帮助鞋服企业更好地嵌入新零售。鞋服企业对线下门店创新所带来消费者体验等信息，都能够迅速通过小前台反馈到大中台，再通过大中台分析这种创新是否值得推广。

（三）供应链金融服务

乐商云集将自己定位为供应链金融交易平台，目标是对接借款方、出资方，为出资方和借款方搭建信用、资金、交易的通道和桥梁。乐商云集设计了代采、采购质押、存货质押等金融产品与方案，结合系统与数据，帮助出资方实现各种交易押品控制、信用风险的识别、自动核算收益和成本等，重点解决供应链上众多中小微企业的融资难题。

乐商云集创始团队在行业内积累了近十年的行业经验，服务过众多的国内外一线品牌，拥有丰富的行业知识和项目经验，在整个鞋服供应链管理上沉淀了相当深厚的上下游资源。

这些资源包括：从交易的角度来说，该公司目前已与16个国内外一线鞋服品牌达成深度合作，300万双鞋、2 000万件在库国际品，同时在淘宝、京东、唯品会等20个主流电商平台拥有2 000多网络卖家客户，建立了强大的网络分销体系。

从交付的角度来说，该公司拥有近 10 万平方米的自建仓，20 万平方米的合作管理仓，仓库资源遍布国内各大城市。

然而，从交互的角度来说，鞋服企业上下游协同水平较为落后，交互方式较为传统。正因如此，过去往往只能采用较为传统的批量订货、批量销售的方式，造成了大量库存积压和资金占用问题。

因此，乐商云集将切入的重点放在了提升供应链的交互协同水平上。其围绕现有的资源和分销体系，为品牌企业和下游 B 端客户搭建一套完整业务应用系统，包括慧流通、乐仓宝、快递协同管理系统及供应链金融平台。

对于平台企业而言，由于具有丰富的上下游资源，其在分销供应链端的重资产投入产出比就比单个企业更有优势，其回报时间也更短、效率也更高。为了更好地服务于品牌企业，乐商云集也将自己服务的客户定位在主流鞋服品牌商。

乐商云集从供应链痛点出发，基于已有的交易和交付优势，重点从交互切入，服务于核心品牌企业，通过解决上下游在鞋服供应链协同上所遇到的问题，提出完整的解决方案。通过行业痛点切入，再匹配上自己的行业、IT、资金资源，乐商云集希望在 B2B 领域探索出一条可行之路。

从供应链金融爆发的风险来看，矛盾集中在确权的问题上。其实，不同机构的风险偏好决定各个机构的风险偏好有高有低，导致了对于确权问题的要求有紧有松。

银行相关人士表示，区块链是帮助确认贸易背景的一种方式，前提是核心企业等供应链上的单位有意愿被记录交易信息，而且愿意参与到区块链里面来完成确权。供应链金融的风险说到底是商业信用的风险，区块链作为先进的科技手段，能够让“确权、三流合一”这些传统难题变得可操作，但是无法解决确权意愿问题。

实训操作

A 钢铁公司是一家钢铁加工和贸易民营企业，由于地域关系，A 钢铁公司与 B 钢铁公司一直有着良好的合作关系。

A 钢铁公司现有员工 150 多人，年收入超过 5 亿元，但与上游企业 B 钢铁公司相比在供应链中还是处于弱势地位。

A 钢铁公司与 B 钢铁公司的结算主要采用现款现货方式。A 钢铁公司由于自身扩张的原因，流动资金紧张，无法向 B 钢铁公司打入预付款，给企业日常运营带来很大影响。A 钢铁公司开始与供应链金融平台接触。

供应链金融平台在了解 A 钢铁公司的具体经营情况后，与当地物流企业展开合作，短期内设计出一套融资方案：由物流企业提供担保，并对所运货物进行监管，供应链金融平台给予 A 钢铁公司 4 500 万元的授信额度，并对其陆续开展了现货质押和预付款融资等业务模式，对 A 钢铁公司的扩大经营注入了一剂强心针。

在取得供应链金融平台支持后，当 A 钢铁公司需要向 B 钢铁公司预付货款的时候，供应链金融平台会将资金替 A 钢铁公司付给 B 钢铁公司。与供应链金融平台合作以来，A 钢铁公司的资金状况得到了极大改善，增加了合作钢厂和经营品种，销售收入也稳步增长。

实训内容：请分析该案例中供应链金融平台所起的作用。

项目总结

（1）国内的供应链金融尚处于发展阶段，伴随着物联网、大数据、区块链等新兴技术的涌现和应用，行业发展呈现向好趋势。以科技手段助力供应链金融建立风控体系，让优质的核心企业信用向供应链上下游传导，健全中小企业信用体系，从而解决融资难、融资贵、融资繁等问题。

（2）供应链金融是一种独特的商业融资模式，依托于产业供应链核心企业对单个企业或上下游多个企业提供全面金融服务，以促进供应链上核心企业及上下游配套企业“产—供—销”链条的稳固和流转顺畅，降低整个供应链运作成本，并通过金融资本与实业经济的协作，构筑银行、企业和供应链的互利共存、持续发展的产业生态。

（3）供应链中上下游之间的交易需要通过一定的控制手段进行约束才能达到最初的交易目标。

（4）供应链主体指的是在执行某一环节，例如征信调查时会涉及买卖的供方、需方、第三方物流、信息平台服务商等。

项目 9 互联网征信

学习目标

了解征信的产生和发展，了解互联网金融信用评估模型；理解征信的功能，理解互联网金融征信模式、征信数据库、芝麻信用评估模型、大数据金融的创新；掌握征信的含义、征信的信息主体和征信的内容，掌握互联网金融征信的内涵，掌握互联网金融征信业务。

思政目标

诚实守信，重视个人征信。

案例导学

百行征信个人征信系统等三款征信产品上线验证测试

2019 年 1 月 1 日，百行征信有限公司（以下简称“百行征信”）发布公告称，启动个人征信系统、特别关注名单平台和信息核验平台三款产品的上线验证测试工作。其中，特别关注名单平台主要为了解决机构面临的多头借贷、恶意骗贷等线上欺诈问题，包括经有关方面认定的 P2P 恶意逃废债借款人信息，向接入机构提供第一道风控屏障。

《每日经济新闻》记者注意到，此前百行征信已经与乐信旗下分期乐、宜人贷、拍拍贷等 15 家互联网金融机构和消费金融机构签署合作协议。

启动三款产品上线验证测试工作

2018 年 1 月 31 日，央行向百行征信发放个人征信牌照，许可内容包括个人征信机构设立许可及董事、监事、高级管理人员任职资格核准。

公开资料显示，百行征信成立时间为2018年3月19日，于2018年5月23日揭牌，注册资本为人民币10亿元，大股东是中国互联网金融协会（持股36%），芝麻信用管理有限公司、腾讯征信有限公司、深圳前海征信中心股份有限公司、中诚信征信有限公司、北京华道征信有限公司、中智诚征信有限公司、鹏元征信有限公司、考拉征信有限公司等8家公司分别持股8%。

1月1日，百行征信发布公告称，按照监管部门关于征信体系建设和构建“政府＋市场”双轮驱动征信框架的总体部署要求，为配合做好互联网金融风险专项整治工作，服务社会信用体系建设，正式启动个人征信系统、特别关注名单平台和信息核验平台三款产品的上线验证测试工作。

其中，个人征信系统能够有效帮助接入机构解决信息不对称问题，防范信用风险，提升授信服务效率；特别关注名单平台主要为了解决机构面临的多头借贷、恶意骗贷等线上欺诈问题，包括经有关方面认定的P2P恶意逃废债借款人信息，向接入机构提供第一道风控屏障；信息核验平台旨在解决市场上征信数据核验困难，整合了多家第三方数据资源，为接入机构提供合规、安全、权威、高质量的多项接口核验服务。

据悉，百行征信推出的三款产品，坚持需求导向，着力促进解决非传统金融、互联网金融，尤其是网络借贷业务风控管理上的难点和痛点。

与120余家机构签订合作共享协议

央行此前披露的数据显示，截至2018年8月末，我国金融信用信息基础数据库累计收录信贷信息33亿多条、公共信息65亿多条，为2 542万户企业和其他组织、9.7亿自然人建立统一的信用档案；接入各类法人放贷机构3 900多家，日均查询企业信用报告29万余次、个人信用报告477万余次。

公开资料显示，2018年6月28日，百行征信与重庆百度小额贷款有限公司、重庆三快小额贷款有限公司、重庆西岸小额贷款有限公司、重庆苏宁小额贷款有限公司、吉安市分期乐小额贷款有限公司、捷信消费金融有限公司、中银消费金融有限公司、招联消费金融有限公司、马上消费金融有限公司、苏宁消费金融有限公司、中原消费金融有限公司、一汽汽车金融有限公司、东风标致雪铁龙汽车金融有限公司、宜人贷、拍拍贷等15家企业签署合作协议。

记者注意到，截至2018年6月底，百行征信与120余家互联网金融和消费金融机构签订了信用信息合作共享协议。

百行征信公告显示，下一步将在坚守业务合规、信息安全和个人隐私保护的前提下，通过产品验证测试，进一步提高安全水平，完善产品功能，加强数据处理和产品迭代开发能力，为下一阶段试运行工作奠定牢固基础。

业内人士表示，百行征信填补了个人征信对互联网金融和小微金融的空白，有利于提高互联网金融行业的风险防控水平，防范系统性金融风险。

资料来源：https://baijiahao.baidu.com/s?id=1621562356989311233&wfr=spider&for=pc

《每日经济新闻》（2019-01-02）

金融是市场经济的核心，信用又是金融运行的核心，征信则是提高信用水平的基础工具。征信体系是现代金融体系运行的基石，是金融稳定的基础。互联网金融的本质仍然是金融，必须按照金融的发展规律来运行。按照这一逻辑，信用仍然是互联网金融的核心，互联网金融体系运行的基石仍然是征信，当前互联网金融乃至整个互联网发展的重大课题是要构建互联网金融征信，以此形成较为完善的互联网金融信用体系。从战略层面看，互联网金融的发展必须吸取传统意义上“先发展，后治理”的经验和教训，在发展之初就前瞻性地构建互联网金融征信体系。

9.1 征信概述

9.1.1 征信的产生和发展

征信活动的产生源于信用交易的产生和发展。信用是以偿还为条件的价值运动的特殊形式，包括货币借贷和商品赊销等形式，如银行信用、商业信用等。信用本质是一种债权债务关系，即授信者（债权人）相信受信者（债务人）具有偿还能力，而同意受信者所做出的未来偿还的承诺。随着经济全球化的趋势加快，信用交易的范围日益广泛，逐步扩散到全国各地乃至全球，信用交易的一方想要了解对方的资信状况就会极为困难。此时，了解市场交易主体的资信状况就成为一种需求，征信活动也因此应运而生。

全球征信业的萌芽始于 19 世纪中后期，快速发展则是从 20 世纪 60 年代开始的。美国是世界上最早发展征信的国家之一。1849 年，John M. Bradstreet 在辛辛那提注册了首家信用报告管理公司，随后通过多年的经营积累，逐步发展成为企业征信领域中规模最大、历史最悠久并具有影响力的领先企业——邓白氏集团（Dun & Bradstreet Corporation）。欧洲在全球征信业的发展中占据着重要地位，欧洲征信业的发展可分为两个阶段。在 20 世纪 80 年代以前，欧洲央行由于资金充沛，大公司和固定客户很容易从银行获得融资款，市场对征信的需求量并不大，主要是由公共征信系统采集公司和贷款数额较大的个人客户的信息，为中央银行更好地监督金融市场、防范金融风险服务。20 世纪 80 年代以后，全球市场格局发生了重大变化，新型产业不断崛起，传统产业的融资地位不断下降，征信业受到投资人和金融家们的重视，被用来评估企业申请贷款和信用额度的资质，这时私营征信机构开始兴起。欧洲最著名的征信企业——格瑞顿公司（Graydon International Co.）成立于 1888 年，它有能力提供世界 130 多个国家和地区的企业征信报告。在亚洲，日本的征信业产生较早，发展引人注目。日本最早的企业征信公司为成立于 1892 年的商业兴信所，其业务主要面向银行提供征信。日本征信业有代表性的征信机构是株式会社日本信息中心（JIC）、株式会社信用信息中心（CIC）和日本株式会社（CCB）。

中国的征信业发展则要追溯到 20 世纪 30 年代初，1932 年 6 月 6 日，由著名民主人士和银行家章乃器牵头、由多家中资金融机构共同发起的专职征信机构“中国征信所”在上海宣布成立，这标志着中国征信业的开始。然而中国企业征信行业的真正起步在 1992 年 11 月，中国第一家专门从事企业征信的公司——北京新华信商业风险管理有限责任公司成立，2011 年改名为北京新华信商业信息咨询有限公司。新华信的成立标志着中国企业征信行业开始进入市场化运作阶段。近年来，我国在征信领域的建设取得了快速发展，全国统一的企业和个人信用信息基础数据库已经顺利建成。征信系统的信息查询端口遍布全国各地金融机构网点，信用信息服务网络覆盖全国，形成了以中国人民银行征信中心为主的多层次征信机构体系及以企业和个人信用报告为核心的征信产品体系，信用中心出具的信用报告已经成为国内企业和个人的“经济身份证”。

9.1.2 征信的定义、信息主体、征信内容

征信，从字面上理解，“征”是指征集、验证、求证，“信”是指信用、诚实、信任的含义，结合起来即为征求或验证信用。

征信作为名词，它是一系列特定的调查技术操作的名称；作为动词，常指征信活动，强调进行资信或信用调查的行为与过程。近现代以来，征信被广泛用作信用调查的同义词。

征信机构是指依法设立的、独立于信用交易双方的第三方机构，专门从事收集、整理、加工和分析企业和个人信用信息资料工作，出具信用报告，提供多样化征信服务，帮助客户判断和控制信用风险等。

征信的最重要目的在于防止在非即付经济交往中受到损失，为此需要采集在经济交往中最能显示个人按期履约的能力和意愿的履约历史记录，并依靠这些信息来判断信息主体的信用状况。征信时以事实为依据，即这条信息是可验证、有记录的。对于准确性不高的信息，坚决不予采集。全球一些大型跨国征信机构，在信息采集上越来越全面，主要是为了相互印证，全方位、多角度、更准确地判断信用主体的信用状况，如采集各类等级信息、行政处罚信息等，这也有利于促进信息主体在这些方面更加遵守承诺。

综上所述，狭义的征信，是指对于企业信用状况和个人信用状况相关信息进行采集、核实、整理、保存、加工并对外提供信用报告、信用登记、信用调查和信用评级等服务。在实践中，征信表现为一种为信用活动提供的信息服务，一般由专业的第三方征信机构依法收集、整理、保存、加工信用主体的信用信息，并提供信用报告、信用咨询等服务，帮助客户判断、控制信用风险，为信用管理提供服务的活动。广义的征信则为狭义的征信加上信用管理服务。信用管理服务包括信用管理咨询、评分模型开发、商账追收、信用担保、信用保险等。

征信信息主体，又称征信对象，即信用调查或信用审查的客体。征信对象是信用提供者，也称被征信人，指征信机构采集、整理、加工和适用的征信信息描述对象，包括自然人、法人及其他组织。政府作为债务人的信用形式是政府信用或国家信用，举债方式有发行国债、国库券等；企业法人作为债务人的信用形式是企业信用或称商业信用，举债方式有赊购货品、发行企业债券、向银行借款等；自然人作为债务人的信用形式是个人信用，举债方式有民间借贷、向银行借款等。作为征信的主体须承担提供真实基本信息的义务，同时也拥有知情权、异议权、纠错权和司法救济权等相应权利。

征信服务对象不同于征信对象。征信对象是信息主体，大都为信用需求者；而征信服务对象则为授信机构及其授信活动，是信用的供给者。征信最本质的、最典型的服务是微观服务，其服务对象主要是各种类型的授信机构及其授信活动。征信服务对象包括商业银行，还包括很多非银行金融机构甚至非金融企业，如小额贷款公司、公积金中心、P2P 网络借贷平台等。

征信内容，主要指征信机构所收集的数据和信息。不同的征信机构采集和处理数据的方式及其数据特征不一样。目前国内征信机构采集的信用数据大体分为三种：一是银行等金融机构的信贷数据（中国

人民银行的征信中心掌握着与银行等机构有紧密合作企业沉淀的数据)，通信、水、气等缴费及其他公共事业数据；二是电商及第三方支付的交易数据；三是互联网金融企业采集的数据与信息。

9.1.3 征信的分类

9.1.3.1 按业务模式分为企业征信和个人征信

企业征信主要是收集企业信用信息、生产企业信用产品的机构。经济增长驱动企业融资规模扩大，进而引发征信需求，因此企业征信规模应与经济总量成正比。

个人征信主要是收集个人信用信息、生产个人信用产品的机构。如美国的征信机构主要有三种模式：一是资本市场信用评估机构，评估对象为股票、债券和大型基建项目；二是商业市场评估机构，评估对象为各类大中小企业；三是个人消费市场评估机构，评估对象为个人消费者。如果能达到美国的征信普及水平，则我国个人征信市场规模尚有 16 倍的增长空间。

9.1.3.2 按服务对象分为信贷征信、商业征信、雇佣征信及其他征信

信贷征信主要服务对象是金融机构，为信贷决策提供支持；商业征信主要服务对象是批发商或零售商，为赊销决策提供支持；雇佣征信主要服务对象是雇主，为雇主用人决策提供支持。各类不同服务对象的征信业务，有的是由一个机构来完成，有的是在围绕具有数据库征信机构上下游的独立企业内来完成。

9.1.3.3 按征信范围可分为区域征信、国内征信、跨国征信

区域征信一般规模较小，只在某特定区域内提供征信服务，这种模式一般在征信业刚起步的国家存在较多，征信业发展到一定阶段后随之逐步消失；国内征信是目前世界范围内最多的机构形式之一，并且普遍采取这种形式；跨国征信这几年正在迅速崛起，得以快速发展，但由于每个国家的政治体制、法律体系、文化背景不同，跨国征信的发展也受到一定的制约。征信是现代金融体系的基础设施。征信本身不创造信用，却是信用活动乃至整个经济金融体系征信的基石。现代金融体系中，征信的作用在于利用数据对每个金融主体进行刻画和信用评估，进而激发金融主体间的潜在融资需求，并支撑起总体融资规模的扩大。因为征信机构承担了部分信用风险管理的职能，金融机构的中介属性将会弱化，整个金融体系的交易成本有望降低。

9.1.4 征信的作用

征信活动服务范围很广，例如金融业、电信业、公共事业、政府部门等，从这些服务对象的不同角度出发，可以总结出征信具有六大功能。

根据服务对象的不同，征信具有六大作用：防范信用风险；服务其他授信市场；加强金融监管和宏观调控；服务其他政府部门；有效揭示风险，为市场参与各方提供决策依据；提高社会信用意识。

（1）防范信用风险

通过征信，查阅被征信人过往的历史记录，商业银行能够清楚地了解企业和个人的信用状况，采取相对灵活的信贷政策，扩大信贷范围，特别是规模较小的中小企业及收入较低的个人。

（2）服务其他授信市场

授信市场范围非常广泛，除银行外，还包括企业和企业之间、企业和个人之间、个人与个人之间，其他从事授信中介活动的机构如担保公司、租赁公司、保险公司、电信公司等。

征信通过信息共享、各种风险评估等手段将受信方的信息全面、准确、及时地传递给授信方，有效揭示受信方的信用状况，采用的手段有信用报告、信用评分、资信评级等。

（3）加强金融监管和宏观调控

通过征信机构强大的征信数据库，收录工商登记、信贷记录、纳税记录、合同履约、民事司法判决、产品质量、身份证明等多方面的信息，以综合反映企业或个人的信用状况。可以按照不同的监管和调控需要，对信贷市场、宏观经济的运行状况进行全面、深入的统计和分析，统计出不同地区、不同金融机构、不同行业和各类机构、人群的负债、坏账水平等。

（4）服务其他政府部门

征信机构在信息采集中除了采集银行信贷信息外，还依据各国政府的政府信息公开的法规采集了大量的非银行信息，用于帮助授信机构的风险防范。当政府部门出于执法需要征信机构提供帮助时，可以依法查询征信机构的数据库，或要求征信机构提供相应数据。

（5）有效揭示风险，为市场参与各方提供决策依据

征信机构不仅通过信用报告实现信息共享，而且在这些客观数据的基础上通过加工而推出对企业和个人的综合评价，如信用评分等。通过这些评价，可以有效反映企业和个人的实际风险水平，有效降低授信市场参与各方的信息不对称，从而做出更好的决策。

（6）提高社会信用意识

在现代市场经济中，培养企业和个人具有良好的社会信用意识，有利于提升宏观经济运行效率，但良好的社会信用意识并不是仅仅依靠教育和道德约束就能够建立的，必须在制度建设上有完备的约束机制。

征信在维护社会稳定方面也发挥着重要作用。实践经验表明，不少企业和个人具有过度负债的冲动，如果不加约束，可能会造成企业和个人债务负担过重，影响企业和个人的正当经营和活动，甚至引发社会问题。有的国家就曾因信用卡过度发展，几乎酿成全民债务危机。一些西方国家建立公共征信机构的目的之一就是防止企业、个人过度负债，维护社会稳定。在我国，征信活动有助于金融机构全面了解企业和个人的整体负债状况，从制度上防止企业和个人过度负债，有助于政府部门及时了解社会的信

用状况变动，防范突发事件对国计民生造成重大影响，维护社会稳定。

综上所述，正是因为征信能够帮助实现信息共享，提高对征信对象风险的识别，所以，征信在经济和金融活动中具有重要地位，构成了现代金融体系运行的基石。它是金融稳定的基础，对于建设良好的社会信用环境具有非常深远的意义。

9.2 互联网金融征信

互联网金融的本质是利用互联网信息及相关技术，加工传递金融信息、办理金融业务、构建渠道、完成资金的融通。目前，我国的互联网金融主要有四种模式：第一种是基于电商交易结算的第三方支付，如支付宝；第二种是基于第三方支付功能的金融产品结算和销售，如基金第三方支付结算牌照和余额宝等；第三种是基于交易信息的小微信用贷款，如阿里小贷；第四种是基于信息平台的融资服务，如 P2P、众筹等。

《征信业管理条例》规定，征信业务是指对企业、事业单位等组织的信用信息和个人的信用信息进行采集、整理、保存、加工，并向信息使用者提供的活动。征信相关活动包括向征信机构提供信息的活动、使用征信机构所提供的信息的活动、信息主体维护自身权益及征信业监督管理部门，依法监督管理征信业的活动等。征信业务的内涵是市场经济条件下一种专业化的信用信息服务，对外提供信用报告、信用评估、信用信息咨询等服务，目的是帮助经济社会活动主体确认其交易对象的信用状况，为其判断风险提供帮助。当前互联网金融的四种运行模式仍然以信用为基础，后两种模式对征信的需求更为迫切，互联网金融征信的内涵仍然在《征信业管理条例》规范的范畴之内。

9.2.1 互联网金融征信的重要性

互联网金融是现有金融体系的有益补充，而征信是现代金融的基石，在互联网金融背景下，征信体系的完善更是改善互联网金融生态的重要方面。

（1）征信数据支撑互联网金融发展

互联网金融征信注重消费数据、频率和地位。不同于传统的金融业，互联网金融公司，尤其是电子商务平台，拥有自主支付渠道，积累大量数据是它们的优势所在，可以以此有效、快捷地对借款人进行资信评估，并快速发放贷款。基于电子商务平台的大数据金融，就是因为掌握了用户的交易数据才能为内部商户提供融资业务，并借助大量的网络信贷业务发展壮大，同时将平台信贷的不良率保持在较低水平。例如，阿里巴巴网贷就是利用其电商平台进行信用数据征集和使用，很好地控制了商户信贷违约的风险，进而实现稳定、可观的利息收入。再如，腾讯、苏宁、京东等电子商务企业，也是利用自身电子商务平台上的客户数据开办网络小额贷款或与金融机构合作开发金融产品。另外，P2P 网贷平台放款人通过数据来分析、评估借款人的信用，其实也是借助互联网数据进行征信管理。除上述电商大数据金融及 P2P 网贷平台外，还可以独立开展数据征信，国外专门提供数据征信服务的公司就普遍存在，它们通过搜集、挖掘、加工数据，形成信用产品出售给需要这些征信数据的公司和个人。

（2）互联网金融征信的探索有利于传统征信业务创新

首先，征信需要覆盖更广大人群。中国 14 亿人口中目前仅 3 亿多人有信贷征信记录，金融服务有明显的长尾效应，处于尾部的人群较难获得理想的金融服务。互联网金融的发展弥补了传统金融没有服务到的人群，征信需要为每个有金融需求的个体建立信用档案。其次，征信业务需要探索更便利的服务方式。互联网技术日趋成熟，应用互联网技术对网络上的信息进行征集、加工，并形成征信产品提供给征信需求方是未来征信服务的技术趋势。最后，征信业务需要创新风险评价模式。网络社会中个人的行为方式，已经在电商平台、社交网络、网络工作工具及渠道上留下痕迹，基于此类信息开发有效的风险防范模型，是对传统风险评价方式的重大突破。

（3）互联网金融征信有助于在更大范围内促进全社会形成良好的信用环境

一方面，互联网金融机构可以通过借助征信系统的威慑力和约束力，增加对线下信用风险的管理手段，控制还款人信用，督促客户按时还款，使客户更加重视保持良好的信用记录，更大程度提高金融资源的配置效率，减少互联网金融模式下的金融交易成本，可以使互联网金融的守信客户积累信用财富，进而提升个人、小微企业的信用水平，使其获得成长为传统金融服务对象的机会和资格。在客户成长发展维度上，互联网金融将为传统金融培育潜在客户，二者形成良性互补。

（4）有助于控制互联网金融的风险

互联网金融征信对于信贷风险管控的价值在于它通过网络收集的资料，提高了效率和精确度，而且一旦交易达成后产生的新信息又形成新的范围更广、行业更多、数据更全的征信数据。这些征信数据根据企业需要制定出不同的征信产品，可以帮助互联网金融企业全面掌握融资主体的负债水平和历史交易表现；优化信审流程，降低成本；帮助投资人了解投资对象的真实信用水平，为互联网金融企业被迫超出自身能力提供担保获取资金的局面解困，帮助互联网金融企业有效控制风险。

9.2.2 互联网金融下的征信模式

9.2.2.1 传统金融的征信模式

目前国际上主要有市场主导、政府主导、协会主导三种征信模式。第一种市场主导型模式由私人组织开发运营的，用于商业目的，通过收集、加工信用信息，为个人和企业提供第三方信用信息服务进行盈利。市场主导型征信体系的特点是政府只处于辅助地位，仅负责信用管理的立法和监管法律的执行，而市场信用机构却占据主导地位，通过发达的行业自律，依靠市场经济法则和运行机制来形成具体的运作细则。采用这种模式的典型代表有美国、英国、加拿大及北欧国家。第二种政府主导型模式是中央银行或金融管理部门牵头建立以“中央信贷登记系统”为主体，以私营征信机构为辅助，强制要求信息主体提供征信数据，征信信息主要用于银行业金融机构防范贷款风险、中央银行加强金融监管及执行货币政策。采用这种模式的典型代表有意大利、奥地利、德国、西班牙、葡萄牙、比利时和法国等。第三种协会主导模式是介于前两类模式之间的一类特殊的行业协会会员制征信模式，是以行业协会为主建立信用信息中心，通过搭建互换平台，达到会员间信用信息共享的目的。它不以营利为目的，只收取成本费用。将自身掌握的个人或者企业的信用信息提供给信用信息中心是会员的义务，反过来中心则给予会员信用信息查询的服务，这种模式主要在日本使用。

9.2.2.2 互联网金融下的征信模式创新

目前，互联网金融下的征信模式可在传统金融征信模式的基础上进行创新，主要有三种选择：以中国人民银行征信中心为代表的政府主导型模式、以电商征信机构和金融征信机构为代表的市场主导型模式、以互联网金融协会信用信息中心为代表的行业会员制模式。

第一种模式可以丰富政府主导型模式下的征信中心数据库。中国人民银行征信中心采集的金融机构的贷款、信用卡等记录，有系统技术成熟、规模效应、信息保密性强等优势。在互联网金融中，可逐步接入 P2P、众筹等网络贷款平台，并征集相关信用记录，在为互联网金融企业提供服务的同时丰富中国人民银行征信中心的数据库。

第二种模式是以电商平台或金融机构为主，设立市场主导型模式的征信机构。电商组建征信机构利用自身用户多、交易数据包含的大量信息，通过大数据、云计算充分挖掘数据信息，控制信贷风险，并对外提供征信服务。金融机构组建征信机构，通过组建电商平台，并利用综合牌照、风险管理能力等优势，将交易数据和传统资产负债、抵押物等信息综合，充分挖掘银行、证券、保险、信托、基金等信息，控制信贷风险，并对外提供征信服务。

第三种模式是以互联网金融协会为依托，设立行业会员制模式征信机构。互联网金融协会设立征信机构，通过采集互联网金融企业信贷、物流信息开展征信活动，并免费向会员共享，也可通过收取金融中介服务费用向非会员开放。

在互联网金融征信业务发展初期，可以以政府主导型模式为主，互联网金融企业充分利用中国人民银行征信系统，了解借款人信用，控制信贷风险。随着互联网金融企业逐步成熟，中国人民银行征信系统可逐步接入 P2P、众筹等平台，收集信用数据，完善征信系统的数据库。同时逐步引导市场主导型模式健康发展，鼓励互联网电商平台、金融机构组建征信机构，在充分保护个人信息和企业商业秘密的前提下，开展征信活动，条件成熟的可以对外提供征信服务。此外，要完善相关立法，加快建设互联网金融征信行业标准。

9.2.3 互联网金融下的征信数据库

9.2.3.1 征信数据来源

互联网金融下的征信数据主要有六大来源。一是电商大数据，以阿里巴巴为例，它已利用电商大数据建立了相对完善的风险控制数据挖掘系统，并通过旗下阿里巴巴、淘宝、天猫、支付宝等积累的大量交易数据作为基础，将数值输入网络行为评分模型，进行信用评级。二是信用卡类大数据，此类大数据以信用卡申请年份、通过与否、授信额度、卡片种类、还款金额等作为信用评级的参考数据。国内此类典型企业是成立于2005年的“我爱卡”，它利用自身积累的数据和流量优势，结合国外引入的FICO（费埃哲）风险控制模型，从事互联网金融小额信贷业务。三是社交网站大数据，此类典型企业为美国的Lending Club，它基于社交平台上的应用搭建借贷双方平台，并利用社交网络关系数据和朋友之间的相互信任聚合人气，平台上的借款人被分为若干信用等级，但是却不必公布自己的信用历史。四是小额贷款类大数据，目前可以充分利用的小贷风险控制数据包括信贷额度、违约记录等。由于单一企业信贷数据的数量级较低、地域性较强，业内共享数据的模式已正逐步被认可。五是第三方支付大数据，支付是互联网金融行业的资金入口和结算通道，此类平台可基于用户消费数据做信用分析，比如支付方向、月支付额度、消费品牌都可以作为信用评级数据。六是生活服务类网站大数据，包括水、电、煤气、物业费的交纳等，此类数据客观真实地反映了个人基本信息，是信用评级中一种重要的数据类型。

9.2.3.2 征信数据采集

互联网金融下的征信数据采集分为个人征信数据采集和企业征信数据采集。与传统数据采集方式相比，以下方式更适合互联网金融下的征信数据采集。

（1）合作采集

征信机构可以与政府机构、金融机构、电子商务企业、小额信贷企业建立商业化的信息采集合作关系，也可以通过掌握相关网站的结构，建立数据自动抓取系统，自动化采集。

（2）共享采集

对于企业征信机构，获取信用信息的一种重要方式是交换信息，它们需要建立起行之有效的信息资源共享机制。通常来说，交换信息的对象包括政府部门、行业协会、用户群、供应商网等。通过信息资源共享的方式，企业征信机构有可能收到意想不到的效果。通过与自己的用户群交换数据，企业征信机构可以取得一些企业的失信记录，还可以取得一些企业付款行为的数据。

另外，个人征信数据采集方式还包括主动建档和社会举报。

9.2.3.3 征信数据管理

征信机构要建立专门用以储存反映企业和个人信用状况和信用能力相关信息的征信数据库。征信数据库及基于数据库开展征信服务的信息系统、网络系统由征信机构投资建设、运营，其设计方案和管理运营必须确保信息及服务的安全。

（1）数据的筛选

征信数据进行筛选分为企业信息筛选和个人信息筛选。企业信息筛选可以从采集或汇集来的各类企业信息、产品信息等信息中挑选出来，包括从信用信息采集单中挑选出合格的信用信息。个人信息的筛选可以从电子商务企业、金融机构、互联网金融企业、政府机构等采集的各类人员消费信息、贷款信息、缴费信息等挑选出来。

(2)数据录入

数据录入是指将企业征信数据和个人征信数据录入计算机，使记载在不同媒介上的征信数据形成统一的电子信息，包括录入所有数据项下的信用信息，其中既有量化信息，也有文字信息。数据录入过程中还要注意对数据类型进行校验，一旦录入的信息不符合系统规则，系统便会自动提示输入错误，并拒绝接受录入错误的数据。

(3)数据的存储和维护

一是征信数据存储的安全性。征信数据库的安全性问题是每个大型企业征信机构都不能回避的严肃问题，安全性问题不仅是管理问题，也可能是法律问题。在征信数据库的安全保卫措施方面，征信机构应该在三大方面予以充分的关注，包括所存储信息的安全、物理设施的安全和配套管理措施。

在存储信息安全方面，征信机构必须保证征信数据的质量和安全，既要做好数据的技术处理，也要保证处于存储状态的数据不受外力的破坏。为了保证征信数据存储的安全，征信机构要请专业机构帮助构建一套防火墙软件及更新机制，让外部的“黑客”不能袭击数据库。

在物理设施的安全方面，第一，机房的安全非常重要。有些征信机构将机房设在武警或部队大院内，就是考虑到防止信用档案中有不良记录或“黑名单”企业和个人对征信数据库进行人为的冲击和破坏。第二，防范任何内部人员接触主机或主服务器，特别是防范内部人员出于泄愤、报复、打赌、内外勾结等心态，对征信数据库进行破坏。第三，机房的物理结构要安全，符合保密要求。例如，有的征信机构将数据库安置于有多层金属安全防护墙保护的机房内，房屋倒塌也不能将主计算机设备砸坏。第四，要保证对主机使用双回路供电，即最好给设备配备蓄电池，甚至要准备一个柴油发电机，保证设施永不断电。

在配套管理措施方面，企业征信机构要制定严格的管理措施，受约束的人员包括数据库的操作和维护人员、被记录企业的人员和征信机构的管理者。对数据的出入，征信机构都要有准确无误的记录，保证包括总经理在内的内部员工不能任意更改任何数据，特别要注意数据库的技术负责人和数据库操作人员的违规操作问题。

二是征信数据存储的期限。征信数据在征信数据库中被保存时间的长短，主要是指征信数据的使用时间长短，也就是征信数据传播时间的长短。从被调查企业的角度看，意味着它们的信用记录或失信记录被公示的时间长短。在保存期限结束后，征信数据通常被转移存储到其他硬盘中，不再直接用于制作信用记录。

数据库中存储大量的利用率极低的征信数据，会影响检索效率，降低数据库的利用率指标。因此，征信机构应该定期清理征信数据库中的数据，而且应首先清理那些利用率非常低的数据，其中大量的是那些保存期限过长的“过期数据”。但是，多长时间以上的征信数据是过期数据，并没有法律或国家标准方面的要求，征信机构可以根据市场需求、行业惯例、自身的需求等因素，自己制定相关的管理规定。通常来说，需要被清理和转移的过期数据主要包括：

① 在政府工商部门登记名单上消失 5 年以上的企业的记录；

② 近 5 年内完全没有被查询过的企业记录，或查询频率低于征信机构规定次数的企业记录；

③ 根据法律法规要求，必须删除的“黑名单”企业负面记录；

④ 超过 5 年的个人不良信用记录。

9.2.4 征信信息共享

9.2.4.1 互联网金融征信与人民银行征信的信息共享

目前，征信系统的数据主要来源并服务于银行业金融机构等传统意义上的信贷机构，而随着互联网金融业务的创新，P2P 网络信贷机构、电商小额贷款机构等新型信贷机构的出现，以新的技术工具拓展出了新的多个放贷主体对应多个借款主体的新的信贷方式。这些新的多个放贷主体完全不同于传统意义上的金融机构，但新的多个借款主体已经开始积累信用信息。因此，有必要在保障信息安全、保护信息主体权益的前提下，进一步研究论证将这些信贷信息纳入中国人民银行征信系统的可行性，实现能反映个人信用状况的信贷信息在更大程度上的共享和整合。

知识小贴士

全国信用信息共享平台是由国家发展改革委牵头建设、国家信息中心承建的。2015 年年底，该平台初步建成并上线运行。截至 2018 年 9 月初，全国信用信息共享平台信用信息在 3 年时间内从不到 2 000 万条提升到超过 259 亿条。

从这个意义上看，将互联网信贷机构中的信贷信息纳入中国人民银行的征信系统，对互联网金融发展是“搭便车”式的有力支持，并将从总体上、在更大范围内促进全社会形成“褒扬诚信、惩戒失信”的信用环境。一方面，互联网金融能够借助征信系统的约束力和威慑力，督促客户按时还款、使客户更加重视保持自身良好的信用记录，增加互联网信贷机构的线下信用风险管理手段，控制还款人信用，更大程度地降低互联网金融模式下的金融交易成本，提高金融资源的配置效率；另一方面，可以使互联网金融的守信客户积累信用财富，从而提升小微企业、个人的信用水平，为传统金融服务培育基础潜在客户，获得成长为正规金融服务对象的机会和资格。

据调查，P2P 网络信贷机构有意愿接入中国人民银行征信系统，但由于 P2P 网络信贷机构与正在逐步纳入征信系统的小额贷款公司和融资担保公司不同，将其纳入征信系统还存在以下几个方面的问题：一是目前我国对互联网金融信息的使用尚无明确的法律规定，将这些信息纳入征信系统存在法律风险；二是 P2P 网络信贷数据缺乏统一征信标准，归集困难，P2P 网络信贷数据项种类庞杂、数据量巨大，各机构缺乏统一征信标准，如何开发符合其业务的接口规范尚需论证；三是国家对个人信息采集、查询和不良信息报送告知等有严格规定，目前网络借贷机构自身信用风险管理能力和信息安全管理水平还需进一步提高。

9.2.4.2 互联网金融同业数据库

为共享同业机构间的客户信用交易信息，帮助互联网信贷机构在一定范围内了解授信对象，防范借款人恶意欺诈、过度负债等信用风险，我国建立了一些互联网金融同业信息数据库。这类同业数据库有别于国家金融信用信息基础数据库（即中国人民银行征信系统），属于社会类征信系统，向这类系统提供和查询数据的互联网信贷机构属于征信活动中的信息提供者和信息使用者。互联网金融同业数据库是中国人民银行征信系统的有效补充，目前已有三家企业经建立了同业数据库。

(1)上海资信的网络金融征信系统（NFCS）

网络金融征信系统是由中国人民银行征信中心控股的上海资信有限公司于 2013 年 7 月推出的全国首个基于互联网的专业化信息系统。该系统主要收集并整理 P2P 平台借贷两端客户的个人基本信息、贷款申请信息、贷款开立信息、贷款还款信息和特殊交易信息，通过信息共享，帮助 P2P 平台机构全面了解授信对象，防范借款人恶意欺诈、过度负债等信用风险。根据其自身定位，NFCS 系统是网络金融开展业务的必要基础设施，其建设目标是实现网贷企业之间的信息共享，打通线上线下、新型金融与传统金融的信息壁垒，提高网贷失信者的违约成本。

(2)安融惠众的小额信贷行业信用信息共享服务平台（MSP）

小额信贷行业信用信息共享服务平台是由国内一家民营企业——北京安融惠众征信有限公司于 2013 年 3 月创建的以会员制同业征信模式为基础的同业征信服务平台。该系统采用封闭式的会员制共享模式，在会员间实现信息的共享。小额信贷行业信用信息共享服务平台主要为 P2P 公司、小额贷款公司、担保公司等各类小额信贷机构提供同业间的借款信用信息共享服务，帮助防范借款人多重负债，降低坏账损失，建立行业失信惩戒体系。

(3)国政通的互联网金融信用信息平台

互联网金融信用信息平台，简称互联网金融信用平台，是由北京国政通科技有限公司受中关村管委会的委托，于 2013 年 8 月正式启动的互联网金融服务产品。互联网金融信用平台主要为企业提供三个层次的信用信息服务：基础服务是整合利用权威数据源提供的基本信用信息核查服务；在此基础上，通过互联网金融企业间信息共享，整合其他行业信用信息，逐步建立完善信用信息库，提供包括良性信用记录和失信记录等信用信息查询服务；在真实详尽的信用数据库基础上，引入信用评分技术，提供针对不同的业务特点、不同的用户需求的个性化评分评级服务。

9.2.5 互联网金融征信的隐私保护

互联网金融企业以电子商务、社交网络为平台，大量采集用户的基本状况、财产状况、经营状况、交易数据、选择偏好、消费规律和信誉评价等信息，但是信息采集范围明显超出了法律规定。因此，互联网金融征信应遵守征信业务规则，包括严格遵守《征信业管理条例》等法规，主动遵循有关国际惯例，如世界经济合作发展组织的《隐私保护和个人数据跨国流动指导原则》等。

9.2.5.1 收集个人信息应当经信息主体本人同意

《征信业管理条例》第十三条规定，采集非依法公开的个人信息应当取得信息主体本人同意。在传统的征信模式下，没有取得信息主体的同意，采集者就无法获取信息。但是，互联网金融征信和传统的信息采集不同，只要个人登录网站，互联网金融企业就可以自动记录个人的网络行为，很可能在信息主体还不知情的情况下就已经完成对个人信息的采集。还有些网站在用户注册的时候，通过自身的强势地位，强制采集用户的个人信息，否则用户就无法完成注册。这些行为削弱了信息主体的权益，弱化了互联网金融征信行为中数据采集和使用机构在采集个人信息时的责任，不利于互联网金融的健康持续发展。

9.2.5.2 明确禁止和限制采集的个人信息的范围

互联网金融企业采集的个人信息中的身份信息、财务状况、消费偏好等通常具有高度敏感性，有可能涉及个人隐私，甚至关乎人格权利。互联网金融的目的在于在陌生的网络社会中建立起交易双方的信任，以便利交易，而不是让个人完全暴露在网络公众之下。互联网金融征信活动应当始终保持对个人人格权利的充分尊重，应当按照《征信业管理条例》第十四条的规定，明确绝对禁止采集和限制采集的个人信息的范围。同时，为保证征信业务活动的质量，互联网金融征信活动中采集的个人信息，只要能够识别信息主体，能对信息主体的信用状况充分判断即可，没有必要过度采集。

9.2.5.3 建立个人不良信息告知制度

《征信业管理条例》第十五条规定，信息提供者向征信机构提供个人不良信息，应当事先告知信息主体本人。目前，很多从事互联网金融的企业都将其运营过程中产生或采集到的信贷交易信息、电子交易平台信息、物流信息、资金流信息等信息进行整合，逐步建立了独立或同业内分享的信息系统。当互联网金融企业在向这些信息系统报送客户的不良履约信息时，应当按照《征信业管理条例》的规定，事先告知信息主体，以尽可能避免由于错误提供不良信息造成对信息主体权益的侵害，同时也要督促信息主体履约，避免不良信息的产生。

9.3 基于大数据的征信

9.3.1 大数据时代征信业面临的机遇和挑战

一般认为大数据是指所涉及的资料规模巨大到无法通过目前主流软件工具，在合理时间内达到撷取、管理、处理并整理成为服务于经营决策的资讯。大数据的出现使征信业发展面临的外部环境发生了巨大的变化。

9.3.1.1 大数据时代征信业面临的机遇

（1）优化征信市场的格局

随着征信机构市场化运营机制的确立，将会有更多信息资源优势的企业借助互联网、大数据等信息技术的创新进步，从征信业薄弱环节切入，通过服务创新或产品创新打破原有的征信市场格局。一是电商企业将组建征信机构。以阿里巴巴为例，其利用淘宝、天猫、支付宝平台上的行为数据和信用情况，建成了涵盖数千万企业的数据库，具备了开展网络征信服务的基础和实力；二是金融机构建立征信机构。例如平安集团通过整合网贷信息、银行信贷信息、车辆违章信息等，建立金融数据挖掘中介机构；三是新型征信机构应运而生。一些大数据公司依靠技术手段，以电子商务、社交网络为平台，采集信息、提供信用信息服务，可能成为新型的征信机构。

(2)推动征信业的转型升级

大数据给征信业带来转型升级的历史机遇，未来的征信业将以智能数据分析系统为平台，利用大数据挖掘技术，支持征信业发展创新。大数据支持征信业升级和转型主要体现在两个方面：一方面大数据促成征信业建立全新的风险控制体制，向有效监管转型。利用大数据技术可对客户信用信息进行深度挖掘，实时监控，防范潜在的信用风险；另一方面大数据支持征信机构向精细化管理转变。大数据的核心优势在于信息挖掘，精细化管理的首要条件是充分信息化，包括业务信息化和管理信息化。

(3)促进征信业差异化竞争

征信机构通过采用不同的数据来源、不同的数据处理方式，针对不同的客户开发出不同的产品，满足不同层次客户的市场需求，实现差异化竞争。例如，金融机构对征信服务的需求将从单个借款主体的信用报告扩展到运用信用信息拓展网络影响和金融服务渠道。P2P 网络借贷、电商金融等业态需要借助信用信息共享防范风险，从而降低交易成本。

(4)拓展征信数据来源

大数据使征信数据来源呈现出多元化、多层化和非结构化的特点，更加全面和真实地反映信息主体的信用情况。征信机构从在政府部门、金融机构等实体机构中采集信息，转向从互联网等虚拟世界中获取信息。在数据采集的广度和深度上，征信数据量将激增，采集包括证券数据、保险数据、商业信用数据、消费交易数据和公共事业缴费数据等，全面覆盖与信息主体相关的各项因素。

9.3.1.2 大数据时代征信业面临的挑战

(1)现有征信业务规则与大数据时代不匹配

我国有关征信业的法律法规的规制对象主要是传统金融领域，《征信业管理条例》及其配套制度初步构建了我国征信业的法律法规框架，但是《征信业管理条例》是否满足大数据时代征信业务的规则要求尚未得到市场验证。目前，缺少对大数据时代征信活动的规范，如有关大数据采集、整理、保存、加工和处理的制度要求。因此，还需要进一步细化和完善征信业务规则，以便更好地促进大数据时代征信市场的发展。

(2)征信业监管技术和水平须改进

大数据时代给征信业发展带来深刻影响，同时也对征信业监管提出了更高的要求。要适应大数据时代的征信监管需求，征信监管水平要能跟上大数据征信的发展水平，监管政策要符合大数据的基本规律，监管人员要具有适应大数据的知识和能力。在行业自律监管方面，我国行业监管尚未发育成熟，行业标准尚未统一，行业规范及行业职业道德等内容尚未完善。

(3)信息安全和隐私保护形势严峻

随着数据的进一步集中和数据量的急剧增长，对海量数据进行安全防护变得更加困难，数据的分布式处理也增加了数据泄露的风险，隐私保护和数据安全成为制约大数据发展的瓶颈。大数据时代下的征信业同时具有了大数据和征信两个特性，对隐私保护和数据安全的要求更高。

(4)数据处理能力亟待提高

如何有效处理大数据，是大数据发挥作用的重要环节。益百利等大型征信机构在数据处理方面已经采取多层次数据挖掘等先进技术，利用私有云平台，对系统中海量数据进行处理和研发，减少主观判断，提高风险预测的准确性。但是目前我国征信机构发展起步较晚，缺少对数据处理的核心技术，导致数据分析结果不能够准确地识别个体或组织的行为。

征信机构存储征信数据主要是在其当地建立数据库，大数据时代随着数据量呈几何级数的增加，征信机构硬件技术的发展已经跟不上数据容量的增长速度，数据存储面临较大压力。

9.3.2 大数据时代征信业务的创新

随着计算机和网络技术的飞速发展，人类信息存储量的快速增长及计算机数据处理能力的大幅提升让人类社会迈进了一个崭新的数字化时代。过去不可计量、存储、分析和共享的很多东西都被数据化，数据成为一项重要的商业资本，创造新的经济利益。在新形势下，各行业的顶尖级企业都将其业务触角延伸至大数据产业，并将大数据应用到经济、金融、电子商务等各个领域。美国政府更是投资2亿美元启动了“大数据研究和发展计划”，将大数据上升到国家战略层面。大数据以其独有的特征在信用经济市场扩张、信用风险防范等方面发挥着重要作用，利用大数据技术促进征信业的健康发展是今后的一个重要方向。

9.3.2.1 国外征信业务的创新

全球三大商业个人征信巨无霸为益百利（Ex Perian）、艾奎法克（Equifax）和环联（Trana Union）。三大巨头均从美国兴起，通过收购和信用合作等方式不断向全球扩张，以在海外广泛设立分支机构的方式将业务几乎覆盖全球，逐步发展成为完全国际化的世界性个人征信组织。这三家巨头已经不仅仅是单纯的征信公司，还涉及数据相关的解决方案业务。

美国知名征信所 Equifax 正利用大数据，结合全球8 000亿条企业和消费者记录，开发新的分析产品。作为美国三大征信所之一，Equifax 公司存储着所有美国成年人及另外 16 个国家公民的财务数据，其中包括全球 5 亿消费者和 8 100 万家企业。这些信息包括电话号码或地址、牙齿治疗贷款的申请、杂志订阅、租赁历史记录、房地产资产、投资理财、购买零售商品、纳税申报单类型、婚姻状况、就业状况、水电费缴付、有线电视账户、犯罪记录、债务收入比、地址更改、机动车档案、邮政信箱等，以此可以推断具体个人能否支付账单，预测具体个人的支付意向，以及与过去和潜在的欺诈犯罪有无关系等。这些看起来杂乱无章的海量信息，经过交叉分析和索引处理后，变成 26PB 的数据。这个数字已经超过了美国联邦调查局的调查数据仓库（据说是联邦调查局最庞大的数据存储库）的 10 亿份不重复文档。利用 Equifax 存储的海量数据可开发利润更丰厚的产品和服务。Equifax 还有一款新产品可以用来实时监测信用报告查询的系统，以便及时发现犯罪苗头。公司推出的“未公开债务监测”（Undisclosed Debtl Moniloring）服务，用来监测借款人从抵押贷款获审批到截止日期这段时间内的主要支出情况。例如，借款人可能因在抵押贷款获批后办理汽车贷款，从而改变借款人的还款风险评估状况，这将超出银行为其抵押贷款交易而设定的条件。

9.3.2.2 国内征信业务的创新

（1）专业的征信数据平台的出现

随着中国人民银行逐渐放开对个人的数据征信查询，企业独立的征信平台逐步开始出现。九次方企业征信数据平台就是利用互联网大数据挖掘技术采集互联网中全部与企业相关的信用指标，比如企业违法违规信息、行政处罚信息、客户投诉信息等。同时九次方还协助 20 多个省市政府，搭建当地的企业征信大数据平台，获取地方政府的数据授权，通过脱敏处理之后，向银行、小贷公司、担保公司等客户提供企业信用分析服务。凭借综合信用征集和评价体系，九次方的企业信用大数据拥有较高价值。

截至 2015 年年底，九次方大数据已拥有国内所有产业链的企业大数据信息。经过多年的数据采集、统计分析，九次方建立起的强大数据库，涵盖 750 多万个企业、全国 90% 的公司法人企业，汇集了 40 多个产业链、8 000 多个行业、4 000 多个细分市场，业务遍布 500 多个城市。在贵阳发展大数据产业的过程当中，九次方大数据全程参与了贵阳大数据产业顶层设计、大数据产业规划、产业推动工作。2015 年，九次方大数据联合贵阳市政府成立全球首家大数据交易所——贵阳大数据交易所，并受到政府的重视。

（2）互联网企业与金融机构进军征信业

大数据时代，除目前的征信机构外，互联企业和金融机构也开始进军征信业，建立新型的征信机构。一种是电商企业组建的征信机构，例如，建成了涵盖数十万家企业的信用信息数据库，通过大数据分析开展了网络联保贷款、小额贷款等多项增值业务，具备成立专业征信机构的基础和实力；另一种是金融机构成立征信机构，例如，中国平安集团通过采集 P2P、借款信息、银行信贷记录及车险违章等信用信息，成为专门挖掘金融数据的征信机构。此外，随着互联网金融的兴起，一些成熟的第三方网络借贷平台将转型成为行业征信主体，利用大数据技术提供征信服务。

（3）征信技术快速发展

征信技术快速发展表现在以下几个方面。

① 全局性的信息采集内容。大数据时代，信用信息征集范围将不断扩大，既有从电子商务等平台采集的非银行信用信息，也有政府部门和事业单位的社会公共信息。传统的社会征信机构将利用互联网技术扩大信息征集范围，除了企业和个人的基本信息外，更加注重对非银行信息的采集。同时，阿里巴巴、腾讯等互联网公司依托电子商务、社交网络和搜索引擎等技术工具，利用大数据技术分析海量的网络信用数据，形成能够真实反映企业和个人信用状况的数据档案。各级政府部门也将以电子政务工程为基础，将分散在各部门的社会公共信息加以整合，依托互联网实现各级政府及其主要职能部门所掌握信用信息的互联互通。

② 深层次的信息加工程度。随着对大数据与云计算技术的应用，基于大数据扩展应用服务的公司不断崭露头角。他们对各种结构性和非结构性的海量数据应用平台集成技术实现信息集成，实现不同业务系统之间和异构数据库之间的互通互联。利用大数据技术从大量信用信息数据库中提取用于信用评价的关键性数据，用于开发征信产品与服务，实现对数据的二次挖掘，这些信息成为信用评价的重要参考依据。

③ 广泛的信息应用范围。云计算和数据挖掘等技术将推动传统征信服务升级并扩大信用信息的应用范围。一方面，可以拓展到金融领域的其他授信公司、担保公司、保险企业、房地产企业等；另一方面，诸如信用风险管理类、营销类及反欺诈类等高端的征信产品和服务也将被逐步开发并应用。例如，民生银行利用逻辑回归与决策树分类技术构建客户流失预测模型，以预测客户流失的可能性；广东发展银行通过对个人或企业的行为、消费模式和还款数据进行跟踪和监控，建立相应的数据挖掘模型，并根据模型结果调整信用评价。

9.3.3 互联网金融下的个人信用评分

在互联网金融模式下，信贷机构可广泛应用个人信用评分模型，通过电子交易平台信息、物流信息、资金流信息等大量互联网行为数据综合判断授信对象的信用状况，得出较为准确的信用评分，并根据信用评分进行风险定价。同时，以关联客户账号、降低客户评价等措施与信用评分捆绑，在督促客户还款方面比传统商业银行有了更多的手段。无论是互联网金融还是传统金融，都离不开风险控制和信用管理。随着数据的积累，互联网金融不仅可以事后管理风险，还可以事前预警，可以说互联网采集的大数据为从新的角度进行个人信用评分创造了条件。但是，目前我国互联网金融模式下的个人信用评分只是依据客户的历史行为及交易记录来判断单个客户的信用风险，缺乏对客户大量线下信用交易信息的评估，在对客户未来的市场风险及客户内部风险防控方面也是空白。而在传统金融模式下，商业银行对客户的评级既要考虑客户目前的信用风险特征，又要考虑经济衰退、行业发生不利变化时对客户还款能力和还款意愿的影响，并通过压力测试反映客户的风险敏感性。如果能将两种模式下的信用评级技术融合，相互补充，将完善和推进我国个人信用评级体系的建设，其间人民银行征信系统的个人信用评分将占据有利的高地。

9.3.3.1 建立个人信用评分模型的步骤

个人信用评分模型的建立是市场分析人员、风险管理经理、统计学家、数据库管理人员和计算机程序员等多个领域的专家综合协调的结果。为了保证个人信用评分模型的顺利开发和应用，必须对建模过程的每个部分进行仔细的设计和计划。通常，建立信用评分模型的过程一般包括以下几个部分。

（1）明确模型的使用目的

建立个人信用评分模型的第一步是明确模型的使用目的。建立个人信用评分模型的目的是预测消费者违约的概率，也可以是预测消费者拖欠的概率，或者是贷款的过期损失及拖欠、违约、损失的组合。由于建立模型的目的不同，所研究的对象也不同，在使用开发方法、检验手段和处理原则方面也会存在差异。

（2）数据收集与样本设计

在模型开发过程中，能够收集到用于建立个人信用评分模型的数据是重要的技术处理环节之一。通常，可供使用的数据越多，模型的预测结果就会越精确。因此，在建立个人信用评分模型之前，需要确定有哪些可以使用的数据。在互联网金融下，电子商务企业、小额贷款公司、公共机构等机构的很多数据都可以用于建模，这些大量数据的使用将大大提高个人信用评分的信度和效度。

（3）选择建立信用评分模型的工具

建立个人信用评分模型的统计及数学工具很多，通常使用的方法有判别分析法、逻辑回归法、分类树法和神经网络法等。对于技术人员来说，在选择合适的方法时既要考虑建立个人信用评分模型的目的，也要考虑建模所使用的大数据。

在实际建立个人信用评分模型时往往将多种方法交叉使用。例如，可以使用“分类树方法”选择变量，以确定变量之间的相互关系，构造出新的变量。再将这些新变量与原始变量一起使用，通过回归的方法构建出预测模型。最后，把预测模型产生的结果与神经网络模型产生的结构进行比较，以确定模型的有效性，并对模型进行改进。

（4）模型的验证与检验

建立个人信用评分模型后，技术人员面临的一个重要问题是这一模型的应用效果究竟如何。当然，一个个人信用评分模型的有效程度如何，最终要通过模型在实际应用中的效果来评价。但是，在模型投入实际使用之前，必须对模型的预测能力进行验证和检验。

在对模型进行检验时经常采用的方法是“保留样本法”，也就是在建立个人信用评分模型时，将大数据样本随机地分成两部分：一部分用于建立模型，另一部分（保留样本）用来对模型进行检验。如果模型对建模样本和保留样本的预测结果都较好，说明模型总体来说是稳定的，有一定的应用价值。

对个人信用评分模型进行检验的统计方法很多，常用的统计量包括 Gini 系统、Kob-mogorov-Smimov 统计量（简称 K-S 统计量）、和谐度等。对模型进行评价的总体思路是个人信用评分模型必须尽可能地将高风险授信和低风险授信区别开来。另外，针对某个总体建立起来的个人信用评分模型对该总体的一个子集的预测能力也是检验模型有效性的一个重要方面。

（5）选样临界分值及人工修正

在个人信用评分模型开始运行之前，还需要考虑授信机构所能承受的信用风险的大小。模型本身可以预测某个信用申请人违约可能性的大小，但是并不能确定模型使用者所能承受的总体信用风险的大小。信用申请人的这种承受信用风险的能力取决于授信机构对可能的申请人数量的市场分析、充足资本率要求及定价、收益目标等因素。确定授信机构所能承受的信用风险即需要确定信用评分工具的临界值，若申请人的信用评分分值在这一临界值之下，则授值机构可以拒绝其申请，若申请人的信用评分分值高于这一临界值，则建议批准其信用申请。

通常，临界分值的确定应该使信用申请批准比率基本与当前的批准比率保持一致，或“坏账率”与当前的“坏账率”相等。

在个人信用评分模型运行之前还需要确定“人工修正”原则。人工修正是指授信部门作出的决策与个人信用评分模型所建议的不一致时所采取的人工修正规则。

（6）个人信用评分模型的监测

由于个人信用评分的基本假设之一是未来与现在相似，因此一旦信用评分模型投入运行，技术人员就应与先前的系统相比较，评价新模型的运行效果。这样就需要对模型进行监测，要重点监测以下几方面：

① 信用评分模型的使用是预期的那样吗？信用评分模型的人工修正是否保持在一个较低的水平？人工修正确实有理由吗？

② 信用评分模型对贷款风险的排序是否与期望的一致？信用评分模型的表现是否出现退化；好、坏客户发生比（或坏客户比率）与我们运行信用评分模型时的预期是否一致。

③ 信用申请人的特征是否发生了变化？是否有更多分值低的消费者申请贷款但是被拒绝了？他们的特征是什么？

④ 账户的信用分值的分布是否发生了变化？

9.3.3.2 FICO 评分模型介绍

目前应用最广泛的个人信用评分是美国的 FICO 信用评分。它于 20 世纪 50 年代由工程师比尔·费尔（Bill Fair）和数学家法尔·艾萨克（Farl Isaac）发明，目前美国的 Ex Penan、Equalax 和 Trans Union 都使用它对个人信用质量和风险进行量化。

FICO 评分主要用于贷款方快速、客观地度量客户的信用风险，缩短授信过程。FICO 信用评分技术的基本思路是将借款人过去的信用历史资料与数据库中全体借款人的信用习惯进行比较，检查借款人的发展趋势与经常违约、随意透支、申请破产等各种陷入财务困境的借款人发展趋势是否相似。

该模型利用多达 100 万的大样本数据，首先确定决定消费者信用的指标，再把各个指标分成若干档次及明确各个档次的分值，然后计算每个指标的加权，最后得到消费者的总分。FICO 信用评分的范围是 325~850 分，得分越高，其信用度也越高。一般来说，如果借款人的信用分达到 680 分以上，金融机构就可以认为借款人的信用卓著，可以毫不迟疑地同意发放贷款。如果借款人信用分低于 620

分，金融机构或者要求借款人增加担保，或者干脆寻找各种理由拒绝贷款。如果借款人的信用分介于620～680分，金融机构就要作进一步的调查核实，采用其他的信用分析工具，作个案处理。

在美国各种信用分的计算方法中，FICO信用评分的正确性最高。据一项统计显示，信用分低于600分，借款人违约率为1/8；信用分介于700~800分，违约率为1/123；信用分高于800分，违约率为1/1292，因此美国商务部要求在半官方的抵押住房业务审查中使用FICO信用评分。

FICO评分考虑的主要因素包括以下几项：

（1）过去的还款历史

· 各种不同账户（如信用卡、零售贷款账户、分期付款账户、住房抵押贷款等）的还款信息；
· 负面的公共记录信息（如破产、诉讼判决等）；
· 拖欠的严重程度；
· 到期拖欠或催收账户的数量；
· 最近的拖欠、负面公共记录或催收至现在的时间；
· 按期还款的账户数量。

（2）未偿还信贷的数量

· 各类账户中未偿还贷款的数量；
· 某些特别类型的账户中未偿还贷款的数量；
· 有贷款余额的账户数；
· 信用额度使用的比例（某类循环账户的贷款余额占信贷额度的比例）；
· 分期付款贷款中未偿还的比例。

（3）建立信用的时间

· 开设信用账户的时间；
· 某类特定账户开设的时间；
· 账户活动的时间。

（4）新贷款的查询与获取

· 近期开设账户的数量，近期开设的各种不同类型账户的比例；
· 近期信用查询的数量；
· 近期不同类型账户开设的时间；
· 近期信用查询的时间；
· 已建立信用的类型。该项因素主要分析客户的信用卡账户、零售账户、分期付款账户、金融公司账户和抵押贷款账户的混合使用情况，具体包括持有的信用账户类型和每种类型的信用账户数。

9.3.3.3 阿里巴巴的芝麻信用评估模型

2014 年 9 月，央行放开了个人征信业务，阿里巴巴旗下的芝麻征信成为首批试点单位，也是 8 家试点单位中的两家互联网征信公司之一，经过在信贷领域的多年探索及其所依托的由丰富产品线所产生的数据优势，芝麻征信在 2014 年年底便正式推出了国内首个基于互联网用户行为数据的征信产品——芝麻信用。

芝麻信用是阿里巴巴旗下的芝麻信用管理公司推出的面向社会公众的信用服务体系，依据用户包括互联网行为在内的各方面信息，运用大数据及云计算技术的分析，追求客观呈现用户的个人信用情况，并通过与各种商品和服务的连接，让每个人都能享受信用带来的价值。芝麻信用是国内首款基于用户互联网行为信息生成的个人征信产品，其评估体系和建立过程对我国互联网征信行业的发展有着重要意义。

（1）芝麻信用评分模型特点

芝麻征信在评估模型上以“FICO”评分体系为基础，通过对用户品德、资本、财务状况等信息评估后综合给出用户信用得分的评估模型。

芝麻信用虽然参考了“FICO”评分模型，但是作为基于互联网用户行为数据的评估体系，芝麻信用有自己的特点。

芝麻信用的评估维度分为：身份特质、信用历史、行为偏好、履约能力、人际关系五个维度。

① 身份特质，是指用户的年龄、性别、职业、家庭状况、婚姻情况、收入水平等基本信息。

② 信用历史，是指用户在过往发生的债务活动中的表现，主要是过往信用卡的还款记录及信用账户历史。

③ 行为偏好，是指用户在购物、缴费、转账、理财等活动中的偏好及稳定性。

④ 履约能力，是指用户在进行各类信用服务中的履约表现，如使用打车应用最终是否完成和司机的约定，预订酒店后是否按时到店等。

⑤ 人际关系，是指用户好友的信用等级及用户和好友的互动程度。

（2）芝麻信用的评估体系

芝麻征信的信用评估体系是一个动态评估体系，主要由三部分构成：

① 数据搜集。芝麻征信拥有较为丰富的数据来源，主要可以分为以下四类：第一，来自淘宝、天猫体系的电商数据，可以为评估提供用户的财务状况、个人偏好等信息；第二，来自蚂蚁金服的互联网金融数据，可以为评估提供用户的财务状况、信用历史、履约能力等信息；第三，来自众多合作企业及合作机构的信息，可以为评估提供用户的身份特质、履约能力、人际关系等信息；第四，用户自主上传的经过认证的信息，可以为评估提供其他所需信息。

② 技术处理。芝麻信用的数据从储存到生成结果，使用的是阿里巴巴通用的大数据平台业务，该平台主要由三个层次的业务组成：第一，阿里云业务，提供数据储存和处理的基础性服务；第二，数据平台事业部，对搜集到的数据进行结构化处理“数据清洗”工作，让搜集到的数据可以被用来分析；第三，商业智能部，对清洗后的数据进行分析，供各个业务部门使用。

③ 应用场景。芝麻信用虽然诞生时间较短，但是在阿里巴巴丰富的产品体系下拥有多种使用场景，仅从目前公开的信息中已经有以下使用场景：旅行信用入住，即芝麻信用达到一定分数，可以享受在合作酒店无需押金和房款直接入住，在一定时间内，补齐房款即可；信用租房，即芝麻信用达到一定分数，可以享受在合作租房机构免费入住，入住后一定时间内补交房租即可；个人信用贷款，即根据芝麻信用分数，可以在阿里小贷申请对应额度的贷款，无需审核，快速放款。可以预见，未来会有更多的阿里产品和合作伙伴使用芝麻信用作为对用户某种资质的审核参考，而各种应用场景下的用户行为数据又会返回芝麻信用，进一步对用户的信用进行更准确的评估，从而形成一个动态评估过程。

（3）芝麻信用的数据来源

用户的互联网行为是以互联网应用为载体的，用户的互联网行为数据也分散在不同的互联网应用中。因此，我们可以从阿里巴巴的产品线来分析芝麻信用的用户数据来源。总体上看，阿里巴巴在涉及用户网络行为数据的业务可分为以下几个部分：

① 电商平台部分。这是阿里巴巴的核心业务，主要由 C2C 平台淘宝网、B2C 天猫平台、团购平台聚划算、跨境零售平台 Al Express、国内批发平台 1688 及跨境批发平台 Alibaba 构成，整个平台贯穿从批发到零售的全产业链，经过 15 年的发展，平台上积累了大量的买家卖家及交易数据，这也是阿里巴巴最为核心的数据部分。中国电子商务研究中心发布的《2015 年上半年中国网络零售市场监测报告》显示，2015 年上半年中国网络零售市场交易规模达 16 410 亿元，同比增长 48. 7%；网络零售市场交易规模占到社会消费品零售总额的 11.4%，同比增长 31%；中国网购用户规模达 4.17 亿人，同比增长 19.1%。阿里巴巴的淘宝网、天猫商城及聚划算构成的网络购物平台积累的大量用户行为数据是芝麻征信的重要数据来源。

② 互联网金融部分。这是阿里巴巴近年来业务发展的重点，主要有支付、小额贷款、担保、金融零售（理财 + 保险）四大业务。其中，支付业务以支付宝为核心，以第三方身份为消费者提供资金安全服务；贷款业务主要是面向阿里巴巴卖家、天猫卖家、淘宝卖家的阿里小贷；担保业务由商城融资担保有限公司向平台卖家提供融资担保业务；金融零售业务由保险和理财两部分组成，其中保险业务由众安保险提供针对商家和消费者的保险服务，理财业务主要以支付宝为载体，向普通用户售卖理财类产品。经过多年发展，阿里金融板块的体量不断增大，目前，除了吸储业务外，阿里金融已经覆盖到金融的各个领域，积累了大量用户的金融数据。

③ 云业务。阿里云已经成长为一个集合弹性计算、数据储存、大规模计算、安全与管理、应用服务的综合性技术平台。随着基础服务和产品的逐渐完善，阿里云已将其服务对象扩充至全网，并开始关注细分行业，推出移动云、游戏云、金融云等服务。不仅中小型互联网企业不断加入阿里云平台，2013 年以来，浙江、海南、贵州、广西、宁夏、河南等省（地区）相继与阿里云合作，这都为阿里巴巴提供了大量的用户行为数据。

④ 互动娱乐业务。这是阿里巴巴的非核心业务，目前主要通过收购股权进入已获得市场地位的应用来实现。阿里巴巴的泛娱乐业务由影视、游戏、音乐、阅读等板块构成，阿里不满足对线上产品布局，在线下的智能硬件方面也积极参与，这为阿里巴巴在进行用户画像描述的研究上提供了更加多样化的数据。

此外，阿里巴巴还在流量人口、社交和生活服务领域进行积极布局，期望积累更多的用户行为数据。

花呗分批接入央行征信系统

花呗部分用户接入央行征信系统的消息冲上了热搜榜单。

目前花呗纳入征信并未覆盖所有用户群体，而是在经过用户同意后逐步、分批次纳入。不过，用户担心的是花呗被纳入征信后，还款情况是否会被银行盯上，成为办理贷款业务的“拦路虎”？

近期央行调查统计司下发关于开展线上联合消费贷款调查的紧急通知，其中，月末线上联合消费贷款余额中需分别填写与“蚂蚁借呗”和“蚂蚁花呗”合作的数据等信息。对此，有分析人士认为，央行排查线上联合贷款及将花呗分批纳入央行征信系统，均出于对联合贷款风险把控的考虑。

“目前消费贷的真实资金流向并不是很明确，尤其是助贷、联合贷模式下加大了出资方银行对于资金实际流向的监督难度。当前部分银行和消费金融公司因为消费贷贷后管理不当频频被监管处罚，说明了对于消费贷资金流向的监管趋严”，西南财经大学金融学院数字经济研究中心主任陈文对记者表示。

为何花呗要接入央行征信系统

近日，不少支付宝用户反映称，从6月开始陆续收到了花呗服务升级的通知，内容显示为：为持续向您提供优质的花呗服务，根据相关法律法规及监管要求，需要确认完成本次升级。而在用户同意升级服务后，账户的基本信息、花呗额度及还款情况将会以月度为单位上报至央行征信系统。

花呗为什么要升级合同、纳入征信？支付宝方面对记者表示：“随着花呗的开放，有更多的金融机构参与共同服务花呗用户。为了让用户能够更清晰地了解为其提供服务的金融机构等信息，在监管部门的建议与指导下，对协议进行了升级。”

西南财经大学金融学院数字经济研究中心主任陈文对记者分析称，在早些年的阿里小贷模式下，由于央行接入了部分网络小贷公司的征信，花呗全量客户也可以接入征信，但可能是考虑接入征信一旦逾期会影响征信记录降低对于C端用户的吸引力，而支付宝代扣在一定程度上也提高了还款保障，所以阿里没有全量接入。但联合贷模式下，这些客户是银行放贷客户，接入征信则成为必然。

有接近央行征信中心人士告诉，一般来说，不会要求某家机构接入央行的征信系统，主要看基于机构自身的意愿，或者出于监管层面的某些要求而接入，比如打击恶意逃废债、不还款等情况。

对于接入央行征信的机构，征信中心会要求其按照规范真实、及时、准确地通过接口进行数据报送，对征信中心报送的字段来自各家机构。征信中心负责客观展示，如果用户认为报送的数据与事实不符，可以向当地的人行分支机构提出征信异议申请。

目前，只有部分花呗用户收到纳入征信的通知。上述接近征信中心人士表示，一般需要一个准备的过程，根据用户数量和数据量等情况不同，需要一定时间的调测过程。

此前，多家小额贷款公司已经接入央行征信系统，京东白条也在2018年起开始接入央行征信。有接入征信机构的小贷公司负责人告诉记者，接入央行征信系统后，先在机构端设置数据结构，把数据对央行征信系统开放，也会定期跟央行征信中心沟通汇报相关情况。

是否影响个人信用及银行贷款？

随着电商平台业务在金融服务领域的延伸，在传统的银行信用卡之外，阿里巴巴集团旗下的花呗、借呗，京东金融推出的京东白条等服务，也成为消费者的信贷选择之一。

花呗接入央行征信后，大家最关注的问题在于是否会影响个人的征信情况。

有征信业务人士对记者称，用花呗、京东白条等互联网平台的借款或者贷款，只要贷款的笔数不是非常多，或者频繁使用，使用之后也按时正常还款的话，接入的只是交易信息，机构按照真实情况上报数据，一般在银行申请车贷和房贷不会受影响。除非在各家贷款平台频繁地使用借款，而且笔数很多，对后续办理业务可能会有影响。

但是，有股份行个人消费业务经理告诉记者，就其个人经验来看，客户查询征信的次数、负债情况、逾期次数会影响个人的征信情况。“京东白条和花呗纳入征信，不仅是逾期会计入征信，而且用户在花呗的额度即使没使用，也可能会被银行列入负债”。

为何会计入客户的负债？该业务经理对记者解释称，对部分银行来说，其实信用卡的额度也会计入负债，即使额度并没有完全使用。一般来说，每家银行会有一个测算模型，根据收入和负债情况输入模型，再结合征信情况来评估某项贷款的情况。银行在评审的时候会看这些信息，但不一定会反馈给客户。

“接入征信，强化了对于违约者的惩罚力度，这里的惩罚主要体现在征信报告中的污点记录可能会影响违约者包括按揭贷款等的获批，以及获批额度及利率，但具体影响多大，还要看各家银行的风控模型”，陈文对记者表示。

摸底线上联合消费贷

除了将花呗接入央行征信外，近期记者了解到，为掌握金融机构个人消费贷款业务创新情况，央行调查统计司近日下发关于开展线上联合消费贷款调查的紧急通知。

线上联合消费贷款，是指金融机构经由互联网获取合作机构推送的客户信息，并与其他机构采用同一贷款协议、按约定比例向同一借款人发放的个人消费贷款。

根据通知，线上联合消费贷款统计内容包含：月末线上联合消费贷款余额、当月发放线上联合消费贷款加权平均利率、当月发放全部个人消费贷款（不含个人信用卡透支）加权平均利率、月末线上联合消费贷款余额不良率、月末全部个人消费贷款余额（含个人信用卡透支）不良率。

在统计内容中也单列了支付宝“蚂蚁借呗”和“蚂蚁花呗”的数据。其中通知要求，月末线上联合消费贷款余额中需分别填写与“蚂蚁借呗”和“蚂蚁花呗”合作的数据；月末线上联合消费贷款余额不良率中需分别填写与“蚂蚁借呗”和“蚂蚁花呗”合作的不良率数据。

另外，月末全部个人消费贷款余额（含个人信用卡透支）不良率中需单独列出个人信用卡透支不良率的数据。

新网银行首席研究员董希淼表示，此次调查主要针对银行与非持牌互联网平台间的合作。部分非持牌互联网平台为做大规模，或许会采取比较粗放的策略。在与此类机构合作过程中，由于难以全流程参与授信过程，因此，银行可能会面临一定风险。

在部分分析人士看来，监管层面的一系列行为显示出对联合贷款风险的考虑。陈文认为，目前消费贷的真实资金流向并不是很明确，尤其是助贷、联合贷模式下加大了出资方银行对于资金实际流向的监督难度。而当前部分银行和消费金融公司因为消费贷贷后管理不当频频被监管处罚，说明了对于消费贷资金流向的监管趋严，尤其是防止资金流向房地产、股市等投机领域，以及诸如网络赌博等不法活动领域。

资料来源：https://baijiahao.baidu.com/s?id=1674013654232294868&wfr=spider&for=pc

太平洋电脑网 2020.08.03

实训操作

中国人民银行个人征信查询

从2013年10月28日起，继江苏、四川、重庆3省市试点之后，央行个人信用报告网上查询服务试点增加了北京、山东、辽宁、湖南、广西、广东6个试点省市。通过平台可查到信用记录包括：个人信用信息提示、个人信用信息概要及个人信用报告。

个人信用信息提示是指注册用户在个人征信系统中是否有逾期记录的提示性信息，比如是否有最近5年内的贷款、贷记卡逾期记录，是否有准贷记卡透支超过60天的记录。个人信用信息概要为注册用户提供其在个人征信系统中信贷记录、公共记录和查询记录的汇总信息。个人信用报告则涵盖明细信息。公共记录包括欠税记录、强制执行记录、民事判决记录、行政处罚记录及电信欠费记录等。

实训任务：央行个人征信信息查询

具体操作步骤：

（1）登录中国人民银行征信中心网址。

（2）点击“马上开始”，并进行用户登录（初次使用需要先进行注册）。

（3）按提示操作即可获得个人征信报告。

项目总结

（1）征信有狭义和广义之分。狭义的征信是指对与企业信用状况和个人信用状况相关的信息进行采集、核实、整理、保存、加工，并对外提供信用报告、信用登记、信用调查和信用评级等服务。广义的征信则为狭义的征信加上信用管理服务。信用管理服务包括信用管理咨询、评分模型开发、商账追收、信用担保、信用保险等。

（2）征信信息主体又称征信对象，是信用调查或信用审查的客体。信用提供者，也称被征信人，是指征信机构采集、整理、加工和适用的征信信息描述对象，包括自然人、法人及其他组织。

（3）征信内容主要是指征信机构所采集的数据和信息。

（4）互联网金融征信的重要性为：第一，征信数据支撑互联网金融发展；第二，互联网金融征信的探索有利于传统征信业务创新；第三，互联网金融征信有助于在更大范围内促进全社会形成良好的信用环境；第四，有助于控制互联网金融的风险。

（5）互联网金融下的征信模式有三种：以中国人民银行征信中心为代表的政府主导型模式、以电商征信机构和金融征信机构为代表的市场主导型模式、以互联网金融协会信用信息中心为代表的行业会员制模式。

（6）大数据是指其大小超出了典型数据库软件的采集、存储、管理和分析等能力的数据集。

政策监管

征信业管理条例

（国务院令第 631 号）

第一章　总 则

第一条　为了规范征信活动，保护当事人合法权益，引导、促进征信业健康发展，推进社会信用体系建设，制定本条例。

第二条　在中国境内从事征信业务及相关活动，适用本条例。

本条例所称征信业务，是指对企业、事业单位等组织（以下统称企业）的信用信息和个人的信用信息进行采集、整理、保存、加工，并向信息使用者提供的活动。

国家设立的金融信用信息基础数据库进行信息的采集、整理、保存、加工和提供，适用本条例第五章规定。

国家机关以及法律、法规授权的具有管理公共事务职能的组织依照法律、行政法规和国务院的规定，为履行职责进行的企业和个人信息的采集、整理、保存、加工和公布，不适用本条例。

第三条　从事征信业务及相关活动，应当遵守法律法规，诚实守信，不得危害国家秘密，不得侵犯商业秘密和个人隐私。

第四条　中国人民银行（以下称国务院征信业监督管理部门）及其派出机构依法对征信业进行监督管理。

县级以上地方人民政府和国务院有关部门依法推进本地区、本行业的社会信用体系建设，培育征信市场，推动征信业发展。

第二章　征信机构

第五条　本条例所称征信机构，是指依法设立，主要经营征信业务的机构。

第六条　设立经营个人征信业务的征信机构，应当符合《中华人民共和国公司法》规定的公司设立条件和下列条件，并经国务院征信业监督管理部门批准：

（一）主要股东信誉良好，最近 3 年无重大违法违规记录；

（二）注册资本不少于人民币 5 000 万元；

（三）有符合国务院征信业监督管理部门规定的保障信息安全的设施、设备和制度、措施；

（四）拟任董事、监事和高级管理人员符合本条例第八条规定的任职条件；

（五）国务院征信业监督管理部门规定的其他审慎性条件。

第七条　申请设立经营个人征信业务的征信机构，应当向国务院征信业监督管理部门提交申请书和证明其符合本条例第六条规定条件的材料。

国务院征信业监督管理部门应当依法进行审查，自受理申请之日起 60 日内作出批准或者不予批准的决定。决定批准的，颁发个人征信业务经营许可证；不予批准的，应当书面说明理由。

经批准设立的经营个人征信业务的征信机构，凭个人征信业务经营许可证向公司登记机关办理登记。

未经国务院征信业监督管理部门批准，任何单位和个人不得经营个人征信业务。

第八条　经营个人征信业务的征信机构的董事、监事和高级管理人员，应当熟悉与征信业务相关的法律法规，具有履行职责所需的征信业从业经验和管理能力，最近 3 年无重大违法违规记录，并取得国务院征信业监督管理部门核准的任职资格。

第九条 经营个人征信业务的征信机构设立分支机构、合并或者分立、变更注册资本、变更出资额占公司资本总额5%以上或者持股占公司股份5%以上的股东的，应当经国务院征信业监督管理部门批准。

经营个人征信业务的征信机构变更名称的，应当向国务院征信业监督管理部门办理备案。

第十条 设立经营企业征信业务的征信机构，应当符合《中华人民共和国公司法》规定的设立条件，并自公司登记机关准予登记之日起30日内向所在地的国务院征信业监督管理部门派出机构办理备案，并提供下列材料：

（一）营业执照；

（二）股权结构、组织机构说明；

（三）业务范围、业务规则、业务系统的基本情况；

（四）信息安全和风险防范措施。

备案事项发生变更的，应当自变更之日起30日内向原备案机构办理变更备案。

第十一条 征信机构应当按照国务院征信业监督管理部门的规定，报告上一年度开展征信业务的情况。

国务院征信业监督管理部门应当向社会公告经营个人征信业务和企业征信业务的征信机构名单，并及时更新。

第十二条 征信机构解散或者被依法宣告破产的，应当向国务院征信业监督管理部门报告，并按照下列方式处理信息数据库：

（一）与其他征信机构约定并经国务院征信业监督管理部门同意，转让给其他征信机构；

（二）不能依照前项规定转让的，移交给国务院征信业监督管理部门指定的征信机构；

（三）不能依照前两项规定转让、移交的，在国务院征信业监督管理部门的监督下销毁。

经营个人征信业务的征信机构解散或者被依法宣告破产的，还应当在国务院征信业监督管理部门指定的媒体上公告，并将个人征信业务经营许可证交国务院征信业监督管理部门注销。

第三章　征信业务规则

第十三条 采集个人信息应当经信息主体本人同意，未经本人同意不得采集。但是，依照法律、行政法规规定公开的信息除外。

企业的董事、监事、高级管理人员与其履行职务相关的信息，不作为个人信息。

第十四条 禁止征信机构采集个人的宗教信仰、基因、指纹、血型、疾病和病史信息以及法律、行政法规规定禁止采集的其他个人信息。

征信机构不得采集个人的收入、存款、有价证券、商业保险、不动产的信息和纳税数额信息。但是，征信机构明确告知信息主体提供该信息可能产生的不利后果，并取得其书面同意的除外。

第十五条 信息提供者向征信机构提供个人不良信息，应当事先告知信息主体本人。但是，依照法律、行政法规规定公开的不良信息除外。

第十六条 征信机构对个人不良信息的保存期限，自不良行为或者事件终止之日起为5年；超过5年的，应当予以删除。

在不良信息保存期限内，信息主体可以对不良信息作出说明，征信机构应当予以记载。

第十七条 信息主体可以向征信机构查询自身信息。个人信息主体有权每年两次免费获取本人的信用报告。

第十八条 向征信机构查询个人信息的，应当取得信息主体本人的书面同意并约定用途。但是，法律规定可以不经同意查询的除外。

征信机构不得违反前款规定提供个人信息。

第十九条 征信机构或者信息提供者、信息使用者采用格式合同条款取得个人信息主体同意的，应当在合同中作出足以引起信息主体注意的提示，并按照信息主体的要求作出明确说明。

第二十条 信息使用者应当按照与个人信息主体约定的用途使用个人信息，不得用作约定以外的用途，不得未经个人信息主体同意向第三方提供。

第二十一条 征信机构可以通过信息主体、企业交易对方、行业协会提供信息，政府有关部门依法已公开的信息，人民法院依法公布的判决、裁定等渠道，采集企业信息。

征信机构不得采集法律、行政法规禁止采集的企业信息。

第二十二条 征信机构应当按照国务院征信业监督管理部门的规定，建立健全和严格执行保障信息安全的规章制度，并采取有效技术措施保障信息安全。

经营个人征信业务的征信机构应当对其工作人员查询个人信息的权限和程序作出明确规定，对工作人员查询个人信息的情况进行登记，如实记载查询工作人员的姓名，查询的时间、内容及用途。工作人员不得违反规定的权限和程序查询信息，不得泄露工作中获取的信息。

第二十三条 征信机构应当采取合理措施，保障其提供信息的准确性。

征信机构提供的信息供信息使用者参考。

第二十四条 征信机构在中国境内采集的信息的整理、保存和加工，应当在中国境内进行。

征信机构向境外组织或者个人提供信息，应当遵守法律、行政法规和国务院征信业监督管理部门的有关规定。

第四章 异议和投诉

第二十五条 信息主体认为征信机构采集、保存、提供的信息存在错误、遗漏的，有权向征信机构或者信息提供者提出异议，要求更正。

征信机构或者信息提供者收到异议，应当按照国务院征信业监督管理部门的规定对相关信息作出存在异议的标注，自收到异议之日起20日内进行核查和处理，并将结果书面答复异议人。

经核查，确认相关信息确有错误、遗漏的，信息提供者、征信机构应当予以更正；确认不存在错误、遗漏的，应当取消异议标注；经核查仍不能确认的，对核查情况和异议内容应当予以记载。

第二十六条 信息主体认为征信机构或者信息提供者、信息使用者侵害其合法权益的，可以向所在地的国务院征信业监督管理部门派出机构投诉。

受理投诉的机构应当及时进行核查和处理，自受理之日起30日内书面答复投诉人。

信息主体认为征信机构或者信息提供者、信息使用者侵害其合法权益的，可以直接向人民法院起诉。

第五章 金融信用信息基础数据库

第二十七条 国家设立金融信用信息基础数据库，为防范金融风险、促进金融业发展提供相关信息服务。

金融信用信息基础数据库由专业运行机构建设、运行和维护。该运行机构不以营利为目的，由国务院征信业监督管理部门监督管理。

第二十八条 金融信用信息基础数据库接收从事信贷业务的机构按照规定提供的信贷信息。

金融信用信息基础数据库为信息主体和取得信息主体本人书面同意的信息使用者提供查询服务。国家机关可以依法查询金融信用信息基础数据库的信息。

第二十九条 从事信贷业务的机构应当按照规定向金融信用信息基础数据库提供信贷信息。

从事信贷业务的机构向金融信用信息基础数据库或者其他主体提供信贷信息，应当事先取得信息主体的书面同意，并适用本条例关于信息提供者的规定。

第三十条 不从事信贷业务的金融机构向金融信用信息基础数据库提供、查询信用信息以及金融信用信息基础数据库接收其提供的信用信息的具体办法，由国务院征信业监督管理部门会同国务院有关金融监督管理机构依法制定。

实训操作

中国人民银行个人征信查询

从 2013 年 10 月 28 日起，继江苏、四川、重庆 3 省市试点之后，央行个人信用报告网上查询服务试点增加了北京、山东、辽宁、湖南、广西、广东 6 个试点省市。通过平台可查到信用记录包括：个人信用信息提示、个人信用信息概要及个人信用报告。

个人信用信息提示是指注册用户在个人征信系统中是否有逾期记录的提示性信息，比如是否有最近 5 年内的贷款、贷记卡逾期记录，是否有准贷记卡透支超过 60 天的记录。个人信用信息概要为注册用户提供其在个人征信系统中信贷记录、公共记录和查询记录的汇总信息。个人信用报告则涵盖明细信息。公共记录包括欠税记录、强制执行记录、民事判决记录、行政处罚记录及电信欠费记录等。

实训任务：央行个人征信信息查询

具体操作步骤：

（1）登录中国人民银行征信中心网址。

（2）点击“马上开始”，并进行用户登录（初次使用需要先进行注册）。

（3）按提示操作即可获得个人征信报告。

项目总结

（1）征信有狭义和广义之分。狭义的征信是指对与企业信用状况和个人信用状况相关的信息进行采集、核实、整理、保存、加工，并对外提供信用报告、信用登记、信用调查和信用评级等服务。广义的征信则为狭义的征信加上信用管理服务。信用管理服务包括信用管理咨询、评分模型开发、商账追收、信用担保、信用保险等。

（2）征信信息主体又称征信对象，是信用调查或信用审查的客体。信用提供者，也称被征信人，是指征信机构采集、整理、加工和适用的征信信息描述对象，包括自然人、法人及其他组织。

（3）征信内容主要是指征信机构所采集的数据和信息。

（4）互联网金融征信的重要性为：第一，征信数据支撑互联网金融发展；第二，互联网金融征信的探索有利于传统征信业务创新；第三，互联网金融征信有助于在更大范围内促进全社会形成良好的信用环境；第四，有助于控制互联网金融的风险。

（5）互联网金融下的征信模式有三种：以中国人民银行征信中心为代表的政府主导型模式、以电商征信机构和金融征信机构为代表的市场主导型模式、以互联网金融协会信用信息中心为代表的行业会员制模式。

（6）大数据是指其大小超出了典型数据库软件的采集、存储、管理和分析等能力的数据集。

政策监管

征信业管理条例

（国务院令第 631 号）

第一章　总　则

第一条　为了规范征信活动，保护当事人合法权益，引导、促进征信业健康发展，推进社会信用体系建设，制定本条例。

第二条　在中国境内从事征信业务及相关活动，适用本条例。

本条例所称征信业务，是指对企业、事业单位等组织（以下统称企业）的信用信息和个人的信用信息进行采集、整理、保存、加工，并向信息使用者提供的活动。

国家设立的金融信用信息基础数据库进行信息的采集、整理、保存、加工和提供，适用本条例第五章规定。

国家机关以及法律、法规授权的具有管理公共事务职能的组织依照法律、行政法规和国务院的规定，为履行职责进行的企业和个人信息的采集、整理、保存、加工和公布，不适用本条例。

第三条　从事征信业务及相关活动，应当遵守法律法规，诚实守信，不得危害国家秘密，不得侵犯商业秘密和个人隐私。

第四条　中国人民银行（以下称国务院征信业监督管理部门）及其派出机构依法对征信业进行监督管理。

县级以上地方人民政府和国务院有关部门依法推进本地区、本行业的社会信用体系建设，培育征信市场，推动征信业发展。

第二章　征信机构

第五条　本条例所称征信机构，是指依法设立，主要经营征信业务的机构。

第六条　设立经营个人征信业务的征信机构，应当符合《中华人民共和国公司法》规定的公司设立条件和下列条件，并经国务院征信业监督管理部门批准：

（一）主要股东信誉良好，最近 3 年无重大违法违规记录；

（二）注册资本不少于人民币 5 000 万元；

（三）有符合国务院征信业监督管理部门规定的保障信息安全的设施、设备和制度、措施；

（四）拟任董事、监事和高级管理人员符合本条例第八条规定的任职条件；

（五）国务院征信业监督管理部门规定的其他审慎性条件。

第七条　申请设立经营个人征信业务的征信机构，应当向国务院征信业监督管理部门提交申请书和证明其符合本条例第六条规定条件的材料。

国务院征信业监督管理部门应当依法进行审查，自受理申请之日起 60 日内作出批准或者不予批准的决定。决定批准的，颁发个人征信业务经营许可证；不予批准的，应当书面说明理由。

经批准设立的经营个人征信业务的征信机构，凭个人征信业务经营许可证向公司登记机关办理登记。

未经国务院征信业监督管理部门批准，任何单位和个人不得经营个人征信业务。

第八条　经营个人征信业务的征信机构的董事、监事和高级管理人员，应当熟悉与征信业务相关的法律法规，具有履行职责所需的征信业从业经验和管理能力，最近 3 年无重大违法违规记录，并取得国务院征信业监督管理部门核准的任职资格。

第三十一条 金融信用信息基础数据库运行机构可以按照补偿成本原则收取查询服务费用，收费标准由国务院价格主管部门规定。

第三十二条 本条例第十四条、第十六条、第十七条、第十八条、第二十二条、第二十三条、第二十四条、第二十五条、第二十六条适用于金融信用信息基础数据库运行机构。

第六章 监督管理

第三十三条 国务院征信业监督管理部门及其派出机构依照法律、行政法规和国务院的规定，履行对征信业和金融信用信息基础数据库运行机构的监督管理职责，可以采取下列监督检查措施：

（一）进入征信机构、金融信用信息基础数据库运行机构进行现场检查，对向金融信用信息基础数据库提供或者查询信息的机构遵守本条例有关规定的情况进行检查；

（二）询问当事人和与被调查事件有关的单位和个人，要求其对与被调查事件有关的事项作出说明；

（三）查阅、复制与被调查事件有关的文件、资料，对可能被转移、销毁、隐匿或者篡改的文件、资料予以封存；

（四）检查相关信息系统。

进行现场检查或者调查的人员不得少于 2 人，并应当出示合法证件和检查、调查通知书。

被检查、调查的单位和个人应当配合，如实提供有关文件、资料，不得隐瞒、拒绝和阻碍。

第三十四条 经营个人征信业务的征信机构、金融信用信息基础数据库、向金融信用信息基础数据库提供或者查询信息的机构发生重大信息泄露等事件的，国务院征信业监督管理部门可以采取临时接管相关信息系统等必要措施，避免损害扩大。

第三十五条 国务院征信业监督管理部门及其派出机构的工作人员对在工作中知悉的国家秘密和信息主体的信息，应当依法保密。

第七章 法律责任

第三十六条 未经国务院征信业监督管理部门批准，擅自设立经营个人征信业务的征信机构或者从事个人征信业务活动的，由国务院征信业监督管理部门予以取缔，没收违法所得，并处 5 万元以上 50 万元以下的罚款；构成犯罪的，依法追究刑事责任。

第三十七条 经营个人征信业务的征信机构违反本条例第九条规定的，由国务院征信业监督管理部门责令限期改正，对单位处 2 万元以上 20 万元以下的罚款；对直接负责的主管人员和其他直接责任人员给予警告，处 1 万元以下的罚款。

经营企业征信业务的征信机构未按照本条例第十条规定办理备案的，由其所在地的国务院征信业监督管理部门派出机构责令限期改正；逾期不改正的，依照前款规定处罚。

第三十八条 征信机构、金融信用信息基础数据库运行机构违反本条例规定，有下列行为之一的，由国务院征信业监督管理部门或者其派出机构责令限期改正，对单位处 5 万元以上 50 万元以下的罚款；对直接负责的主管人员和其他直接责任人员处 1 万元以上 10 万元以下的罚款；有违法所得的，没收违法所得。给信息主体造成损失的，依法承担民事责任；构成犯罪的，依法追究刑事责任：

（一）窃取或者以其他方式非法获取信息；

（二）采集禁止采集的个人信息或者未经同意采集个人信息；

（三）违法提供或者出售信息；

（四）因过失泄露信息；

（五）逾期不删除个人不良信息；

（六）未按照规定对异议信息进行核查和处理；

（七）拒绝、阻碍国务院征信业监督管理部门或者其派出机构检查、调查或者不如实提供有关文件、资料；

（八）违反征信业务规则，侵害信息主体合法权益的其他行为。

经营个人征信业务的征信机构有前款所列行为之一，情节严重或者造成严重后果的，由国务院征信业监督管理部门吊销其个人征信业务经营许可证。

第三十九条 征信机构违反本条例规定，未按照规定报告其上一年度开展征信业务情况的，由国务院征信业监督管理部门或者其派出机构责令限期改正；逾期不改正的，对单位处2万元以上10万元以下的罚款；对直接负责的主管人员和其他直接责任人员给予警告，处1万元以下的罚款。

第四十条 向金融信用信息基础数据库提供或者查询信息的机构违反本条例规定，有下列行为之一的，由国务院征信业监督管理部门或者其派出机构责令限期改正，对单位处5万元以上50万元以下的罚款；对直接负责的主管人员和其他直接责任人员处1万元以上10万元以下的罚款；有违法所得的，没收违法所得。给信息主体造成损失的，依法承担民事责任；构成犯罪的，依法追究刑事责任：

（一）违法提供或者出售信息；

（二）因过失泄露信息；

（三）未经同意查询个人信息或者企业的信贷信息；

（四）未按照规定处理异议或者对确有错误、遗漏的信息不予更正；

（五）拒绝、阻碍国务院征信业监督管理部门或者其派出机构检查、调查或者不如实提供有关文件、资料。

第四十一条 信息提供者违反本条例规定，向征信机构、金融信用信息基础数据库提供非依法公开的个人不良信息，未事先告知信息主体本人，情节严重或者造成严重后果的，由国务院征信业监督管理部门或者其派出机构对单位处2万元以上20万元以下的罚款；对个人处1万元以上5万元以下的罚款。

第四十二条 信息使用者违反本条例规定，未按照与个人信息主体约定的用途使用个人信息或者未经个人信息主体同意向第三方提供个人信息，情节严重或者造成严重后果的，由国务院征信业监督管理部门或者其派出机构对单位处2万元以上20万元以下的罚款；对个人处1万元以上5万元以下的罚款；有违法所得的，没收违法所得。给信息主体造成损失的，依法承担民事责任；构成犯罪的，依法追究刑事责任。

第四十三条 国务院征信业监督管理部门及其派出机构的工作人员滥用职权、玩忽职守、徇私舞弊，不依法履行监督管理职责，或者泄露国家秘密、信息主体信息的，依法给予处分。给信息主体造成损失的，依法承担民事责任；构成犯罪的，依法追究刑事责任。

第八章 附则

第四十四条 本条例下列用语的含义：

（一）信息提供者，是指向征信机构提供信息的单位和个人，以及向金融信用信息基础数据库提供信息的单位。

（二）信息使用者，是指从征信机构和金融信用信息基础数据库获取信息的单位和个人。

（三）不良信息，是指对信息主体信用状况构成负面影响的下列信息：信息主体在借贷、赊购、担保、租赁、保险、使用信用卡等活动中未按照合同履行义务的信息，对信息主体的行政处罚信息，人民法院判决或者裁定信息主体履行义务以及强制执行的信息，以及国务院征信业监督管理部门规定的其他不良信息。

第四十五条 外商投资征信机构的设立条件，由国务院征信业监督管理部门会同国务院有关部门制定，报国务院批准。

境外征信机构在境内经营征信业务，应当经国务院征信业监督管理部门批准。

第四十六条 本条例施行前已经经营个人征信业务的机构，应当自本条例施行之日起6个月内，依照本条例的规定申请个人征信业务经营许可证。

本条例施行前已经经营企业征信业务的机构，应当自本条例施行之日起 3 个月内，依照本条例的规定办理备案。

第四十七条 本条例自 2013 年 3 月 15 日起施行。

项目 10 互联网金融监管

学习目标

理解互联网金融监管的必要性；理解互联网金融面临的主要风险及其成因、了解互联网金融有关的刑法规制；掌握互联网金融监管的四种主要模式；了解我国和欧美国家互联网金融监管体制，明确我国互联网金融监管体制构建方向。

思政目标

熟悉相关法律法规，遵纪守法。

案例导学

美国的监管实践：PayPal 案例（节选）

——以第三方支付为例

PayPal 最初是 1998 年在美国加州成立的一家非银行第三方支付公司。其目前能够在包括美国在内的全球 100 多个国家和地区进行支付，只不过在有些国家和地区被明确视为银行（bank），而不是单纯的第三方支付公司。在消费者保护方面，2006 年，美国 28 个州的检察官曾对 PayPal 发起诉讼，要求 PayPal 对消费者澄清：消费网络购物时，是否与信用卡消费一样享受《监管指令 Z》的保护？PayPal 不得不明确表示，因为自己不是信用卡机构，所以不会承诺《监管指令 Z》完全一致的条款，但会明确揭示自己版本的消费者权利和纠纷解决机制条款。但与此同时，PayPal 明确承诺完全遵守《监管指令 E》的要求，特别是对未经授权交易损失，PayPal 承诺客户最高只用承担 50 美元。

在消费者的隐私保护方面，虽然《格莱姆—利奇—比利法案》主要是针对金融机构的要求，但 PayPal 主动承诺遵守该法案的条款。在存款保险方面，PayPal 一直在主动征询 FDIC 的看法，最终在 2012 年 2 月得到了 FDIC 的回复：PayPal 受客户委托代理客户存入经 FDIC 认可的无息账户（FBOAccount）中的资金，可以获得 FDIC 的存款保险；但是，PayPal 本身不是银行，不能享受存款保险，因而当 PayPal 倒闭时，滞留在其他环节中的资金并不享受存款保险。

在反洗钱方面，在 PayPal 发展之初，只需要提供一个电子邮件地址就可成为其会员。但到了 2003 年，PayPal 因在处理非法离岸赌博业务时，被控掩盖非法货币转移，触犯了《美国爱国者法案》，最后不得不花费一千万美元来进行诉讼和解。

此后，PayPal 为满足反洗钱要求，管理变得更加严格。比如，在客户身份确认方面，除电子邮件地址外，还要求提供信用卡或贷记卡或银行账户的信息；在对可疑交易的处理方面，PayPal 会对被发现的可疑交易账户进行冻结，除非客户能够逐项说明资金的来龙去脉，否则有可能会被关闭账户；PayPal 还明确规定，信托机构不能持有 PayPal 账户。此外，PayPal 还明确提醒，不要与他人共享账户，不要代替他人转账，以免造成麻烦。尽管上述规定给客户造成诸多不便，引起客户抱怨甚至离开，但为了满足监管要求，PayPal 仍不得不严格加以执行。

正如我们已经指出的，上一部分讨论的主要是作为“第三方支付机构”得遵守的监管规则。但问题是，PayPal 本身是否仅仅只是一家“第三方支付机构”而不是“银行”？如果是“银行”的话，则要接受《联邦银行法》（Federal Banking Laws）所要求的在资本充足率、法定存款准备金率、存款保险、公司治理等方面更多也更为严格的监管。

2012 年 3 月，应 PayPal 的主动征询，FDIC 曾明确表示：PayPal 不是银行。这一度让很不情愿像银行一样接受严格监管的 PayPal 颇感欣慰，因为其不仅在经营银行方面的经验严重不足，更重要的是，被作为银行监管之后的运作成本要高得多。

但 FDIC 明确表示，其认定不是银行的主要理由却是 PayPal“没有取得银行牌照（doesn't have a charter）”，FDIC 还进一步澄清：其观点对州监管者没有约束力，州监管者仍可能将 PayPal 视为一家未经许可的银行（is acting as an unauthorized bank）。显然，FDIC 只是简单根据 PayPal 是否获得“银行”的许可，而不是根据其业务实质来认定的。

被 FDIC 不幸言中的是，纽约州和加州正是从 PayPal 所进行的业务性质的角度，怀疑 PayPal 在非法从事银行业务。2002 年 6 月，纽约州金融服务局叫停了 PayPal 在该州的业务，因为其认定 PayPal 在该州非法从事银行业务（illegal banking）：消费者需在 PayPal 先充入一笔资金，然后才能进行网上购物支付，这些来自普通公众充入备用的资金，本质上属于“存款”，此类业务除非事先取得存款性金融机构牌照，否则不得擅自开展。

资料来源：https://www.sohu.com/a/7456360_116173 2015-03-23

10.1 互联网金融面临的主要风险

互联网金融本质上仍属于金融，没有改变金融风险的隐蔽性、传染性、广泛性和突发性的特点。互联网金融的风险主要体现在系统性风险、流动性风险及网络安全风险等方面。

10.1.1 互联网金融系统性风险

10.1.1.1 互联网金融系统性风险的内涵

一般认为，“系统性”一方面是指一个事件影响了整个体系的功能，另一方面是指一个事件让不相干的第三方也承担了一定的成本。“系统性风险”则是指一个事件在一连串的机构和市场构成的系统中引起一系列连续损失的可能性。

因此，系统性风险是一种“外部性”风险，是单个公司（机构）强加于全社会的高于其实际价值的成本，风险的溢出和传染是系统性风险发生时最为典型的特征，另一个重要特征就是风险和收益的不对称性。

10.1.1.2 互联网金融系统性风险的成因

传统金融系统认为，系统性风险来源于规模占比比较大、具有系统重要性的业务门类、板块和机构，即系统性风险发生的概率与业务规模相关。另外，从不可分散的角度来讲，传统的系统性风险对应的是和规模紧密关联的业务。但是，这些都是在传统的、静态的、信息割裂程度较高、交换成本较高情况下的观念。

而互联网金融中的系统性风险，由于互联网高度互联、规模互联、高效传递、零边际成本的特点，即使规模较小、业务分散，也可能因为无限加杠杆的放大作用带来系统性风险。

互联网技术广泛用于金融行业的今天，节点与节点的关联度增强，交互日益频繁，信息传递效率大大提升，交换信息的成本几近于零，获取信息的成本也接近于零，所以信息传递效率更多取决于节点的处理能力和传递意愿。对于单一节点而言，信息量超过节点的处理能力成为常态。

正是由于这个原因，信息作为调用所有资源的核心要素和杠杆支点，可以无限地加杠杆，放大要素资源的效率。对于生产要素资源如此，对于资本市场核心要素也是如此。互联网技术之下，通过信息增加杠杆使得要素资源效率的波动急剧放大，在时间轴上反映出来就是冲击。

10.1.2 互联网金融流动性风险

10.1.2.1 互联网金融流动性风险的内涵

流动性风险是指因市场成交量不足或缺乏愿意交易的对手，导致未能在理想的时点完成买卖的风险。

互联网金融的流动性风险主要体现在以下三个方面：

第一，流动资产不足。由于流动性风险具有综合性，信用、市场和操作等领域管理的缺陷都可能影响到金融的流动性，甚至引发金融系统的流动性困难。例如，当互联网金融企业没有完全获取贷款人的信息，就容易发生贷款人不能及时还款的情况，从而形成违约风险，进而影响互联网金融企业的现金流，产生流动性风险。同样，市场主体不正当竞争引发的市场风险，容易引发市场的混乱，导致市场主体违背市场规律，做出高收益率的虚假承诺或者窃取客户信息等行为，从而导致市场乱象，违约事件频发，进而产生流动性风险。

第二，短期资产折现率不能够应对短期金融负债的资金需求，或没有考虑到资金外流。由于互联网金融企业风险管控设计不合理，储备流动资金价值较小，而贷款又集中到期，这将出现贷款人要求兑付但企业资金不足的情况，从而产生流动性风险。

第三，筹资困难。从筹资角度来看，一旦互联网企业出现道德风险、利益驱使、高管串通，风险控制机制就会出现漏洞，容易造成资金安全出现问题。这将使企业名誉受损，无法筹集到资金维持业务的正常运转，这时也会出现流动性风险。

10.1.2.2 互联网金融流动性风险的成因

相比传统金融，互联网金融存在更大的流动性风险危机。其原因主要在于以下几个方面：

第一，从生命周期理论来讲，互联网金融企业正处于发展初期，容易产生流动性风险。无论是第三方支付、P2P 还是众筹，都才刚刚起步，所以对这些初创期的互联网金融企业来说，它们的发展战略是通过市场规模的扩张来扩大市场的影响力，从而建立一个比较有竞争力的市场地位。所以为了快速实现发展战略，在无内生性发展所需条件的情况下，就需要投资高收益率高风险高的项目并购和兼并相关企业来实现企业规模短时间的扩张。然而这一切都需要通过外部筹资来实现，这无疑加重了企业的财务负担，容易增加金融杠杆率。

此外，这些互联网金融企业存在着更大的经营风险，它们处于初创期，容易由于投资决策失误发生重大亏损，同时也由于涉足的是金融行业，会在风险控制上缺乏相应的管理经验而导致风控不力，从而出现资不抵债的可能。加上我国并没有相应的法律将这些企业纳入金融行业，导致一旦发生资不抵债的破产危机，将无法获得银行和国家的资金担保，流动性风险显著增加。

第二，互联网金融企业的低现金流，使其流动性风险更难管控。互联网金融企业从盈利模式来说与传统金融机构有着很大的不同。传统银行通过分设账户，将存款业务和贷款业务分离，然后通过存贷款的利率差来实现传统金融机构的盈利。而互联网金融企业则是贷方和借方通过完善的金融征信体系，使用包括搜索引擎、实时报价、云计算、智能终端等先进技术完成交易过程，信息不仅对称，费用也更清楚。但这也导致了其与传统金融机构相比，资金交易更加分散化、碎片化，其流动性风险就相对更难进行综合评估，进而实施管控，一旦资金供求链断裂，就容易陷入流动性风险。

第三，互联网金融更容易发生由于道德危机引发的流动性风险。任何涉及资金的业务都可能发生道德危机，进而卷走钱款，出现使企业无法支付客户资金的现象。然而这种现状在互联网金融企业中更为显著。由于互联网金融企业仍处于发展初期，资金供给者的数量呈递增状态，所以这些企业可以通过较多的资金供给和较少的资金需求完成前期资金盈利。前期的风险是比较有限的，随着时间的推移，后来的资金供求者的数量达到临界点，但是前期投资者投资期限届满，资金的需求量将不断增加，而供给则减少，流动性风险将逐步增大，一旦风险达到了临界值，就可能产生跑路或者集资诈骗等经济犯罪行为。

10.1.3 互联网金融网络技术和网络安全风险

10.1.3.1 互联网金融网络技术和网络安全风险的内涵

从狭义上讲，网络安全即网络信息安全，指互联网系统硬件良好、软件正常运行及其数据安全，不会因为意外遭受破坏、更改或者信息泄露，而造成计算机不能正常运行。从广义上讲，凡是涉及互联网信息的可靠、可用、完整、保密、不可抵赖和可控的相关技术和理论都是互联网安全需要引起重视的领域。

网络安全风险的来源可以概括为两种：一种是网络中信息遭到篡改、盗取、泄露等；另一种是网络中设备遭到破坏。

网络安全风险有三种表现形式：

第一，无意性失误。例如操作员由于疏忽造成的安全漏洞，用户缺乏安全意识，将账号随意转借他人或与别人共享等。

第二，蓄意的人为攻击。这是当下互联网安全受到威胁的重要因素，黑客的攻击行为、内部技术人员篡改数据行为等都能够对互联网安全造成极大影响。

第三，互联网软件自身的缺陷漏洞。由于很难杜绝技术漏洞，所以这些缺陷和漏洞是黑客对互联网进行攻击的突破口。

10.1.3.2 互联网金融网络技术和网络安全风险成因

互联网金融之所以存在网络技术和安全性风险，其根源还是在于“互联网”一词上，互联网技术不同于传统的人工操作，它有着很强的包容性和开放性，人们可以便捷快速地获取想要的信息，然而这种技术恰恰也是互联网金融网络技术与安全性产生风险的主要原因。

第一，互联网金融企业的开放性。互联网金融企业处在一个开放的互联网通信系统中，TCP/IP 协议是否安全一直争论不休，而当前运用较为广泛的密钥管理技术和加密技术也并不成熟，这就使互联网金融体系非常容易受到计算机病毒侵害和黑客的攻击。

第二，互联网金融主体的特殊性。许多互联网金融主体并非金融行业出身，其本身并不具有风控经验，他们追求交易的便捷、省略了很多程序，使很多资金交易脱离了当面审核、合同签订等环节，这也给犯罪者进行金融诈骗、黑客进行网络攻击带来可乘之机。互联网行业是个技术快速推陈出新的行业，原有的技术也有可能出现不能顺应时代需求或者随时有被攻破的风险，这样也为互联网企业风险管理带来难度。所以，互联网企业必须经常进行技术上的高投入以确保互联网安全，这会增加互联网金融企业的运维费用。此外，如果互联网金融企业不及时更新数据，也会导致技术风险的产生。

非法吸收公众存款罪、集资诈骗罪

非法吸收公众存款罪，是指非法吸收公众存款或者变相吸收公众存款，扰乱金融秩序的行为。

根据《最高人民法院关于审理非法集资刑事案件具体应用法律问题的解释》第一条规定，非法吸收公众存款罪的成立应当具备以下四个属性：非法性、公开性、利益性、广延性。集资诈骗罪，是指以非法占有为目的，使用诈骗方法非法集资且数额较大的行为。对于集资诈骗罪的“诈骗行为”应当进行实质认定。根据《最高人民法院关于审理非法集资刑事案件具体应用法律若干问题的解释》第四条规定，以非法占有为目的，客观行为属于非法吸收或者变相吸收公众存款的，以集资诈骗罪定罪处罚。

10.2 互联网金融监管的主要模式和分类

10.2.1 互联网金融监管的主要模式

互联网金融在我国因受到众多消费者的青睐，所以得到迅猛发展，但在其发展过程中各界人士也对该行业的监管开始重视起来，寻找一种有效的监管模式能更好地为互联网金融行业服务，以促进其健康发展。

10.2.1.1 审慎监管

审慎监管是以控制互联网金融机构破产或遭受到流动性危机所产生的负外部性为目标，防止危及金融活动参与者甚至实体经济，从而保护公众利益的一种监管模式。

审慎监管的运作机制是在风险识别的基础上，从资本充足率、风险管理等方面对金融体系进行全面分析，出于对整体行业发展过程安全性考虑，其目标是维护整个系统的稳定发展。

一般可以将审慎监管分为两个层面，首先是在宏观层面，其次是站在微观层面将审慎监管进行划分。微观审慎监管主要是针对单个金融机构安全进行稳健的监管；宏观审慎监管则是针对整个金融系统的安全和稳健运行，以及金融系统和实体经济相互作用而进行的。

10.2.1.2 行为监管

互联网金融产品的创新性及高速发展使现有的监管体系并不能满足互联网金融产品的监管需要。因此在监管缺失的情况下，建立行为监管更为重要。

行为监管是通过确保互联网金融交易的安全、公平和有效而达到保护消费者的各项合法权益的目的，其主要内容包括对金融产品、市场机制及相关参与者行为的监管等，并且定期组织现场检查、评估、披露和处置。行为监管是对互联网金融的运营在一定程度上的优化。

第一，对互联网金融机构的股东、管理者的监管。一方面，在准入审查时，排除不审慎、能力不足、不诚实或有不良记录的股东和管理者；另一方面，在持续经营阶段，严格控制股东、管理者与互联网金融机构之间的关联交易，防止他们通过资产占用等方式损害互联网金融机构或者客户的合法权益。

第二，对互联网金融有关资金及证券的托管、交易和清算系统的监管。一方面，提高互联网金融交易效率，控制操作风险；另一方面，平台型互联网金融机构的资金与客户资金之间要有效隔离，防范挪用客户资金、卷款“跑路”等风险。

第三，要求互联网金融机构有健全的组织结构、内控制度和风险管理措施，并有符合要求的营业场所、IT 基础设施和安全保障措施。

10.2.1.3 消费者权益保护

互联网金融的发展是建立在各参与主体的积极参与基础上的，消费者与投资者是互联网金融的重要主体，如果对主体没有进行一定的保护就会影响参与主体的积极性，进而影响互联网金融的发展。

金融消费者保护主要是在进行金融交易的过程中保护金融消费者的合法权益及利益不受到侵害。

实际上，互联网金融机构健康发展并不以完全保障金融消费者权益为前提。由于消费者，特别是长尾人群即不包括在传统金融机构所服务对象之列的那部分人群，相比较于互联网金融机构对于金融产品的性质、风险、收益的了解，金融消费者对于以上信息的了解较少，通常处于信息劣势地位，以至于互联网金融机构经常利用这种信息不对称来开展业务并从中获利，所以提出金融消费者保护的监管模式要有利于保护金融消费者的利益。

针对金融消费者保护，可以进行自律监管。但如果金融消费者没有很好的低成本维权渠道，或者互联网金融机构过于强势，而自律监管机构又缺乏有效措施，欺诈行为一般很难得到制止和处罚，甚至无法被披露出来。在这种情况下，自律监管面临失效，政府监管机构就可作为金融消费者的代理人实施强制监管，主要措施有三类：第一，要求互联网金融机构加强信息披露，产品条款要简单明了、信息透明，使金融消费者明白其中风险和收益的关系；第二，要开通金融消费者维权渠道，包括赔偿机制和诉讼机制；第三，利用金融消费者的投诉及时发现监管漏洞。

10.2.2 互联网金融监管的分类

按监管机构设置所依据的内容不同，可以分为功能监管和机构监管。

10.2.2.1 功能监管

功能监管模式是指根据各种业务性质的不同并以不同性质的金融业务为监管对象而确立监管机构进行监管的模式，同类金融业务由同一个监管机构监管。

使用功能监管有利于对互联网金融这样有混业经营特点的行业进行监管，由于互联网金融的许多金融模式都具有跨界性，采取功能监管能够很好地适应互联网金融模式的类型从而确定其监管主体，使监管部门能够明确自己的监管目标与任务。同时对于同类金融业务实施同样的监管标准，也有利于稳定市场秩序，但是功能监管由于更加重视业务类型往往忽视经营主体的内部结构，很可能忽略内部问题可能带来的个体风险。

10.2.2.2 机构监管

机构监管是指按照金融机构的性质不同而确立并且把经营相同业务的金融机构作为监管对象进行监管的模式。

在这种监管模式下可以对单个金融单位进行全面、有效的监管，更加了解企业的内部结构与运作方式，可以及时发现金融机构的违规行为或个体风险，可有效保障金融机构的正常运行，但是在这种监管模式下对于像互联网金融这类具有混业经营背景的金融模式，会出现监管主体不明、监管权限冲突或者重叠等现象。

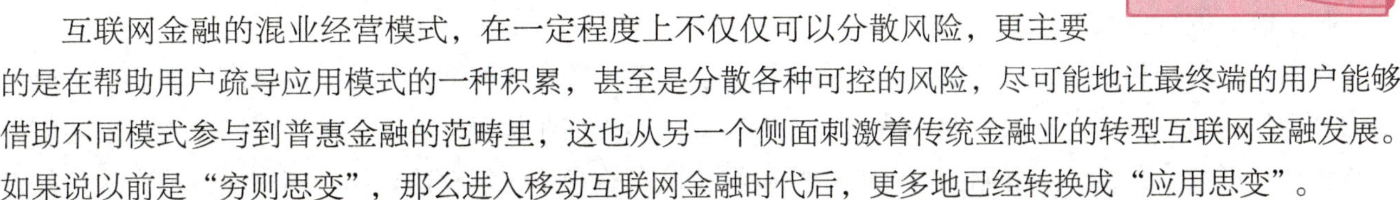

10.3 我国互联网金融的监管体制、风险防范和监管体系的构成

10.3.1 我国互联网金融的监管体制

10.3.1.1 我国互联网金融的混业经营模式

所谓“混业经营”是指银行及其他金融企业以科学的组织方式在货币和资本市场进行多业务、多品种、多方式的交叉经营和服务的总称。其最核心的本质是：在风险控制的原则下实现资源共享。

互联网金融的混业经营模式，在一定程度上不仅仅可以分散风险，更主要的是在帮助用户疏导应用模式的一种积累，甚至是分散各种可控的风险，尽可能地让最终端的用户能够借助不同模式参与到普惠金融的范畴里，这也从另一个侧面刺激着传统金融业的转型互联网金融发展。如果说以前是“穷则思变”，那么进入移动互联网金融时代后，更多地已经转换成“应用思变”。

从当初余额宝的出现，再到后来万达和快钱的商业地产众筹、百度的百发有戏及京东众筹、白条等模式的出现，都是在顺应用户需求的转换，提前引导和布局，最终给用户带来一种全新的金融思维模式转换。

10.3.1.2 我国现行的金融分业监管模式

分业监管体制是根据金融业内不同的机构主体及其业务范围的划分而分别进行监管的体制。各国的分业监管体制通常由多个金融监管机构共同承担监管责任，一般银行业由中央银行负责监管；证券业由证券监督管理委员会负责监管；保险业由保险监督管理委员会负责监管，各监管机构既分工负责，又协调配合，共同组成一个国家的金融监管组织体制。

1993 年 12 月，国务院颁布《关于金融体制改革的决定》，强制金融机构分业经营，“保险业、证券业和银行业等金融子行业实行分业经营”。随后，在1998—2003年，证监会、保监会和银监会陆续设立，中国建立起分业监管的金融监管体制。

互联网金融是一个全新的监管领域。对于监管者来说，现有的金融监管框架应该如何进化以支持互联网金融的安全成长，是一个全新的课题。但正如互联网没有改变金融的本质一样，对互联网金融的监管也不应该背离监管的本质。

10.3.2 我国互联网金融风险防范和监管体系的构成

互联网金融风险防范和监管体系由政府监管、行业自律和互联网金融机构内部控制组成。其中，政府监管是外部全方位监管，行业自律是行业内部的自律和互律监管，内部控制是互联网金融机构对风险的主动防范和规避。

10.3.2.1 政府监管

政府监管是互联网金融风险防范和监管体系的核心构成要素。一般来说，政府监管的范围主要包括市场准入监管、过程监管和退出监管。其中，市场准入监管以资质审批为主，过程监管以日常运营为主，退出监管以处理严重违规或破产机构为主。

10.3.2.2 行业自律

行业自律在整个互联网金融行业未来发展中起着至关重要的规范性作用。行业自律主要目的是让市场在行业发展中起重要作用。加强互联网金融行业自律的关键是要建立相关的行业自律组织，然后主要通过制定统一的行业服务标准和规则引导成员单位规范发展。

根据行业标准和规则，互联网金融行业自律组织能够比较有效地维护行业竞争秩序，协调处理成员单位之间的利益冲突，对导致行业恶性竞争的市场主体形成行业惩罚机制，维护互联网金融行业的整体利益和社会形象。此外，互联网金融行业自律组织还可以执行一些行政监管部门不宜执行或者执行效果不佳的管理职能。

10.3.2.3 互联网金融机构内部控制

互联网金融机构的内控机制建设在互联网金融风险防范和监管体系中具有基础性地位。无论是政府行政监管还是行业自律监管，都必须通过互联网金融机构加强内控机制建设才能得以实现。

互联网金融机构的内控机制建设要充分借鉴传统金融业成熟的风险控制模型与标准业务管理程序，并结合互联网金融的业务特点和风险特征，建立完整的工作流程体系，设计标准的内部控制操作方案。

目前，在互联网金融领域已经暴露出的许多问题，基本上都是因为企业内控机制不健全引发的。对于互联网金融领域已经曝出来的卷款跑路、客户信息泄露等问题，健全、有效的内部控制可起到“防止”“发现”和“纠错”等作用。

10.4 我国互联网金融制度存在问题与监管体制构建

10.4.1 我国互联网金融制度存在的主要问题

10.4.1.1 我国互联网金融制度存在的主要问题

（1）互联网金融机构主体资格制度不完善

① 互联网金融市场准入制度不完善。市场准入制度是国家对市场主体资格的确立、审核和确认的法律制度。市场准入制度既作为政府管理市场的起点，同时在市场经济条件下也是其他系列经济法律制度建构的基础。

然而，通过对互联网金融市场的考察，我们不难发现，市场准入制度还需完善，如在准入资质方面，互联网金融机构应根据其业务性质获得特殊市场准入制度的审批许可后方可营业，而目前除了获得中国人民银行发放“非金融机构支付业务许可证”的机构和证监会发放的“互联网券商牌照”的机构外，其他大多数机构注册的是“咨询类公司”或“网络信息服务公司”，企业进入互联网金融市场只需要进行工商登记并在工信部备案后即实现准入，便可以从事互联网金融活动。此种准入方式对互联网金融企业从事的业务范围、类型没有任何规范和限制性的要求，导致整个互联网金融行业良莠不齐，而投资者或消费者也常常因鱼目混珠遭受利益损失，对互联网金融市场秩序的正常建立造成了严重阻碍。

② 互联网金融市场退出制度缺失。在我国的现行法律法规中，对传统金融行业金融机构市场退出规定了接管、托管等方法，也针对停业整顿、重组、并购做出了相关规定，甚至包括撤销、清算、破产等强制措施。而目前互联网金融企业退出市场没有任何条件限制，无论企业运营情况如何，消费者评价情况如何都没有影响，企业想关则关，想停就停。在发生金融风险或企业运营情况不佳时，企业可能没有任何保护措施，消费者权益保护无从谈起。

（2）交易安全保障制度不完善

① 互联网金融信息安全标准规范缺失。信息安全标准是一国政府进行宏观管理的重要手段，也是一个国家信息安全保障体系的重要组成部分。

我国于 2002 年成立了全国信息安全标准化技术委员会，并逐渐形成了包括基础标准、技术与机制标准、管理标准、测评标准、密码标准、保密标准、通信安全标准七大类信息安全标准。

但我国互联网金融交易中，信息安全标准缺失，诸多互联网金融企业都按照自己的需求进行信息技术管理，导致行业内部信息技术水平参差不齐，交易面临高风险，主要表现在：目前不少互联网金融企业在发展业务的同时并未提供完善的技术支撑，使其业务平台容易遭到病毒及黑客的攻击，出现投资者信息泄露及平台运营失常的现象。如 2013 年 7 月 6 日，P2P 网贷平台“中财在线”遭遇黑客攻击，其技术系统自行开发，而该攻击导致大量用户数据泄露，投资人恐慌，出现挤兑现象。

另外，用户在注册某些互联网金融支付机构时，只需在支付机构的页面输入手机号码、银行账号及注册使用的账户密码，这种简单的注册往往导致客户的真实身份难以核实，相比银行等金融机构的安全性而言低了几个层级。有的第三方支付平台在进行大额资金汇划时，也不需要使用诸如 u 盾、K 宝类数字证书或验证码等工具进行安全校验。近年来就曾多次发生未经客户授权就能从客户账户上汇划出巨额资金的案例。

② 电子合同的效力认定制度存在缺陷。我国于 2004 年制定了《电子签名法》，用于规范电子签名的法律效力，这是关于我国电子合同的一项重大立法。《合同法》及 1999 年颁布的《计算机信息系统安全保护条例》等法律法规也有涉及电子合同法律地位和效力的内容，但是，电子合同在合同主体、签名方式、系统错误导致电子合同纠纷等各个方面，都与传统的合同有很大的区别。在履行电子合同确立的权利义务时，因电子合同上述不同于书面合同的特点易发生纠纷，电子合同的有效性认定成为促进或制约互联网金融发展的重要原因之一。

③ 互联网金融机构信息披露制度不完善。金融市场中一项不可或缺的重要业务即是信息披露，而目前互联网金融市场的信息披露缺乏行业标准，导致信息要么披露不全要么披露过度。

数据信息是互联网金融的运营基础，在云计算的基础上对海量非结构化数据进行实时分析，挖掘客户的交易消费信息，准确预测客户行为，不仅可以帮助互联网金融企业为不同消费者提供个性化服务，还能完善互联网金融的风险控制体系，因此信息披露对互联网金融的重要性不言而喻。

当前，互联网金融行业所暴露的最突出问题就是信息不对称，有的互联网金融企业故意隐瞒其真实信息，有的债务人恶意提供虚假信息，而监管部门也未及时披露违规信息。这些人为因素造成的信息“黑洞”，致使广大互联网金融交易主体的投资中充斥着风险，严重制约着互联网金融的发展。

④ 互联网金融消费者个人信息保护制度不完善。近年来，对个人信息安全的保护方面我国陆续出台了数部法律法规，包括《刑法修正案（七）》（2009 年）明确了侵犯个人信息罪、《侵权责任法》加强了关于网络侵权的特殊规定、全国人大常委会《关于加强网络信息保护的决定》和工信部颁布的《电信和互联网用户个人信息保护规定》。2009 年通过的《刑法修正案（七）》增加了出售、非法提供公民个人信息罪和非法获取公民个人信息罪的规定；2013 年新修订的《消费者权益保护法》首次明确规定了经营者侵害消费者个人信息所应当承担的民事责任，强化了对消费者个人信息的保护措施；2009 年通过的《侵权责任法》也对网络用户、网络提供者利用网络侵害个人民事权益所应承担的责任进行了明确认定。

上述法律法规对于保护个人信息安全意义重大，但这些法律法规在实际操作中仍存在不足之处。如侵犯个人信息罪中，对犯罪主体的范围仅限于单位或相关单位工作人员；网络侵权的规定中也存在侵权赔偿数额较低等问题；对个人信息被搜集后的处理，如消费者对其个人信息是否有权查询、修改或删除均没有规定，对经营者及其工作人员搜集消费者的个人信息只规定不得泄露、出售和非法向他人提供，而对个人信息的保留时间和消费者个人信息的使用权限等都没有做出相应规定。

（3）金融监管制度不健全

金融监管的目的是维持金融业的运行秩序，最大限度地减少金融机构风险，保障投资者的利益，促进金融业和经济的健康发展。

在对互联网金融进行监管时，传统的金融监管方式因互联网的虚拟性、开放性、高科技化、无边界性等因素显得力不能及，还需要不断改进和完善。

10.4.1.2 我国互联网金融监管存在的主要问题

（1）监管主体散乱

就传统金融体系而言，其银行、信托等金融机构都能找到对口的监管部门，而目前互联网金融的监管主体却仍处于缺位状态。

目前涉及互联网金融的监管机构，主要有以下部门：

一是中国人民银行监管。2010 年中国人民银行出台了《非金融机构支付服务管理办法》，该办法主要就第三方支付进行了规范，具体包括申请许可、监督管理和处罚措施，主要用于防范支付风险；

二是银监会监管。涉及互联网金融业务的内容，银监会于 2011 年 8 月发布了《关于人人贷有关风险提示的通知》，对包括贷款可能进入房地产和“两高一剩”限制性行业、中介服务平台易演变为非法融资机构、业务风险难以控制、不实宣传影响银行体系、整体监管职责不清、模式信用风险偏高、房地产二次抵押存在风险隐患七项风险进行提示，意在提醒银行业金融机构做好对人人贷潜在风险的防范。

三是政府部门监管。如小额贷款公司按属地划分原则应归当地金融办监管，民间借贷服务也是由地方金融办进行监管。

综上所述，互联网金融监管主体散乱，中国人民银行和银监会等都无法确定权限实施监管，导致监管出现真空。监管主体散乱是造成互联网金融安全风险不可预测、经营不规范和监管不统一等乱象的主要原因。

（2）分业监管已不适应互联网金融的发展

在看到互联网金融监管缺陷的同时，我们也应当看到，互联网金融并不都是“无准入门槛、无行业标准、无主管机构”的“三无”行业。以余额宝为例，它有无缝连接的三段，每一段都有法律规范：第一段是支付宝，受中国人民银行规范：第二、第三段是货币基金、跟商业银行签署存款协议，分别由证监会、银监会监管。

但互联网金融是在大数据、云计算等技术基础上开发出的金融创新产品，如果金融监管仍然采用“分业监管”的方式，一是容易出现监管真空，二是难以适应互联网金融的发展趋势。

（3）中央金融监管已不适应互联网金融见缝插针式的投融资方式

金融监管权是一种特殊的公共权力，金融监管权具体表现为一行三会采用实体性垂直管理的模式，即金融监督部门自上而下组成独立的垂直管理体系，依法独立实施金融监管，不受地方政府的干涉。

然而，互联网金融的参与主体包含各地的民间金融小微企业，按现行法律，监管机构没有监管民间金融的权力，但地方政府又无金融监管权，也不设金融监管部门，势必将出现监管的真空地带。

（4）互联网金融市场运营监管制度缺失

金融市场的运营过程是金融风险生成的主要环节，加强金融市场运营监管，对防控金融风险极为重要。

一般来说，金融市场运营监管主要有两个方面，一是合规性监管，二是风险性监管。然而在互联网金融市场运营过程中，上述两个方面的监管却出现缺失现象，主要体现在以下两方面：

一方面，互联网金融监管方面的法律法规缺失，导致监管机构在对互联网金融企业实施监管无法可依；另一方面，对互联网金融企业目前没有如传统金融机构那样有诸如财务指标中的资产负债率、流动比率、应收账款周转率等具体要求，互联网金融监管机构则无法采取鉴别、衡量、监测及控制风险的监管方法。监管机构无法对互联网金融企业进行风险评估，造成企业一旦面临运营风险，企业与投资人都难以得到资金安全保障。

（5）互联网金融行业自律有待加强

自 2013 年下半年以来，国内已经陆续成立了若干个全国性或区域性的互联网金融行业协会，包括以中国人民银行牵头组建的中国互联网金融协会，由中国支付清算协会发起组建的互联网金融专业委员会，由中关村管委会和北京市民政局负责业务指导和监督管理的中关村互联网金融行业协会等，民间也自发形成了“互联网金融千人会俱乐部”等自律组织。各协会各组织也纷纷发布各自的章程、自律公约。

按照我国《社会团体登记管理条例》的规定，互联网金融各协会的成立，也应当经业务主管单位审查同意，而就目前情况来看，各协会的成立缺乏统一的业务主管单位，各协会在会员的入会资格、权利义务等方面都没有进行明确规范，容易使企业以为加入了行业协会就等于进入了“保险箱”，就可以依靠会员身份胡作非为，从而不利于互联网金融行业的健康发展。

（6）缺乏信息共享与沟通协调机制

我国金融行业由中国人民银行和银监会、证监会与保监会进行监管，公安部负责公共信息网络安全的监管，工信部主要承担电信和互联网行业网络安全监管职责。

基于互联网环境下的金融业务不仅跨行业、跨部门，而且业务相互交叉且渗入较深。各种互联网金融业务的发展，不仅需要金融监管体系的约束，还需要互联网安全防护网络与信息网络安全体系的配合，但目前我国相关部门在互联网金融信息安全上缺乏有效沟通，信息共享难以实现，协调机制有待强化。

10.4.1.3 安全应急响应制度缺失

（1）安全应急响应组织机构缺失

虽然我国已经建立了分行业管理、由网络与信息安全协调小组领导的网络信息安全应急管理体系，但是就互联网金融应急响应而言，目前还没有一个统一协调的指挥组织机构。

目前我国的网络信息安全应急体系主要针对互联网技术层面，不可能应对复杂的互联网与金融相互渗透融入的局面。倘若出现较重大的互联网金融安全事件，组织协调和指挥则无法落实到某个机构完成。

（2）应急的预警检测及响应机制缺失

应急响应机制的核心体现在准确而又快速的预警机制。我们只有及时并且准确地搜集和掌握各种互联网金融数据信息，通过分析研究，才能够及时把握各类事件发生的规律和动态，才能对事件的性质、范围、严重程度做出准确的判断，如果没有常设的预警机构通常很难做到或完成上述行动。遗憾的是，我国对互联网金融安全的预警检测、通报及响应机制尚未建立，亟待立法明确。

而面对互联网技术应用漏洞或金融系统性风险已经造成的危害，企业自身的技术团队力量和资源已经不足以提供所需的安全响应支撑。这时，只有应急响应机制和全面系统性的外援保障，才能确保在出现突发安全事故的情况下，互联网金融企业和网站运营商都能及时做出安全应急响应，迅速进行运营恢复，深入解决安全问题，最大限度地降低整体安全风险及提高信息系统的安全等级。

10.4.2 我国互联网金融监管体制的构建

从美国互联网金融监管经验看，其主要思路是将互联网金融作为新兴金融业态补充到传统监管框架中，并实行分头监管与行业自律相结合的监管模式。我国金融市场兼有新兴和转轨两大特色，现有监管体系尚不健全，加上立法程序滞后等原因，对互联网金融的监管还须填补空白。为规范互联网金融的健康发展，有必要在借鉴美国互联网金融法律监管经验的同时，结合现实构建适合我国的互联网金融监管框架。

10.4.2.1 明确互联网金融的监管主体及监管立场

2015 年 7 月颁布的《关于促进互联网金融健康发展的指导意见》已经从具体的业务上对监管责任进行了划分，但具体的监管实施细则尚未出台。在此背景下，各监管主体必须积极研究互联网金融产品的发展动向，对潜在的风险问题建立预警和防范机制，做到事前防范和事后监管的完美结合。

进一步看，互联网金融产业具有分散化、小规模的特点，单纯的统一监管思路不一定适用于所有的互联网金融发展模式。因此，在监管主体的责任分配上可以借鉴美国的做法，采用双线多头监管：中央层面以人民银行、银监会、证监会、保监会为主；地方层面以地方政府部门、财政、司法等机构和中央监管机构在地方的分支机构为主；同时，在中央和地方层面分别设立互联网金融工作办公室，确保互联网金融监管拥有明确的监管主体，消除监管缺失的问题。同时，必须在现有的监管分工基础上梳理清晰互联网金融的业务模式，对于有争议的互联网金融业务和机构，分配给专门的核心监管机构，避免问题爆发时的责任推卸。

10.4.2.2 确立我国互联网金融的监管模式和原则

在互联网金融监管的模式上可以借鉴美国做法，即双线多头的监管模式。我国经济发展不平衡，地区差异较大，集中统一的监管模式可能致使监管缺失。互联网金融的复杂性和交叉性决定了不可能由单一部门来监管，应采取“中央 + 地方”的共同监管模式。

在统一的监管框架下，制定地区特色的监管方法，监管的目标是保证互联网金融发展有一个公正、合法、透明、安全的环境；同时，互联网金融是极具创新性的产业，监管是为了规范其发展，而不是消除其创新能力。

因此，英国采取适当宽松的审慎监管原则，借鉴美国的经验“先规范后开放”，给互联网金融留出充足的创新发展空间。考虑到我国的经济发展情况存在明显的地域差异，在全国性统一的制度框架下，也应该允许根据区域经济的发展特点，制定适当的互联网金融准入、退出、登记和经营许可制度。

10.4.2.3 建立健全互联网金融内控制度和监管主体的协调机制

我国现有金融监管中对传统金融机构的准入、退出、业务范围、内控机制等都有相关的规定，但互联网金融与传统金融之间的差别很大，监管机构应根据互联网金融不同的经营模式与特点，制定相应的准入和退出制度。对于互联网金融机构的业务范围，可以学习美国对众筹融资的法律监管即《JOBS 法案》的做法，以“互联网金融禁止业务条例”的形式将各类机构和平台不能进行、禁止涉猎的业务做出明确的法律规定。

内控主要是对互联网金融的交易行为、过程及从业人员进行监管。借鉴美国对第三方支付和 P2P 的监管思路经验，可从现有监管法律出发，加入《互联网金融交易法》《公平交易法》，对违反法律规定的不公平、欺诈等非法互联网金融行为的处罚加入我国《刑法》中。按照我国《保密法》和《网络信息安全法》等的相关规定对互联网金融从业人员行为进行监督，以保证互联网金融的信息安全。

同时，互联网金融跨区域、跨行业和跨市场的特点决定了各监管机构要协调合作，加强信息的交流和分享，对于其他监管机构的指导性监管建议不可忽视，弥补监管的不足并进行完善和修改，提高监管的效率。中央、地方的监管机构要协调一致，形成全面、无缝隙的互联网金融监管网，将风险和潜在问题置于可解决的框架内。

10.4.2.4 建立全面的动态监管机制

互联网金融是不断创新发展的新兴行业，固定的监管框架并不能保证互联网金融的可持续发展，动态监管是保证其稳健发展的必要条件。

动态监管首先应从监管的责任分配出发，以补充规定的形式定期更新各监管主体的责任分工，将新产生的互联网金融业务置于监管框架之下，保证监管的完整性。监管机构要实时研究互联网金融的动态和发展现状，发现和识别其中的问题和风险，建立风险防范和预警机制，比如定期对互联网金融平台和机构进行信用评估并公布；为保证信息和数据的真实可靠，还应利用互联网技术对互联网金融机构的交易过程及交易资金的流向、用途进行监控，保证其安全合法；还要加强监管机构的国际合作，吸取国外在互联网金融监管上的可取经验，对未预见的互联网金融问题提前防范。

10.4.2.5 完善互联网金融信息披露、征信与风险提示制度，加强金融消费者权益保护

监管机构有义务对互联网金融机构和平台进行实时监督，不定期审查，包括业务开展和交易过程，对互联网金融机构和平台做出强制的信息披露和风险提示要求。

在风险提示方面可以借鉴美国的做法，对互联网金融机构平台的风险提示划分等级，监督核实其风险提示的真实性和程度，对未按规定做出提示的给予警示、惩罚并公告。同时，可以借助权威信用评估机构，定期公布信用评级报告，实时监督互联网金融机构的信用状况。

对互联网金融从业人员，需要进行工作绩效、行为和信用评价，这方面可以借鉴美国《诚实借贷法》，要求信贷业务提供者公开信息，使消费者能够比较不同平台和机构发放的相似信贷条款，从中找出适合消费者需要的信贷，防止出现“不合理信用交易”。消费者权益保护是互联网金融中的重要部分，投资者往往缺乏互联网金融知识，辨别风险能力和风险承担能力都较低。在通过各种渠道普及互联网金融知识的同时，应该设定专门的互联网金融纠纷调解部门，维护消费者的合法权益；在《消费者权益保护法》中增加互联网金融方面的规定，对损害消费者权益的行为制定处罚措施，为消费者制定补偿办法；制定互联网金融中消费者个人信息保护的相关法律法规，对泄露、窃取信息的行为给予惩罚；利用保险机构，对互联网金融中投资者的资金进行托管和保护，保证投资者的资金安全，不受非法挪用等违规行为的损害。

互联网金融监管风暴

过去几年，互联网金融带动了金融创新，推动了民间金融发展，开辟了全新的领域，也创造了不少发展“奇迹”。

但是，互联网金融毕竟是新事物，认识和经验必然不足。由于规范和监管缺失，互联网金融行业也暴露出诸多问题。2015 年，央行等十部委关于互联网金融的指导意见出台后，有关互联网保险、非银行业支付的监管规则陆续落地。2016 年，网络借贷和股权众筹的监管规则也有望推出。这些都意味着，互联网金融规范监管时代终于到来。

随着多项政策的落地，2016 年开局，互联网金融领域的监管配套体系也加速推进。目前，由央行牵头组建的中国互联网金融协会已获国务院批准，有可能于春节后正式挂牌，行业自律将拉开帷幕。据悉，该协会筹建工作组组织开发的互联网金融服务平台已进入系统测试阶段。

仅有政策和行业自律是不够的。《财经国家周刊》记者了解到，2015 年年底，由央行、银监会、公安部等多部委联合组成了一支约 300 人的调查队伍，并调配各省区市相关工作人员，展开一场大规模规范互联网金融经营和打击非法集资的活动。

各项政策的密集出台及相关整顿活动的展开，透露出一大信号：2016 年，互联网金融的关键词是“规范”。

只是，在现有金融牌照制、分业监管、央地分工的大背景下，互联网金融作为互联网、金融、大数据相融合的新金融生态，既要适应新旧金融体系的融合，又要适应监管的要求。如何做好政策加减法，考验着监管者的智慧。

由乱到治

自 2013 年爆发式增长开始，网络借贷跑路、欺诈风险频发，2015 年底“e 租宝”涉嫌集资诈骗案件的爆发更是引起全社会的关注。在经历了数年野蛮生长之后，有关互联网金融的监管政策在 2015 年密集而至。

2015年7月，央行等十部委联合下发的《关于促进互联网金融健康发展的指导意见》，成为互联网金融监管的纲领性框架，该文明确了监管分工、确立了监管思路和方向。

随后，保监会印发《互联网保险业务监管暂行办法》，明确了参与互联网保险业务的主体定位，规定销售、承保、理赔、退保、投诉处理及客户服务等保险经营行为，并有条件地放开了部分险种的经营区域限制。

2015年12月28日，当业内人士为银监会突然发布的《网络借贷信息中介机构业务活动管理暂行办法（征求意见稿）》作各种解读时，央行的《非银行支付机构网络支付业务管理办法》也同日下发。互联网金融的监管政策一日两文。

针对互联网金融领域的专项整治活动陆续展开。2016年1月底召开的中央政法工作会议释放信息：政法机关将配合有关部门开展互联网金融领域专项整治，推动对民间融资借贷活动的规范和监管，最大限度减少对社会稳定的影响。

在2016年1月11日召开的全国银行业监管会议上，银监会高层表示，要认真配合做好互联网金融风险专项整治，抓紧时间出台网络借贷信息中介机构监管办法，严防互联网金融风险。

由于网络借贷的管理办法赋予了地方金融监管部门相应监管权，由地方政府发起的行业整顿也陆续展开。

2015年12月29日，重庆市出台《关于加强个体网络借贷风险防控工作的通知》。从2016年1月1日起，深圳暂停新增互联网金融企业名称及经营范围的商事登记注册。从1月4日起，上海市工商局也暂停互联网金融公司注册。有注册代理公司称，只要是经营范围里有"金融""外包"等字眼的注册，都无法得到批准。1月11日，北京市开始暂停投资类企业登记注册。

一场自上而下的规范监管、风险纠察行动系统化大规模启动。相关人士透露，有关互联网金融的监管政策会陆续颁布。由于2015年年底民间金融风险事件爆发较多，加快了政策出台的速度。"既要保证互联网金融的健康发展，又要避免有人假借互联网金融的外衣行非法集资之实"。

从此前爆发的泛亚、e租宝等风险事件来看，由于缺乏必要的监管，确实存在许多机构打着金融创新、互联网金融的旗号，涉嫌非法集资和庞氏骗局。

而风险的集中爆发，一些正规金融机构也难置身事外。

《财经国家周刊》记者获悉，在e租宝事件爆发后，银监会向各类型金融机构下发紧急通知，要求银行业监测资金流向，加强对涉嫌非法集资可疑资金的实时监测预警。"看好自己的门，管好自己的人"，确保分支机构和员工不参与非法集资。

上述人士指出，监管是规范，也是正名。监管层鼓励互联网金融发展，主要是看重了对普惠金融的重要作用，要满足中小企业、个人融资需求和可广泛参与的投资理财需求，但业务模式不能脱离普惠金融的根基。

近日，银监会副主席王兆星对外表示，正式版的网贷监管细则很快会发布，网贷平台代销金融产品须获得相应监管牌照。

参与细则制定的银监会相关人士透露，大的监管方向不会做过多调整，网络借贷监管细则有望在2016年上半年发布。一位参与证监会座谈讨论的股权众筹平台负责人透露，股权众筹的监管细则也有望在上半年出台，还将公开一批股权众筹试点机构，并颁发牌照。

至此，包括第三方支付、网络借贷、股权众筹、传统金融产品互联网化、征信等各细分领域的监管悉数落地，用整治和规范推动的合规发展时代正式开启。

待解难题

伴随监管规则的陆续落地，互联网金融由“乱”到“治”的一系列博弈正在进行中。

在互联网金融监管细则中，包括网络借贷、股权众筹都定性为中介属性，这就意味着这些平台对投资理财用户不负担任何风险损失。

但是，中国的金融投资者往往趋向于盲目投资、片面追求高收益、轻视投资风险，泛亚事件、e租宝事件爆发的影响面之广也足以印证，普通投资者的风险意识并不强，对于互联网金融没有足够的分析能力。

还有业内人士担心，即使各项监管政策到位，假借互联网金融和金融创新的名义冲破监管底线、扰乱金融秩序的事件可能还会发生，要谨防监管背书效应被放大，干扰投资者的正确判断。

中国政法大学金融法研究中心副主任李爱君表示，亟须解决金融消费者权益保护的教育问题。“教育是预防性的，可以发挥市场对金融运作的约束机制，降低自身风险、操作风险、市场风险、社会风险。”

另外，在监管分工上，中央和地方的监管责任和职能划分上需要更加对等，以防引发监管博弈。

国务院发展研究中心金融研究所所长张承惠认为，目前互联网金融方面存在对地方政府过度授权的情况，中央政府不可能对所有地方性或类金融机构进行监管，应由中央政府做顶层和制度设计，赋予地方政府执行的权利，不能让地方政府同时制定和执行规则，“泛亚教训已深刻证明这一点。”

“泛亚交易所把所有监管体制的问题都推到了面前，中央的、地方的、金融的、非金融的、银监会的、证监会的，全都暴露出来。”中国银行首席经济学家曹远征预测，“十三五”期间建立的金融监管体制将会以人民银行为主，以金融基础设施建设为核心，建立专业性的监管机制。这个监管机制是以功能、产品监管为核心，而不是以机构和行业监管为核心，而且一定是混业监管的。

张承惠认为，未来要建立一个有别于传统金融监管的互联网金融监管框架。虽然互联网金融业务和传统金融业务，本质上都在做金融，但在经营模式、风控方式等方面存在差异，不能简单按照传统金融机构的模式进行监管。

现有金融监管体系总是利弊相伴，互联网金融也不例外，只不过挑战更大。

材料来源：《财经国家周刊》2020.01 记者王丽娟

http：//rhd361.com/special/news?id=9d4b59e8d2b34e029c6dd8ced600342d

实训操作

非银行支付机构网络支付业务许可证查询

中国人民银行于2015年8月30日对第三方支付企业——浙江易士企业管理服务有限公司（以下简称易士公司）下重拳，注销了易士公司的“支付业务许可证”，易士公司成为首个被注销第三方支付牌照的机构。根据央行介绍，易士公司成立于2007年10月，2012年12月获得支付业务许可证，获准在浙江省开展多用途预付发行和受理业务。

经中国人民银行执法检查确认，易士公司存在以下严重违规问题：一是通过直接挪用、向客户赊销预付卡、虚构后台交易等方式，大量违规挪用客户备付金，造成资金链断裂，预付卡无法使用，持卡人权益严重受损。二是伪造、变造支付业务、财务报表和资料，欺骗、掩饰资金流向。三是超范围违规发行网络支付产品。

根据《中国人民银行法》和《非金融机构支付服务管理办法》，中国人民银行依法注销该公司支付业务许可证。

根据《非银行支付机构网络支付业务管理办法》，支付机构应当依法取得支付业务许可证，获准办理互联网支付、移动电话支付、固定电话支付、数字电视支付等网络支付业务。

实训任务：请查证某一平台是否具备支付业务许可证。

具体操作步骤：

（1）登陆中国人民银行官网。

（2）点击政务公开栏行政执法信息。

（3）进入页面后依次点击“政务公开”“行政执法信息”“行政审批公示”。

（4）进入“已获许可机构（支付机构）”页面，键入所需关键字进行查询即可。

项目总结

（1）一家互联网金融机构发生的风险所带来的后果，往往超过对其自身的影响。

（2）有关各方应该在充分考虑潜在风险的基础上，研究互联网金融风险的相关特征从而采取针对措施有效推动互联网金融的稳步、可持续发展。

（3）在网络金融服务不断发展的过程中，中国人民银行、中国银保监会、中国证监会要重视金融网络化监管保障体系的建立。

（4）互联网金融的出现改变了金融机构及众多金融平台的服务手段，使其效率得到很大提高。但是互联网有其脆弱性，其风险波及范围广，破坏性强。由于我国正处于互联网蓬勃发展的初期，所以对互联网金融的约束性不强，因此对互联网金融进行监管极其重要。

（5）当金融交易的人数达百万、几千万甚至几亿时，金融交易如果出现问题，很容易变成一个大的社会问题、政治问题。随着参与交易人数的增加，监管的必要性也因此增加。

（6）对于互联网金融这个“新事物”，金融监管总体上应当体现开放性、包容性、适应性，同时坚持鼓励和规范并重、培育和防范并举的原则。

政策监管

关于办理非法集资刑事案件若干问题的意见

本意见2019年1月30日由《最高人民法院最高人民检察院公安部印发〈关于办理非法集资刑事案件若干问题的意见〉的通知》(高检会〔2019〕2号)印发

为依法惩治非法吸收公众存款、集资诈骗等非法集资犯罪活动,维护国家金融管理秩序,保护公民、法人和其他组织合法权益,根据刑法、刑事诉讼法等法律规定,结合司法实践,现就办理非法吸收公众存款、集资诈骗等非法集资刑事案件有关问题提出以下意见:

一、关于非法集资的"非法性"认定依据问题

人民法院、人民检察院、公安机关认定非法集资的"非法性",应当以国家金融管理法律法规作为依据。对于国家金融管理法律法规仅作原则性规定的,可以根据法律规定的精神并参考中国人民银行、中国银行保险监督管理委员会、中国证券监督管理委员会等行政主管部门依照国家金融管理法律法规制定的部门规章或者国家有关金融管理的规定、办法、实施细则等规范性文件的规定予以认定。

二、关于单位犯罪的认定问题

单位实施非法集资犯罪活动,全部或者大部分违法所得归单位所有的,应当认定为单位犯罪。

个人为进行非法集资犯罪活动而设立的单位实施犯罪的,或者单位设立后,以实施非法集资犯罪活动为主要活动的,不以单位犯罪论处,对单位中组织、策划、实施非法集资犯罪活动的人员应当以自然人犯罪依法追究刑事责任。

判断单位是否以实施非法集资犯罪活动为主要活动,应当根据单位实施非法集资的次数、频度、持续时间、资金规模、资金流向、投入人力物力情况、单位进行正当经营的状况以及犯罪活动的影响、后果等因素综合考虑认定。

三、关于涉案下属单位的处理问题

办理非法集资刑事案件中,人民法院、人民检察院、公安机关应当全面查清涉案单位,包括上级单位(总公司、母公司)和下属单位(分公司、子公司)的主体资格、层级、关系、地位、作用、资金流向等,区分情况依法作出处理。

上级单位已被认定为单位犯罪,下属单位实施非法集资犯罪活动,且全部或者大部分违法所得归下属单位所有的,对该下属单位也应当认定为单位犯罪。上级单位和下属单位构成共同犯罪的,应当根据犯罪单位的地位、作用,确定犯罪单位的刑事责任。

上级单位已被认定为单位犯罪,下属单位实施非法集资犯罪活动,但全部或者大部分违法所得归上级单位所有的,对下属单位不单独认定为单位犯罪。下属单位中涉嫌犯罪的人员,可以作为上级单位的其他直接责任人员依法追究刑事责任。

上级单位未被认定为单位犯罪,下属单位被认定为单位犯罪的,对上级单位中组织、策划、实施非法集资犯罪的人员,一般可以与下属单位按照自然人与单位共同犯罪处理。

上级单位与下属单位均未被认定为单位犯罪的,一般以上级单位与下属单位中承担组织、领导、管理、协调职责的主管人员和发挥主要作用的人员作为主犯,以其他积极参加非法集资犯罪的人员作为从犯,按照自然人共同犯罪处理。

四、关于主观故意的认定问题

认定犯罪嫌疑人、被告人是否具有非法吸收公众存款的犯罪故意，应当依据犯罪嫌疑人、被告人的任职情况、职业经历、专业背景、培训经历、本人因同类行为受到行政处罚或者刑事追究情况以及吸收资金方式、宣传推广、合同资料、业务流程等证据，结合其供述，进行综合分析判断。

犯罪嫌疑人、被告人使用诈骗方法非法集资，符合《最高人民法院关于审理非法集资刑事案件具体应用法律若干问题的解释》第四条规定的，可以认定为集资诈骗罪中“以非法占有为目的”。

办案机关在办理非法集资刑事案件中，应当根据案件具体情况注意收集运用涉及犯罪嫌疑人、被告人的以下证据：是否使用虚假身份信息对外开展业务；是否虚假订立合同、协议；是否虚假宣传，明显超出经营范围或者夸大经营、投资、服务项目及盈利能力；是否吸收资金后隐匿、销毁合同、协议、账目；是否传授或者接受规避法律、逃避监管的方法，等等。

五、关于犯罪数额的认定问题

非法吸收或者变相吸收公众存款构成犯罪，具有下列情形之一的，向亲友或者单位内部人员吸收的资金应当与向不特定对象吸收的资金一并计入犯罪数额：

（一）在向亲友或者单位内部人员吸收资金的过程中，明知亲友或者单位内部人员向不特定对象吸收资金而予以放任的；

（二）以吸收资金为目的，将社会人员吸收为单位内部人员，并向其吸收资金的；

（三）向社会公开宣传，同时向不特定对象、亲友或者单位内部人员吸收资金的。

非法吸收或者变相吸收公众存款的数额，以行为人所吸收的资金全额计算。集资参与人收回本金或者获得回报后又重复投资的数额不予扣除，但可以作为量刑情节酌情考虑。

六、关于宽严相济刑事政策把握问题

办理非法集资刑事案件，应当贯彻宽严相济刑事政策，依法合理把握追究刑事责任的范围，综合运用刑事手段和行政手段处置和化解风险，做到惩处少数、教育挽救大多数。要根据行为人的客观行为、主观恶性、犯罪情节及其地位、作用、层级、职务等情况，综合判断行为人的责任轻重和刑事追究的必要性，按照区别对待原则分类处理涉案人员，做到罚当其罪、罪责刑相适应。

重点惩处非法集资犯罪活动的组织者、领导者和管理人员，包括单位犯罪中的上级单位（总公司、母公司）的核心层、管理层和骨干人员，下属单位（分公司、子公司）的管理层和骨干人员，以及其他发挥主要作用的人员。

对于涉案人员积极配合调查、主动退赃退赔、真诚认罪悔罪的，可以依法从轻处罚；其中情节轻微的，可以免除处罚；情节显著轻微、危害不大的，不作为犯罪处理。

七、关于管辖问题

跨区域非法集资刑事案件按照《国务院关于进一步做好防范和处置非法集资工作的意见》（国发〔2015〕59号）确定的工作原则办理。如果合并侦查、诉讼更为适宜的，可以合并办理。

办理跨区域非法集资刑事案件，如果多个公安机关都有权立案侦查的，一般由主要犯罪地公安机关作为案件主办地，对主要犯罪嫌疑人立案侦查和移送审查起诉；由其他犯罪地公安机关作为案件分办地根据案件具体情况，对本地区犯罪嫌疑人立案侦查和移送审查起诉。

管辖不明或者有争议的，按照有利于查清犯罪事实、有利于诉讼的原则，由其共同的上级公安机关协调确定或者指定有关公安机关作为案件主办地立案侦查。需要提请批准逮捕、移送审查起诉、提起公诉的，由分别立案侦查的公安机关所在地的人民检察院、人民法院受理。

对于重大、疑难、复杂的跨区域非法集资刑事案件，公安机关应当在协调确定或者指定案件主办地立案侦查的同时，通报同级人民检察院、人民法院。人民检察院、人民法院参照前款规定，确定主要犯罪地作为案件主办地，其他犯罪地作为案件分办地，由所在地的人民检察院、人民法院负责起诉、审判。

本条规定的“主要犯罪地”，包括非法集资活动的主要组织、策划、实施地，集资行为人的注册地、主要营业地、主要办事机构所在地，集资参与人的主要所在地等。

八、关于办案工作机制问题

案件主办地和其他涉案地办案机关应当密切沟通协调，协同推进侦查、起诉、审判、资产处置工作，配合有关部门最大限度追赃挽损。

案件主办地办案机关应当统一负责主要犯罪嫌疑人、被告人涉嫌非法集资全部犯罪事实的立案侦查、起诉、审判，防止遗漏犯罪事实；并应就全案处理政策、追诉主要犯罪嫌疑人、被告人的证据要求及诉讼时限、追赃挽损、资产处置等工作要求，向其他涉案地办案机关进行通报。其他涉案地办案机关应当对本地区犯罪嫌疑人、被告人涉嫌非法集资的犯罪事实及时立案侦查、起诉、审判，积极协助主办地处置涉案资产。

案件主办地和其他涉案地办案机关应当建立和完善证据交换共享机制。对涉及主要犯罪嫌疑人、被告人的证据，一般由案件主办地办案机关负责收集，其他涉案地提供协助。案件主办地办案机关应当及时通报接收涉及主要犯罪嫌疑人、被告人的证据材料的程序及要求。其他涉案地办案机关需要案件主办地提供证据材料的，应当向案件主办地办案机关提出证据需求，由案件主办地收集并依法移送。无法移送证据原件的，应当在移送复制件的同时，按照相关规定作出说明。

九、关于涉案财物追缴处置问题

办理跨区域非法集资刑事案件，案件主办地办案机关应当及时归集涉案财物，为统一资产处置做好基础性工作。其他涉案地办案机关应当及时查明涉案财物，明确其来源、去向、用途、流转情况，依法办理查封、扣押、冻结手续，并制作详细清单，对扣押款项应当设立明细账，在扣押后立即存入办案机关唯一合规账户，并将有关情况提供案件主办地办案机关。

人民法院、人民检察院、公安机关应当严格依照刑事诉讼法和相关司法解释的规定，依法移送、审查、处理查封、扣押、冻结的涉案财物。对审判时尚未追缴到案或者尚未足额退赔的违法所得，人民法院应当判决继续追缴或者责令退赔，并由人民法院负责执行，处置非法集资职能部门、人民检察院、公安机关等应当予以配合。

人民法院对涉案财物依法作出判决后，有关地方和部门应当在处置非法集资职能部门统筹协调下，切实履行协作义务，综合运用多种手段，做好涉案财物清运、财产变现、资金归集、资金清退等工作，确保最大限度减少实际损失。

根据有关规定，查封、扣押、冻结的涉案财物，一般应在诉讼终结后返还集资参与人。涉案财物不足全部返还的，按照集资参与人的集资额比例返还。退赔集资参与人的损失一般优先于其他民事债务以及罚金、没收财产的执行。

十、关于集资参与人权利保障问题

集资参与人，是指向非法集资活动投入资金的单位和个人，为非法集资活动提供帮助并获取经济利益的单位和个人除外。

人民法院、人民检察院、公安机关应当通过及时公布案件进展、涉案资产处置情况等方式，依法保障集资参与人的合法权利。集资参与人可以推选代表人向人民法院提出相关意见和建议；推选不出代表人的，人民法院可以指定代表人。人民法院可以视案件情况决定集资参与人代表人参加或者旁听庭审，对集资参与人提起附带民事诉讼等请求不予受理。

十一、关于行政执法与刑事司法衔接问题

处置非法集资职能部门或者有关行政主管部门，在调查非法集资行为或者行政执法过程中，认为案情重大、疑难、复杂的，可以商请公安机关就追诉标准、证据固定等问题提出咨询或者参考意见；发现非法集资行为涉嫌犯罪的，应当按照《行政执法机关移送涉嫌犯罪案件的规定》等规定，履行相关手续，在规定的期限内将案件移送公安机关。

人民法院、人民检察院、公安机关在办理非法集资刑事案件过程中，可商请处置非法集资职能部门或者有关行政主管部门指派专业人员配合开展工作，协助查阅、复制有关专业资料，就案件涉及的专业问题出具认定意见。涉及需要行政处理的事项，应当及时移交处置非法集资职能部门或者有关行政主管部门依法处理。

十二、关于国家工作人员相关法律责任问题

国家工作人员具有下列行为之一，构成犯罪的，应当依法追究刑事责任：

（一）明知单位和个人所申请机构或者业务涉嫌非法集资，仍为其办理行政许可或者注册手续的；

（二）明知所主管、监管的单位有涉嫌非法集资行为，未依法及时处理或者移送处置非法集资职能部门的；

（三）查处非法集资过程中滥用职权、玩忽职守、徇私舞弊的；

（四）徇私舞弊不向司法机关移交非法集资刑事案件的；

（五）其他通过职务行为或者利用职务影响，支持、帮助、纵容非法集资的。

参考文献

[1] 姚文平 . 互联网金融：即将到来的新金融时代 [M]. 北京 : 中信出版社 ,2014.

[2] 埃里克・杰克逊 . 支付战争：互联网金融创世纪 [M]. 徐彬 , 王晓 , 译 . 北京 : 中信出版社 ,2015.

[3] 孙诚德 . 玩转互联网金融 [M]. 北京 : 北京联合出版公司 ,2015.

[4] 吴卫明 . 互联网金融知识读本 [M]. 北京 : 中国人民大学出版社 ,2015.

[5] 陈雄 . 互联网金融实务 [M]. 厦门 : 厦门大学出版社 ,2016.

[6] 刘大赵 . 证券投资基金：第四版 [M]. 大连 : 东北财经大学出版社 ,2015.

[7] 杨立 .P2P 网贷基金 [M]. 北京 : 中国金融出版社 ,2016.

[8] 王吉 . 我国互联网金融风险分析及应对策略研究 [D]. 长春 : 吉林大学 ,2015.

[9] 谢平 , 邹传伟 . 互联网金融模式研究 [J]. 金融研究 ,2012(12):11.

[10] 谢平 , 邹传伟 , 刘海二 . 互联网金融的基础理论 [J]. 金融研究 ,2015(8):1-12.

[11] 魏明侠 , 黄林 . 互联网金融 : 研究述评与展望 [J]. 河南工业大学学报 ,2015(3):117.

[12] 股权众筹的歧路：为什么说京东众筹注定失败？ [OL]. 全景网，(2015-10-09)【2022-05-18】.http://www.p5w.net/money/gqzc/201510/t20151009_1218171.htm.

[13] 股权众筹和风险投资有什么区别？ [EB/OL]. 腾讯微信 , (2016-08-12)【2022-05-18】http://mp.weixin.qq.com/s?__biz=MzA5MTg1MjUwMA==&mid=2650275855&idx=5&sn=5fd84d5be32a32673ea79fce330828a8&chksm=887abbb4bf0d32a2d9be124cc480ef6cd247251365843ea04b90392ec43407602beeec0031b2&mpshare=1&scene=23&srcid=05182KPPOvqrj8qmFw4PzSHt&sharer_sharetime=1652856222606&sharer_shareid=c8fd6afd3db1c5b6dbb1789086370860#rd.

[14] 单世朋 . 股权众筹代表平台分析 [OL].360dc 个人图书馆 , (2015-02-17)【2022-05-18】.http://www.360doc.com/content/15/0217/00/21964171_449077828.shtml.

[15] 张涵 . 美国 SEC 颁布众筹法案全民皆可众筹 [OL]. 新浪科技 ,（2015-11-04）【2022-05-18】. http://tech.sina.com.cn/i/2015-11-04/doc-ifxkmrvp5068944.shtml.

[16] 谢宏中 . 股权众筹就是互联网 + 创业投资 [OL]. 东方财富网 ,（2015-05-27）【2022-05-18】. https://finance.eastmoney.com/a2/20150527510689983.html.

[17] 马佳 . 供应链金融融资模式分析及风险控制 [D]. 天津 : 天津大学 ,2008.

[18] 金微 . 应收账款融资存痛点 P2P 与电商会师供应链金融 [OL]. 华夏日报网 ,（2016-04-08）【2022-05-18】.https://www.chinatimes.net.cn/article/55136.html.

[19] 杨勇 , 韩树杰 . 中国式众筹 [M]. 北京 : 中信出版社 ,2015.

[20] 李耀东 , 李钧 . 互联网金融：框架与实践 [M]. 北京 : 电子工业出版社 ,2014.

[21] 百度百科 .P2P 金融 [OL]. 百度百科 ,（2015-12-25）【2022-05-18】.https://baike.baidu.com/item/P2P%E9%87%91%E8%9E%8D/9993476?fr=aladdin.

[22] 百度百科 .P2P 网络借贷平台 [OL]. 百度百科 ,（2016-08-08）【2022-05-18】.https://baike.baidu.com/item/P2P%E7%BD%91%E7%BB%9C%E5%80%9F%E8%B4%B7%E5%B9%B3%E5%8F%B0/1340758?fr=aladdin.

[23] 新浪科技 .P2P 跑路 . 美国不知为何物 [OL]. 新浪科技 ,（2016-04-07）【2022-05-18】.https://tech.sina.com.cn/i/2016-04-07/doc-ifxrcizu3703304.shtml.

[24] 网贷天眼 . 揭秘 P2P 平台六大骗局 , 小心血本无归 [OL]. 网贷天眼 ,（2015-06-05）【2022-05-18】.https://www.p2peye.com/thread-403777-1-1.html.

[25] 姜岩 .P2P 网络信贷中借款人的信用风险评估研究 [D]. 南京 : 南京理工大学 ,2014.

[26] 孙莉 . 我国 B2C 网络融资服务模式研究 [D]. 昆明 : 云南财经大学 ,2014.

[27] 王忠伟 .“互联网 +”时代下的保险发展特点与思考 [J]. 经贸实践 ,2015(6):204.

[28] 证券时报网 . 保险业渠道革命悄然而来 [J]. 证券时报网 ,2014.

[29] “互联网 +”对保险营销带来新挑战 [OL]. 金融时报 ,（2015-07-01）【2022-05-18】.https://www.financialnews.com.cn/bx/ft_102/201507/t20150701_79271.html.

[30] 李忠献 , 赵广道 . 互联网保险发展空间巨大 [D]. 北京 : 中国保险报・中保网 ,2015-08-20.

[31] 中国报告大厅 .2015 年我国互联网保险行业发展现状分析 : 魅力与缺陷并存 [J]. 中国报告大厅 ,2015.

[32] 网易财经 . 互联网基金产品报告 [OL]. 网易财经 ,（2014-03-19）【2022-05-18】.https://www.163.com/money/article/9NMCFBJ900251LDV.html.

[33] 周利斌 . 基于支付宝的天弘货币基金营销要素分析 [D]. 长春 : 吉林大学 ,2014.

[34] 马恋 . 互联网理财基金案例研究——以余额宝为例 [D]. 广州 : 暨南大学 ,2014.